LES
TRAGÉDIES
DE MONTCHRESTIEN

PARIS. TYP. DE E. PLON, NOURRIT ET Cie, RUE GARANCIÈRE, 8.

LES
TRAGÉDIES
DE MONTCHRESTIEN

NOUVELLE ÉDITION

d'après l'édition de 1604

AVEC NOTICE ET COMMENTAIRE

PAR

L. PETIT DE JULLEVILLE

PROFESSEUR A LA SORBONNE

PARIS
LIBRAIRIE PLON
E. PLON, NOURRIT ET Cie, IMPRIMEURS-ÉDITEURS
Rue Garancière, 10
—
MDCCCXCI

NOTICE
SUR MONTCHRESTIEN

Nous ne connaissons l'histoire de Montchrestien que par le témoignage de ses ennemis, et particulièrement du *Mercure françois* [1] ; on ne peut accepter qu'avec une certaine défiance un récit qui émane d'un adversaire politique et religieux, naturellement acharné contre un insurgé vaincu ; mais en l'absence de tous autres documents, nous sommes bien forcés de nous servir de ceux que nous possédons. D'ailleurs, les faits allégués sont authentiques ; il faudra seulement nous souvenir qu'ils sont toujours présentés de la façon la plus défavorable au personnage de notre poète.

On lui conteste d'abord non seulement le titre de noblesse imaginaire dont il se para sans droit, mais son nom même. On prétend qu'il s'appelait « Anthoine Mauchrestien », et non pas Montchrestien [2]. Son père était apothicaire à Falaise, où il était venu s'établir un jour, sans qu'on ait jamais su ni son

---

1. *Mercure françois* (1622), t. VII, p. 814-817.
2. Malherbe (lettre à Peiresc, 14 oct. 1621) dit comme le *Mercure* : « Il était fils d'un apothicaire de Falaise, et dit-on que le nom de sa maison était *Mauchrestien* ; mais pour ce qu'il ne lui plaisait pas, il l'avait changé en Montchrestien. »

pays ni son origine. Il y mourut, après sa femme, laissant un fils en bas âge, et sans parents connus. Le procureur du Roi à Falaise fit assigner les voisins pour élire un tuteur à l'orphelin ; un sieur de Saint-André-Bernier fut commis par arrêt à cet office, comme le plus proche voisin du défunt. L'héritage était médiocre, ou nul ; le tuteur imposé ne fit aucun inventaire, et, probablement, s'occupa fort peu de l'enfant. Le pauvre poète entrait dans la vie sous de fâcheux auspices.

De bonne heure il se montra vif d'esprit, déluré de corps ; deux jeunes gens de son âge, M. de Tournebu et son frère, qu'on appelait M. des Essars, le prirent en amitié ; Montchrestien devint leur domestique ou plutôt leur compagnon ; il les suivit au collège (probablement à Caen), partagea leurs études et leurs exercices, faisant des armes avec eux, montant leurs chevaux, et déjà s'essayant à rimer, non sans succès. Il atteignit ainsi l'âge de vingt ans (vers 1595 [1]).

S'il faut en croire le *Mercure*, il se faisait appeler dès ce temps-là le sieur de Vasteville ; on n'a jamais su où il plaçait son fief. Il est certain que cet orphelin sans ressources, fils d'un humble apothicaire, avait la passion de jouer au gentilhomme ; il mettait volontiers flamberge au vent, quoiqu'il n'eût sans doute aucun droit de porter l'épée. Il rencontre un jour le baron de Gouville, qui avait avec lui son beau-frère et un soldat ; il se prend de querelle avec ces trois hommes ; il dégaine ; les trois en font autant, et le laissent pour mort. Il n'en mourut pas toutefois ; et ce qui prouve qu'il n'avait pas tous les torts, c'est qu'il fit un procès au baron, le gagna, et

---

1. Nous verrons ci-dessous qu'il était né probablement en 1575.

obtint douze mille livres d'indemnité « dont il s'empluma, dit le *Mercure*, et commença à faire l'homme de moyens[1] ». Mis en goût de plaider par ce succès, il attaqua son tuteur, qui ne lui avait rendu aucun compte; il en tira mille livres. Dans le même temps une « damoiselle de bonne maison » plaidait contre son mari qui était « gentilhomme, riche, mais imbécile de corps et d'esprit ». Montchrestien se fit bien venir de la dame, en sollicitant son procès; le mari mourut sur ces entrefaites. Il épousa la veuve, mais un peu clandestinement; car lorsqu'il la perdit, après quelques années de mariage, la validité de l'union fut contestée par les héritiers, et Montchrestien perdit tous les avantages qu'il aurait pu en retirer.

On a prétendu qu'il n'avait pris le nom de « sieur de Vasteville » qu'après son mariage, d'un bien qui appartenait à sa femme. En tout cas, ce nom figure au titre de la première édition de ses tragédies, donnée en 1601, à Rouen.

Cette édition renferme cinq tragédies, une *Bergerie* en prose où l'on a voulu voir le récit arrangé de ses amours avec la femme qu'il épousa; enfin le poème de *Susanne*.

On lit ce quatrain en tête de la *Bergerie* :

> L'aveugle enfant qui les dieux seigneurie,
> Et tient la terre en sa possession,
> M'a fait écrire en cette Bergerie,
> Sous des noms feints, ma vraye passion.

Amorcé par cette promesse, nous avons lu la *Ber-*

---

[1]. Probablement vers 1603; car cette année-là il achète plusieurs maisons dans la vicomté de Falaise. (Documents communiqués par M. de Beaurepaire à la Commission des antiquités de la Seine-Inférieure, et cités par M. Funck-Brentano dans son édition du *Traicté d'œconomie politique de Montchrestien*, p. 8, en note.)

gerie avec une attention scrupuleuse ; et nous avouons n'avoir pu rien en tirer pour éclaircir l'histoire des amours de Montchrestien ; à moins de croire que sa belle était sur le point d'être sacrifiée à Diane, lorsque, rebuté par ses dédains, et résolu à quitter la vie, il s'offrit à mourir pour elle ; cette offre accomplissait un oracle, et devait fléchir le cœur de l'insensible ; elle fut sauvée, et elle aima. Tout cela est peut-être allégorique ; mais la *clef* en est perdue pour nous. La *Bergerie*, ouvrage assez médiocre[1] pour sembler le coup d'essai d'un très jeune homme, n'est probablement pas le début de Montchrestien. Dès 1596, il avait fait paraître à Caen une tragédie de *Sophonisbe*, dont la *Carthaginoise* (publiée en 1601) n'est qu'une seconde édition, très modifiée. *Sophonisbe* était dédiée à madame de la Vérune, femme du gouverneur de Caen. L'auteur la remercie dans la dédicace d'avoir bien voulu assister à la représentation de cette pièce. On sait à quel point sont rares les témoignages positifs de représentations tragiques au temps de la Renaissance ; celui-ci est donc à noter. Mais s'agit-il ici d'une représentation vraiment publique, ou d'une représentation de société donnée chez le gouverneur de Caen ?

L'édition de 1601 est dédiée au jeune prince de Condé, alors âgé de treize ans. Trois ans plus tard il dédiait encore à ce prince la seconde édition, donnée en 1604 (c'est celle que nous reproduisons). Elle est débarrassée de l'ennuyeuse *Bergerie*, mais renferme en échange une tragédie nouvelle, *Hector*. Il est intéressant de rapprocher les deux dédicaces au prince de Condé. La première est très courte et se borne à exprimer brièvement cette idée : que la lec-

---

[1]. Elle n'en fut pas moins traduite en allemand en 1644, par Augspurger. (Voy. Haag, *France protestante*, t. VII, p. 466.)

ture des tragédies convient surtout aux Princes, car elles leur représentent « presque en un seul instant ce qui s'est passé en un long temps; les divers accidents de la vie, les coups étranges de la fortune, les jugements admirables de Dieu, les effets singuliers de sa providence, les châtiments épouvantables des Rois mal conseillés et des peuples mal conduits ». La seconde dédicace est beaucoup plus étendue. L'auteur s'excuse de l'imperfection de ses premiers essais; il a refait ses tragédies « pièce à pièce » (il pourrait dire : vers par vers), et leur a donné « comme une nouvelle forme ». Il y a joint celle d'*Hector*, qu'il a soin de faire « marcher en leur tête » pour offrir aux Princes le plus beau modèle qu'ils puissent s'attacher à suivre. Il insiste ensuite longuement sur les hautes leçons de courage et de vertu que tous peuvent puiser dans la vie et la mort des héros qu'il a mis en scène.

Le frontispice de l'édition de 1601 offre un portrait de Montchrestien dans un petit médaillon ovale; mais la gravure n'est pas assez finement exécutée pour nous faire parfaitement connaître les traits du poète. Il semble avoir eu le front large et découvert, une chevelure abondante et bouclée; le nez droit et un peu tombant; les yeux petits, le regard dur et profond; la bouche grande, les joues maigres, autant qu'on en peut deviner la forme à travers une barbe épaisse. Autour du médaillon ces mots sont gravés : A E T. XXV. Ainsi Montchrestien dut naître vers 1575.

L'édition renferme, outre les tragédies, diverses poésies : le poème biblique de *Suzanne* dédié « à madame Suzanne Thezard », des épitaphes, des complaintes sur la mort de plusieurs grands personnages de sa province : mademoiselle de Hélins; M. de Breauté le jeune; M. de Languetot; madame Barbe

Guiffard, seconde femme de Claude Groulard, premier président du parlement de Normandie, homme savant et lettré qui a laissé des mémoires estimables. Il protégea Montchrestien sans doute, et celui-ci dut s'acquitter en versant des larmes poétiques sur le cercueil de la femme du Président. On remarquera d'ailleurs la tournure funèbre du génie de Montchrestien : ses tragédies sont lugubres, ses poésies diverses sont presque toutes des épitaphes, des *tombeaux*, des lamentations, ou, comme on disait, des *complaintes*[1].

Très différentes par la fable, les tragédies de Montchrestien se ressemblent toutes par le procédé. La place qu'il fait aux chants du chœur est considérable; et cette abondance de morceaux lyriques contribue sans doute à donner à l'œuvre un caractère très peu dramatique. Mais quand même on retrancherait tous les chœurs, le drame de Montchrestien semblerait encore tout lyrique, tant les personnages y agissent peu, tant ils bornent leur rôle à étaler leurs sentiments, à chanter, pour ainsi dire, l'hymne de leur passion. Qu'on ne croie pas que ce procédé constant rende une tragédie nécessairement ennuyeuse; au moins à la lecture, elle peut encore se soutenir par la valeur du style et le seul charme des beaux vers. Le théâtre de Montchrestien en est rempli.

---

1. Il existe quatre éditions de Montchrestien : celle de 1601, cinq tragédies (*Hector* manque), le poème de *Suzanne*, la *Bergerie*, les *Poésies diverses*. — Celle de 1604, que nous reproduisons, renferme les six tragédies et le reste, moins la *Bergerie*. — Celle de 1606, qui reproduit servilement 1604. — Celle de 1627, qui reproduit 1601. — Les quatre éditions se réduisent donc à deux ; mais le texte des tragédies diffère beaucoup d'une édition à l'autre. (Voy. ci-dessous, p. xxxix.)

La tragédie d'*Hector* qui ouvre le recueil[1] a été toutefois composée la dernière. Elle marque un réel progrès dans l'art de composer un drame; il est regrettable que le poète s'en soit tenu là, et n'ait presque plus rien écrit en vers. Dans *Hector*, l'intérêt dramatique est mieux ménagé, plus habilement suspendu que dans aucune autre pièce de Montchrestien : le premier acte s'ouvre par les funestes prédictions de Cassandre et l'expression des terreurs d'Andromaque; effrayée par de sinistres présages, elle essaye de retenir, pendant ce jour au moins, Hector loin du champ de bataille. A l'acte suivant, Priam, Hécube joignent leurs prières aux siennes, et arrachent au héros la promesse qu'il ne sortira pas de Troie. Mais en apprenant que les siens sont aux mains et commencent à plier, il oublie son serment et s'élance au combat. On apprend successivement ses exploits, les Grecs mis en fuite, l'intervention d'Achille et la mort d'Hector. La pièce se termine par les lamentations d'Hécube et d'Andromaque.

L'*Écossaise*, qui met en scène la condamnation et la mort de Marie Stuart, aurait dû, semble-t-il, offrir un intérêt particulièrement vif et pressant. La catastrophe était récente encore; et l'entreprise du poète était bien hardie de représenter la fin violente d'une princesse que beaucoup se souvenaient d'avoir vue assise au trône de France. Malheureusement Montchrestien était incapable de faire vivre et d'animer un tableau d'histoire contemporaine; et son procédé de peinture, tout sculptural, sans couleur, sans chaleur et sans mouvement, devait échouer surtout à ébaucher des figures connues et récentes. Le vague dont s'enveloppe toujours un pays lointain conve-

---

1. Celui de 1604. Elle manque dans le recueil de 1601.

naît mieux à son talent abstrait, pauvre en traits personnels. On s'en convaincra trop bien par une rapide analyse de l'*Écossaise*.

Au commencement du drame, Élisabeth est en scène avec un personnage anonyme, appelé simplement : Conseiller. La Reine est irritée contre Marie Stuart qui a conspiré sa mort. Le Conseiller presse Élisabeth de faire tomber cette tête coupable. La Reine hésite encore, et la scène se prolonge, interminable, tantôt en longs discours alternatifs, qui remplissent jusqu'à deux cents vers ; tantôt par un dialogue coupé, où chaque vers, et parfois chaque hémistiche, répond par une antithèse pressante à l'hémistiche, ou au vers opposé. C'est ce dialogue qu'on nomme *cornélien*, quoique Corneille ne l'ait pas inventé ; mais il l'a employé souvent avec une beauté suprême.

Un chœur, formé des *Demoiselles* de la reine d'Écosse, entonne l'éloge de la vie obscure et paisible accordée aux particuliers ; un autre chœur, appelé bizarrement *chœur des États,* vient demander à Élisabeth la mort de sa rivale. La Reine hésite, puis feint de céder, quoique au fond résolue à ne pas verser le sang royal. Le chœur gémit sur le néant de la vie humaine et sur l'inconstance de la fortune. Un ministre apparaît, portant la sentence fatale, arrachée enfin à la reine d'Angleterre ; celle-ci ne se montre plus dans la pièce. C'est Marie Stuart qui entre en scène pour faire à la vie des adieux touchants : lasse de lutter, elle n'aspire plus qu'à la délivrance : elle entend avec joie la sentence de mort ; elle console ses compagnes et s'éloigne pour aller mourir. Bientôt un messager vient raconter son supplice et louer son courage à ses filles éplorées.

La Carthaginoise, ou la Liberté, n'est qu'une seconde

édition, d'ailleurs transformée, de *Sophonisbe*, composée et représentée dès 1596. Elle est précédée d'une préface : « Voici Sophonisbe qui revient sur le théâtre, vêtue d'un habit neuf et mieux séant à sa grandeur... » Sous cet habit neuf, cette première tragédie de Montchrestien demeure la plus faible de ses tragédies. C'est peut-être la faute du sujet ; quoique dix tragiques se soient obstinés à le mettre au théâtre, Saint-Gelais, Mermet, Montchrestien, Montreux, Mairet, Corneille, Lagrange-Chancel, Voltaire, et autant d'étrangers, Anglais, Italiens, ce sujet ne nous paraît pas vraiment dramatique. Sophonisbe, qui trahit son époux vaincu, Syphax, pour épouser, dans les vingt-quatre heures, Massinissa vainqueur, et le même jour s'empoisonne pour n'être pas livrée aux Romains : c'est là un personnage étrange plutôt que pathétique ; elle fut peut-être fort malheureuse, mais ses malheurs ne nous touchent pas. Montchrestien a semé quelques beaux vers dans *Sophonisbe*, mais il n'a rien atténué de l'incohérence qui est au fond du sujet. Il a d'ailleurs suivi fidèlement le plan de la célèbre *Sophonisbe* italienne du Trissin.

Les Lacènes, ou la Constance, sont une œuvre bien supérieure : le sujet, tiré de Plutarque, n'offrait guère qu'une situation, au lieu d'un drame ; mais Montchrestien fait bon marché du mouvement, pourvu qu'il accuse la force. Le roi de Sparte, Cléomène, est prisonnier de Ptolémée, roi d'Egypte ; résolu à s'échapper ou à périr, il confie son dessein à son ami Panthée. Pour mieux tromper ses gardiens, il laisse croire à sa mère et à sa femme que le roi d'Égypte va le remettre en liberté. Tandis que ces femmes s'abandonnent à leur joie, le Roi s'échappe par la ville en appelant le peuple à la révolte ; mais sa voix ne trouve pas d'écho chez ce peuple endormi par un long esclavage ; près d'être saisis vifs par les satellites du tyran, Cléomène et ses compagnons se percent de coups, après avoir chèrement vendu leur vie. On vient annoncer aux deux reines la mort du jeune héros : elles demandent à grands cris de partager son sort ; Ptolémée les satisfera ; il les fait conduire au supplice avec leurs enfants ; et bientôt un messager vient annoncer que toute la famille de Cléomène est tombée sous la hache du bourreau. Est-ce là un drame ? ou n'est-ce pas plutôt comme une sombre fresque enveloppant dans un seul cadre les tableaux successifs d'un même événement tragique ? Ajoutons que les beaux vers abondent dans les *Lacènes* ; la prière de Panthée, le chœur de l'Immortalité sont au nombre des meilleures pages que notre auteur ait écrites. Certainement l'étude d'une versification si vigoureuse n'a pas été tout à fait inutile à Corneille. Il s'en fût passé au défaut, mais il en a profité.

David, ou l'Adultère, est bien au-dessous des *Lacènes*. Mais d'ailleurs comment sauver l'odieux d'un pareil sujet, si peu propre au théâtre, où le spectateur, instinctivement, veut la punition du coupable et ne se contente pas de ses remords ? Quand David, après la lâche trahison qui coûte la vie au brave Urie, satisfait sa passion pour Bethsabée en l'épousant, celle-ci, partagée entre le regret de son époux et l'amour du royal amant, fait horreur. Cette situation fût-elle vraie, ce qui est possible, elle n'est pas dramatique. Quand David, à la voix de Nathan, se repent et récite une paraphrase du psaume *Miserere*, on trouve que la conscience lui revient un peu tard ; et quand Nathan conclut la pièce en lui annonçant qu'il est absous, on trouve que le pardon vient trop tôt.

La Bible inspire mieux Montchrestien dans son *Aman* qui supporte encore la lecture, même quand on sait par cœur *Esther*. Il ne s'agit pas de comparer les deux poëtes : Racine est un écrivain en vers sans égal. Mais la physionomie d'Aman est intéressante chez Montchrestien, plus vivante et plus animée peut-être que chez Racine. Toute la pièce a une couleur *biblique* assez vraie : Montchrestien s'était nourri du Livre sacré ; il en avait bien saisi la poésie rude et un peu farouche. Le style enchanteur de Racine jette un voile parfois trop brillant sur ces mœurs violentes et sanguinaires de l'Orient. La haine d'Aman contre Mardochée s'exprime chez Montchrestien avec une énergie où Racine n'atteint pas toujours. Avait-il lu Montchrestien, quoiqu'il ne le nomme pas dans la préface d'*Esther?* Les rapprochements qu'on a pu faire entre les deux pièces s'expliquent suffisamment par le modèle commun que les deux poëtes ont eu sous les yeux, la Bible. Mais il est possible que Racine ait puisé dans Montchrestien l'heureuse idée qu'il eut de mêler des chœurs à *Esther*. Le chœur du premier acte, dans l'un et l'autre ouvrage, exprime et développe la même idée : que le bonheur des méchants n'a qu'une courte durée. L'éclatante supériorité de Racine, même dans cette partie lyrique où Montchrestien est le mieux inspiré, n'a pas besoin d'être déclarée. Mais ajoutons qu'Esther, qui dans Racine est une figure exquise, n'a ni vie, ni charme, ni vérité chez Montchrestien.

Tel est ce théâtre, oublié dans l'obscurité où demeura longtemps l'histoire des origines de notre tragédie classique. Mais Montchrestien mérite mieux que l'oubli. Sans être un vrai poëte tragique, il est un poëte ; et sans être vraiment dramatique, il est du moins assez théâtral. Le trait commun qui distingue ses tragédies, c'est l'effort vers la grandeur stoïque, et le culte de l'héroïsme. Sophonisbe, Cléomène, Hector, Marie Stuart, sont des personnages qui, en face de la mort, acceptent leur infortune sans qu'elle leur arrache une plainte. Il se peut que cette attitude hautaine soit peu conforme à la vérité ordinaire et moyenne de l'humanité, et que les tragiques grecs aient mieux connu le cœur des héros en leur prêtant quelque faiblesse. Mais Montchrestien avait ainsi conçu le genre de la tragédie, un peu d'après le stoïcien Sénèque, un peu d'après son propre cœur.

En tête des *tragédies* de Montchrestien, selon l'usage du temps, on lit les témoignages en vers de l'admiration des contemporains. Rien de plus plat que ces louanges, dont l'ardeur est suspecte et l'enthousiasme convenu. Ici cependant je remarque une pièce moins banale que ne sont d'ordinaire les morceaux de ce genre. Elle est signée d'un nom obscur ou plutôt inconnu, *Bosquet*. L'auteur, un Normand comme notre poète, félicite Montchrestien d'avoir dédaigné ces « vers d'amour » trop en faveur de son temps,

> Qui coulent leur poison dedans les tendres cœurs,
> Et font que la jeunesse, à les lire ordinaire,
> Apprend le mal devant qu'elle le puisse faire.

Il le loue d'avoir préféré à ces vers lascifs la mâle tragédie pour laquelle il avoue sa préférence.

> Mais, à la vérité, j'aime la tragédie.

Surtout il admire cette haute et pure morale dont ce théâtre est rempli ; et il croit, avec Montchrestien lui-même, à l'heureuse influence que peut exercer sur les mœurs une telle poésie :

> Il a voulu montrer sur la tragique scène
> Et chanter l'incertain de la grandeur humaine ;
> Montrer qu'il n'y a point en ce monde d'appui ;
> Enseigner le bonheur par le malheur d'autrui ;
> Représenter des grands les peines et les fautes,
> Et le malheur fatal des puissances plus hautes ;
> Faire voir aux effets que le pouvoir humain
> N'empêche pas les coups de la divine main.

Les vers sont faibles ; mais la pensée fondamentale du théâtre de Montchrestien est assez bien rendue. Il attribuait au drame ainsi compris une grande utilité morale. Dans l'Épître au prince de Condé qui se lit en tête de son œuvre, il dit en parlant de ses impassibles héros : « Leur vie et leur mort est comme une école ouverte à tous venants où l'on apprend à mépriser les choses grandes de ce monde, seule et divine grandeur de l'esprit humain. » Cet effort continu vers le sublime est assurément remarquable ; mais il est vrai que d'une telle tension résulte une certaine fatigue ; et Montchrestien n'était pas homme à éviter un écueil où Corneille lui-même a fini par se briser. Ce n'est pas au hasard que nous avons rapproché ces deux noms. Montchrestien est une première ébauche de Corneille ; la nature en le faisant s'est essayée à faire un grand homme ; le moule est à peu près le même ; seulement la médaille est fruste. Enfin il manque le génie.

En somme, la tragédie de Montchrestien continue celle de Robert Garnier ; elle ne marque pas un progrès sur ce qui l'avait précédée.

Tous deux imitent Sénèque ; et l'on peut dire de Montchrestien ce que Scévole de Sainte-Marthe disait de Garnier : *Senecæ ille potius quam Græcorum æmulator.*

« C'est un émule de Sénèque, plutôt que des Grecs. »

Ils ont les défauts de leur modèle : ils sont tous deux surchargés d'emphase, de pointes, d'antithèses, d'allusions pénibles, de lourdes sentences.

Il en ont aussi les qualités : la force, chez eux, n'est pas toujours emphatique; ils ont le trait, la saillie souvent vive; ils frappent plus fort que juste, mais enfin ils touchent quelquefois; ils ne sont ni plats, ni vulgaires, ni grossiers, ni ridicules, ou du moins ils le sont infiniment moins que leurs contemporains.

Cependant la distance est immense entre eux et leurs illustres successeurs : les Corneille, les Racine. D'abord ceux-ci sont fort au-dessus par le style. Mais là n'est point leur mérite suprême.

Leur grande supériorité est dans la conception même du plan tragique, dans l'art de créer les caractères, de développer les passions, de les mettre aux prises, de tirer de cette lutte des incidents raisonnables et émouvants. Ce sont des choses qu'ignorent encore Garnier, Montchrestien. Il y a du mouvement dans leur style. Il n'y en a pas dans leur drame.

Une tragédie de Garnier, une tragédie de Montchrestien, c'est une succession de scènes, très peu liées entre elles, où, l'une après l'autre, des passions différentes viennent se raconter elles-mêmes éloquemment, plutôt que la mise en jeu et en lutte de ces passions entre elles; c'est l'étalage d'une situation pathétique, regardée de divers points de vue. Quand la situation a été suffisamment exposée et contemplée, on dénoue la pièce par une narration, qui raconte la catastrophe; on dédaigne de la mettre sous les yeux des spectateurs.

Le Mystère, ce drame du moyen âge, avait été tout spectacle et tout action; la tragédie classique sera surtout une dissertation animée, et comme la solution dialoguée d'une crise morale. La tragédie de Garnier et de Montchrestien, tout en se rapprochant de la tragédie classique, qu'elle prépare et qu'elle annonce, est de fait un genre à ▓▓▓ intermédiaire.

Les tragédies de Montchrestien furent-elles représentées publiquement ? Nous n'en savons absolument rien ; mais il est certain que l'auteur les destinait à l'être : ses préfaces ne laissent là-dessus aucun doute. On s'est trompé en prétendant prouver par ce qu'on a nommé des « impossibilités scéniques[1] » que Montchrestien ne fut jamais joué. Ces « impossibilités » n'existent pas. A la vérité, la disposition des scènes dans ses tragédies est incompatible avec les habitudes du théâtre moderne ; mais, sans entrer dans de longs détails, rappelons qu'il est aujourd'hui bien démontré que la Renaissance et les premières années du dix-septième siècle (jusqu'à 1640 environ) avaient conservé la mise en scène des *Mystères* du moyen âge ; c'est-à-dire que la scène, à la fois complexe et immuable, renfermait encore dans un cadre unique et dans un décor permanent tous les lieux différents où l'action devait se passer successivement. L'unité de lieu dramatique s'est établie, non pas (comme on le croit généralement) par une brusque révolution de l'art théâtral, mais par une simplification progressive de la multiplicité primitive ; l'action d'un mystère se déroulait parfois dans trente ou quarante lieux différents ; il n'y en eut plus que cinq ou six dans le théâtre tragique de Hardy ; il n'y en a plus que trois dans le *Cid* et deux dans *Cinna*. Il n'y en a plus qu'un seul dans la tragédie de

---

1. V. A. Joly, *Antoine de Montchrestien*, Caen, 1865, in-8º.

Racine. Mais rien ne serait plus aisé que de jouer Montchrestien sur la scène multiple et immuable où l'on représentait Hardy.

Reprenons l'histoire de notre poète, plus tragique encore que ses tragédies. Peu de temps après qu'il eut donné la seconde édition de son théâtre, une fâcheuse affaire le força de quitter la France. Il tua en duel le fils du sieur de Grichy-Moinnes, près Bayeux ; on l'accusa de l'avoir assassiné par trahison, en feignant de lui demander la vie. Montchrestien tombait sous le coup de l'édit rigoureux que Henri IV, un peu auparavant (en avril 1602), avait porté contre les duels. Vainement le poète essaya de plaider sa cause auprès du Roi, en vers très beaux et très éloquents :

> Grand roi, qui êtes juste et clément tout ensemble,
> Si vos édits sacrés ordonnent que je tremble,
> Votre bonté m'assure : est-il rien de plus seur
> Que d'avoir pour garant cette insigne douceur
> Qui vous a tant gardé de villes et de têtes,
> Et plus gagné de cœurs que toutes vos conquêtes ?
> Recourant à l'asile auquel vos ennemis
> Se sont à sauveté confidemment remis,
> Permettez à mes vœux que pour votre service
> Au milieu des combats bravement je finisse,
> Que dans le champ d'honneur, ja suant et poudreux,
> J'aille verser mon sang bouillant et généreux,
> Armé sur un cheval, en tenant une pique,
> Non sur un échafaud en vergogne publique [1].

Ou ces vers ne parvinrent pas jusqu'au Roi, ou il fut inflexible, et Monchrestien dut s'exiler pour échapper

---

1. Vers non recueillis dans les éditions de Montchrestien. On les trouve dans le *Parnasse des plus excellents poètes de ce temps*. Paris, chez Mathieu Guillemot, 1618, fol. 54, v° (t. I). Il existe un exemplaire (probablement unique) du tirage à part de cette pièce, sans

à une peine infamante. Il se réfugia en Angleterre.
Il offrit au roi Jacques Ier, fils de Marie Stuart, sa tragédie de l'*Écossaise*, qui n'était pas inédite, comme on l'a prétendu, mais qui pouvait bien n'être pas connue de ce prince ; Jacques Stuart en agréa favorablement l'hommage, accueillit l'exilé avec bienveillance et fit écrire au Roi de France pour demander sa grâce. Elle lui fut accordée après quelques années d'absence. Son exil avait dû se prolonger un temps assez considérable[1], car Montchrestien revint d'Angleterre un autre homme, et tout à fait transformé. Déjà en 1601, dans un avis au lecteur en tête des *Poésies diverses*, il avait annoncé l'intention de « quitter une bonne fois toutes ces jeunesses, et employer son esprit et sa plume à quelque chose de meilleur ». A partir de son retour en France, il paraît ne s'être plus guère occupé de poésie ; on prétend[2] que dans ses heures de loisir il traduisait les *Psaumes* en vers, et même assez heureusement ; mais il ne voulait les faire imprimer qu'avec approbation de la Sorbonne ; et peut-être ne se souciait-il pas d'attirer l'attention des théologiens sur sa personne et sur ses opinions. On prétend qu'il travailla aussi sur l'histoire de la Normandie ; mais rien n'a été retrouvé de ces divers ouvrages, qui ne furent probablement qu'ébauchés. Car il devait consacrer désormais à de tout autres occupations son activité un peu inquiète et changeante, mais ingénieuse et

---

date. Voy. à la Bibliographie. La pièce, longue et diffuse, a plus de deux cents vers.

1. Il était de retour en 1611, car cette année-là il plaide contre M. de Tournebu pour se faire indemniser des leçons données à son fils. (Funck-Brentano, *Traicté d'œconomie politique* de Montchrestien, p. 6, en note.) Le même éditeur pense que Montchrestien avait quitté la France en 1605 (p. 10, en note).

2. Dans le *Mercure françois*.

féconde. Montchrestien s'était fait, de poète, économiste, et de gentilhomme, industriel.

En 1615 (peu après la réunion des États généraux) parut à Rouen, chez Jean Osmont, en un volume in-quarto, le *Traicté de l'œconomie politique, dedié au Roy et à la Reine-mère, par Antoine de Montchrestien, sieur de Vateville* (sic). Montchrestien surveillait bien mal ses imprimeurs, ou il n'était guère sûr du titre appartenant à sa gentilhommerie, car il s'était appelé jusque-là Vasteville, non Vateville. Cette forme nouvelle l'emporta décidément, et Montchrestien fut Vateville, ou plutôt Vatteville, jusqu'au jour de sa triste fin[1].

« Traité d'économie politique »; ce titre, appelé à une telle fortune qu'une science tout entière en a gardé le nom, ce titre alors était tout nouveau; le contenu ne l'était pas moins. Du premier coup d'œil, Montchrestien avait nettement entrevu toutes les parties de la science, et le récent éditeur du *Traicté*, M. Th. Funck-Brentano, a montré que tout ce qui s'est écrit depuis deux siècles et demi sur cette matière infinie et complexe était en germe au moins dans Montchrestien. C'est ainsi qu'il fait du travail la source première de la richesse : « L'heur des hommes consiste principalement dans la richesse, et la richesse dans le travail. » Il estime que la concurrence est un stimulant nécessaire à l'industrie : « Il n'y a pas de plus court moyen pour faire bientôt gagner le haut comble à ceux qui exercent les arts

1. M. de Beaurepaire, directeur des Archives départementales à Rouen, a signalé à M. Th. Funck-Brentano deux actes conservés aux archives de Rouen, l'un du 13 septembre 1613 et l'autre du 4 avril 1614, où Montchrestien prend le titre d'écuyer, sieur de Vasteville, et signe Monchrestien. Au reste, des gentilshommes plus authentiques ne laissaient pas, en ce temps-là, de varier beaucoup dans l'orthographe de leurs noms et titres.

que de les commettre en concurrence d'industrie...
Cela les oblige à prendre garde à soi de plus près. »
Il est « protectionniste » quand il s'agit des marchandises que la nation produit en suffisante abondance, et dont on ne saurait sans danger laisser la production languir. Il est « libre-échangiste » pour toutes les denrées qui manquent à notre sol, et ne croit pas qu'un pays s'appauvrisse en achetant beaucoup s'il travaille et produit lui-même en proportion. Il a déjà des vues qu'on croit bien plus modernes[1] : il préconise ainsi la division du travail : il ne faut point « mélanger tout en une seule main. Les Allemands et Flamands ne s'emploient volontiers qu'en une besogne. Ainsi s'en acquittent-ils mieux ; où nos Français voulant tout faire sont contraints de faire mal. » Il est très dégagé de certaines banalités chères à plus d'un moraliste : comme de croire que la richesse est nécessairement immorale, et la pauvreté nécessairement vertueuse. Il combat l'excès du luxe et la prodigalité ; mais il pense que « la pudeur, fidèle garde des vertus, reluit aussi bien sous la soie que sous la bure ».

Ayant visité la Hollande durant le temps de son exil, Montchrestien fait une description enthousiaste des ressources infinies que ce pays a su se créer par son travail : « Ce pays, dit-il, est un miracle d'industrie. Jamais État n'a tant fait en si peu de temps, jamais des principes si faibles, si obscurs, n'ont eu

---

1. Il est vrai qu'il observe déjà des maux qu'on croit, à tort, beaucoup moins anciens : il se plaint déjà (en 1615) « qu'on déserte les champs ; on laisse ces vives sources d'honneur, de contentement, de profit, où nos pères puisaient, pour se précipiter *aux charges publiques*, laissant les terres à des fermiers, à des mercenaires, à des valets ». Il se plaint que nous manquons de patience et de constance (en France) : « Je ne sais comment, nous avons cette coutume de commencer assez bien, mais de finir toujours mal. »

de si hauts, si clairs et si soudains progrès... Si je voulais laisser à la postérité un tableau de l'utilité du commerce, je décrirais ici, d'un côté, les villes d'Amsterdam et de Middelbourg en l'état qu'elles étaient il y a vingt-cinq ou trente ans, et de l'autre, celui auquel elles sont maintenant : grosses de peuples, comblées de marchandises, pleines d'or et d'argent. » Cette prospérité lui fait envie pour la France. Tout le livre est animé d'un patriotisme ardent. Montchrestien aspire à voir la France riche au dedans, grande au dehors, non seulement par l'influence politique et militaire, mais par la colonisation : il montre à ses concitoyens l'Amérique entière et une partie de l'Asie et de l'Afrique ouvertes à leurs efforts, champ magnifique où toute activité, toute ambition pourrait trouver à se satisfaire ; s'ils hésitent, les Anglais, les Espagnols prendront la place et la garderont ; et notre race, confinée dans ses frontières, perdra sa prééminence en Europe..

Pour joindre aux théories la pratique et sans doute aussi pour faire fortune (il n'y avait point de mal à cela), Montchrestien, peu après son livre publié[1], se transforme en industriel. D'abord vers la forêt d'Orléans, à Ousonne-sur-Loire, puis à Châtillon-sur-Loire, il travaille l'acier ; il fabrique des lancettes, des couteaux, des « canivets, et autres instruments qu'il venait vendre à Paris », chez un taillandier établi dans la rue de la Harpe. Le *Mercure* ajoute niaisement que Montchrestien était aussi grandement « soupçonné de faire de la fausse monnoie ». Pour un journal semi-officiel, voilà une sotte façon d'encourager l'industrie nationale.

Nous avons presque honte à défendre Montchres-

---

1. Ou même avant de le faire paraître ; mais je n'ai relevé dans le livre aucune allusion formelle à son entreprise industrielle.

tien contre une telle imputation. Mais dans le temps même où le *Mercure* prétend qu'on le soupçonnait d'être un faux monnayeur, Montchrestien continuait à voir la meilleure compagnie ; il fréquentait beaucoup un personnage assez dédaigneux et peu jaloux de se compromettre, Malherbe. Le 2 août 1618, Malherbe écrit à son cousin, M. de Bouillon-Malherbe : « Je vous ai dit qu'il y avait un livre de la noblesse de Normandie qui avait passé avec le duc Guillaume... Un nommé M. de Montchrestien est celui de qui je le tenais, et qui me l'a dit, *non une fois ou deux, mais une douzaine.* » Malherbe ne se doutait pas alors que ce M. de Montchrestien, bon gentilhomme normand, si au courant de ce qui intéressait l'histoire nobiliaire de son pays, et qui peut-être bien se vantait à demi-voix d'avoir un ancêtre couché sur le livre d'or des conquérants de la Grande-Bretagne, était destiné à faire assez prochainement une fin fâcheuse. Trois années plus tard, Malherbe, qui déclare ici en passant qu'il a vu Montchrestien mainte et mainte fois, se croira obligé de désavouer la fréquence de leurs relations. Alors il écrira négligemment à son ami Peiresc[1] : « Montchrestien a fait un livre de tragédies en vers français ; je crois que c'est ce qui lui avait donné sujet de me venir voir *deux ou trois fois*[1]. » Mais c'est beaucoup de parler « douze fois » en deux visites du livre d'or des nobles normands !

Une autre preuve que Montchrestien ne fit pas de

---

1. Lettre datée de Caen, 14 octobre 1621. Malherbe ajoute : « Je me trompe, ou il donna en ce même temps-là un livre in-quarto de sa façon, assez gros, à M. le garde des sceaux ; et me semble que le sujet de son livre était du commerce ou quelque chose pareille. » Il y a un peu d'affectation dans ce dédain ; et probablement Malherbe avait le livre chez lui.

la fausse monnaie, c'est qu'il ne s'enrichit point. Vers 1619, ayant probablement éteint ses forges de Châtillon, il s'occupait de commerce maritime et de colonisation. A cette époque, il a un procès à Rouen « pour un embarquement » contre un sieur de Pont-Pierre[1]. Mais déjà se préparaient des événements graves qui allaient terminer sa courte vie par une catastrophe.

Les protestants, depuis la première assemblée de Loudun (25 septembre 1619), se remuaient et menaçaient de se soulever. L'assemblée de la Rochelle (2 janvier 1621) adressa au Roi des remontrances hautaines, bientôt suivies d'une insurrection. L'armée royale dut faire campagne en Anjou, en Poitou, et investir Montauban.

Montchrestien était-il protestant de naissance ? Nous l'ignorons. Un de ses biographes, M. Joly, croit qu'il était catholique ; mais la preuve qu'il en donne est sans valeur : Montchrestien, dans son *Traicté d'œconomie politique*, s'est prononcé contre la liberté de conscience. Faut-il donc répéter que personne à cette époque, les protestants non plus que les catholiques, n'admettait la liberté de conscience ? Les protestants la réclamaient d'abord pour eux-mêmes ; ils l'acceptaient pour les catholiques en pays catholique, ne pouvant faire autrement ; ils la repoussaient pour tous autres. Le plus tolérant des protestants, Théodore de Bèze, a écrit le traité *De hæreticis a magistratu puniendis*. L'opinion de Montchrestien sur la liberté de conscience ne prouve donc absolument rien pour ou contre son orthodoxie.

---

[1]. Il est possible qu'il s'agît, en cette occasion, de l'exportation des produits de son industrie. Mais il nous paraît improbable que Montchrestien fût encore à la tête d'une entreprise industrielle sérieuse, lorsqu'il se jeta dans la révolte protestante.

Dans le récit de la défaite et de la mort de Montchrestien, publié en plaquette au lendemain de l'événement, on dit très positivement : « Vatteville-Montchrestien faisoit profession de la religion prétendue réformée. » Le *Mercure* dit, l'année suivante : « Il n'était pas tant huguenot et zélé en sa religion. » C'est, du moins, qu'il faisait profession de l'être. Nous croyons que le *Mercure* dit vrai : probablement Montchrestien était protestant de naissance et, dans son for intérieur, assez indifférent en matière religieuse. Il est certain que ce n'est pas l'ardeur de sa foi, mais c'est l'ardeur de son ambition qui le jeta dans la guerre civile[1].

Cette faute fut d'autant plus grave que Montchrestien, depuis deux ou trois ans, avait été fait gouverneur de Châtillon sous M. le Prince. D'après le *Discours véritable de ce qui s'est passé en Normandie*[2], il quitta cette ville au mois de juin 1621, et, prenant ouvertement parti pour les rebelles, il se jeta dans Jargeau avec deux cents hommes, juste au moment où cette ville, pressée vivement par l'armée royale, venait de capituler[3]. Malgré ses efforts, il ne put obtenir des habitants qu'ils déchirassent l'accord

---

[1]. M. Funck-Brentano incline à croire qu'il était catholique, (*Revue bleue*, 14 septembre 1889, p. 343.) Il allègue un passage du *Traicté d'œconomie politique* (p. 214, édition Funck-Brentano) où l'auteur parle, en effet, des « hérétiques » anglais et hollandais comme le pourrait faire un catholique ; mais dans ce livre tout scientifique, non théologique, Montchrestien, pour ainsi dire, parle politiquement au nom du roi de France qui est catholique, et de la France, en grande majorité catholique. Aujourd'hui même des ministres français, qui peuvent être protestants ou juifs, sont officiellement « protecteurs des intérêts catholiques dans le Levant ». En un mot, le passage allégué, dans les circonstances où il est écrit, ne nous paraît pas décisif.

[2]. Voir à la *Bibliographie*, p. xliv.

[3]. *Mercure*, t. VII, p. 366-374.

déjà conclu, et il fut contraint de se retirer avec ses partisans, au nombre de quatre cents, car sa petite troupe s'était grossie de tous ceux qui ne voulaient pas se soumettre. Il gagna Sancerre, et, s'étant rendu maître de la ville, avec l'appui des protestants, il en chassa le comte de Marans, chef du parti catholique, et mit la place en état de défense. Mais la division y régnait, et, dès que le prince de Condé parut devant les murs avec quatre mille fantassins et cinq cents cavaliers, elle s'aigrit tellement, que Montchrestien ne savait plus sur qui s'appuyer, en même temps que tous se défiaient de lui. Le prince, usant habilement des circonstances, fit venir les principaux de la ville et leur persuada qu'ils ne devaient pas se sacrifier à l'ambition de Montchrestien ; puis il manda Montchrestien lui-même et le prévint que les habitants voulaient se décharger sur lui seul du crime de leur rébellion. Mêlant habilement les promesses aux menaces et y joignant, s'il faut en croire le *Mercure*, un présent de six mille francs[1]; il obtint que Montchrestien capitulerait et quitterait la place, « lui et la garnison, avec armes et bagages » ; il avait un mois « pour se retirer en sûreté où bon lui semblerait ».

En sortant de la ville, Montchrestien se retourna, dit-on, et, jetant les yeux sur ces murs qu'il n'avait pu défendre, il pleura de dépit et s'écria : « Quelle fortune je perds par la méchanceté des traîtres de là dedans qui m'ont vendu ! » Ce bonheur de M. le

1. L'abbé Poupart, historien de Sancerre au dix-huitième siècle, ne croit pas que Montchrestien ait capitulé à prix d'argent ; tout au plus accepta-t-il une indemnité légitime et conforme aux usages du temps. MM. Haag (*la France protestante*) s'arment de ce témoignage pour défendre Montchrestien contre l'accusation du *Mercure*. L'échevin David Perrinet, aidé de la majorité des habitants, avait, d'ailleurs, pesé fortement sur Montchrestien pour le réduire à capituler.

Prince qui avait pris, sans coup férir, « avec des paroles » cette place « la plus forte de France », jetait dans le désespoir l'ancien protégé de Condé[1]. Après une tentative inutile pour tenir dans Sully, que le prince dégagea, Montchrestien, repoussé partout, dut revenir en Normandie. Il avait quitté sa province natale depuis quinze ans peut-être, mais sans doute il y avait conservé des relations sur lesquelles il crut pouvoir s'appuyer. Il offrit aux mécontents d'aller représenter la province à l'assemblée de la Rochelle. Il s'y rendit en effet dans le courant du mois de juillet et demeura quinze jours dans la ville, négociant avec les chefs du parti et promettant merveilles, au nom de la Normandie. Il était beau parleur, engageant, hardi, de ces hommes qui, à force de croire en eux-mêmes, font partager cette confiance aux autres. L'Assemblée lui fit délivrer « cent ou cent vingt commissions » en blanc, « avec argent et lettres de change, tant pour lever des régiments de gens de pied que des compagnies de chevau-légers ès provinces du Maine, de Normandie et autres circonvoisines[2] ». Elles portaient cette devise : « Pour le Roi et pour Christ. » Ainsi, c'est au nom du Roi que Montchrestien allait lever une armée pour combattre l'armée du Roi. Étrange audace ou singulier aveuglement !

Il revient en Normandie, et tant dans cette province que dans le Maine, il commence à visiter divers gentilshommes, les uns protestants, les autres catholiques mécontents ; il leur distribue secrètement l'ar-

1. *Mercure*, t. VII, p. 383.
2. Ces commissions étaient datées du 9 août 1621. M. de Vaudichon en possède une ; elle est scellée d'un cachet de cire rouge représentant un ange qui foule aux pieds un homme (ou un démon?) renversé. Autour, on lit cette devise : *Pro rege et Christo*.

gent et les commissions et leur enjoint de se tenir prêts à prendre la campagne au premier signal. Avec dix ou douze compagnons résolus et avisés, il visite les villes de Caen, Falaise, Argentan, Alençon, Domfront, Vire et les plus gros bourgs de la même région, et assigne le rendez-vous général au lundi 11 octobre dans les forêts d'Andaine et d'Alençon, où quelques partisans déjà rassemblés commençaient à jeter l'effroi dans la province et pillaient les châteaux isolés. On disait à Caen : « Ils sont deux mille dans la forêt. » Un espion fut envoyé, compta cent cinquante hommes, et son rapport rassura la ville [1].

Le danger n'était pas grave; car toutes les menées du parti étaient connues, au moins en gros, et pour les réprimer vivement au premier signe de révolte, le duc de Longueville, gouverneur de Normandie, et M. de Matignon, lieutenant général, faisaient filer les troupes royales vers Argentan et Domfront.

On était au commencement d'octobre, et Montchrestien continuait à parcourir la province, mais sans faire de grands progrès, et si peu sûr de ses forces qu'il n'osait rester plus de deux heures dans un même lieu, de peur d'être trahi ou surpris [2]. Il arriva ainsi, le jeudi 7 octobre, entre neuf et dix heures du soir, au bourg des Tourailles, sis à cinq lieues de la ville de Falaise et à la même distance de celle de Domfront. Il avait avec lui son valet et six capitaines, tous bien montés et bien armés de carabines et de pistolets. Cette petite troupe se présente à l'hôtellerie du village et commande à souper, mais ils ne comptaient pas coucher aux Tourailles;

---

1. Malherbe, *Lettre à Peiresc*, du 14 octobre.
2. *Discours véritable de ce qui s'est passé en Normandie*, etc. Voy. la *Bibliographie*.

ils ne voulaient, disaient-ils, séjourner que quelques heures.

L'hôtelier, nommé Pierre Lemancel, ne connaissait pas Montchrestien; mais entendant parler depuis plusieurs jours des assemblées qui se faisaient en armes dans la forêt voisine, il crut devoir donner avis à son seigneur du passage de ces voyageurs suspects. Le château des Tourailles[1], distant de moins d'un quart de lieue du bourg, appartenait alors au sieur Turgot des Tourailles, capitaine de chevau-légers, l'un des vingt-quatre gentilshommes ordinaires de Sa Majesté, c'est-à-dire attaché corps et âme au service du Roi.

Claude Turgot n'avait pas trente ans[2]. Jeune, ardent, fidèle, cette aventure lui plut; « il résolut de servir le Roi ou d'y perdre la vie ». Il avait avec lui deux gentilshommes de ses amis et quelques domestiques. Il fit prévenir en hâte d'autres gentilshommes ses voisins et arma tout son monde; un de ses gens, par mégarde, fit partir dans la cour du château un coup de carabine. Claude Turgot, craignant que ce bruit insolite ne donnât l'éveil aux étrangers, sortit alors de chez lui, sans attendre les renforts qu'il avait demandés. En route, il rencontra deux gentilshommes et trois ou quatre soldats qu'il rallia, et tous ensemble, au nombre d'une vingtaine d'hommes en tout, marchèrent vivement vers l'hôtellerie. On voyait de loin la salle éclairée où Montchrestien et ses compagnons, ayant fini leur souper, s'apprêtaient déjà pour repartir.

On ignorait toujours leur véritable qualité; pour sauvegarder les formes légales, Claude Turgot, sans

---

1. Le château appartient actuellement à M. de Vaudichon.
2 Il mourut à soixante-trois ans, le 23 mars 1655. Voy. M. de Vaudichon. (*Bibliographie*.)

se montrer, dépêcha devant lui l'huissier du bourg avec charge de commander aux voyageurs, de par le Roi, qu'ils déclarassent leurs noms et missent bas les armes. Montchrestien, interpellé par l'huissier, déclare se nommer Champeaux; mais tout en parlementant, il gagnait la porte de la salle avec ses hommes. En sortant, il voit l'escalier déjà occupé; sans hésiter un moment, il fait feu de ses pistolets; sa troupe l'imite, et trois hommes tombent morts[1] sur les degrés de l'escalier; mais, avant que Montchrestien ait pu songer à se frayer un passage sur leurs corps, Claude Turgot et ses gens s'élancent à l'assaut de la salle, et Montchrestien tombe mort, ayant reçu deux coups de pertuisane, l'un dans la tête et l'autre dans le ventre, et un coup de pistolet dans l'épaule. Son valet, grièvement blessé, est fait prisonnier; les autres, ou blessés ou saufs, sautent par les fenêtres, traversent à la nage ou à gué la rivière des Tourailles et réussissent à s'enfuir à la faveur de la nuit. Des paysans les rencontrèrent le lendemain matin, mais ne voulurent ou n'osèrent les arrêter; ils se dispersèrent dans des châteaux amis, et leurs traces furent perdues. Mais plusieurs, grièvement blessés, ne survécurent guère à leur chef. Le plus important de ces lieutenants de Montchrestien était, au témoignage de Malherbe, un nommé Rochefontaine, qui avait été gendarme du comte Maurice. Il avait tous les « Mémoires » de Montchrestien, c'est-à-dire sans doute le plan de l'insurrection et les noms des affidés.

Sur le cadavre du malheureux capitaine, on ne

---

1. Ils se nommaient le sieur de Mesnil-Auvray, le sieur de Sainte-Marie, et un soldat, nommé Geston. Malherbe (lettre à Peiresc, du 14 octobre) nomme parmi les morts « un gentilhomme nommé l'Escarde, de cette ville (Caen), fils unique de sa maison, riche de

trouva rien qu'un billet[1] avec ce chiffre énigmatique 7779; « mais de savoir ce que cela voulait dire, il n'y a moyen », dit Malherbe, sur un ton de curiosité déçue; « son valet même ne le sait pas ou ne l'a pas voulu dire ». Ce valet, interrogé par le juge du lieu, reconnut que son maître était bien Montchrestien, comme le soupçonnait Claude Turgot. Il fut emmené au château des Tourailles; on y transporta le cadavre de Montchrestien. Les chevaux, les armes, tout l'équipage des vaincus fut distribué par le sieur Turgot à ses compagnons. Le jour venu, il fit avertir en toute hâte M. de Longueville et messieurs du Parlement à Rouen, M. de Matignon à Domfront et le Roi même à Montauban. M. de Matignon renvoya le jour même ses félicitations, en exprimant le regret que Montchrestien n'ait pu être pris vivant. Il ordonnait que son corps fût porté à Domfront, ce qui s'exécuta aussitôt. Les juges ordinaires du siège instruisirent le procès de ce malheureux cadavre, et, le mardi 12 octobre, ils rendirent arrêt contre « Anthoine Montchrestien, autrement dit Mauchrestien, dûment atteint et convaincu du crime de lèse-majesté au premier chef », ordonnèrent « que le corps dudit sera cejourd'hui, trois heures de relevée, traîné sur une claie, en la place de la Brière, près cette ville, lieu accoutumé à faire les exécutions criminelles, et là, sur un échafaud, ses membres brisés sur un gril en la forme et manière accoutumée; puis sondit corps brûlé et réduit en cendres, et les cendres jetées au vent par l'exécuteur des sentences criminelles. Tous les biens dudit défunt Montchrestien acquis et

cinq à six mille livres de rentes, qui fut apporté ici où il fut inhumé hier matin ».

1. Une partie des commissions (48 sur 100 à 120) fut retrouvée chez le sieur des Ventes, cousin de Monchrestien, selon le *Discours*.

confisqués au Roi. » Louis XIII n'en fut pas beaucoup plus riche.

La justice parut s'acharner sur ce corps infortuné. Messieurs du parlement de Rouen le réclamèrent des juges de Domfront; mais il était trop tard, et ce qui avait été Montchrestien n'était plus que cendre légère et dispersée aux souffles de l'air. Le Parlement dut se contenter d'un vivant, le valet de Montchrestien; on lui réunit quelques complices de l'insurrection, arrêtés dans les premiers jours qui suivirent la mort de son chef. Une lettre de Malherbe à Peiresc, datée du 2 novembre, annonce que « sept camarades » de Montchrestien, presque tous de ses parents, ont été menés à Rouen, « où ils sont déjà pendus ou bien vont l'être[1] ». Comment se put-il retrouver tant de parents de Montchrestien, en un moment surtout où il ne faisait pas bon de l'être; de Montchrestien jadis adjugé, faute de famille, à la tutelle forcée d'un voisin? Les parents de sa femme étaient-ils demeurés fidèles à cet allié un peu clandestin? Avaient-ils cru à son bonheur et suivi sa fortune? La chose paraît bien douteuse; il est probable que Malherbe, en cela mal informé, prit pour des parents de Montchrestien quelques complices, vrais ou supposés, de sa folle expédition.

Ainsi périt, à l'âge de quarante-six ans, dans une embuscade obscure, Antoine de Montchrestien, digne d'un meilleur sort par son beau talent de poëte et par l'étendue, la vivacité, la souplesse de son esprit,

---

[1]. M. Funck-Brentano (*Revue bleue*, 14 sept. 1889) paraît avoir mal interprété le texte de Malherbe, en faisant de l'un des prisonniers (Les Ventes) un gentilhomme parent de Monchrestien. Voici le texte de Malherbe : « Lundi, 25ᵉ du passé (mois) furent amenés en cette ville sept des camerades (*sic*) de Montchrestien, desquels son valet était l'un; le principal de tous était un nommé Les Ventes,

capable des plus grandes choses, si l'inquiétude de son caractère, une ambition déréglée, un orgueil présomptueux n'était venu gâter ses bonnes qualités naturelles. Il méritait quelque pitié, malgré ses fautes ; il n'en obtint aucune. Malheur aux turbulents qui, par fanatisme ou par ambition, bouleversent la vie de gens qui n'ont nulle envie qu'on les dérange ; il ne leur sera rien pardonné. « Tant y a, conclut Malherbe (après avoir conté à son ami Peiresc la fin tragique de Montchrestien), tant y a que par sa mort, nous croyons être en repos en Normandie. » Et voilà toute l'oraison funèbre de Montchrestien par Malherbe, d'un grand poète inachevé par un grand poète illustre ! Aussi qu'avait-il été faire dans cette galère ? La nature l'avait fait poète, autant, et plus peut-être, que Malherbe. Il est oublié, Malherbe est immortel. Cependant, qu'aurait laissé Malherbe s'il eût cessé d'écrire, comme fit Montchrestien, après la vingt-cinquième année ? Ceux à qui la Muse a souri dans leur jeunesse devraient-ils jamais lui être ingrats et chercher, loin d'elle, une gloire douteuse et moins pure ?

que l'on dit avoir eu quelque part en ses conseils ; *les autres* étaient gens de peu, et presque tous parents de Montchrestien. Le lendemain, ils furent menés par le prévôt à Rouen, où si les fêtes ne leur ont allongé la vie, je crois qu'ils sont déjà pendus. » Le *Mercure* paraît s'être trompé en faisant de Les Ventes un parent de Montchrestien.

BIBLIOGRAPHIE

A. — Ouvrages de Montchrestien.

Sophonisbe, tragedie, par A. Montchrestien. Caen, Vve Jacques Le Bas, 1596, petit in-8°.

Les Tragedies de Ant. de Montchrestien, sieur de Vasteville, plus une bergerie et un poème de Susane. A Monseigneur le prince de Condé. A Rouen, chez Jean Petit, dans la cour du Palais. Avec privilege du Roy. — In-8°, s. d. (D'après le privilège, 1601. Il y a deux privilèges, l'un de Paris, 12 décembre 1600 ; l'autre de Rouen, du 9 janvier 1601.)

Le volume renferme 400 pages, plus 8 feuillets préliminaires, 1 feuillet pour le privilège ; en outre, la *Bergerie*, paginée à part, remplit 86 pages, avec 4 feuillets préliminaires.

Cette édition contient : Dédicace à Condé ; portrait du même ; stances au même ; vers à la louange de Montchrestien (stances de Brinon, cinq vers par le même ; vers par Bosquet ; quatrain signé : le petit Paulmier ; un autre quatrain (sur le portrait de l'auteur), par Bosquet, se lit au verso du titre). Cinq tragédies : *l'Escossoise*, *la Carthaginoise* (qui est *Sophonisbe* remaniée), *les Lacenes*, *David*, *Aman*, avec les préfaces non paginées et le poème de *Susane* ou *la*

Chasteté, précédé de Dédicace à dame Suzane Thezard. Poëmes divers : Avertissement ; derniers propos de feu dame Barbe Guiffard ; *Tombeau* en prose de la même ; stances et complainte sur la même ; sonnet sur la même ; vers sur la mort de mademoiselle de Helins ; *Tombeau* (en prose) de M. DE BREAUTÉ le jeune ; épitaphe du même en vers. Vers sur le décès de M. de Languetot ; puis les deux privilèges. Vient ensuite, avec une pagination nouvelle : la *Bergerie* en cinq actes et en prose mêlée de vers ; elle est précédée d'un quatrain et de dix sonnets. M. Funck-Brentano dit que cette première édition a eu un second tirage en 1603. Nous ne l'avons pas rencontré.

Les Tragedies d'Anthoine de Montchrestien, sieur de Vasteville, à Monseigneur le prince de Condé. Édition nouvelle augmentée par l'auteur, avec privilege du Roy, 1604. A Rouen, chez Jean Osmont, libraire dedans la court du Palais. — 394 pages, plus un feuillet pour l'approbation et le privilège.

Cette édition renferme : Dédicace (nouvelle) à Condé ; stances au même ; les mêmes vers à la louange que dans l'édition précédente.

Six tragédies : *Hector* (inédit) et les cinq tragédies qui sont dans l'édition précédente (sans les préfaces), mais avec des variantes si nombreuses qu'on peut dire qu'elles sont entièrement refaites.

Le poème de *Susane* avec la dédicace.

L'approbation des Docteurs, datée du 27 janvier 1604, et le privilège du Roi, daté du 10 avril 1604, enregistré le 9 juillet suivant.

La *Bergerie* et les *Poésies diverses* manquent dans cette édition.

Les Tragedies d'Anthoine de Montchrestien, sieur de Vaste-

ville. A monseigneur le prince de Condé. Dernière édition reveue et augmentée par l'autheur. A Nyort, par Jacques Vaultier. MDCVI.

Cette édition reproduit la précédente, page par page, ligne par ligne, d'ailleurs si négligemment que les *errata* de 1604 n'ont pas même été corrigés et qu'on a faussé, en les refaisant de travers, plusieurs vers que 1604 avait mal imprimés. D'autres vers sont omis, au détriment du sens et de la rime. L'édition de 1606 est une pitoyable contrefaçon. On a dû profiter malhonnêtement de l'absence de Montchrestien, déjà réfugié en Angleterre.

Au Roy. C'est la demande en grâce dont nous avons cité quelques vers (*Notice*, p. xxij). L'exemplaire unique, sans date et sans nom d'imprimeur, est à la réserve de la Bibliothèque nationale, Y 6155ᴬ. La pièce est reproduite dans le *Parnasse des plus excellents poètes françois de ce temps*, t. Iᵉʳ, fº 53. (1618.)

Traicté de l'œconomie politique dédié au Roy et à la Reine-mère, par ANTOINE DE MONTCHRESTIEN, sieur de Vateville. A Rouen, chez Jean Osmont, in-4º. (S. d., mais le privilège du Roi est daté du 12 août 1615.)

Récemment réimprimé (sauf quelques coupures) par M. Funck-Brentano :

Traicté de l'œconomie politique dédié en 1615 au Roy et à la Reyne-mère du Roy par Antoyne DE MONTCHRESTIEN, avec introduction et notes par Th. Funck-Brentano. Paris, Plon et Nourrit, 1889 ; gr. in-8º de cxvii-398 pages.

Les Tragédies d'Anthoine de Montchrestien, sieur de Vasteville. Édition nouvelle augmentée par l'autheur. A Rouen, chez Pierre de la Motte, demeurant à la basse Vieille-Tour, près la halle au blé. MDCXXVII. (In-8°, 480 pages, plus 8 feuillets préliminaires. La page 288 a été omise dans la pagination.) D'autres exemplaires sont « chez Martin de la Motte, rue aux Juifs ».

Cette édition posthume reproduit la première (celle de 1601) si servilement qu'elle ne renferme pas *Hector*, publié en 1604. Voilà comme elle est « augmentée par l'autheur ». Elle ne contient même pas toutes les poésies diverses, mais seulement : les derniers propos de Barbe Guiffard, son épitaphe ou tombeau en prose, les stances et la complainte de la ville de Rouen, sur la même.

La reproduction est identique, page par page, jusqu'à la page 227 où commence *Aman*. A partir de cette page, l'édition de 1627 change la justification, espace davantage les lignes ; le rapport des pages cesse, mais le texte demeure identique. Les préfaces des pièces publiées (sans pagination) dans l'édition de 1601 manquent dans celle de 1627.

En résumé, il y a quatre éditions de Montchrestien, mais seulement deux textes :

Celui de 1601, reproduit dans l'édition de 1627 ;
Celui de 1604, reproduit dans l'édition de 1606.

L'édition de 1601 ne renferme pas *Hector*. Elle renferme seule la première dédicace à Condé, les préfaces des tragédies, le sonnet sur Barbe Guiffart, les vers sur la mort de mademoiselle de Helins, le tombeau en prose et l'épitaphe en vers de M. de Breauté le jeune, les vingt et un quatrains sur la mort de M. de Languetot, les dix sonnets d'amour en tête de la *Bergerie*.

L'édition de 1604, qui donne seule les six tragédies et présente le texte définitif auquel s'est arrêté l'auteur, devait être préférée par nous; c'est celle que nous reproduisons; mais nous donnerons dans le *Commentaire* les avis au lecteur ou préfaces qui ne figurent que dans l'édition de 1601.

Nous ne dissimulerons pas d'ailleurs que les deux textes de 1601 et de 1604 présentent des différences considérables. Montchrestien a refait son œuvre dramatique, pour ainsi dire, vers par vers, et il ne l'a pas toujours refaite heureusement. Il nous est arrivé quelquefois de trouver que le texte de 1601 était préférable à celui qui l'a remplacé en 1604. Corneille aussi n'a pas su toujours se corriger à propos. Mais nous n'en devions pas moins publier Montchrestien, comme on publie Corneille, conformément au dernier texte arrêté par le poète. Donner partout les deux leçons équivaudrait à donner deux éditions, tant les variantes sont innombrables. Nous nous sommes attachés du moins à faire connaître dans le *Commentaire* celles qui nous ont paru offrir quelque intérêt historique ou littéraire.

B. — Ouvrages a consulter sur Montchrestien.

Nous avons classé les documents originaux dans l'ordre chronologique :

1618 et 1621.

Malherbe. Voyez lettre du 2 août 1618 (à M. de Bouillon-Malherbe) et lettres du 14 octobre et du 2 novembre 1621 (à M. de Peiresc). Édition des *Grands écrivains*, t. III, 556-559, 565, et t. IV, 44.

1621.

La prise et réduction de la ville de Sancerre à l'obéissance du Roy par Mgr le prince de Condé le samedy 29 may 1620 (1621). Paris, Pierre Recolet, 1621. (Bibliothèque nationale, L^b 36, 1652.)

La prise de la ville et chasteau de Sancerre par Mgr le prince de Condé. Paris, Nicolas Alexandre, 1621. (Bibliothèque nationale, L^b 36, 1653.)

La memorable execution des rebelles à Sa Majesté, faite par arrest du parlement de Rouen, suivant le commandement du Roy, ensemble la deffaicte des Bandoliers courans la Normandie, par le sieur de Tourailles-Turgot, chevalier, et l'un des vingt-quatre gentilshommes ordinaires près la personne de sadite Majesté. A Paris, chez Abraham Saugrain, MDCXXI. (14 pages petit in-8°.) Avec permission. (Bibl. nat., L^b 36, 1767.)

Discours véritable de ce qui s'est passé en Normandie, en la deffaicte de Vatteville et de ses bandoliers, lesquels ont esté deffaicts par le sieur des Tourailles-Turgot, chevalier, et l'un des vingt-quatre gentilshommes ordinaires près la personne du Roy. Ensemble la condamnation et exécution dudit Vatteville, et la conduitte des autres prisonniers au parlement de Rouen pour faire leur procèz par le commandement de Sa Majesté. A Paris, chez Abraham Saugrain, MDCXXI. Avec permission, 14 pages petit in-8°. (Bibl. nat., L^b 36, 1766.)

Sous deux titres différents, cet ouvrage et le précédent sont, mot pour mot, la même plaquette. On ne voit pas bien à quoi pouvait servir ce petit artifice de librairie.

1622.

Le Mercure françois de 1621, tome VII, pages 367 et 814 à 817.

Histoire de la rébellion excitée en France par les rebelles de la religion prétendue réformée, par Claude MALINGRE, historiographe. Tome Ier (1622).

Claude Malingre reproduit les deux plaquettes indiquées ci-dessus ; peut-être en était-il l'auteur. On lançait d'abord les plaquettes pour les petites bourses, puis le gros volume pour les grandes.

L'*Histoire de la rébellion* donne (page 450) le texte des commissions délivrées à Montchrestien par l'assemblée de la Rochelle.

1641.

Histoires tragiques de nostre temps, par Claude MALINGRE DE SAINT-LAZARE. Rouen, David Ferrand, 1641, in-8°.

Page 800 : *Du baron de Vatteville, dit Monchrestien.* Voilà Montchrestien devenu baron ; tous les héros des *Histoires tragiques* sont gentilshommes, pour mieux éblouir les lecteurs naïfs et romanesques du dix-septième siècle. Claude Malingre répète une fois de plus ici le récit des plaquettes mentionnées ci-dessus.

Tels sont les documents contemporains. Les ouvrages écrits postérieurement aux événements n'ont guère fait que répéter les précédents témoignages. Aucune découverte récente n'a rien ajouté d'important à la biographie très incomplète de Montchrestien.

On peut consulter, parmi les ouvrages du dix-huitième siècle :

BEAUCHAMPS, *Recherches sur les théâtres de France.*

NICERON, *Mémoires pour servir à l'histoire des gens de lettres,* tome XXXII, p. 59.

PARFAICT, *Histoire du théâtre français,* tome III, p. 518, 549, 576, et tome IV, p. 49, 51, 78 et 174.

MORÉRI, édition de 1749, tome II, p. 145.

LA VALLIÈRE, *Bibliothèque du théâtre français,* tome Ier, p. 302.

GOUJET, *Bibliothèque française.*

Au dix-neuvième siècle, outre les Biographies Michaud et Didot, le catalogue Soleinne et le *Manuel du libraire* de Brunet, les auteurs principaux qui ont parlé de notre poète sont les suivants:

SAINTE-BEUVE, *Histoire de la poésie au seizième siècle.*

PHILARÈTE CHASLES, *Études sur le seizième siècle.*

L. DUBOIS, *Recherches archéologiques sur la Normandie,* Paris, 1843.

BOISARD, *Notice sur les hommes illustres du Calvados,* Caen, 1848.

FLOQUET, *Histoire du parlement de Normandie,* t. IV, p. 393-399.

HAAG, *La France protestante,* tome VII, p. 463.

FRÈRE, *Manuel du bibliographe normand,* Rouen, 1860.

LEBRETON, *Biographies normandes,* Rouen, 1861, tome III.

A. JOLY, *Antoine de Montchrestien, poète et économiste,* Caen, 1865, in-8°.

J. Duval, *Antoine de Montchrestien*, 1869, in-8°.

Gustave de Vaudichon, *Montchrétien* (1575-1621). — I. L'homme. — II. Le bandolier. — III. Le poète. — IV. L'économiste. Amiens, Delattre-Lenoel, 1882, in-8°.

Émile Faguet, *La tragédie française au seizième siècle*. Paris, 1883, in-8° (p. 332-354).

Guido Wenzel, *Æsthetische und sprachliche studien über Antoine de Monchretien in vorgleich zu seinem Zeitgenossen Inaugural Dissertation*. Weimar, 1885, in-8°.

Beaurepaire, *Bulletin de la commission des antiquités de la Seine-Inférieure*, t. VII, p. 396, 1888.

Funck-Brentano, *Traicté de l'œconomie politique*, par Ant. de Montchrétien, avec introduction et notes. Paris, Plon et Nourrit, 1889, in-8°.
Voir deux articles sur Montchrestien, par le même auteur, dans la *Revue bleue*, n°ˢ du 14 et du 21 septembre 1889. Les historiens de l'économie politique, particulièrement Blanqui, Joseph Garnier, Horn, Scheel, et M. H. Pigeonneau, dans son *Histoire du commerce de la France*, t. II, p. 360, 1889, ont fait mention de Montchrestien. (Voy. l'édition de Funck-Brentano, p. 374.)

A Tres-Haut, Tres-Puissant, et Tres-Excellent Henry de Bourbon, Prince de Condé, premier Prince du sang, premier Pair de France, Gouuerneur et Lieutenant de Sa Maiesté en Guienne.

MONSEIGNEVR,

JE prens la hardiesse de publier mes Tragédies sous l'authorité de vostre grandeur, et de vous les dedier. Je vous supplie tres humblement de l'avoir agreable. Le present est petit et mal poli ; mais i'espere que la matiere et les argumens me rendront excusé à l'endroit de ceux qui iugent des ouvrages sans passion et sans malice. Les Tragédies pour le seul respect de leur sùbiet, ne meritent moins d'estre leües des Princes, nés et nourris aux lettres et à la vertu, que d'autres livres qui portent des tiltres plus specieux et plus serieux en apparence. Elles representent presque en un instant, ce qui s'est passé en un long temps ; les diuers accidens de la vie, les coups estranges de la fortune, les iugemens admirables de Dieu, les effets singuliers de sa prouidence, les chastimens epouuentables des Rois mal conseillés et des peuples mal conduits. En tous les Actes Dieu descend sur le theatre, et joue son personnage si serieusement, qu'il ne quitte iamais l'eschaffaut, que le meschant Ixion ne soit attaché à vne roüe, et que la voix lamentable du pauure Philoctete ne soit exaucée, marques apparentes de sa iustice et de sa bonté. Or à qui peut, Monseigneur, plus iustement appartenir ceste connoissance et ces contemplations, qu'aux Princes et entre les Princes, qu'au premier Prince du sang? Que si mon stile et mes vers ne répondent à la grandeur de vostre merite et à la dignité de leur sujet, c'est assés qu'ils soient nés sous si bon astre et à si bonne heure, que de vous estre presentés à leur naissance; et que vous me faciés l'honneur de me tenir,

Monseigneur,

Vostre tres humble et tres obeissant serviteur.

ANT. DE MONTCRESTIEN.

A Tres-Haut, Tres-Puissant, et Tres-Excellent Henry de Bourbon, Prince de Condé, premier Prince du sang, premier Pair de France, Gouuerneur et Lieutenant de Sa Maiesté en Guienne.

MONSEIGNEVR,

CES Tragédies que ie vous ay desia dediées recherchent encor vostre apuy pour en tirer vne nouuelle recommandation. S'il m'estoit possible de les dégager totalement du public, ce me seroit vn grand contentement, et par mon propre consentement elles seroient desormais plustost suprimées que reimprimées : Car la grandeur de vostre nom demande quelque chose plus serieuse et mon humeur de maintenant est plus portée à vn autre suiet d'escrire. Mais il ne reste plus en ma main que de tascher à les rendre dignes d'auoir vos qualitez sur le front. I'auouë fort librement que la honte m'est montee à la face autant de fois qu'elles sont reuenües à mes yeux, depuis que ie les enuoyai vous porter vn tesmoignage de mon peu d'industrie, où mon dessein

ÉPISTRE.

estoit simplement de vous donner vn gage de ma seruitude. I'ay auisé cette erreur apres l'auoir commise, m'en suis iugé coupable, et pour la reparer ay assubietti mon esprit et ma main à vne plus exacte pollissure, afin de cacher à mon pouuoir les taches espanduës par tout leur corps. On ne me peut donc imputer à blasme si pour excuser ma premiere hardiesse, i'entrepren par vne toute nouuelle de les vous representer plus auantageusement accommodées et de meilleure estoffe. Ie les ay remaniées piece à piece et leur ay donné comme vne nouuelle forme, à l'imitation du Peintre lequel voulant tirer au vif la figure d'vn Prince en ébauche grossierement les premiers traits qui le font desia reconnoistre, mais apres auoir adiousté les couleurs et conduit son ouurage iusques à perfection, ce semble estre vne autre chose, et neantmoins c'est la mesme chose. Le cœur me dit qu'elles vous seront agreables en contemplation d'Hector que ie fay marcher à leur teste. Ce Prince belliqueux, puissant de force et non moins d'exemple, fut en ses iours le vif image et vray patron de la valeur Royale, et aux âges futurs sera le seul et vnique but où s'efforceront d'attaindre ceux que la Noblesse du sang et le soin de la nourriture separeront du vulgaire. Aussi remarquerez vous en luy cest air releué de courage et de gloire, non susceptible d'alteration, ains ferme et demeurant immuable en vn calme et serain perpetuel de constance. Que si vers la fin de la vie sur les approches de la mort, les nerfs de la force deuiennent plus tendus en ces rares hommes que par vn effort extraordinaire la Nature fait naistre pour l'ornement de leurs siecles, telles extensions violentes en apparence, mais bien reglées en effet, se font neantmoins sans conuulsion aucune de frayeur. Ainsi la clarté du Soleil semble comme tascher quelque fois à se surmonter elle mesme. Ainsi les torches iettant leurs dernieres flammes, les élancent plus haut et plus viuement. En la vertu ceste proprieté se trouue comme essentielle, et la preuue en est toute palpable par le moyen des autres qui suiuent ce braue chef. Ne vous ennuyés point de leur prester les yeux et les oreilles, de les oüir et de les voir gracieusement, tandis qu'ils rendent le dernier acte de leur vie, arbitre et iuge des precedents, memorable par la fermeté d'vn courage inuincible. C'est d'vne emulation des actions genereuses que sont éueillées, nourries et fortifiées en nos ames ces estincelles de bonté, de prudence et de valeur, qui comme vn feu diuin sont meslées en leur essence. De là se tire le fruit des exemples, que ces miracles de l'vne et de l'autre fortune fournissent abondamment. Leur vie et leur mort est comme une escole ouuerte à tous venans, où l'on apprend à mespriser les choses grandes de ce monde, seule et divine grandeur de l'esprit humain, et à tenir droite la raison parmi les flots et tempestes de la vie, seul et plus digne effet qui depende de nostre disposition. I'ay creu fermement que vous n'imaginerés rien de bas et contemptible en ces hommes : Tous ont eu l'extraction ou la qualité Royale, et se sont presentés en leurs temps auec beaucoup d'aplaudissement sur le Theatre de la vie ciuile, où desormais l'âge vous appelle, où le deuoir vous porte, où vostre honneur et celuy de vos ayeuls vous engage à bon escient. Puissiés vous, Prince bien heureux, marcher tousiours ferme en ce pas glissant, et rencontrer au bout des succès aussi auantageux à vostre memoire qu'il en est deu à vostre merite, afin qu'en vous la vertu ne manque

ÉPISTRE.

iamais à la fortune, ni la fortune à la vertu. Là se terminent tous les vœus que ie fay pour vostre grandeur, lesquels seront suiuis des offres du tres humble seruice que vous dedie auec son ouurage

ANT. DE MONTCRETIEN.

STANCES.

A LUY MESME.

Henri l'amour du Ciel et l'espoir de la terre
  Qui ioindras le merite à l'auguste pouvoir,
  Les qualitez de paix à celles de la guerre,
  L'innocence de mœurs au lustre du sçauoir :
  Prince que les Destins reseruoient à nostre âge,
Pour l'auancer en gloire au degré des premiers
Par tant de hauts effets d'esprit et de courage,
Que le seul admirer doit rester aux derniers :
  Accepte volontiers ceste offrande petite,
Que t'offre par ma main mon cœur deuotieux,
Attendant que mes vers, courriers de ton merite,
Volent d'aisle plus haute et le portent aux Cieux.
  Car si les fleurs des fruits nourrissent l'esperance,
Que ne peut mon desir se promettre de toy ?
Ton noble naturel nous passe vne asseurance,
Où toutes les vertus s'obligent sous leur foy.
  Le Soleil qui se leue assés vif de lumiere
Nous promet vn midy plein d'extresme splendeur :
Si tu fais admirer ta ieunesse premiere,
Quelle en l'âge parfait doit estre ta grandeur ?
  Ne cherche exemple au loin : nuict et iour considere
Ton Prince le plus grand qu'œillade le Soleil,
Qui comme Agamemnon le Roy des Roys d'Homere,
Est preux à la bataille et prudent au conseil.
  Qu'il soit ton Miltiade, et que maint beau trophée
Que sa main glorieuse erige en mille lieux,
Ne donne aucun repos à ton âme eschauffée
De l'honneur immortel qui mesle l'homme aux Dieux.
  Comme auant que d'entrer en la poudre Olimpique,
L'Athlete sous vn maistre exerçoit longuement :
Aspirant pour la gloire au labeur politique
De ses exploits fameux fay ton enseignement.
  Imite sa constance et sa douceur insigne,
Sa valeur és combats, sa prudence en la paix,

Et de tes grands ayeuls deuien tellement digne,
Que ta posterité s'en vante à tout iamais.
 Alors toy qué le ciel de nos Roys a fait naistre,
Orras dire de toy pour comble de bonheur,
Quand il ne seroit Prince il merite de l'estre,
Si par vertu s'acquiert ce haut tiltre d'honneur.
 En fin quand tu viendras à pratiquer la guerre,
N'oublie en aucun temps, que Dieu qui t'a permis
D'abbattre d'vne main tes ennemis par terre,
Te commande de l'autre enleuer tes amis.
 Et comme on dit des gens qu'Alexandre a dontées,
Que leur mal fut leur bien, et leur perte leur gain :
Autant que ta valeur en aura surmontées,
Fay qu'apres la victoire elles baisent ta main.
 Bien plus dois tu priser les tiltres amiables
Affectés comme en propre aux bons Princes François,
Que ces superbes noms au monde espouuantables,
Dont s'enflerent iadis les Monarques Gregeois.
 Le Soleil liberal rend sa clarté commune
Au poure comme au riche, au grand comme au petit :
Ne distingue iamais de fortune à fortune :
Mais chés toy le merite obtienne le credit.
 Les Muses en nos iours vilement profanées
De tant d'indignes mains qu'elles sont à mespris,
Par toy leur Apolon en la Court ramenées,
Inspirent desormais les plus rares Esprits.
 Et possible aduiendra qu'encor vn autre Homere
Levant entre-eux le front, celebrera l'honneur
Que tu moissonneras du labeur militaire,
D'Alexandre en ce point surmontant le bonheur.
 Crois donques tous les iours, et deuien tout extresme
En toutes les vertus propres au sang des Rois,
Afin d'estre estimé durant ton siecle mesme,
Le plus grand ornement des Armes et des Loix.
 Continue, ô HENRI, d'un pas constant et ferme,
C'est desia beaucoup fait d'auoir bien commencé,
Rens ton nom sans enuie et ta gloire sans terme,
Aproprie à toy seul tout l'honneur du passé.
 Fay toy craindre et loüer és estranges Prouinces
Par tes faits immortels, afin que desormais
Estant Prince des Lis, tu sois le Lis des Princes,
Dont le los fleurissant ne fletrisse iamais.

ANT. DE MONTCRESTIEN.

STANCES

SUR LES

TRAGÉDIES DE ANT. DE MONTCRESTIEN

SI ie ne sçauoy bien que l'ouurier de nature,
Donne vne ame de vie à chasque creature,
Et ceste ame, pour estre en vn corps seulement,
Ie voudrois embrasser l'erreur de Pythagore :
Et croire qu'apres nous nos ames vont encore
Dedans des corps nouueaux viure nouuellement.

Montcrestien ne viuroit que de l'ame admirable
Du tragique Garnier, tant leur Esprit semblable
Se fait voir en leurs vers également parfait :
Tout ce que ie remarque entr'eux de difference,
C'est que l'aage passé cede au nostre en science,
Car pour dire le vray, Montcrestien a mieux fait.

Sur un Theatre neuf haussé de cinq étages
Il éleue sa gloire au deshonneur des aages
Qui ne peurent iamais vn tel homme porter :
Il nous a mis les vers au point de leur bien-estre,
Et la Scene si haut que lon ne peut connoistre
S'elle descent du Ciel, ou s'elle y veut monter.

Digne Ecolle des Roys s'ils y vouloient apprendre!
Belle leçon des Grands s'ils la sçauoient comprendre!
Mais cet aueugle honneur leur dérobe les yeux :
Et tandis qu'vn bon vent s'empoupe à leur fortune
Ils pensent estre Dieux au prix de la commune,
Sans penser s'ils sont Dieux, qu'il est vn Dieu des Dieux.

Princes, on parle à vous : aimez vostre memoire
Si vous aimez l'honneur : sçachez que vostre gloire
Est d'estre non à vous, mais au public voüez,
Et que quand les Destins vous auront raui l'ame,
Si vous auez mal fait vous en aurez le blame,
Si vous auez bien fait vous en serez loüez.

BRINON.

A MONSIEUR DE MONTCRESTIEN

SUR LE DON DE SON LIVRE

Puis que tu ne nous chantes rien
Que les Roys, le conseil, la guerre,
Tu as fort bien fait, Montcrestien,
De dedier cest œuure tien,
Au plus grand Prince de la terre.

BRINON.

SUR LES TRAGÉDIES
DE MONSIEUR DE MONTCRESTIEN

Ce ne sont point ici de ces vaines folies,
   Dont on void auiourd'huy les Estudes remplies;
   Qu'vn malheur de nostre âge a tant mis en crédit
   Que la pluspart du monde autre chose ne lit;
De ces liures d'Amour, dont tant d'Esprits volages
En abusant les fols importunent les sages;
De ces discours lascifs qui corrompent les mœurs,
Qui coulent leur poison dedans les tendres cœurs,
Et font que la Ieunesse à les lire ordinaire
Apprend le mal deuant qu'elle le puisse faire.
Cest Esprit admirable à tous les beaux Esprits,
Vn meilleur argument en cet ouvrage a pris.
   Il a voulu monter sur la Tragique Scéne,
Et chanter l'incertain de la grandeur humaine,
Monstrer, qu'il n'y a point en ce monde d'appuy,
Enseigner le bonheur par le malheur d'autruy,
Representer des grands les peines et les fautes,
Et le malheur fatal des puissances plus hautes;
Faire voir aux effets que le pouuoir humain
N'empesche point les coups de la diuine main :
Les iugemens de Dieu au peuple faire entendre,
Enseigner les vertus, et les vices reprendre,
Afin de n'estre veu seulement bien-disant,
Mais aussi que chacun profite en le lisant.
   Voilà qui vaut bien mieux que ces folles complaintes,
Que ces soupirs d'amour, que ces passions faintes.
Aussi les doctes Grecs en sagesse estimés,
Deuant tous les esprits qu'on en a renommés,
Ont tousiours celebré cet argument d'escrire,
L'ayant si bien traité que chacun les admire.
   Et ie m'esbahy fort comme entre tant d'Esprits
Qui ne font parmy nous que faire des Escrits,

Comme, di-ie, en ce temps où chacun par coustume,
Si tost qu'il sçait parler met la main à la plume,
Veut des liures escrire, et le papier brouiller,
Il s'en trouue si peu qui se veulent mesler
De traiter ce suiet, quoy que nostre misere
Ne fournisse à cela que par trop de matiere,
Depuis vn si long temps la France ayant esté
Un Theatre sanglant de toute cruauté.
  De moy ie ne sçay point si les discours Tragiques,
Pour esmouuoir les cœurs, pour estre pathetiques,
Seroient plus familiers à ma profession,
Ou bien si ce seroit mon inclination,
Mais à la verité i'aime la Tragédie
Sur tout suiet de vers : Et si i'ay de ma vie
Ce bonheur qu'Apollon de ma Muse ait le soin,
Ie pourray, bel Esprit, suyure tes pas de loin
Au chemin du Cothurne, et faire encore dire
A nos vieux Ducs Normans vne fois leur martire.

BOSQVET.

SUR LES ŒVVRES

DE MONSIEUR DE MONTCRESTIEN

Pour composer des vers pleins de sens et de grace,
Et pour estre inspiré du chantre Delien,
Ie ne veux point dormir dessus le mont Parnasse,
Mais veiller iour et nuict dessus le Montcrestien.

Le petit Paulmier.

SUR LE POVRTRAIT
DE L'AUTHEUR ET SUR SES ŒVVRES

Son corps et son esprit sont peints en cet ouurage,
L'vn dedans ce tableau, l'autre en ce qu'il escrit :
Si l'on trouue bien fait le pourtrait du visage,
Je trouue encor mieux fait le pourtrait de l'Esprit.

BOSQVET.

HECTOR

ENTREPARLEVRS

PRIAM.
HECTOR.
HECUBE.
ANDROMACHE.
CASSANDRE.
ANTENOR.
CHŒUR.
MESSAGER (1).

(1) La liste omet *Heleine*, qui prononce toutefois quelques couplets lyriques. Voyez page 39.

HECTOR
TRAGÉDIE

ACTE PREMIER.

CASSANDRE.

Qvel tourbillon fatal t'emporte en haute mer
Où maint Gouffre bouillant s'ouure pour t'abismer ?
O Nef, demeure à l'ancre, asseure le cordage,
Qui maintenant te lie à ce calme riuage.
Tant de facheux destroits passez à grand hazard,
Tant de rochers doublez par la force et par l'art
De tes sages Patrons, qui de mains et de teste
A peine ont combatu la premiere tempeste,
Doiuent t'auoir apprins que ton cours dangereux
Est conduit par ces flots d'auspices malheureux.
N'ayant nul Phare en terre, au Pole nulle estoille,
Ozes-tu bien encor te remettre à la voile ?
Preuoiras tu iamais ce qui doit arriuer
De t'embarquer au cœur d'vn si cruel Hiuer ?
Là se sont escoulez tes iours Alcionides,
Et le sceptre d'Aeole a relasché les brides
A ces Esprits mutins dont les gros soufflemens
Font trembler et gemir les plus bas Elemens,
Et mesmes ont les Cieux complices de leur rage :
Où cours tu desormais si ce n'est au naufrage ?
 Ie parle bien en vain : Troyens vous estes sourds
Plus que les vents legers où i'espan ces discours.
Non, i'ay beau vous predire vn veritable esclandre,
Vous ne croirez iamais la prophete Cassandre.
 O guerriers insensez, quelle ardente fureur
Aueugle à son mal propre engendre ceste erreur ?
A quoy tous vos combats ? ô trop vaine arrogance
Si vous pensez dompter la supresme puissance !

Si par vn bras mortel, par des conseils humains
Vous pensez renuerser les Decrets souuerains,
Puis que le Dieu des Dieux et des hommes le Pere,
A qui le Ciel, la terre et la mer obtempere,
Se range aux dures loix de la Fatalité,
Qu'il graua dans l'aimant de son Eternité.
　Ie sens de plus en plus que le Démon m'affole,
Retenez ceste voix qui de ma bouche vole,
Logez la dans vos cœurs, il y a moins d'abus,
Qu'és Oracles sortis du trepié de Phœbus.
　Tu cours plein de fureur renouueler la noise :
Mais ton Fort est vaincu par la fraude Gregeoise,
Ton serain est troublé d'vn tenebreux brouillart,
Et ton meilleur destin tourne de l'autre part.
　Le Lyon renuersé sur la campagne humide
De larmes et de sang, par la troupe timide
Des Lieures assemblez sans frayeur assailly
Monstre qu'auec ses iours tout espoir est failly.
　Fuyon, ie voy le feu : Les orgueilleux Pergames
Trébuchent engloutis és rougissantes flames,
Et la fumee obscure à gros plis se rouant
Sur les Temples dorés triomphe en se ioüant.
Mais où s'adressera nostre course legere
Pour nous mettre à couuert de la force estrangere,
Si nostre pied tremblant deçà delà porté
Trouue par tout la mort ou la captiuité ?
Si pour les Innocens s'ouure aussi bien l'abime,
Comme pour les fauteurs de ceste infame crime
Qui consomme Priam et toute sa maison
Dans les feux allumez par son fatal Tison ?
Qu'il fust mort en naissant selon les vœux du Pere !
Mais, ô Destin de fer, vous portiez le contraire.

CHŒUR.

Bouche trop veritable à prédire malheur
Tu ne t'ouures iamais que pour nostre douleur :
C'est un bien toutesfois à la mortelle race
D'estre aduertie à temps quand le Ciel la menace,
Afin qu'elle pouruoye à ce qu'elle a preueu.
» Le coup trouble beaucoup qui touche à l'impourueu,
» Mais cil que l'on attend porte si peu d'attainte,
» Que son mal à l'espreuue est moindre que la crainte.

CASSANDRE.

Ce n'est point à credit que ie vous fay la peur.
Si tousiours mon Oracle estoit aussi trompeur,
Qu'il court par les Troyens dénué de créance

Encor en ces malheurs i'aurois quelque esperance :
Mais quoy? puis-ie aueugler mon propre entendement,
Qui void dans le futur vn triste embrasement.
####### CHŒUR.
N'auance tel presage, ô diuine Cassandre.
####### CASSANDRE.
Que sert dissimuler? Troye vn jour sera cendre,
Et tous ses hauts Palais trebuschés à l'envers
Seront monceaux pierreux d'vn peu d'herbe couverts.
Vous ne m'en croyez pas; c'est bien vostre coustume,
Et tel est le vouloir de ce Dieu qui m'allume;
Mais vous gagnez en fin, ce qui me deult beaucoup,
Que de vous on dira, Sages apres le coup.
####### CHŒUR.
Tant de bons Citoyens esperent le contraire.
####### CASSANDRE.
Le plus clair iugement s'aueugle à sa misere.
####### CHŒUR.
On dit que les Gregeois n'auancent rien ici.
####### CASSANDRE.
Parlant humainement i'en parlerois ainsi.
####### CHŒUR.
Et sont sur le dessein d'embarquer leur armée.
####### CASSANDRE.
Ignorez vous encor leur fourbe accoustumée?
####### CHŒUR.
Que si nous soustenon c'est leur dernier effort.
####### CASSANDRE.
» Souuent le dernier coup est le coup de la mort.
####### CHŒUR.
Et qu'aux vents nous rendron leur voile et leur fortune.
####### CASSANDRE.
» On forge ainsi des bruits pour piper la commune.
Cet espoir à nos cœurs dés longtemps est donné,
Et cependant leur siege est tousiours obstiné.
####### CHŒUR.
Qu'en faut-il redouter? la main d'Hector nous garde.
####### CASSANDRE.
» En fin meurt au combat qui par trop se hazarde.
####### CHŒUR.
Nul des chefs Argiens ne l'égale en valeur.
####### CASSANDRE.
Ie ne crain rien pour luy que son propre malheur.
####### CHŒUR.
Il est cheri des Dieux et respecté des hommes.

CASSANDRE.
Mais suiet à la Parque ainsi comme nous sommes.
CHŒUR.
Dieu qui nous l'a donné le nous peut conseruer.
CASSANDRE.
Dieu qui nous l'a donné pourra nous en priuer.
CHŒUR.
» En faueur du public il garde les bons Princes.
CASSANDRE.
» Il les rauit luy-mesmé en haine des Prouinces.
CHŒUR.
Nos destins dans le ciel iustement balancez,
Contre ceux des Gregeois se deffendront assez.
CASSANDRE.
» Le Monarque du ciel qui soustient la balance,
» Comme il luy vient à gré haut et bas les eslance.
CHŒUR.
» Des peuples opprimez il se fait le sauueur,
» Et par de bons succez leur monstre sa faueur.
CASSANDRE.
» Les plus fauorisez à la fin il desprise,
» Quand ils prestent la main à l'iniuste entreprise.
CHŒUR.
» S'armer pour la Patrie et pour les saincts autels,
» Est vn acte approuué des Dieux et des mortels.
CASSANDRE.
» O trop grossiere erreur si l'on ne croit mal faire,
» Par en donner subiet à son propre aduersaire.
CHŒUR.
Encore il souuient bien aux Troyens outragez,
Que du Tyran Hercule ils furent saccagez.
CASSANDRE.
Ilion fut razé, grande et honteuse perte :
Mais ce fut vn malheur, la guerre estoit ouuerte.
CHŒUR.
Et pourquoy ceste guerre ! il estoit grand besoin,
Qu'vn voleur vagabond l'apportast de si loin.
CASSANDRE.
La faute est toute à nous, à nous aussi le blasme.
CHŒUR.
Ores elle est aux Grecs armez pour vne Dame.
CASSANDRE.
Accusez en plustost vostre concitoyen.
CHŒUR.
Que souffre le Gregeois qu'il n'ait fait au Troyen ?

TRAGÉDIE. 7

Ce qui nous sera faute est pour luy priuilege?
CASSANDRE.
Il ne commist iamais ni rapt ni sacrilege.
CHŒUR.
Que l'vne soit pour l'autre, ainsi le veut raison.
CASSANDRE.
L'vne fut prise en guerre, et l'autre en trahison.
CHŒUR.
L'vne vint de son gré, l'autre alla par contrainte.
CASSANDRE.
Par l'vne on viola l'hospitalité saincte.
CHŒUR.
Et par l'autre on força tout droit d'honnesteté.
CASSANDRE.
La victoire est ainsi pleine de liberté.
CHŒUR.
Des butins de la guerre on excepte les femmes.
CASSANDRE.
Les femmes du vulgaire et non pas les grand's Dames.
CHŒUR.
Qui le pratique ainsi fors que les seuls Gregeois?
CASSANDRE.
» Vn peuple ne faut point qui vit selon les loix.
CHŒUR.
» Nous faillons encor moins : car contre vn aduersaire,
» Toute deffence est iuste alors que necessaire.
CASSANDRE.
» Des contraires partis il est tousiours meilleur,
» Qui sur vne reuanche employe sa valeur.
CHŒUR.
Le pretexte est commun, mais si pour ceste Heleine
Nous sommes reseruez à souffrir plus de peine,
Grands Dieux, pour amortir l'ardeur de nos combats
Esteignez sa lumiere en la nuict du trespas.
Mais voici pas Hector? c'est sans doute luy-mesme,
Qu'Andromache poursuit escheuelée et blesme.
ANDROMACHE.
En fin, mon cher espoux, ferez vous rien pour moy?
Sera donques la mort le payement de ma foy.
HECTOR.
L'honneur sauf, Andromache, à toy ie m'abandonne,
Car à l'égal de toy ie n'estime personne :
Mais pour vn songe vain obmettre son deuoir,
C'est vne loy, mon cœur, trop dure à receuoir.

ANDROMACHE.
Ha, mon fidele Hector, mon tout, ma chere vie,
Allez de par moy libre où l'honneur vous conuie;
Mais n'estant point forcé de sortir auiourd'huy,
Desgagez mon esprit de ce mortel ennuy.
Ce songe n'est point vain, et vous le deuez croire
Si mes autres passez vous touchent la mémoire,
Las! trop à nostre dam recognus pour certains;
» Aussi la voix de Dieu n'est point autre aux humains.

HECTOR.
» Si nous prenons suiet de bien ou de mal faire
» De ces impressions qui troublent le vulgaire,
» Tous les plus beaux desseins d'vn courage parfait
» Mourront dés leur naissance ou viuront sans effet.
» Non, l'homme auantureux qui choisira pour guide
» Le deuoir qui nous sert d'esperon ou de bride,
» Suiura tousiours sa pointe et tousiours resolu
» Voudra ce qu'vne fois il aura bien voulu,
» Sans que des accidens la suitte entrelassee
» Puisse faire changer sa diuerse pensee.

ANDROMACHE.
» Puis que nostre discours est suiet à l'erreur,
» C'est vne impieté coniointe à la fureur
» Qui les Dieux contre nous meut à colere extréme,
» Si nous les mesprisons pour trop croire à nous mesme,
» Nous aueugles mortels dont l'esprit est si court,
» Que sur les cas humains vainement il discourt.

HECTOR.
» Cela qui nous aduient par causes naturelles
» Ne doit nous tenir lieu de regles eternelles;
» Et c'est vrayement fureur, non simple impieté,
» D'imputer aux bons Dieux nostre legereté,
» Qui tient l'ame de crainte et de douleur saisie,
» Pour vn monstre forgé dedans la fantasie.

ANDROMACHE.
Vn iour quoy qu'il en soit sera bien tost passé.

HECTOR.
» L'occasion fait tout, et son poinct delaissé,
» On ne la voit plus rire à sa mode premiere.
» Il la faut prendre au front, elle est chauue derriere.

ANDROMACHE.
Presque deux fois cinq ans sur nos chefs ont tourné
Depuis que ce grand Ost d'vn effort obstiné
Combat nostre fortune, et toute la puissance
De la superbe Asie armée à sa deffence

TRAGÉDIE.

Ne l'a peu seulement esloigner de ces tours.
####### HECTOR.
Le delay me fait peine en oyant ce discours.
Ie veux auant la nuict vainqueur de ceste armee
Reduire son espoir et sa flotte en fumee.
####### ANDROMACHE.
O Ciel! ô Deitez de l'Eternel seiour!
Ce que n'ont peu dix ans comme le peut vn iour?
####### HECTOR.
Ce que n'ont peu dix ans vn moment le peut faire.
####### ANDROMACHE.
Et quoy s'il court se rendre en la main aduersaire?
» Car le Ciel en dispose : et puis le sort douteux
» Egalement cheri n'en peut espouser deux :
» Mais iusques à la fin on n'a point cognoissance
» Deuers qui tournera la faueur de sa chance.
####### HECTOR.
I'accorde à ce discours sans y former debat.
Aussi me faut-il vaincre ou mourir au combat,
Satisfait à mon gré si ma chere patrie
Reçoit pour son salut l'offrande de ma vie.
####### ANDROMACHE.
Mais comme vostre vie appuye sa grandeur,
Gardez que vostre mort n'esteigne sa splendeur.
####### HECTOR.
D'elle i'ay plus reçeu que ie ne luy peux rendre.
####### ANDROMACHE.
L'heur de tous ses destins de vous semble despendre.
####### HECTOR.
Comme si par moy seul subsistoient les Troyens.
####### ANDROMACHE.
Que feroient-ils sans vous? sans vous par quels moyens
Deffendroient-ils ces murs de la Greque furie?
Que peut sans le Berger la foible Bergerie?
Le vaisseau sans Pilote et le char sans Cocher?
####### HECTOR.
Maint autre Chef pourra leur ruine empescher :
Car graces à nos Dieux ceste indontable ville
Porte de grands Guerriers vne moisson fertile.
####### ANDROMACHE.
Vous paroissez sur tous comme leur parangon.
####### HECTOR.
» L'amour te le fait croire : il n'est iamais si bon
» Qui n'ait ou son pareil ou son meilleur encore.

ANDROMACHE.
I'en croy vos beaux exploits que tout le monde honore,
Vos freres, vostre pere et ces autres guerriers
Que le merite esleue à nos grades premiers.
HECTOR.
Aenée est-il pas là? Troïle, Polidame?
Deiphobe et Memnon forts du corps et de l'ame?
Sans mille et mille encor alliez ou païens,
Qui pour le prix d'honneur entreroient sur les rangs?
ANDROMACHE.
Oubliez vous aussi que dans l'Ost aduersaire
Sont grand nombre de chefs, tant appris à bien faire
Qu'ils passent de l'effet la grandeur de leur nom :
Diomede le preux, l'Aiax de Thelamon,
Le cauteleux forgeur de fraude et de finesse,
Le vieil Nestor de Pile admirable en sagesse,
Le iuste Idomenée et le fort Merion,
Le courageux autheur des combats d'Ilion,
Le Roy de tant de Roys qui gouuerne les armes
Et préside au Conseil des Argiues gensd'armes,
Bref celuy qu'il falloit produire le premier,
Ce grand fils de Pelée aussi vaillant que fier.
   Car depuis que Patrocle est cheut sous votre espée,
A nul autre dessein il n'a l'ame occupée,
Qu'à reuenger sa mort dont le dur souuenir
Fait son ombre en tous lieux deuant luy reuenir,
Qui d'accens douloureux ses armes sollicite,
Tant par le cher respect de son propre merite,
Que par l'amour sacré qui de nœuds aimantins
Sembloit auoir estraint leurs mutuels destins.
HECTOR.
Tu m'y fais repenser : çà mes armes, mes armes.
Non, ie le vois remettre au milieu des gensd'armes,
Où sans gloire et sans marque il se tiendra caché,
Vergoigneux que son nom soit à iamais taché,
Pour n'auoir comparu sur la place donnée,
Où mon deffi sanglant assignoit la iournée,
Qui deuant les deux camps deuoit rendre au meilleur
La palme disputable entre nostre valeur,
I'enten bien mon cheual hannir apres la guerre,
C'est bon signe, ô ma lance, il faut que ie l'atterre.
ANDROMACHE.
Retenez, mon Hector, ces mouuemens bouillans.
» Bien souvent les guerriers ne sont que trop vaillans.
» Disiez vous pas vn iour que si l'homme n'est sage,

» Il se perd sans profit par son propre courage ?
» Que chercher l'ennemy pour trouuer son malheur
» C'est fort mal à propos vser de la valeur ?
» Soyez sage par vous et pour vous tout ensemble :
» Qui l'est pour l'autruy seul au fol presque ressemble.

HECTOR.

Le conseil en est pris : lacez moy le harnois.
Ce Grec presomptueux sentira ceste fois,
S'il attend ma rencontre et le choc de ma lance,
Que i'ay plus de vertu qu'il n'a d'outrecuidance.

ANDROMACHE.

Hector, voici ton fils. Helas, où t'en vas-tu
Deuant que l'auoir mis au sentier de vertu ?
Reiette tous mes vœux, va t'en à la mal'heure,
Afin que par ta mort orphelin il demeure,
Et qu'en ta sepulture on me vienne enterrer :
Pourroy-ie me voir veufve et viue demeurer ?
Non, non, i'ay tant vni mon esprit à ton ame,
Qu'vn mesme coup fatal en trenchera la trame.

HECTOR.

Vien ça, cher enfançon, doux fardeau de mes bras,
Tends à mon col armé tes membres délicats.
Quoy, tu as peur, mon fils ? tu tournes le visage ?
Il craint ce fier armet qui la teste m'ombrage.
Voyez comme il estraint de sa petite main
Le bras de sa Nourrice, en luy pressant le sein :
Page, tien ma salade, il faut que ie le baise ;
Ores qu'il me cognoist, comme il tremousse d'aise.
  Ottroyez moi, grands Dieux, que ce Royal enfant
Deuienne iuste en paix, en guerre triomphant :
Qu'il aspire tousiours à la gloire eternelle,
Qu'il pardonne au subjet et dompte le rebelle.
Du noble sang Troyen faites le gouuerneur.
Et qu'il soit à son peuple vn Astre de bonheur.
Donnez à sa vertu fortune si prospere,
Qu'on die en le vantant le fils passe le pere.
Lors s'il aduient qu'vn iour son bras victorieux
La despouille ennemie appende aux sacrez lieux :
Pour consoler sa mere et la remplir de ioye,
Dieux que i'ay reverez, faites qu'elle le voye.
Nourrice, pren ta charge : et toy, mon cher souci,
Vien, ma douce Andromache, et ne t'afflige ainsi.
  Soit que ie sois à Troye ou bien à la campagne,
De mon fils et de toy le penser m'accompagne,
S'efforce m'esloigner de l'orage des coups,

Et m'attendrit aux doux noms de pere et d'espoux.
Mais ie crain la vergongne à iamais reprochable,
Ie crain les traits piquans d'un peuple variable,
Leger, presomptueux, sans respect et sans loy,
Qui desployant sa langue à blasonner de moy,
Tourneroit ma prudence en lasche coüardise.
Bien tost se perd la gloire à grand labeur acquise.
Puis mon cœur qui tousiours s'est fait voir indompté
Ne veut decheoir du rang où mon bras l'a porté,
Par sueurs et trauaux, luy dressant vn trophée,
Dont nul temps ne verra la memoire estouffée.
　Ie sçay pour ma douleur qu'en fin le iour viendra
Que le Grec coniuré nostre ville prendra :
Que le bon vieil Priam, mes cousins et mes freres
Sentiront la fureur des Argiues coleres,
Et me sens tout esmeu de leur affliction :
Mais, i'en iure le Ciel, i'ay plus de passion
Pour toy que pour tous eux, ô ma chere Andromache;
Il me semble ià voir quelque ieune brauache
Pour sa part du butin plein d'orgueil t'emmener
Au logis de son Pere, et là te condamner
A tramer de la toile, à filer de la laine,
A puiser l'onde viue au clair de sa fontaine,
A baloyer la place, à souffrir des mespris,
Exercices mesquins pour femme de tel prix :
Et possible vn passant touché iusques à l'ame,
Dira : du preux Hector, celle-ci fut la femme.
Lors quel despit naistra dans ton cœur soucieux
Oyant ramenteuoir mon nom si glorieux,
Et te voyant de biens et d'honneurs toute nüe
En ce triste seruage à iamais retenüe ?
Si les destins sont tels, certes i'aime bien mieux
Que pour ne te point voir la mort couure mes yeux
D'vn eternel bandeau, que la tombe me priue
D'entendre les soupirs de ton ame captiue.

ANDROMACHE.

Et bien, mon cher Hector, donne moy donc la main.
A nous deux seulement ton cœur est inhumain :
Las, ta valeur nous perd ! le fruit de ton courage
C'est vne dure mort en la fleur de ton âge.
Di moy, que veux-tu faire ? vn marbre sans pitié
S'amoliroit-il point de ma tendre amitié ?
Pense, au moins, ie te prie, à la mort douloureuse,
Dont toy-mesme occiras ta femme malheureuse !
Si le fer ennemi la fait veufue de toy,

TRAGÉDIE. 13

Et ton ardeur possible escoutera ma foy.
  Las, c'est contre ton chef que les armes conspirent;
C'est ton sang genereux que leurs pointes desirent,
Les plus vulgaires dards s'en monstrent alterez,
Et tu vas courre aueugle aux dangers coniurez.
Non, auant que le ciel de ton col me separe,
M'engloutisse la terre, à tout ie me prepare :
Aussi bien à regret verrois-ie le Soleil,
S'il me voyoit sans voir la clarté de ton œil.
  Si ie demeure seule, ô miserable femme,
Qui pourra consoler l'angoisse de mon ame?
Iray-ie à mes parens? Helas, ils sont tous morts :
Le barbare Pelide apres plusieurs efforts,
Raza ma belle Thebe abondante en familles
Dont le chef s'esleuoit sur les plus hautes villes
Comme vn Pin sur la Ronce; il se baigna les mains
Au cher sang de mon père et de mes sept germains.
Le cruel non content emprisonna ma mere,
Accreut ses durs ennuis d'vn traitement austere
Indigne de son sexe et de sa qualité :
Là le cours de ses maux ne fut point arresté;
» Seule ne va iamais la contraire fortune :
Car Diane contre elle excitée à rancune,
Après tant de tourmens la retira de nous,
Et tout pour satisfaire à son aspre courroux.
  Voila comme à present sans parens ie demeure,
Sans pere, mere, frere, assaillie à toute heure
Du regret de leur mort, ô toy mon cher espoux,
Pour le temps à venir tien moy le lieu de tous.
Demeure, ma douce ame; arreste, ma lumiere,
Et croy plus mon amour que ta fureur guerriere.
Ie demande bien peu; tu n'aurois pas le cœur
De rendre mon desir vaincu par ta rigueur.

HECTOR.

Espere mon triomphe, ô ma compagne aimable,
Et despoüille ce dueil qui t'est peu conuenable.
Si ie meurs au combat, supporte mon trespas;
Il nous faut tous finir, tu ne l'ignores pas :
Ie ne suis engendré de semence immortelle;
Et si les fils des Dieux ont chargé la nasselle
Dont le crasseux Nocher traiecté l'Acheron,
Se faut-il esbahir si nous autres mouron?
» C'est vne mesme loy qui fait mourir et naistre,
» Puis qu'en vain l'on fuiroit à destre ou à senestre,
» Il vaut mieux s'auancer en marchant tousiours droit,

» Et vouloir ce qu'il faut quand on ne le voudroit;
» Aussi bien le destin regne inuincible et ferme,
» Et comme il n'accourcit n'allonge nostre terme.
　　Embrasse moy, le ciel aura soin du surplus.
Ie te le dis encor, ces pleurs sont superflus.
Pour tromper ton ennuy retourne à ton mesnage;
Là bande tes esprits à faire de l'ouurage :
Pour nous autres que Troye appelle à d'autre soin,
Nous employrons l'espée et la vie au besoin.
» Adieu, ma douce amour, vne chaleur m'allume
» Le courage bouillant plus fort que de coustume,
» Chaleur viue de Mars. Les exploits valeureux
» Se font par des transports hautains et vigoureux,
» Qui s'excitent en l'âme alors qu'elle est esmuë
» Des chauds desirs d'honneur qui l'esleue et remuë,
» Comme la flamme esparse aux costez d'vn vaisseau
» Fait reiallir en haut les gros bouillons de l'eau.
» L'homme qui ne sent point ces boutades hardies
» Aura tousiours les mains à fraper engourdies,
» Semblable à ceste Nef qui vogue en morte mer
» Où de peu sert la force et moins l'art de ramer.
» Mais si la valeur brusque agite son courage,
» A trauers mille morts il s'ouure le passage,
» Et signale ses bras de tant et tant d'efforts
Qu'il entre au premier rang des Heros les plus forts.

CHŒUR.

» Que l'expert marinier raisonne de l'orage,
» Le laboureur du fonds commode au labourage,
» Le pasteur de troupeaux et le veneur de chiens,
» Le marchand de trafics et l'vsurier de biens :
» Mais les braues discours qui traitent la vaillance
» Conuiennent aux esprits dont la sage asseurance
» Peut accoupler le dire auecques son effet :
» Car c'est par l'action que vertu se parfait.

CHŒVR.

A » Tous d'vn mesme don,
　» Nature n'est pas liberale :
　　» Elle n'a iugé bon
　» De rendre sa faueur esgale
» Aux hommes differens
» De mœurs comme de rangs.

TRAGÉDIE.

« L'un a le cœur tremblant
» Lors que le danger se presente,
» Aux femmes ressemblant
» Que tout suiet de peur tourmente.
» L'autre pour nul effroy
» Ne sort iamais de soy.

» Que l'ire de la mer
» Esmeuë au fort de la tempeste,
» Menace d'abismer
» Au profond des vagues sa teste,
» Son front n'en prendra pas
» La couleur du trespas.

» Il verra tresbucher
» Sur son chef la voûte du monde,
» Premier que de lascher
» Le pied sur lequel il se fonde
» Ferme comme un rocher
» Qu'on ne peut eslocher.

» Les piques et les dards
» N'esbranleront point son audace ;
» Aux orages de Mars
» Il portera haute la face,
» Et son propre vainqueur
» Ne domtera son cœur.

» Son genoüil asseuré
» Ne tremblera point sur la breche,
» Deust-il estre atterré
» Du foudre allumé d'vne meche,
» Et plustost que son rang
» Il perdra tout le sang.

» Au bien il logera
» Sa plus chere et plus douce enuie,
» D'ame il ne changera
» Quoy qu'il change d'estat de vie ;
» En trauail, à requoy
» Tousiours égal à soy.

» Heureux ou malheureux,
» Son âge ira franc de misere,

» Et son cœur vigoureux
» Ne sera iamais en altere :
» Car le mal et le bien
» Luy seront moins que rien.

» Stable à tout changement
» Qui regne au dessous de la Lune,
» Son sage entendement
» Moquera l'aduerse fortune,
» Et ses traits rebouchez
» Contre luy decochez.

» Qui le voudra mesler
» Parmi les tourbes populaires,
» Ou bien loin l'exiler
» Au fonds des deserts solitaires,
» En tous lieux le Soleil
» Luy semblera pareil.

» Soit qu'il se face voir
» Simple soldat ou Capitaine,
» Mesurant son deuoir
» A la vertu regle certaine,
» Toutes ses actions
» Seront perfections.

» Celuy-là que les cieux
» Ont doüé de telle nature
» Est le mignon des Dieux;
» Il ne peut receuoir iniure,
» D'autant qu'il est plus fort
» Que l'homme et que le sort.

ACTE II

ANDROMACHE, NOURRICE, PRIAM, HECTOR.

ANDROMACHE.

Qvoy que tente mon ame afin de se distraire
De penser à son mal, elle ne le peut faire :
Ses efforts restent vains, et parmi ce malheur
Tout s'affoiblit en moy fors la seule douleur.
Nul obiet ne me plaist quelque part que ie tourne :
Mon discours prend l'essor alors que ie seiourne,
Et sans fin rauassant ne fait que ramasser
Des présages fascheux que ie ne puis laisser.
Au moins que ne vois-tu combien ton Andromache
De soucis inhumains dans sa poitrine cache.
Hector, tu flechirois cet esprit obstiné!
NOURRICE.
Mais laissez-le sortir s'il l'a determiné.
ANDROMACHE.
S'il sort c'est fait de luy, il y mourra, Nourrice.
NOURRICE.
Quelle vaine frayeur en vostre ame se glisse?
Après mille combats est-il donques nouueau
» De voir Hector aux coups? Qui s'embarque sur l'eau
» N'est pas tousiours noyé; qui se iette aux alarmes
» Sagement hazardeux, est respecté des armes :
» Où si quelque poltron en eschape auiourd'huy
» Demain sans y penser l'escart tombe sus luy.
C'est luy faire vn grand tort de douter son courage.
ANDROMACHE.
Hà, seul exécuteur de mon triste présage!
NOURRICE.
Qui vit onques en vous ces craintiues humeurs?
ANDROMACHE.
Que mon malheur est proche, hà! Nourrice, ie meurs.
NOURRICE.
Madame, qui vous tient? dites-le moy de grace,
D'où naist ce dueil obscur qui ternit vostre face?
ANDROMACHE.
Las! c'est un songe estrange et tout rempli d'effroy.

NOURRICE.
Vn songe n'est que vent, n'y mettez nulle foy.
ANDROMACHE.
Maintenant qu'à mes yeux recourt sa triste image
Ie sens vn froid glaçon me geler le courage;
Vne lente sueur me sourd par tout le corps,
Et mes nerfs tous laschés languissent demy morts.
Aide moy vistement; ma Nourrice, ie tombe.
NOURRICE.
» Iamais un corps robuste à la peur ne succombe.
L'ennui qui vous emporte ainsi comme un torrent
A la cause cachée et l'effet apparent;
Mais faites moy sçauoir quelle est ceste destresse
Qui le cœur desolé dans ses griffes vous presse;
Dites le hardiment, Madame, obligez moy;
Vn songe quel qu'il soit ne porte tant d'esmoy.
ANDROMACHE.
Aussi n'est-il pas seul, d'autres mauuais augures
Annoncent haut et clair nos tristes auentures.
NOURRICE.
» C'est bien vn lourd erreur d'aiouster de la foy
» A qui predit pour nous ce qu'il ne void pour soy.
ANDROMACHE.
C'est vne grand'fureur de fermer les oreilles
Quand le Ciel parle à nous auecques des merueilles.
NOURRICE.
Dites moy vos ennuis pour vous en consoler,
» La tristesse s'allege en luy donnant de l'air.
ANDROMACHE.
Le Soleil n'a plustost allumé la iournée,
Que ie quitte ma couche et deuers luy tournée
Luy raconte mon songe et le prie humblement
D'escarter loin de nous tout triste euenement.
NOURRICE.
» C'est fait comme il le faut. Quand le Ciel nous menace
» Recourons de bonne heure à sa diuine grace,
Pour impetrer par vœux vn secours asseuré
Contre le mal prochain qui nous est preparé.
ANDROMACHE.
Phœbus s'obscurcit lors pour éclarcir ma peine,
Et luisant incertain à ma douleur certaine
Se monstre tantost rouge et tantost pallissant,
Le mesme que mon songe à regret annonçant :
Laissons là toutesfois l'effroyable présage
Qui forme tant de crainte en mon triste courage,

Et courons à Priam pour essayer encor
Si son authorité peut retenir Hector.
» Les vœux servent beaucoup ; mais la bonté supréme
» Ne subuient qu'à celuy qui trauaille soy-mesme.
NOURRICE.
I'approuue vostre aduis : Si Priam vne fois
D'authorité commande, eust-il ià le harnois
Il ne faut pas douter que prompt il n'obtempere :
» Iamais l'homme de bien ne contredit son Pere.
ANDROMACHE.
Allons l'en supplier, mais viste hastons nous.
Ie crains qu'il soit desia dans la presse des coups.
NOURRICE.
Cessez d'en avoir peur : car i'ay veu nos Gensdarmes
Qui deçà qui delà se vestent de leurs armes ;
Et la trompette creuse auec sa rauque voix
N'a sommé de sortir pour la troisiesme fois.
ANDROMACHE.
» Arriere tout delay. La chose necessaire
» Trop tard executée est la mort d'vn affaire.
Et puis s'il est vn coup au combat enfourné
Ie ne croiray iamais qu'il en soit ramené.
NOURRICE.
Voyez Priam à temps auec deux de vos frères.
ANDROMACHE.
Ie vous inuoque tous, ô bons Dieux tutelaires !
PRIAM.
Andromache ma fille, et qui vous meine ici ?
ANDROMACHE.
Le desir de vous voir et mes frères aussi.
PRIAM.
Ie louë en vous cela comme toute autre chose.
Mais puisque vostre Hector au combat se dispose,
Pourquoy comme autresfois n'aidez vous à l'armer ?
ANDROMACHE.
Si tost que le Soleil est sorti de la mer
Il a crié trois fois qu'on luy porte ses armes.
PRIAM.
Aussi la diligence est requise aux gensd'armes.
ANDROMACHE.
Jamais il n'eut le cœur si bruslant du combat.
PRIAM.
Le Prince genereux y prend tout son esbat.
ANDROMACHE.
Mais telle promptitude à bon droit m'est suspecte.

PRIAM.

» Andromache, le chef qui veut qu'on le respecte,
» Promt à tous accidens, en action par tout,
» Ne dort la nuict entiere et doit mourir debout.

ANDROMACHE.

Propos malencontreux, comme tu me trauailles
Consentant à ma perte et à ses funerailles!

PRIAM.

Qui cause, ie vous pri', son propos ennuyeux?
D'où viennent tant de pleurs regorgeans de ses yeux?

ANDROMACHE.

Mesprise desormais, ô fier Hector, mesprise
Vn songe que le Ciel tristement authorise.

PRIAM.

Ie n'en puis que iuger, mais à luy voir le teint
D'vne grande tristesse elle a le cœur attaint.

ANDROMACHE.

Neglige, malheureux, neglige à la malheure
Cet augure de mort dont ton Pere t'asseure.

PRIAM.

Chaste espouse d'Hector, raconte les douleurs
Qui tirent de tes yeux ceste source de pleurs.

ANDROMACHE.

Ta bonté m'y conuie, ô Pere venerable.
Mais pour me soulager du tourment qui m'accable,
Commande en ma faveur que l'on aille querir
Ton malheureux Hector qui s'obstine à mourir.

PRIAM.

A mourir! sus, mes fils, amenez vostre frere,
Qu'il vienne, ie le veux d'authorité de pere.
Leue moy cependant de ce doute profond
Qui ma trouble pensée esmeut de comble en fond.

ANDROMACHE.

Quoy que pour mon tourment ta bouche le commande,
Que puis-ie refuser à si iuste demande?
Ie songeoy ceste nuict au poinct que le sommeil
Couue plus doucement les paupieres de l'œil,
Que i'embrassois Hector pasle, froid et sans ame.
Ie l'embrassois, helas, ce souuenir me pasme!
Souillé de la poussiere et du sang de ses coups:
Ie sentoy quant et quant tremblotter mes genoux,
S'amortir les esprits animans mes arteres,
Et mes nerfs relascher leurs forces ordinaires.
A peine ie m'esueille et sens vn tel defaut
Qu'encor long temps apres i'en souspire tout haut.

TRAGÉDIE.   21

Mon Hector cependant qu'entre mes bras je presse
Demande qui me tient, me baise, me carresse
Au lieu de me tancer, et ma voix longuement
Respond à ses propos par sanglots seulement,
Car le mortel obiet dont mon âme estoit plaine
Au creux de mes poulmons retenoit mon halaine.
 Encor' vne autrefois ce songe infortuné
A mon esprit dolent est depuis retourné;
Las! et me semble encor' sa miserable image
Voler deuant mes yeux couuerte d'vn ombrage.

PRIAM.

Si d'vn esprit deuot i'allume vos Autels,
Escoutez ma priere, ô grands Dieux immortels,
Escoutez, ô Patrons d'Ilion et de Troye,
L'humble accent de ce vœu que Priam vous enuoye.
 Si le songe mortel que i'enten reciter
Est procedé du Ciel pour nous admonester
Du trespas de mon fils, faites nous tant de grace
De destourner le coup qui sa teste menace :
Ou si le Dieu du somme abuseur des Esprits
Vn phantosme volage en sa cauerne a pris
Pour troubler Andromache et me combler de peine,
Effacez sa frayeur et nous la rendez vaine.

ANDROMACHE.

Que pleust au Ciel cruel le vouloir consentir :
Mais ne le croyez pas : car c'est le desmentir.
I'ay veu du clair Phœbus s'éclipser la lumiere
Luy disant au matin mon songe et ma priere.
Recourant à l'autel i'allume vn feu sacré,
Mais les Dieux destournez ne le prennent à gré,
Il s'esteint aussi tost et la victime offerte
Bout dessous les charbons dont elle s'est couuerte,
Sans que iamais i'en puisse à force de souffler
Vn peu de claire flame exciter dedans l'air,
De sorte qu'elle reste à l'autel consommée
Et comme tous mes vœux conuertie en fumée.

PRIAM.

Quel est nostre destin! O Dieux, appaisez-vous,
Et conseruez Hector pour luy-mesme et pour nous :
Car puis que vostre grace encor ne nous dédaigne
Mais par tels messagers nos malheurs nous enseigne,
Permettez d'esperer qu'auprès d'vn tel souci
Encor' pour les Troyens loge quelque merci.

ANDROMACHE.

» Cognoistre bien son mal ignorant le remede,

» Priam, c'est vn malheur qui tous autres excede.
PRIAM.
» C'est aux Dieux en ce poinct qu'il nous faut recourir :
» Seuls ils peuvent blesser, seuls ils peuvent guarir.
ANDROMACHE.
» A leur iuste vouloir s'égale leur puissance :
» Rien ne sçauroit tromper leur haute cognoissance :
» Mais plusieurs accidens reuélans aux humains,
» Pour les en garantir n'y meslent point les mains.
PRIAM.
» C'est le propre des Dieux de bien faire à tous hommes,
» Et leur bras ne nous laisse és dangers où nous sommes,
» Quand d'un cœur supliant nous cherchons leur secours,
» Mais quand on les mesprise ils font tout le rebours.
ANDROMACHE.
» C'est bien les mespriser de ne point faire estime
» De l'aduertissement fidele et legitime
» Qui nous vient de leur part, mais par trop de fierté
» Authoriser en loy sa propre volonté.
PRIAM.
» Qui n'escoute les Dieux pour croire trop soy-mesme,
» Se precipite aueugle à sa ruine extrême.
ANDROMACHE.
Bien tost le sçaurons nous ; nous verrons auiourd'huy
Cet obstiné qui vient l'esprouuer dessus luy.
Retenez son ardeur, car s'il sort à la guerre,
Sous la lance Gregeoise il mesure la terre.
PRIAM.
Il ne dépend de lui pour se donner la loy.
C'est moy qui suis son Père et, qui plus est, son Roy ;
Et peux bien s'il me plaist du combat le distraire,
Mais ie veux par raison acheminer l'affaire.
O mon plus ferme appuy, te voila donc armé.
HECTOR.
Monseigneur, il m'ennuye à languir enfermé.
PRIAM.
Le camp des ennemis s'attend à la bataille.
HECTOR.
A moy ne tiendra pas que le nostre ne faille.
PRIAM.
Ie crain que le bon-heur ne seconde vos coups.
HECTOR.
» Combatre et bien mourir dépend au moins de nous.
PRIAM.
» Que peut l'homme avancer si le Ciel est contraire ?

HECTOR.
» Le Ciel est fauorable à qui tasche bien faire.
PRIAM.
» Mainte bataille on perd par un secret malheur
» Où le sage conseil est ioint à la valeur.
HECTOR.
» Qui pour vn bon suiet arme sa main guerriere
» Doit marcher au combat sans regarder derriere.
PRIAM.
» Quand le bon droit n'est pas à propos deffendu
» Il tombe en grand hazard s'il n'est du tout perdu.
HECTOR.
» Alors qu'on le deffend par une force ouuerte
» Le gain n'en peut venir sans souffrir de la perte.
PRIAM.
» La prudence l'asseure avec moins de hazard,
» Et bien choisir son temps n'en est la moindre part.
HECTOR.
» Quand vn évenement fuit nostre cognoissance
» Alors doit le discours rechercher l'apparence ;
» Et si nous la croyons il faut sans plus tarder,
» Iusqu'aux nauires Grecs nostre flamme darder.
PRIAM.
» Ceste creuse Chimere experte à la faintise
» Comme vn autre Prothée eschappe nostre prise,
» Puis la voyant soudain de posture changer,
» Le iugement se trouble au plus fort du danger!
HECTOR.
» L'ame de nos soldats enflamée à la gloire,
» Maintenant ou iamais, nous promet la victoire.
PRIAM.
Auec beaucoup d'ardeurs ils ont ià combatu,
» Mais il faut pour gagner plus d'heur que de vertu.
HECTOR.
» L'heur n'abandonne guere vn resolu courage.
PRIAM.
» Lors que plus il nous flatte il tourne le visage.
HECTOR.
» L'ordinaire des Dieux c'est d'aider aux meilleurs.
PRIAM.
» A tous bons et mauvais ils versent des malheurs.
HECTOR.
Faisons ce qu'il faut faire et leur laissons le reste.
PRIAM.
Mais ne tentons aussi leur courroux manifeste.

HECTOR.
» Leur courroux n'est à craindre en faisant son deuoir.
PRIAM.
» Il est à craindre aussi ne faisant leur vouloir.
HECTOR.
» C'est d'eux que vient l'ardeur qui bout en nos gens d'armes.
PRIAM.
» D'eux vient aussi la peur qui se mesle aux alarmes.
HECTOR.
» Ce n'est à nous mortels de sonder leur secret.
PRIAM.
Ils le font trop cognoistre et c'est à mon regret.
HECTOR.
Rien ne nous prognostique vne mes-auanture.
PRIAM.
Mais tout, si tu vois clair, du malheur nous augure.
HECTOR.
» Deffendre sa patrie est vn auspice heureux.
PRIAM.
» Et la perdre est vn acte infame et douloureux.
HECTOR.
» Ne la sert-il pas bien qui pour elle s'expose?
PRIAM.
» Mais il la sert bien mal quand il peut plus grand'chose.
HECTOR.
Et que peut d'auantage vn homme de valeur?
PRIAM.
Viure pour l'amour d'elle en vn temps de malheur.
HECTOR.
Et n'est-ce pas mon bras qui me peut rendre vtile?
PRIAM.
» La prudence du Chef conserue mieux sa ville.
HECTOR.
» Le conseil sans la main est vne ame sans corps.
PRIAM.
» La main sans le conseil iette aux vents ses efforts.
HECTOR.
Ay-ie rien negligé pour l'ordre de l'armée?
PRIAM.
L'ordre és iours malheureux se dissipe en fumée.
HECTOR.
Que me faut-il donc faire afin de faire bien?
PRIAM.
Demeurer en seiour sans entreprendre rien.

TRAGÉDIE.

HECTOR.
Nos gens tous d'vne voix demandent la bataille.
PRIAM.
» Le Chef qui les croid trop ne fait chose qui vaille.
HECTOR.
Et que diroient les Grecs le voyans reculer?
PRIAM.
Faites bien seulement et les laissez parler.
HECTOR.
Que leur gosier moqueur degorgera d'outrages?
PRIAM.
C'est peu d'estre blasmez si nous demeurons sages.
HECTOR.
Leur risée à nos cœurs toute ardeur esteindra.
PRIAM.
Leur aigreur inutile irritez vous rendra.
HECTOR.
» La honte abastardit vne ame genereuse.
PRIAM.
» Mais l'excite à vengeance et la rend vigoureuse.
HECTOR.
Viurons nous donc terrés au creux de ces Remparts?
PRIAM.
» C'est beaucoup de se mettre à l'abri des hazards.
HECTOR.
Bon conseil pour vn cœur lasche et pusillanime.
PRIAM.
Meilleur pour vn esprit qui la prudence estime.
HECTOR.
Après si long repos leur pouuons nous faillir?
PRIAM.
» Pour bien deffendre il faut rarement assaillir.
HECTOR.
» C'est comme aux assiegeans on hausse le courage.
PRIAM.
» C'est comme l'assiegé resiste d'auantage.
HECTOR.
Pourrez vous supporter de voir vostre maison
Par telle lascheté se faire vne prison?
PRIAM.
Quand Troye on ne pourra garder par des batailles,
Elle se deffendra par ses fortes murailles.
HECTOR.
» Le braue Caualier, le resolu soldart
» Ne peut viure enfermé dedans vn Bouleuart.

PRIAM.
» Le sage Gouverneur, le prudent Capitaine
» N'vse point de la main où la force en est vaine.
HECTOR.
Bien, quittez la campagne et vous verrez bientost
Fondre dessus nos murs les Gregeois et leur Ost.
PRIAM.
Voila bien dit, mon fils, leurs troupes espanduës
Contre nos hauts Remparts retourneront fonduës
Ne plus ne moins qu'on void les efforts de la mer
En vain contre les bords par assauts escumer;
Les flots ont beau doubler leur lutte mugissante,
Elle devient enfin muette et languissante;
Car tousiours les Rochers restent plantez debout
Pour brider la fureur qui dans les vagues bout.
HECTOR.
Ie ne veux démentir ceste bonne esperance;
Mais tant qu'Hector viura, c'est dessus ceste lance,
Non sur des bastions qu'il fonde son appuy.
» L'espoir d'un cœur vaillant ne dépend que de luy.
PRIAM.
Mon cher fils, mon Hector, ma plus douce pensée,
Ne pren point le conseil d'vne ardeur insensée
Qui te guide à la mort sous l'appas d'vn combat :
Tu ne vis parmi nous comme vn simple soldat,
Qui disetteux d'honneur doit chercher aux alarmes
Quelque Laurier vulgaire à couronner ses armes;
Ta gloire est ià montée en si notable lieu,
Que le peuple Troyen t'estime vn demi Dieu;
Respecte nonobstant d'vn esprit debonnaire
Ton vieux Pere chenu, ta venerable mere
Qui te prie instamment qu'auiourd'huy le Soleil
Ne te voye au combat. O guerrier nompareil,
» Cede à nostre vouloir : au double est estimable
» Qui peut seruir aux siens et leur estre agreable.
HECUBE.
S'il te reste, mon fils, quelque petite part
Du respect naturel dont iâmais ne depart
L'homme né pour l'honneur et le bien de sa race,
Ie me promets aussi d'obtenir ceste grace;
Mais les vœux paternels ont sur toy tant de poids
Qu'ils n'ont aucun besoin du renfort de ma voix.
HECTOR.
Les Dieux ne m'ont formé de si triste nature,
Ie n'ay reçeu de vous si peu de nourriture,

Que ie ne sçache au moins tout ce qu'il faut sçauoir
Pour bien en vostre endroit acquiter mon deuoir :
Mais permettez plustost que je coure fortune,
Qu'au clair de mon honneur s'imprime tache aucune.
Que va dire le Grec si prompt à se moquer,
Si pour mon seul regard on ne veut l'attaquer ?

PRIAM.

Ceste braue ieunesse aux armes si bien née
Rabatra le caquet de sa bouche effrenée :
Car quoy que ie propose on ne laissera pas
D'esprouuer auiourd'huy la chance des combats.
Vous, Ænée et Paris, Deiphobe et Troïle,
Polidame et Memnon, tirez l'Ost de la ville,
Et le menez aux champs : pour moy ie pren le soin
D'enuoyer le secours s'il vous fait de besoin.
Mais pour toy, mon Hector, mon vnique esperance,
La seule ancre sacrée où gist nostre asseurance,
Despoüille ceste armeure et demeure à requoy ;
Ie le veux comme Pere et l'enioins comme Roy.

HECTOR.

O saincte authorité qui m'es tousiours sacrée,
Ie ne sçauroy faillir pourueu que ie t'agrée,
Ie crain trop d'encourir le celeste courroux,
Si pour plaire à moy seul ie desplaisois à tous !
Esteins donc, ô mon cœur, toute ardeur de bataille.
Puis qu'il vous plaist, amis, ie quitte ceste maille,
Cet armet, cet escu, ces greues, ces brassars,
Et pour sacrifier ie prens congé de Mars.
Trauaillez tous pour moy. Noblesse genereuse
De l'honneur de la lance ardemment amoureuse,
Empeschez que les Grecs ne puissent estimer,
Qu'Hector saigne du nez quand il se faut armer.
Vous voyez quel suiet pend au rasteau mes armes,
M'empesche de sortir : courez dans les alarmes,
Et si ie puis reuoir l'heureux iour de demain
Au plus fort des combats vous connoistrez ma main.
  Allez, mes compagnons, marchez à la bonne heure.
Et ne retournez point que la Grece ne pleure
La mort de maint grand Duc immolé par le fer
Dessus l'autel de Mars aux deitez d'Enfer.

CHŒUR.

Vueille le Ciel benin soustenir la querelle
Qu'après mille combats nostre camp renouuelle,
Et si bien renforcer les nerfs de sa vertu,
Que l'exercite Grec s'en retourne batu,

Vaincu, desesperé d'auoir perdu sa peine
A tenter par dix ans vne entreprise vaine,
Dont le fruit soit la honte et l'eternel regret
D'auoir trop obstiné un serment indiscret.
HECTOR.
C'est par là qu'il conuient commencer la bataille,
» Nostre ardeur sans les Dieux n'est rien que feu de paille.
» Mais au reste pensez qu'aux perilleux combats
» Où l'ordre n'a point lieu, peu sert l'effort du bras.
» Commande qui le doit, qui le doit obeisse :
» Ce n'est pas peu d'honneur de faire vn bon seruice.
» L'Empire de plusieurs est volontiers confus ;
Mais comme vn seul esprit est par le corps diffus,
Qui le meut en tous sens, de mesme vostre armée
D'vne volonté seule ait la force animée.
Grands Guerriers, ie vous tien ce discours en passant,
Car si le sort fatal en nos faits tout puissant
Adiouste sa faueur auec vostre conduite,
Auiourd'huy le Soleil verra la Grece en fuite,
Et vous reuenus sains, honorez à l'enui
De vos bons vieux parens et du peuple raui.
De moy qui reste enclos entre ces deux murailles,
Ie sens vn feu secret qui me cuit les entrailles,
Pour ne participer à ce proche bon-heur,
Qui vous promet à tous grande moisson d'honneur.
PRIAM.
Vous devez estre, Hector, assouvi des Trophées
Desquels on voit briller vos portes estoffées.
» Quand le desir de gloire est trop immoderé,
» Le plus sain iugement en deuient alteré ;
» Et vouloir faire tout, c'est vouloir l'impossible,
» Voire il est dommageable encor' plus que penible.
ANDROMACHE.
Quelque peu mon esprit commence à respirer,
Puis qu'Hector est gagné, puis qu'il veut demeurer
Sans tenter auiourd'huy les hazards de la guerre.
Ce sainct nœud de respect qui maintenant le serre
Tient mon courage à l'ancre au milieu de ces flots;
Qui semblent coniurer contre nostre repos.
» C'est auoir beaucoup fait sur vne ame obstinée
» De la pouuoir contraindre vne seule iournée.
» Car il peut aduenir que le fatal moment
» Qu'ocupe le danger coule insensiblement
» Pour ne plus reuenir : le malheur ne seiourne,
» Et si comme l'on dit sur ses pas ne retourne.

CHŒVR.

O<small>N</small> se lasse de tout excepté de bien faire.
   » L'homme amoureux du los
» Trouue son action vn plaisir ordinaire,
» Et n'a plus grand trauail que son propre repos.

» Tant plus que l'ame gouste au doux fruit de la gloire
   » Plus en croist le desir;
» Ce philtre est si plaisant qu'on s'altere à le boire,
» Et que plus on en boit plus en vient de plaisir.

» Si rien peut exciter la vertu genereuse
   » C'est la clarté du nom
» Qui penetre à trauers toute nuë ombrageuse,
» Et discourt par le Ciel sur l'aisle du renom.

» La pompe des grandeurs est au sens agreable,
   » L'or nous charme les yeux;
» La volupté nous rit, nous aimons bonne table;
» Mais le desir d'honneur nous touche encore mieux.

» Desirable Nectar, delices salutaires
   » Qui naissez du vray bien,
» Ne vous profanez point à ces ames vulgaires,
» Qui s'estiment beaucoup et ne meritent rien.

» Que la valeur vous gagne au milieu des batailles :
   » Là naissent les Lauriers.
» Que sert de raconter les poudreuses medailles?
» Les triomphes fameux de ces vieux deuanciers?

» Certes pour la vertu faut trauailler soy-mesme,
   » Endurer froid et chaud,
» Fouler aux pieds la honte et le peril extréme,
» Et porter vn courage aussi constant que haut.

» Quand la gloire s'emplume avec de fortes aisles
   » Elle vole en tous lieux;
» Puis s'esleue bien loin de ces choses mortelles,
» Et de rayons diuins flambe dedans les Cieux.

» Qui s'endort dans le sein d'vne lasche mollesse
   » D'oisiveté vaincu,

» Vain fardeau de la terre, indigne de noblesse,
» Pourra-t-il tesmoigner qu'il ait iamais vescu?

» Caché dedans la vie ainsi qu'en sepulture
» Ne soit iamais connu;
» Ne reste rien de luy que son Idole obscure
» Refondant dans le Rien dont il estoit venu.

» Ce n'est point la raison que le vice s'empare
» Du prix des vertueux,
» Qui n'est mis à l'enquan ni pour l'argent auare,
» Ni pour le vain orgueil de ces présomptueux.

ACTE III

HECTOR, ANTENOR, MESSAGER, CHŒUR, HECUBE, PRIAM, ANDROMACHE, CASSANDRE.

HECTOR.

Tous Arts pour dire vray sont pratiquez à peine;
» Mais l'illustre mestier du noble Capitaine
» Est tant plus difficile à bien executer,
» Qu'on le void en honneur tous autres surmonter
» Alors que l'artisan se trompe en son ouurage,
» Par les regles de l'art coniointes à l'vsage
» Il corrige le vice et remet tout à poinct;
» Mais les fautes d'honneur ne se reparent point :
» Vne erreur fort legere, vne parole obmise,
» Vn effet negligé l'exposent à la prise
» D'vn tas de mesdisans plus lasches qu'enuieux
» Ausquels son vif esclat blesse l'ame et les yeux :
» Ces mouches qui iamais au poli ne s'attachent,
» Leurs poignans aguillons impudemment delaschent
» Contre vn cœur innocent, et pour le piquer fort
» Aiment mieux en sa playe y receuoir la mort.
  Ie pense ouïr desia des langues mensongeres
Enfoncer mon honneur de cent pointes legeres;
Et pense voir desia les insolens Gregeois
Accompagner leurs coups de blasphemantes voix

TRAGÉDIE. 31

Contre ma gloire acquise aux despens de leur vie :
Mais si demain reuient i'osteray toute enuie
D'outrager mon courage, et blasmer desormais
Ce bras de qui la peur ne triompha iamais.
ANTENOR.
Bien que notre Ost vainqueur ailleurs les embesoigne
» Fain toy qu'il soit ainsi, ie ne tourne à vergoigne
» A l'homme qui demeure en ses faits innocent,
» Si quelqu'vn le decoupe alors qu'il est absent.
» Aussi notre deuoir, seule regle infaillible
» Où l'honneur se mesure, excepte l'impossible :
» Et de là ie compren, ô Cheualier parfait,
» Que l'offense ne touche à qui point ne la sçait,
» Et que celuy sans plus doit en boire l'iniure
» Qui l'oit, et n'en dit mot, la connoist et l'endure.
HECTOR.
» Il mourra sans renom qui de luy n'a souci.
ANTENOR.
» Il viura sans repos qui s'en afflige aussi.
HECTOR.
» Celuy merite affront que la crainte fait taire.
ANTENOR.
» Et blasme qui mesdit sans voir son aduersaire.
HECTOR.
» Il ne faut point souffrir qu'on mal parle de nous.
ANTENOR.
» Quoy que l'on fist tout bien on ne peut plaire à tous.
HECTOR.
Qu'on ne leur plaise point, mais au moins qu'ils se taisent.
ANTENOR.
» Plustost les vents bruyans que les langues s'appaisent.
HECTOR.
» La valeur d'vn grand Prince apporte de la peur.
ANTENOR.
» Tel parle hardiment qui tremble dans le cœur.
HECTOR.
» Mais la gloire languit se ressentant blessée.
ANTENOR.
» Vne playe ainsi faite est aussi tost passée.
HECTOR.
» Tousiours la cicatrice en paroist sur le front.
ANTENOR.
» Encor qu'elle paroisse on n'y lit plus d'affront :
» Ainsi le grand Guerrier que l'honneur deifie,
» Des marques de ses coups aux siens se glorifie.

HECTOR.
» Aussi par là se void qu'il a bien combatu.
ANTENOR.
» Et par l'autre on connoist qu'il a de la vertu,
» Qui peut estre sans tare et non iamais sans blasme.
HECTOR.
En quoy donc le deuoir d'vne genereuse ame?
ANTENOR.
» A montrer son courage entier et tout parfait,
» Soit qu'il faille employer la parole ou l'effet :
Bref tel qu'on void reluire en ta valeur extréme,
Qui doit tout son exemple emprunter de soy-mesme.
HECTOR.
Ne connoissant en moy ceste perfection,
Il me plaist rapporter à ton affection
Cet éloge d'honneur plustost qu'à mon merite,
Si parfois ie fay bien en cela ie t'imite.
Mais rompons là, mon Pere, et recherchons plustost
Quel succés de fortune accompagne nostre Ost.
ANTENOR.
I'ay connu des blessez qui rentroient dans la ville
Qu'Alexandre, Memnon, Deiphobe et Troïle
Par émulation font tous à qui mieux mieux :
Que d'vn autre costé les Grecs audacieux
Assaillent rudement et rudement repoussent.
Telle qu'on void la mer quand deux vents la courroucent
Par leur souffle contraire en berçant reflotter
Et vague contre vague escumeuse affronter,
Semblables on peut voir les deux fortes armées
De desirs ennemis à la charge animées,
Tantost aller avant et tantost reculer ;
Sur elles la victoire est balancée en l'air,
Sans qu'on puisse connoistre à son aisle douteuse
Quelle part tournera sa faveur paresseuse.
HECTOR.
Regardez Troye, ô Dieux, et son vol arresté
Ferme se maintiendra dessus nostre costé,
Apres que le fier Mars l'aura tins en secousse,
» Car vostre vouloir iuste est le vent qui le pousse.
ANTENOR.
Ie m'en vay reconnoistre auec ces propres yeux
Qui des camps opposez se portera le mieux ;
Puis quand du haut sommet de nos larges murailles
Mon œil aura couru par les rangs des batailles,
Ie t'en feray rapport, afin que par conseil,

TRAGÉDIE.

Tu vanges le defaut de ton bras nompareil.
####### HECTOR.
Va, mon cher Anthenor, et sur le champ auise
Les moyens d'auancer nostre iuste entreprise :
Car les sages discours de ton Esprit prudent
Ont fraudé plusieurs fois maint sinistre accident.
» Quel desplaisir ressent vn genereux courage
» Qui bout apres la gloire, et cherit dauantage
» Le penible labeur que le morne repos,
» Quand sa vertu hautaine amoureuse de los
» Repose au lasche sein d'vne molle paresse,
» Dont la froide langueur engourdit la prouesse.
» La vertu se nourrit de sa propre action ;
» Et l'ame auantureuse, en qui l'ambition
» De se faire connoistre aux peuples de la terre
» Assaut tous les pensers d'vne secrette guerre,
» Pense que le cesser d'employer sa valeur
» Lui tient lieu de reproche ou d'extréme malheur.
» O trois fois bien-heureux sur tous autres i'estime
» Qui dispose a son gré d'vn dessein magnanime,
» Sans estre inquieté par les exhortemens
» D'un pere apprehensif, par les embrassemens
» Que ioint à ses baisers vne femme agreable,
» Par les vœux respectez d'une mere honorable,
» Par les graues conseils des vieillards reuerez,
» Quand, di-ie, à la vertu ses efforts sont tirez.
Où moy que ces liens captiuent dans la ville,
Ie reste mal'heureux aussi bien qu'inutile ;
Si ie croy de bien faire en demeurant ici,
Ie crain que n'en sortant ie face mal aussi.
» La clarté n'est clarté sinon qu'elle apparoisse :
» C'est beaucoup d'estre bon, mais plus qu'on le connoisse :
» Car de là naist au cœur vn plaisir si constant,
» Qu'il reste de soy-mesme en soy-mesme content.
» Si les bons toutesfois tiennent d'experience,
» Qu'il n'est un tel rampart que de la conscience,
» Mon esprit est sans gesne et mon cœur sans remors ;
Tout prest et disposé de paroistre dehors.
####### CHŒUR.
Qui voudroit te blasmer, cheualier sans reproche,
Dessous un front d'acier auroit vn cœur de roche :
Ton renom glorieux de tels rayons nous luit,
Que comme vn clair Soleil il perce toute nuit.
Les grands chefs de Mycene ont senti ta vaillance :
Desia grand nombre d'eux sont bronchez sous ta lance,

Dont le nom sert de preuue à ta rare vertu :
Mais c'est plus grand honneur de t'auoir combatu
Et d'en rester priué de l'ame et de la gloire,
Que d'auoir sur tout autre obtenu la victoire.
» Car c'est vn argument de cœur auantureux,
» Que d'oser assaillir vn homme valeureux.
» Les Lions courageux de l'Affrique rostie
» S'esiouïssent de voir vn Toreau pour partie,
» Et ne poursuiuent point les papillons volans.
» Ceux-là dont les esprits sentent de hauts élans,
» Couuent mille dépits au fonds de leur poitrine
» Alors qu'vn bas subiet aux coups les achemine;
» Mais si quelque grand Chef se presente au combat,
» D'allegresse et d'ardeur le courage leur bat.
  O foudre des Guerriers aux plus fiers redoutable,
S'il est vn seul mortel qui te soit comparable
Aiax le pourra dire, Aiax dont le fort bras
Porte vn large bouclier couuert à sept rebras :
Thenere en parlera qui d'vne main fort iuste
Pousse le dard volant et la fleche robuste :
On le pourra sçauoir du grand Agamemnon
Qui passe tous les Grecs et de rang et de nom :
Il sera tesmoigné du courageux Tytide,
Qui combatroit les Dieux de son bras homicide :
Il sera reconnu du vieux Prince Nestor,
Qui parlant au conseil verse vn beau fleuue d'or,
Et rapporté du double et cauteleux Vlysse
Dont on craint moins le bras que l'accorte malice.
Et confirmé d'Achile encores que ses yeux
Soient voilez contre toy d'vn courroux enuieux.
Aussi l'on dit par tout où paruient la nouuelle
Des combats entrepris pour Helene la belle,
Que tu sers aux Troyens comme d'vn mur d'airain
Duquel estans couuerts on les assaut en vain.
Non les hommes sans plus; les choses insensibles
Admirent à l'enui tes forces inuincibles.
Combien de fois le mont à Cybelle sacré
Regardant à ses pieds vn peuple massacré
Qui faisoit de toy seul sa mourante complainte,
A-il tremblé d'horreur, de merueille et de crainte?
Combien de fois les champs qu'il descouure plus bas
Furent-ils esbranlez sous les coups de tes bras?
Combien de fois encor' Simoïs et Scamandre
Voyans à gros torrens le sang Gregeois s'espandre
Dans leurs flots estonnez de perdre leur couleur,

Au fonds de leurs palais points d'ire et de douleur,
Ont-ils craint que les corps dont tu peuplois les ondes
Gardassent de rouler leurs Nimphes vagabondes?
 D'entre tous ces tesmoins et muets et parlans
Qui vont à qui mieux mieux ta vertu reuelans,
S'esleue haute en l'air la prompte Renommée
Qui d'vne bouche vraye et non iamais fermée
Publie à tous venans qu'en valeur et conseil
Tu n'as point de second sous le cours du Soleil.

####### HECTOR.

Si i'ay veu mes exploits marquez en la memoire,
L'honneur en soit aux Dieux : car ie ne veux point croire
Que nostre heur és combats naisse de nostre main :
» Si le Ciel ne benit l'homme trauaille en vain.

####### CHŒUR.

» La grandeur des humains n'a rien de plus celeste,
» Que quand parmi sa gloire elle est sage et modeste.

####### HECTOR.

» Celuy qui se connoist ne mesconnoist point Dieu,
» Qui dispose de tous et préside en tout lieu.

####### CHŒUR.

» Bien que cela soit vray, l'on peut sans faire outrage
» A l'ouurier, honorer l'instrument et l'ouurage.
» Quand quelqu'vn a bien fait par le secours des Dieux,
» Il ne le faut priuer d'vn renom glorieux :
» Car la douce louange entretient et fomente
» Le desir de bien faire en toute ame excellente.

####### HECTOR.

» Celuy-là qui sert bien dessert vn beau loyer;
» Autrement il viendroit plus lent à s'employer.

####### CHŒUR.

» Le guerdon seul de gloire est propre et convenable
» A couronner en l'homme vne action louable.

####### HECTOR.

» Tous ces autres thresors qu'on cherche auidement,
» Au prix d'un bruit fameux ne sont rien voirement.

####### CHŒUR.

» C'est par ceste aisle aussi que les hommes de guerre
» Volent durant leurs iours par le rond de la terre.

####### HECTOR.

» Dites plus, que le bruit acquis à leur valeur
» Fait naistre vne autre vie en la mort de la leur.

####### CHŒUR.

» Car si pour peu de iours tristes et perissables
» Leur corps enduroit tant, ils seroient miserables.

HECTOR.
» Il vaudroit mieux çà bas n'estre iamais venu,
» Que sortir du Theatre et n'estre point connu.
CHŒUR.
» Ce desir que Nature ente aux ames plus belles
» Nous admoneste assez qu'elles sont immortelles.
HECTOR.
» C'est de ce haut espoir que nostre integrité
» Prend sur tous nos desseins supréme authorité.
CHŒUR.
» Voyez comme chacun tasche mesme à reuiure
» Es traits inanimez de la bronze et du cuivre.
HECTOR.
» Respire qui voudra dans le mort des portraits,
» I'aime mieux quand à moy viure dedans mes faits.
CHŒUR.
» Ils conservent aussi les traits de nostre gloire
» Beaucoup plus longuement que l'airain et l'iuoire.
HECTOR.
» Si pour montrer le corps on prend tant de labeur,
» Combien en faut-il prendre à faire voir le cœur ?
CHŒUR.
» Cela fait que la vie à la mort on eschange,
» Lors que l'on se promet d'en acquerir louange.
HECTOR.
» I'ay tousiours resolu sur semblable discours,
» Qu'il falloit beaucoup faire et viure moins de iours.
CHŒUR.
» La longueur de la vie aussi ne se mesure
» Par le seul nombre d'ans que nous prescrit nature.
HECTOR.
» Il vaut mieux faisant bien viure vn iour seulement,
» Que durer vn long siecle et viure oisivement.
CHŒUR.
» La paresse langarde et foible en toute sorte
» Est de l'homme viuant la sepulture morte.
HECTOR.
» Qui par faveur du Ciel est au bien adonné,
» Dans ses tristes liens n'est iamais enchainé.
CHŒUR.
» Aussi quand ce poison dans nostre ame se glisse,
» Il la charme et l'endort és ordures du vice.
HECTOR.
Qu'il n'approche iamais les murs d'une Cité,
Qui conforme ses mœurs aux regles d'équité.

Mais quel bruyant tumulte estourdit mon oreille?
Est-ce vn renfort nouueau que Priam appareille
Pour secourir nos gens? quel trouble oy-ie là-bas?
Non, ce n'est point vn bruit esmeu par des soldats,
Ce sont des cris piteux et des voix effroyables,
Des soupirs confondus aux accens lamentables
Dont la rumeur ressemble aux abois mugissans
Que fait le vent mutin sur les flots blanchissans,
Qui contestent ensemble et bruyent le naufrage
Venans à se briser aux durs flancs du rivage.
Marchons pour en sçavoir.
CHŒUR.
N'allez ià plus auant,
Voici l'vn de vos gens qui nous vient au deuant.
HECTOR.
Quel murmure là bas hautement se demeine?
Mon amy, di le nous; tu respires à peine.
MESSAGER.
O magnanime Hector, i'accours aussi de loin
Implorer ta valeur à l'extréme besoin.
HECTOR.
Qu'est-il donc suruenu? la fortune animée
Faut-elle de garand à l'heur de nostre armée?
MESSAGER.
Ton camp subsiste à peine, et les squadrons Gregeois
Le rechassent vers Troye et de main et de voix.
HECTOR.
Que font vos compagnons? que font vos Capitaines?
MESSAGER.
Ils s'efforcent beaucoup, mais leurs armes sont vaines.
HECTOR.
Et nos Princes Troyens ioignent-ils point de près?
CHŒUR.
Chacun veut acquerir la palme ou le Ciprès.
HECTOR.
» Il ne faut qu'un poltron pour causer le desordre.
CHŒUR.
Las! c'est par vn malheur, non faute de bien mordre.
Troye armée au combat allegrement couroit
Deuers l'Ost Argien qui rengé demouroit
Sur les champs estendus, d'où le bruit d'vn tonnerre
Sembloit comme sortir et rouler par la terre :
L'Olimpe en trembloit tout, et les bas fondemens
Chanceloient sous les pieds, les clairs hannissemens
Des cheuaux escumans bruyoient dedans le vuide,

Et Xante se cachoit en son Palais humide.
  A grand peine eut fini cet horrible moment,
Que les camps ennemis d'un roide eslancement
Se ruent l'vn sur l'autre, et par le fier outrage
De la langue et du bras enueniment leur rage.
L'vn deffendoit tantost et tantost assailloit,
L'autre les coups reçeus au double rebailloit ;
Le soldat au soldat, le gendarme au gendarme
S'attachoit fierement, en sa mort nulle larme
Il ne versoit de l'œil, ains tomboit menaçant
Du trespas ià reçeu ceux qui l'alloient pressant.
Les Chefs des deux partis recherchoient dans la presse
Vn champion illustre et vanté de prouesse,
Ne voulans pas cueillir dessus le champ d'honneur
Vne palme de prix moindre que leur valeur ;
Si bien qu'en mille endroits par l'espée et la lance
On vuidoit des duels aspirans à l'outrance.
  Mais quand aucuns des Grecs plus hautains et plus forts
Ont signalé leurs coups de trois ou quatre morts,
Et ne trouuent plus rien qui vueille faire teste ;
Ils roulent par l'armée ainsi qu'vne tempeste,
Et n'aperceuans point en nos squadrons rangez
Flamboyer ton armet, ils font des enragez,
Comme loups attaquans les bœufs gras d'vn herbage,
Tandis que le Pasteur cause au proche village.
  Comment ? proferent-ils d'vn accent orgueilleux,
Où est donc cet Hector ? ce Prince merueilleux ?
Ce puissant champion ? ce gendarme brauache ?
Lorsque l'on vient aux mains il demeure en sa cache ?
Promettoit-il n'aguere vn si braue dessein ?
Andromache, pensez, le mignarde en son sein,
Tandis que ces soldats sans chef et sans courage,
Victimes de nos mains, tombent en ce carnage.
Ces termes par les Grecs prononcez asprement
Dans les cœurs des Troyens forment l'estonnement :
Et quoy que nos Seigneurs que ce discours desole,
Exhortent viuement d'exemple et de parole,
Courent aux premiers rangs, loüent les bons soldars,
Et blasment hautement ceux qui font des coüards,
Par vn fatal destin ; car ainsi ie l'appelle,
Nostre camp mal mené ne bat plus que d'vne aisle ;
Et s'il ne void bien tost ton bel Astre esclairer,
Il medite sa route et se va retirer.
  C'est pitié que de voir nos bandes esclarcies
Des Dolopes guerriers dont les mains sont roussies

Au sang des Phrigiens qui regorge à ruisseaux;
C'est vne horreur de voir les soldats à monceaux
L'vn sur l'autre entassez, et les meilleurs gensd'armes
Captifs sous leurs chevaux et pressez de leurs armes.
C'est peu pourtant au prix des longs gemissemens,
Des soupirs éclatans, des aigus hurlemens
Que iettent alentour de maintes funerailles
Ceux que l'âge et le sexe exemptent des batailles.
Là la ville en fremit, et les bourgeois troublez
Attendent leur ruine en cent lieux assemblez.
Où court si tost Hector transporté de colère?

CHŒUR.

Apres auoir connu comme va nostre affaire,
Il va donner quelque ordre à dresser du secours.

MESSAGER.

Allez donc l'assister, car au camp ie recours
En porter à nos gens l'espoir et la nouuelle.

CHŒUR.

O fortune inconstante, outrageuse, et rebelle!
Iusqu'à quand ce malheur? doit-on plus esperer
De voir par les combats nostre honneur prosperer?
Les Cieux sont-ils tournez en faueur de la Grece?
A ce coup donc, ô Troye, augmente ta tristesse,
Redouble tes soupirs, le destin rigoureux
Haste les mouuemens de ton sort malheureux;
Ces voleurs inhumains nous vont faire leur proye,
On dira quelque iour : ici iadis fut Troye,
Là son grand Ilion enclos de plus de tours,
Qu'au cours de l'an entier on ne conte de iours
» Tout perit ici bas, les hommes, les familles,
» Les maisons, les Palais, les Chasteaux et les villes;
» Et les Empires mesme ont leur but limité :
» Rien ne sçauroit durer en toute eternité,
» Que l'eternité seule, et les saisons qui changent
» Font les iours, puis les iours l'vn par l'autre se mangent.
Mais voila pas Heleine? elle approche vers nous.
O l'unique suiet de la perte de tous,
Tu causes de grands maux, et ce n'est point merueille,
On debatroit mille ans vne beauté pareille.
» Entendons ces soupirs : c'est vn contentement
» D'oüir en son malheur lamenter doucement.

HELEINE.

O miserable Heleine! ô Dame infortunée!
Tu pleures à bon droit, puis que tu ne fus née
Que pour causer la mort de tant d'hommes vaillans

Au front des murs Troyens à l'enui bataillans.
   Ceste fleur de beauté qui tombe en peu d'années,
Ces Lys soudain passez, ces roses tost fanées,
Cet œil en moins de rien couuert d'obscurité
Deuoit-il estre ô Dieux à tel pris acheté?
   Tant d'illustres Seigneurs, de Princes remarquables
A l'égal ennemis, à l'égal miserables,
Occis pour mon suiet valent-ils moins que moy,
Moy qui vis sans honneur aussi bien que sans foy?
   Ie doy d'vn trouble estrange auoir l'ame saisie,
Voyant dedans vn champ l'Europe auec l'Asie
Combatre pour moy seule, et s'enferrer de coups
Au gré de mes riuaux l'vn de l'autre ialoux.
   Puis-ie vivre asseurée au milieu de ces vefues
Qui detestent la Grece, et maudissent les glaiues
Par qui leurs chers maris forcez de tomber bas
Ont espandu la vie au milieu des combats?
   De quelle œillade, ô Dieux! puis-ie estre regardée
De l'amante fidele à l'amant accordée,
Qui par vn dur destin à la mort succombant
Soupire encor pour elle et la nomme en tombant.
   De quel front puis-ie voir ces miserables peres
Que la mort de leurs fils enuieillit de miseres,
Quand leur œil plain de rage ils élancent sur moy
Qui m'accuse et conuainc de causer leur esmoy?
   Combien d'aigres tourmens et de trauerses dures
Enduray-ie au dur son des cruelles iniures
Que me font les parens, les freres, les amis,
De ceux que l'espé' Grecque au monument a mis?
   O trois fois malheureuse et quatre fois encore,
Si i'ay perdu l'honneur qui la femme decore,
Dois-ie encor desirer l'vsufruit de ce iour,
Pour estre obiet de haine aussi bien que d'amour?
   Las! cachons nous plustost au centre de la terre
Que d'estre le flambeau d'vne eternelle guerre:
Puis que i'ay par ma vie allumé ces combats,
Haston de les esteindre auecques mon trespas.
   O Guerriers ennemis, appaisez vos querelles,
Puis que i'ay suscité vos haines mutuelles,
Accourez tous ici pour me rauir d'accord,
Et deuant vos deux camps me iuger à la mort.
   De vos si longs malheurs ie suis seule coulpable;
Seule par la raison faites moy punissable:
Ainsi des deux costez nous resterons contens,
Moy de souffrir le mal et vous d'en estre exempts.

Mieux vaut que vos combats ce conseil salutaire :
O Gregeois, ô Troyens, moderez la colere,
Et si ce n'est par haine, au moins par amitié
Accordez moy la mort prenant de vous pitié.
 Yeux trop clairs à mon dam couurez vous de tenebres;
Ne voyez plus des iours que vous rendez funebres;
Las! ne regardez plus sur ces champs beaux et vers
Qui de meurtre et de sang sont pour vous recouuerts.
 Bouche qui consentis à l'amoureuse enuie
Du plus beau des Pasteurs que ie fusse rauie,
Ferme toy desormais, cesse de respirer;
Miserable! es-tu point lasse de soupirer ?
 Oreille qui receus la parole charmeuse
Dont ie senti gagner ma pensée amoureuse
Clos ton entree aux voix; que mon ame par toy
N'entende iamais plus blasphemer contre moy.
 Perdons auec l'amour toute autre connoissance,
Et montron que ce fut le sort de ma naissance
Qui porta ces malheurs, non pas ma volonté :
» Vn peché fait par force est de blasme exempté.

CHŒUR.

Ne te desole plus, Heleine,
Bien que le suiet en soit grand :
» Quand le Ciel nous liure à la peine,
» On a beau chercher vn garant.
» Celuy-là qui le moins y pense
» Fera par fois le plus grand mal,
» Mais il n'est chargé de l'offence
» Quand c'est par accident fatal.
O belle, rien ne te contraigne
A troubler ton cœur de souci;
Tu vaux certes que l'on te plaigne,
Quoy que tu causes tout ceci.

CHŒVR.

L'Ame à la vertu vive et promte
» N'apprehende rien que la honte,
» La honte la peut esmouuoir;
» Toute autre passion volage
» Ne penetre point vn courage,
» Qui n'ouure les yeux qu'au deuoir.
 » L'homme qui n'est enflé d'audace
» A tendre le cœur et la face :
» Le meschant a le front de fer;

» Et tant s'en faut qu'il se l'imprime
» De la vergongne de son crime,
» Sa bouche en oze triompher.
   » La seule apparence de vice
» Qui dans l'opinion se glisse
» Pour deceuoir le iugement,
» Afflige l'ame genereuse
» Que la gloire rend amoureuse,
» Et luy donne vn secret tourment.
   » Qui n'a soin de sa renommée
» Bien ou mal au monde semée
» N'a l'esprit d'honneur animé :
» Ie vous pri' quel autre salaire
» Peut-on attendre de bien faire,
» Que d'en estre bien estimé.
   » Pourquoy tant d'honorables peines
» Supportent les grands Capitaines;
» Pourquoy les hazardeux soldarts
» S'eslancent-ils en tant d'alarmes,
» Sinon pour la gloire des armes
» Qui les celebre en toutes parts.
   » Est-il vn seul qui ne desire
» Aux yeux du monde se produire
» Sur le Theatre de l'honneur;
» Qui beuuant les douces louanges
» Des siens et des peuples estranges,
» N'en gratifie à son bon-heur?
   » Non qu'il faille qu'vne belle ame
» Se confonde au vent de tout blasme
» Qui par l'enuie est suscité.
» L'homme que la constance asseure,
» Tousiours comme vn cube demeure
» Ferme en sa propre grauité.
   » Qui craindroit trop ceste tempeste
» Auroit tousiours martel en teste,
» Et son cœur seroit esbranlé,
» Comme la barque trop legere,
» Qu'Aquilon roüe en sa colere
» Sur les sillons du flot salé.
   » Il ne fut iamais belle vie
» Exempte de haine et d'enuie,
» Le Soleil sans ombre ne luit.
» La course excite la poussière.
» Mais tousiours la viue lumiere
» Paroist plus claire après la nuit.

» Quoy que tasche la mesdisance,
» Elle n'aura point la puissance
» D'obscurcir vn los merité.
» Quoy qu'il sorte de la fumée
» D'une flamme bien allumée
» Elle n'estaint point la clarté.
» La vapeur d'vne renommée
» Qui s'est en Astre transformée,
» Esclaire comme vn beau Soleil,
» Faite plus viue d'âge en âge,
» Sans que iamais aucun ombrage
» L'empesche de luire à nostre œil.
» Encor que le cours de Nature
» Transforme l'homme en pourriture
» Au fonds obscur de son tombeau,
» Si suruit-il par sa memoire,
» Et des clairs rayons de la gloire,
» Son nom vieillissant deuient beau.

ACTE IV

ANDROMACHE, CASSANDRE, PRIAM, HECUBE.

ANDROMACHE.

Le meschant inhumain m'a donc abandonnée!
Destin inexorable! et vous, noire iournée,
Auriez vous sçeu passer sans apporter vn mal,
Vn mal qui n'eut iamais ni n'aura point d'égal!
» Ainsi donques vos coups demeurent imparables?
» Tournez vous en tous sens, ô mortels miserables,
» Et l'atteinte mortelle en venez éuiter.
Hélas! à quel parti pui-ie me reieter?
Quel Dieu dois-ie prier, ô femme déplorée
Ton ame est à ce coup toute desesperée,
Toute triste et dolente ainçois toute douleur;
Ie n'attens plus nul bien que le dernier malheur.
 Repreniez vous, ô Cieux, vos seraines lumieres
Pour tromper nos desirs et moquer nos prieres?
Pour frauder nostre espoir? vne telle clarté
Deust-elle seruir d'ombre à vostre cruauté?

Mais est-ce de vous seuls que ie me doy complaindre?
Non, c'est de ce cruel qui vous semble contraindre
Par l'audace insensée où le porte son cœur
A verser dessus luy toute vostre rigueur.
 O miserable Hector! la fureur vengeresse
De quelque grand Demon pour nostre dam te presse
Bon gré mal gré, de voir, d'affronter l'ennemi,
De t'en faire litiere, et puis tomber parmi.
 Est-ce ainsi que tu rens ta promesse obseruée?
Quoy, tu nous l'as enfrainte aussi tost qu'acheuée?
A peine le serment de ta bouche est sorti,
Qu'vn effet tout contraire a son vœu démenti.
La sainte authorité d'un pere venerable,
La chaude affection d'vne mere honorable,
Le desir des parens tout brulant d'amitié,
Les pleurs et les soupirs d'vne chaste moitié,
Bref les vœux d'vn païs qui préuoit sa tempeste
Ne sont donc que ioüets pour le vent de ta teste?
Rien ne peut arrester la fureur de tes pas:
Tu cours au precipice où t'attend le trespas.
 C'est bien vn dur destin qui contre ta nature,
Contre ta douce humeur, contre ta nourriture,
Te fait présomptueux, partial, obstiné,
Pour accomplir en toy le sort prédestiné,
» Quand le dard de la mort la teste nous menace,
» Nous perdons tout à coup nostre naïue grace,
» Nos agreables mœurs, nostre instinct gratieux,
» Pour deuenir hagards, hautains et furieux.
 O Cassandre ma sœur, nostre perte est prochaine!
Tu le dis haut et clair et d'une voix certaine,
En branlant le Laurier dont ton chef est orné;
Mais quoy? l'Oracle en vain pour nous te fut donné.
Tu rechantois tantost que l'incredule Troye
Par le trespas d'vn seul est exposée en proye;
L'effet de ta parole auiourd'huy sortira;
Hector s'en va mourir, quand et luy tout mourra.

CASSANDRE.

» Andromache, cessez, si les puissans Dieux mesmes
» Ne sçauroient empescher que les destins suprémes
» Des hommes nais mortels du soir au lendemain
» Ne restent accomplis, on pleure bien en vain.
» Mais pensons pour alors que l'orage qui tonne
» N'est pas prest à tomber quand plus il nous estonne.

ANDROMACHE.

Penses-tu mes tourmens consoler à credit?

TRAGÉDIE.

Ie garde trop au cœur ce que tu m'as predit,
Pour m'allaiter encor d'vne esperance folle;
Comme le criminel qu'on mene de parole
Fol, s'aueugle soy-mesme au malheureux succez,
Tandis qu'vn Iuge entier trauaille à son procez.
O douleur incroyable! ô tristesse commune!
O courage inflexible! ô maudite fortune!
O suport de nos Dieux follement esperé!
O mal indubitable aux Troyens preparé!
Pleurez, Dames, pleurez vos maris et vos freres,
Pleurez les fers de Troye, et vos propres miseres.

CHŒUR.

C'est donner trop de cours à vostre passion,
» Chaste espouse d'Hector, par cette affliction
» Et par ce vain transport s'enaigrit la colere
» Des Dieux dont nous cherchons la faueur salutaire.

ANDROMACHE.

Qu'on ne m'arreste plus aux charmes de l'espoir,
Tout est perdu pour moy : ie ne m'atten plus voir
Ce miserable Hector dont i'ay l'ame rauie,
Ou si ie le dois voir il doit estre sans vie.
Dedans moy comme flots s'abisment les malheurs,
Dedans moy comme traits penetrent les douleurs,
Comme orages dans moy les tristesses s'émeuuent.
Mon cœur est un Enfer, toutes rages s'y treuuent.

CHŒUR.

Tenez ferme la bride à ce rauissement;
Rentrez dedans vous-mesme et sortez du tourment
Qui gesne vostre esprit, quand la fureur déborde,
C'est comme un fier Torrent qui sans misericorde
Emporte ce qu'il treuue, et n'arreste ses pas
Qu'il n'ait victorieux mis la raison à bas.

ANDROMACHE.

Si iusques au tombeau le desespoir m'emporte
Il me sera bien doux en sa rigueur plus forte :
Car ie suis resoluë à mourir parauant
Qu'Hector mon bien, mon tout, cesse d'estre viuant.

CHŒUR.

Quoy que ce seul desir regne dedans vostre ame,
Retardez-en l'effet, ô magnanime Dame,
Pour iouir de la ioye où baigneront vos yeux
Tantost qu'il reuiendra sur vn char glorieux
Süiui par le paué d'vne pompe Guerriere.

ANDROMACHE.

Mais plustost estendu dans vne longue biere,

Prest de mettre au tombeau sa derniere maison.
Si ie veux donc mourir ay-ie pas bien raison ?
CHŒUR.
Vostre aprehension qui tousiours continuë,
Vous ombrage l'esprit d'vne grossiere nuë
A trauers de laquelle vn peril fort leger
Se transforme à vos yeux en extréme danger.
ANDROMACHE.
L'ame n'est pas tousiours de son sort ignorante.
CHŒUR.
Telle pour son malheur est accorte et sçauante.
ANDROMACHE.
La mienne est de ce rang : car pour ne celer rien,
Ie voy plus clair au mal que ie ne fais au bien.
CHŒUR.
Mais il faut que l'espoir en modere la crainte.
Parquoy, si la raison n'est dedans vous estainte,
Ramassez l'esperance et dissipez la peur.
» Il vaut mieux auoir mal qu'auoir faute de cœur.
ANDROMACHE.
Voici venir Priam. Hà, pere miserable,
Quelle vigueur as-tu que le dueil ne t'accable !
PRIAM.
Hecube, notre Hector s'est desrobé de nous.
HECUBE.
On me le dit ainsi, i'en tremble de courroux.
PRIAM.
l'aprehende ce iour; car il nous est contraire.
HECUBE.
C'est grand cas voirement qu'on ne l'ait sçeu distraire.
PRIAM.
Et c'est aussi le poinct qui me trouble plus fort.
HECUBE.
O bons Dieux ! destournez la menace du sort.
PRIAM.
» Quelle barriere arreste vn genereux courage !
HECUBE.
Mais quoy ? les autres fois il me sembloit si sage.
PRIAM.
Il l'est tousiours beaucoup, mais il brusle d'honneur.
HECUBE.
» On doit à la raison mesurer son bon-heur.
PRIAM.
Il espere tousiours auoir Mars fauorable.

HECUBE.
Plusieurs sous tel espoir ont vn sort lamentable.
PRIAM.
Grand autheur des combats, plaise toy l'assister.
HECUBE.
Auec lui ie t'en prie, ô Sauueur Iupiter.
PRIAM.
Allon en rechercher plus certaine nouuelle.
HECUBE.
Je voy son Andromache et Cassandre auec elle.
PRIAM.
Les voila toutes deux, Hecube, approchon nous.
HECUBE.
Mes filles, venez çà ; parlez, que faites vous ?
ANDROMACHE.
Nous pleuron par auance, ô Reine venerable,
De nostre grand Hector le malheur lamentable.
HECUBE.
Pourquoi le pleurez vous au comble de son heur ?
PRIAM.
» Aucun n'est malheureux qui viue auec honneur.
ANDROMACHE.
» Il n'est plus grand malheur que de perdre la vie.
PRIAM.
» Encores d'vn plus grand est la honte suiuie.
Mais qui vous fait iuger qu'il en doit venir là ?
ANDROMACHE.
Certes, plus que iamais ie m'attens à cela.
PRIAM.
C'est en la main d'enhaut qu'est sa fatale trame.
ANDROMACHE.
Vous ne le verrez plus, ou ce sera sans ame.
HECUBE.
O Dieux ! qu'est-ce que i'oy : vient-il donc de mourir !
ANDROMACHE.
Non, mais il est couru nostre camp secourir.
HECUBE.
En ce danger extréme, extréme est la folie
De l'auoir laissé seul, plain de melancolie,
Se ronger tout le cœur de regret et d'ennuy.
PRIAM.
N'en blasmez point aucun, la faute en est à luy.
Mais vous, chaste troupeau, changez en vœux vos larmes ;
Ce n'est point d'auiourd'huy qu'il se trouue és alarmes :
Puis ceux de qui les Dieux ont espousé le soin

N'ont manqué de secours s'il leur en fait besoin.
Mais comme est-il sorti ? sçauriez vous me l'apprendre ?
ANDROMACHE.
A peine auois-ie peu dans le temple descendre
Pour enquerir les Dieux si leur aspre courroux
Se prolongeoit encor' sur Hector et sur nous,
Qu'vn bruit à l'impourveu tonne dans mon oreille :
Ie sors, et voy le peuple en tremeur nompareille
Se batre l'estomach, la barbe s'arracher ;
Femmes, filles, enfans çà et là s'effoucher,
S'imprimer des terreurs, se faire des complaintes,
Courir aux saints autels, toucher leurs cornes saintes,
Baiser les pieds des Dieux et les tremper de pleurs :
Moy qu'vn soupçon nouueau de ces nouueaux malheurs
Frappe tout à l'instant, si tost que i'enten dire
Que le camp des Troyens en fuite se retire,
Et que de mon Hector on cherche du secours,
Doutant bien sa sortie au logis ie r'acours,
Afin que s'il vouloit s'emporter de colere,
Ie peusse par mes pleurs du combat le distraire.
I'arriue ; mais trop tard, ie ne le trouue plus.
Las ! ie ne puis parler, dites leur le surplus.
CHŒUR.
A peine eut vostre Hector entendu le message
De la route des siens, qu'il bout de viue rage,
Et sans parler vn mot s'encourt viste et dispos
Au proche ratelier, et prend dessus son dos
Vn harnois flamboyant, en sa main vne lance.
HECUBE.
Vous deuiez refrener sa nuisible vaillance.
CHŒUR.
Il parut si terrible en cet accoustrement,
Que nul à l'arrester ne songea seulement.
Il court droit à l'estable où sa main ne dédagne
D'equiper son cheual, puis sort à la campagne.
PRIAM.
Ici la plainte est vaine, et ce que nous pouuons
C'est d'inuoquer pour luy les Dieux que nous seruons.
ANDROMACHE.
» Priam, ce n'est assez quand le malheur nous presse
» D'implorer leur faueur et dormir en paresse,
» La teste dans la plume : ils sont muets et sourds
» A ceux qui sans s'aider inuoquent leur secours.
PRIAM.
Mais en l'estat present que puis-ie davantage ?

ANDROMACHE.
Vser de vostre sceptre et le rendre plus sage.
PRIAM.
Auons nous pas en vain ce moyen employé.
ANDROMACHE.
Encor vous auoit-il son seiour ottroyé.
PRIAM.
Quel bien nous a produit sa legere promesse ?
ANDROMACHE.
Son transport et non luy maintenant la transgresse.
PRIAM.
Par mon authorité ie ne l'ay peu tenir.
ANDROMACHE.
Par vostre authorité faites-le reuenir.
PRIAM.
» La voix de la raison se perd au bruit des armes.
ANDROMACHE.
» L'ame se refroidit en l'effroy des alarmes.
PRIAM.
» Vn esprit fort et prompt y deuient furieux.
ANDROMACHE.
» Le peril assagit le plus audacieux.
PRIAM.
C'est tousiours le dernier à faire la retraite.
ANDROMACHE.
Mais gardez que par luy commence la deffaite.
PRIAM.
Ie n'espere du sort vne si grand douleur.
ANDROMACHE.
Hastez vous donc, Priam, preuenez son malheur.
PRIAM.
Ie crain de luy causer vne honte eternelle.
ANDROMACHE.
Est-ce ainsi, ie vous pri', que son salut s'apelle ?
PRIAM.
Que diront les Grégeois l'ayans veu comparoir ?
ANDROMACHE.
Qu'encor à leurs despens ils pourront le reuoir.
PRIAM.
Puis disparoir soudain comme vn esclair qui passe.
ANDROMACHE.
Qu'il se reserue encore à leur donner la chasse.
PRIAM.
Peut estre à coüardise il seroit imputé.

ANDROMACHE.
N'importe par quel prix, mais qu'il soit racheté.
PRIAM.
Mais quel esprit constant consentira de faire
Vn vray mal pour vn bien à peine imaginaire?
ANDROMACHE.
Il nous est bien permis d'employer tous moyens :
Il y va de sa vie et du salut des siens.
PRIAM.
» On doit garder l'honneur comme vne chose sainte.
ANDROMACHE.
» Les coups des ennemis n'y portent point d'atainte.
PRIAM.
» Mais qui veut meriter d'estre bien estimé,
» D'ennemis ni d'amis ne doit estre blasmé.
ANDROMACHE.
» L'ardeur de plaire à tous que la gloire luy donne
» Est cause bien souvent qu'il ne plaist à personne.
PRIAM.
» Le meschant a cela qu'à soy-mesme il desplaist,
» Mais le bon en tous temps demeure tel qu'il est.
ANDROMACHE.
» Vn iugement bien sain ne pense pas mal faire
» S'il se tire à propos d'vn perilleux affaire.
PRIAM.
» Quand sur mainte action le iugement se fait,
» Pour n'en sçauoir la cause on en blasme l'effet.
ANDROMACHE.
» Vn chef n'est obligé de rendre manifestes
» Les intimes ressorts qui gouvernent ses gestes.
PRIAM.
» Si bien, en fait d'honneur : car qui n'en est soigneux
» Fait naistre du scrupule és esprits soupçonneux.
ANDROMACHE.
On connoist bien qu'Hector a l'ame par trop haute
Pour taxer sa retraite et l'imputer à faute.
PRIAM.
» Tant plus l'homme est vanté pour ses perfections,
» Tant plus clair on veut voir dedans ses actions.
ANDROMACHE.
Et bien, l'on apprendra que sagement il cede
Au destin inuincible, est-ce vn mal sans remede?
PRIAM.
On iugera plustost que son esprit tremblant
Se lasche à la frayeur dessous vn faux semblant.

TRAGÉDIE. 51

ANDROMACHE.

O Priam incredule! est-ce ainsi que tu nommes
Ceste image d'un Dieu qui communique aux hommes,
Ce Heraut veritable attesté du Soleil?
Baste, soit fait d'Hector, que iamais plus mon œil
Ne regarde sa face, à moy seule ne touche
Le salut de sa vie, ains son pere farouche,
Sa mere, ses parens, ses amis obstinez
Pour l'auoir mesprisé se verront ruinez.
Cependant, ô bons Dieux! puis que son propre pere,
Sa mere, et ses parens non meus de leur misere
Semblent comme à l'envi s'opposer à son bien,
Faites que son trespas soit préuenu du mien.

PRIAM.

A vostre affection ie remets ces paroles
Qu'on iugera tousiours temeraires et folles;
Chacun connoist assez que i'aime vostre espoux;
Qu'Hecube et ses parens le cherissent sur tous;
Que ma Cour le respecte et l'admire et l'embrasse
Comme l'appuy de Troye et l'honneur de sa race:
Mais regardez vn peu qui le fait estimer,
Rechercher des Seigneurs, et des peuples aimer,
Ce n'est ni sa beauté, ni sa grandeur Royale,
C'est sa rare vertu qui marche sans égale:
Ainsi cessant le fruit d'où germe son bon-heur,
Il ne cueilliroit plus ceste moisson d'honneur.
Mais soit fait toutesfois ainsi qu'elle propose:
Ie ne veux pour son bien obmettre aucune chose.
Ide, cours sur le champ où nos sanglans debats
Se vuident par le sort des hazardeux combats,
Et là me cherche Hector qui veut par sa prouësse
R'animer les Troyens à repousser la Grece:
Quand tu l'auras trouué, somme le de ma part
De ne tenter plus outre; adiouste le hazard
Dont ce iour le menace, adiouste que sa mere,
Sa femme, ses amis preuoyans leur misere
Lamentent son depart, et le coniurent tous
Par mille et mille vœux de s'abstenir des coups.
Apres conseille luy de retirer l'armée;
Qu'aussi bien son effort voleroit en fumée,
Et que perdant nos gens nous n'auancerions rien,
Que nostre seul malheur. Va donques et reuien.

CHŒUR.

C'est grand coup de hazard s'il quitte la bataille.
» Quand l'aguillon d'honneur vn courage trauaille,

» Rien ne peut l'arracher des prises du combat,
» S'il void quitter la palme à l'ennemi qu'il bat.
PRIAM.
Voy-ie pas Antenor qui deuers nous s'approche?
HECUBE.
Le voici, c'est luy-mesme.
PRIAM.
O vieillard sans reproche,
D'où viens-tu, ie te pri? sçais-tu que son espoux
S'est dérobé d'ici pour se trouuer aux coups?
ANTENOR.
On ne me l'a point dit, et i'en ay connoissance;
I'ay bien tost reconnu le branle de sa lance,
Et le pannache horrible enté sur son armet,
Qui parmi nos Troyens le courage remet.
PRIAM.
Quoy? l'as-tu desia veu meslé parmi la presse?
ANTENOR.
Mais plustost foudroyant les bataillons de Grece.
ANDROMACHE.
Ie crain bien qu'à la fin luy-mesme foudroyé,
Soit aux ombres d'embas d'vn tonnerre enuoyé.
ANTENOR.
Sans luy nous perdion tout. Troy' s'en alloit perie.
PRIAM.
Comme l'as-tu connu, di le nous, ie te prie?
ANTENOR.
Ie m'estois peu deuant separé d'auec luy,
Ne songeant de rien moins qu'à sortir auiourd'huy,
Pour voir quel sort regnoit au milieu de nos armes,
Et quel deuoir rendoient les plus braues Gensdarmes.
Au sommet d'vne tour à peine paruenu,
I'auois parmi nostre Ost vn grand branle connu :
Tous flechissoient par tout, ie demeurois en doute,
Pour voir prendre aux Troyens vne honteuse route,
Ressentant à peu pres les mesmes mouuemens
Où flottoit nostre armée en ses estonnemens;
Quand soudain i'apperçoy ton Hector magnanime
Monté sur vn coursier que l'esperon anime
Poudroyer la campagne, et tirer aux combats;
L'horreur, l'effroy, la mort accompagnoient ses pas.
Promptement il se fourre à trauers nostre armée,
Qui d'vn nouueau courage à l'instant enflammée
Repousse l'ennemi viuement poursuiuant :
Puis en moins d'un clin d'œil ie l'apperçoy deuant

Haut sur tous les Troyens d'espaules et de teste,
Passer comme vn esclair suiui de la tempeste;
Mais plustost comme un foudre effrayant les regards,
Et brisant de ses coups lances, piques et dars.
Contre le fort Aiax et le preux Diomede
Il se bat main à main, mais l'un et l'autre cede.
Nestor et Merion veulent parer ses coups;
C'est vn foible rempart aux traits de son courroux.
A luy vient s'opposer le plus vieil des Atrides,
Il passe comme vn vent sur les vagues humides :
Puis s'enfonce parmi les vulgaires soldarts
Que sa face dissipe en mille et mille parts :
Comme quand vn Lion poingt de faim et de rage
Tombe sur les troupeaux qui sont en pasturage,
En fuite il les escarte aussi tost que ses yeux
Lancent dessus leur front vn regard furieux.
Nostre camp remis sus sa valeur accompagne,
Et comme vn fier torrent rauage la campagne.
L'homme le plus timide est du tout asseuré,
Quand cet astre de guerre a son œil esclairé.
 Apres qu'Hector longtemps a couru par la presse,
Il apperçoit Achile, à lui donc il s'adresse,
Met la lance en l'arrest : Achile d'autre part
Auquel moitié du champ s'offre par le hazard,
Honteux de refuser vne si belle lice
Tasche à couurir sa honte avec de l'artifice,
Et se met sur les rangs, lors tous deux de droit fil
Viennent à se heurter, mais d'un choc inutil;
Le bois vole en esclats, et la seule poignée
Leur reste dans la main du grand coup estonnée :
Ils la iettent en l'air, poussent le cheual prompt,
Tournent court l'vn vers l'autre, et se trouuent à front
Desia branlans au poin la redoutable espée,
Qui mille fois s'est veuë au sang haineux trempée.
L'vn chamaille sur l'autre, et leurs coups esclatans
D'un effroyable bruit vont en l'air retintans :
Quatre Ciclopes nuds martelans vne barre
A grands retours de bras ne font tel tintamarre.
 Comme on voit au Printemps deux toreaux fort puissans
Apres vne genisse à l'enui mugissans
De colere, d'amour, de ialousie ardente;
Celuy qui veut iouir en ronflant se presente,
L'autre veut l'empescher, mais apres plusieurs coups
Le premier reste seul et le maistre et l'espoux :
Ainsi le grand Hector qui bouillonne de rage

Reste en fin le vainqueur : Achille se dégage,
Et le champ et l'honneur laissant à son Riual,
Se relance en son gros à pointe de cheual ;
Et mon œil est trompé s'il n'emporte vne attainte
Ou dans le petit ventre ou dans la cuisse emprainte.
Hector pousse apres lui, crie : Achile, où vas-tu ?
Donc tourner le visage est acte de vertu ?
Venge aumoins, si tu peux, ton grand fils de Menéte
Qui se plaindra de toy parmi l'ombre muette.
I'ay bien ouy ces mots. Ores il va par tout,
Puis retourne sur soy, passant de bout en bout
Par l'armée ennemie, et sans tarder en place
Donne aux fiers Mirmidons ou la mort ou la chasse.
De là me naist l'espoir qu'auec l'aide des Dieux
Auiourd'huy nous auron vn camp victorieux.

PRIAM.

Le Ciel t'en vueille ouir, ô vieillard honorable
Rendant à nos efforts sa dextre fauorable.
Comme ton seur rapport ne m'a iamais trompé,
Ainsi puisse mon fils estre au sort eschappé.

CHŒVR.

Dieu couure d'vn obscur nuage
» Tout ce qui nous doit arriuer.
» Vn beau iour naist au cœur d'Hiver,
» Et l'Esté se trouble d'orage :
» On ne sçauroit montrer au doy
» Ce que le temps porte auec soy.
   » L'ame à soudains momens attainte
» D'allegresse et de tremblement,
» Tousiours balance instablement
» Entre l'esperance et la crainte ;
» Comme la Nef que dans les flots
» L'ancre ne peut mettre à repos.
   » Tantost sa force est affoiblie,
» Tantost elle a trop de vigueur,
» Tantost elle hausse le cœur,
» Tantost son audace elle oublie,
» Comme vn vent prospere et diuers
» La releue ou iette à l'enuers.
   » O bien-heureuse la pensée
» Qui n'espere rien en souci,
» Et qui ne desespere aussi ;
» Ne pouuant estre trauersée

TRAGÉDIE.

» De voir les accidens humains
» Luy voler ses desirs des mains.
   » Pour elle n'a lieu le desastre,
» Ni l'effort d'vn esprit mutin,
» Ni le sort diuers du destin,
» Ni l'influence d'aucun astre :
» Quoy qu'on luy vueille susciter
» Elle peut tout aprofiter.
   » Ses discours reglez de prudence
» Iettent leur regard haut et bas,
» Combien qu'elle n'ignore pas
» Que fort courte est l'intelligence
» De ceux que l'âge et le sçauoir
» Font plus sages apperceuoir.
   » Si l'effet trompe son attente,
» Elle n'endort son sentiment
» Pour couler insensiblement
» Dans le malheur qui se presente :
» Mais tousiours preparée à tout,
» Void sa fortune et s'y resoult.
   » Vne ame debile au contraire
» Au premier vent peut s'esmouuoir,
» Et quoy qu'elle ait fait tout pouuoir
» A toute heure elle desespere,
» Comme si l'homme le plus fin
» Pouuoit maistriser son destin.
   » Aueugle en sa propre science
» Et trouble en son propre repos,
» Elle discourt mal à propos
» Sur l'incertaine experience,
» Pensant regler à quelque loy
» Ce qui ne dépend pas de soy.
   » Ainsi vainement aheurtée,
» S'il aduient que sa passion
» La deçoiue en l'election ;
» Par-soy-mesme au double agitée
» Elle s'ouure à tous les efforts
» Et du dedans et du dehors.
   » Vrayment l'homme est bien miserable,
» L'homme obiet de tant de malheurs,
» S'il court au deuant des douleurs,
» Qu'il doit attendre de pied stable,
» Pour souffrir sans rien murmurer
» Ce qu'il est forcé d'endurer.

ACTE V

PRIAM, HECUBE.

PRIAM.

Hecube, nos malheurs declinent à leur fin.
Hector par sa valeur eschappe le destin;
Son bras n'a plus d'obstacle, il perce les batailles
De l'Ost Gregeois comblé d'horribles funerailles :
Quoy que de ce combat maint soupçon i'eusse pris
Le doux vent d'vn espoir rallegre mes esprits.

HECUBE.

» Bien souuent nostre cœur prend de fausses alarmes,
» Et nos yeux sans suiet versent beaucoup de larmes :
» Car vne fausse peur gagnant l'affection,
» Egale en ses douleurs la vraye affliction.

PRIAM.

Ie l'esprouue auiourd'huy, ce mal imaginaire
Dont ie sen mon esprit peu à peu se deffaire,
Plus que tout autre ennuy m'a causé du tourment:
» C'est que l'on craint beaucoup aimant bien cherement.

HECUBE.

Quand il y va de tout c'est bien raison de craindre.
Si le sort rigoureux venoit Hector esteindre,
Il nous faudroit mourir ou de glaiue ou d'ennuy;
Car comme il vit par nous, nous respirons par luy.

PRIAM.

Heureuse et glorieuse à bon droit l'on t'estime
Pour auoir enfanté cet Heros magnanime,
Dont le nom immortel en mille lieux porté
Sera par les mortels d'âge en âge chanté.

HECUBE.

» Ton heur passe le mien; car vn chacun revere
» Le pere par le fils, et le fils par le pere.
» On ne pense iamais qu'vn homme genereux
» Soit engendré de sang imbecile et poureux.

PRIAM.

Pour le salut commun le destin nous l'enuoye,
L'honneur en vient sur nous et reiallit sur Troye :
Car non les seuls parens ont part à son bon-heur,
Mais toute la patrie en acquiert de l'honneur.

TRAGÉDIE.

HECUBE.
Que feroit-elle aussi sans ce grand Capitaine,
Qui pour son seul repos supporte tant de peine?
Et nous mesmes, Priam, que ferions nous encor
Sans le fidele appuy de l'inuincible Hector?

PRIAM.
Ie repute ma Troye heureuse entre les villes
Non pour son abondance en illustres familles,
Non pour ses murs bastis des propres mains des Dieux,
Non pour ses hautes tours qui voisinent les Cieux,
Non pour ses grands thresors, non pour sa large terre;
Mais pour loger chez soy ce grand homme de guerre,
Qui luy sera tousiours comme vn heureux flambeau,
Quand toute elle deuroit n'estre plus qu'vn tombeau.

HECUBE.
» C'est vn plaisir extréme aux bonnes gens de Peres
» Que leurs fils vigoureux au trauail des affaires,
» Marchent d'vn train constant sur les pas du deuoir,
» Quand d'âge et de foiblesse ils n'ont plus ce pouuoir.
Et ie croy que la gloire acquise en tant d'alarmes
Par ton fils nompareil au maniement des armes,
Chatouille autant ton cœur que l'honneur glorieux
Que t'apportoit iadis ton bras victorieux.

PRIAM.
Non, iamais tel plaisir n'entra dans mon courage
D'auoir en camp ouuert gagné maint auantage,
Quoy que i'aye autrefois sur d'assez bons Guerriers
Conquis à coup d'estoc grand nombre de Lauriers,
Que quand mon cher Hector apres quelque victoire
Rentre dedans ces murs plain d'honneur et de gloire,
Quasi comme en triomphe, attrainant apres soy
Cent Gensdarmes captifs encor pasles d'effroy.

HECUBE.
Moy qui ne sentis onc quelle douce allegresse
Espanouit les sens d'vne ame vainqueresse,
Ie n'en sçaurois coucher pour la comparaison :
Mais quand je l'apperçoy regagner sa maison
Trempé d'une sueur meslée à la poussiere,
Ie sen plus de plaisir qu'à la pompe nopciere,
De ma plus chere fille, à qui le sort heureux
Accoupleroit vn Prince aimable et valeureux.

PRIAM.
» Quelquefois vn malheur peut estre profitable.
Si la main du destin, destin inéuitable,
Tant d'accidens fascheux sur nos chefs ne rouloit,

Nous n'aurion pas connu ce qu'Hector nous valoit.
HECUBE.
» Le Pilote on neglige en temps bonace et calme,
» Et le Guerrier en paix n'acquiert aucune palme :
» Au contraire on connoist la force et le bon-heur,
» En vn penible champ croist la moisson d'honneur.
PRIAM.
» La vie est voirement plus belle et glorieuse
» Que plusieurs accidens rendent laborieuse :
» Car le flambeau de gloire à l'air estant porté
» Ne s'allume iamais s'il n'est fort agité.
HECUBE.
» Vne vie exercée és tempestes humaines
» Sous l'orage fatal de cent diuerses peines
» Laisse à parler de soy beaucoup plus largement
» Qu'vne autre toute libre et franche de tourment.
» Mais ie tien quant à moy qu'il est plus souhaitable
» D'auoir vne carriere en tous endroits équable,
» Que marcher vn chemin difficile et tortu,
» Tel que l'on nous a feint le sentier de vertu :
» Car l'homme est possesseur d'vne grace diuine,
» Qui prend sans se piquer la rose sur l'espine.
PRIAM.
» La mer seroit suiette à la corruption,
» S'elle dormoit tousiours sans nulle émotion :
» Ainsi l'ame languit de paresse infectée,
» Si par soin et trauail elle n'est agitée.
HECUBE.
» Comme vn peu d'exercice est propre à la santé,
» Et le corps par le trop se sent violenté :
» Vn peu de mal profite à nostre experience,
» Mais le trop en souffrir force la patience.
PRIAM.
» Si le cœur des mortels n'estoit comme endurci
» A la trempe des maux qu'ils endurent ici,
» Il seroit penetrable aux violentes pointes,
» Que nostre opinion au malheur a coniointes.
L'exemple n'est point loin, empruntons le de nous.
Du contraire destin l'implacable courroux
Nous poursuit tellement depuis plusieurs années,
Qu'on n'espere plus voir nos peines terminées.
 D'vn beau nombre de fils, mes getons glorieux,
Qui sembloient en croissant deuoir monter aux cieux,
La plus grand part attains de la Gregeoise foudre
Sont bronchez à mes yeux sur la Troyenne poudre.

Mes gendres qu'aux combats ma querelle guida
Ont soupiré leur ame au pied du mont Ida.
Les Princes alliez qui me vindrent deffendre,
Tous presque ont pour tombeaux les vagues de Scamandre
Et de ces braues Chefs, de ces vaillans soldars
Qui formilloient n'aguere au sein de nos remparts,
Ceux nous restent sans plus que l'aueugle fortune
Sequestre par faueur de la perte commune,
Et possible que l'vrne où roule le destin
Reserue au soir ceux-là qu'elle espargne au matin.
» De toutes vanitez la plus vaine c'est l'homme !
» Sa gloire est vn phantosme et sa vie vn court somme !

HECUBE.

O bel œil flamboyant du vagabond Soleil,
Vis-tu iamais de sort à celuy-ci pareil ?
Mais Priam, ne repeins en ma triste memoire
De nos longues douleurs la pitoyable histoire ;
Laisse moy sauourer quelque trait de repos,
Puis qu'aux Grecs mon Hector a fait monstrer le dos.
Assez auons nous eu par tant d'autres alarmes
Suiet de soupirer et d'espandre des larmes ;
Et puis que celle-ci nous montre quelques fleurs
D'espoir et de plaisir, ne les noyon de pleurs.
» Plus de maux que de biens le Ciel à l'homme enuoye :
» Ne retranchon iamais de nostre courte ioye,
» Pour aux longues douleurs folement adiouster :
» Car ce seroit soy-mesme à credit tourmenter.

PRIAM.

Et bien, chassons au loin ces fascheuses pensées
Qui rengregent l'vlcere en nos ames blessées :
» L'homme par tel moyen se deffait sagement
» Sinon de son malheur au moins de son tourment.

HECUBE.

Ie sens tousiours fremir mon ame soupçonneuse
Reuenant à penser que la guerre est douteuse,
Et qu'encor mon cher fils est parmi le danger.
O Dieux, d'vn tel souci venez me dégager.

PRIAM.

Tu fais dedans mon cœur vn beau desir renaistre
De l'aller accueillir, de luy tendre la destre,
De le ceindre en ces bras, de luy gratifier
D'auoir sçeu vaincre Achile en ce combat dernier.

HECUBE.

Oyez le bruit confus qui tonne par la ruë :
C'est l'applaudissement qu'on fait à sa venuë,

Courons viste au deuant, Priam, auancez vous.
PRIAM.
Arrestez, Andromache arrive deuers nous.
HECUBE.
Ho, comme à pas hastez la pauurette chemine.
PRIAM.
Bons Dieux! elle lamente et se bat la poitrine.
HECUBE.
Le bon-heur des Troyens seroit-il bien changé?
PRIAM.
Son visage en apporte vn certain préiugé.
ANDROMACHE.
Tumulte auant-coureur de quelque malencontre!
HECUBE.
La fortune est tournée, Andromache le montre.
ANDROMACHE.
Vn malheur incertain par toy nous est connu.
PRIAM.
Las! quel fatal desastre est encor' suruenu.
ANDROMACHE.
Mais ie ne puis connoistre à qui plus il importe.
HECUBE.
Ma fille, quel ennuy vous trouble en ceste sorte?
ANDROMACHE.
Madame, on voit là bas vn peuple confondu
Qui court par ci par là criant : tout est perdu.
PRIAM.
N'auez vous point enquis ce que cela veut dire.
ANDROMACHE.
Assez, et tout en vain; mais chacun se retire.
PRIAM.
Possible n'est-ce rien qu'vne vaine terreur.
» Vn faux bruit met parfois tout vn peuple en fureur.
ANDROMACHE.
Tant de bruyans soupirs dans le Ciel retentissent,
Qu'il ne faut point penser que sans cause ils gemissent.
HECUBE.
Cestui-ci nous dira d'où viennent ces rumeurs.
PRIAM.
Escoutez, il discourt.
ANDROMACHE.
Hà, Madame, ie meurs.
MESSAGER.
Quel trait d'aspre douleur trauerse mon courage!
Ie suis bien malheureux d'apporter le message

TRAGÉDIE. 61

De ton dernier desastre, ô non plus Troye, ainçois
La proye et le butin de ces maudits Gregeois.
O bon vieux Roy Priam, helas! de quelle oreille
Pourras-tu recevoir ta perte nompareille?
O venerable Hecube, où fuiront tes esprits
En venant à sçauoir que la Parque l'a pris.
Quelle deviendras-tu, miserable Andromache,
Oyant conter sa mort? Peuple Troyen, relasche,
Relasche à l'aduenir les nerfs de ta vertu:
Celuy qui l'animoit gist sur terre abbatu.

HECUBE.
Hà, ie n'ay plus de fils, ô mere miserable!

PRIAM.
Quelle frisson me glace! ô pere lamentable!

CHŒUR.
Andromache, Andromache, elle est en pasmoison;
Retirons la, mes sœurs, dedans ceste maison.
Cela vient à propos afin qu'elle n'escoute
Ce message de mort que tant elle redoute.

PRIAM.
De quel estonnement suis-ie à present surpris,
Que ie sens tout d'vn coup s'enuoler mes esprits!

MESSAGER.
Comment est-ce Andromache? en quel poinct on l'emporte?
O trois et quatre fois heureuse d'estre morte
Ceste sage Princesse, auant que d'auoir sçeu
Comme son cher espoux a le trépas reçeu.

HECUBE.
O rapport inhumain dont ie me sens frappée!
Les Grecs tiennent-ils point ceste place occupée,
Apres auoir vaincu son plus ferme rempart
Qui soupire blessé sa vie en quelque part?

MESSAGER.
Que sert de plus nourrir vostre vaine esperance,
Il est mort cet Hector des Troyens l'asseurance.

PRIAM.
En quel gouffre d'ennuis est mon cœur abismé!
I'ay donc perdu mon fils, mon Hector bien-aimé,
Ma gloire, mon support, mon salut et ma ioye,
Qui seul estoit l'espée et le bouclier de Troye?
Certes, l'extrême dueil dont mon cœur est vaincu,
Me doit bien reprocher que par trop i'ay vescu.

HECUBE.
Priam, poure Priam, que deuon nous plus faire,
Nous sommes ruinez; pour moy ie desespere.

Auoir mis au tombeau tant de fils valeureux,
Et puis perdre à la fin le plus grand, le plus preux
Qui ceignit onc espée! ô douleur immortelle.
Hector, mon cher Hector, mais en vain ie t'appelle,
Tu ne peux plus m'oüir, ton oreille et ton œil
Sont bouchez maintenant d'vn éternel sommeil.
Ie suffoque de peine, et mon ame affoiblie
Des liens de mon corps peu à peu se délie.

PRIAM.

Messager, pour nous voir en ces extrémitez
Ne laissez de poursuiure et sa mort nous contez.

MESSAGER.

Hector avoit chassé les batailles de Grece,
Qui desia vers leurs naus reprenoient leur adresse;
Et mesme le plus fort des superbes Gregeois
Honteux se retiroit, sans courage et sans voix,
Blessé dedans la cuisse : innombrables Gensdarmes
Tremblans de froide peur iettoient à bas les armes,
Par la fuite aimans mieux leur salut rechercher,
Que de demeurer ferme et soudain trébucher;
Quand ces mots il enuoye aux troupes Phrigiennes:
Courage, mes amis, vos haines anciennes
Doiuent ici mourir, terminez vos combats
Par la route honteuse ou par le dur trespas
De ces fuyards Gregeois, qui d'vne iniuste guerre
Ià par deux fois cinq ans rauagent vostre terre.
Enuoyon ces mutins sur l'ombreux Acheron
Charger le foible esquif du nautonnier Charon,
Que du nombre pressé contre eux il se courrouce
Et de sa longue perche à l'escart les repousse :
Donnez, frappez, tuez, courageux Citoyens,
Faites vous auiourd'huy connoistre pour Troyens.
Il mit fin de parler; puis d'vn courage extréme
Sur le camp d'Achaïe il s'eslance luy-mesme,
Et de coups redoublez pousse dans le cercueil
Ceux qu'il ne peut chasser de la langue ou de l'œil.
 Comme quand vn faucon soustenu de ses aisles
Descouure le voler des faibles Colombelles,
Qui retournent des champs et coupent seurement
La vague remuant du venteux élement,
Il se laisse tomber sur la bande timide;
La pluspart fuit legere où la crainte la guide,
Proye à d'autres oiseaux, mais celles-là qu'il bat
Et de bec et de mains sur terre il les abat :
Hector fondant de mesme en l'Argolique armee,

TRAGÉDIE.

On la void sur le champ deçà delà semée;
Mais ceux-là qu'il rencontre au milieu de ses pas,
De trenchant ou d'estoc reçoiuent le trespas.
   Ià le fort Diomene et le vaillant Hippide
Estoient cheus sous les coups de son bras homicide;
Antonoe et Ientée aux tournois signalez
De la clarté celeste il auoit exilez;
Et le braue Stenelle attaint de son espée
Sentoit cuire vne playe en sa cuisse coupée;
Quand le preux Polybete essaye à l'arrester,
Resolu se presente et ses coups veut tenter.
   Alors s'attache entre eux vne rude bataille,
Et leur bras sans cesser l'vn sur l'autre chamaille.
Hector par tel arrest embrazé de courroux
Se ramasse en soy-mesme et redouble ses coups:
D'autre part Polibete aspire à la vengeance,
Et comme un fier Lion à tous perils s'élance,
Voltige autour d'Hector, le taste à plusieurs fois:
Sonde tous les defauts de son luisant harnois,
Tire aux plus nobles lieux, mais ne se donne garde
Qu'en cet aspre conflit par trop il se hazarde,
Et qu'Hector cependant ne fait que remarquer
Où le coup plus mortel il luy pourra bailler:
Le temps aussi tost pris il sent le coup au ventre,
La part où le nombril dedans soy-mesme r'entre.
A l'instant il chancelle, et son corps trébuché
Qui plonge contre bas fait le chesne fourché,
Excitant plus de bruit au heurter de la terre,
Qu'un sappin de montagne abbatu du tonnerre.
Hector d'vn œil raui mesure sa grandeur,
Fait branler son pennache en la claire splendeur
Du casque flamboyant qui gist dessus la terre,
Et veut s'orner le chef de cet astre de guerre.
Le corps estendu mort il taste à plusieurs fois
Pour voir s'il demouroit veuf d'esprit et de voix;
Puis le fait despouiller par l'un de ses Gendarmes
Du fardeau glorieux des reluisantes armes.
Mais prest à se courber pour enleuer l'armet,
Achile suruenu derriere luy se met,
Ses mouuemens espie, obserue sa démarche;
Et voyant que son corps se voûtoit comme vne arche
Panché dessus la terre, aux reins il l'enfonça,
De sorte que le fer iusqu'au cœur trauersa.
Hector tourne à l'instant et le frapper essaye;
Mais il sent eschapper son ame par sa playe.

PRIAM.

O desastre! ô malheur que nous tramoient les Cieux!
O trespas machiné des hommes et des Dieux!
O Grecque trahison! ô desloyales armes!
Falloit-il donc qu'Hector tombast dans les alarmes
Non par vn combat iuste, ains par le lasche effort
D'vn meurtrier inhumain plus perfide que fort?
Iunon, soit maintenant ta fureur assouuie!

MESSAGER.

Ce n'est pas tout, Priam, sa rage le conuie
A telle cruauté, puis-je le reciter,
Ou toy, pere esploré, pourras-tu l'escouter,
Qu'il perpetre vn forfait qui sembleroit horrible
A tout ce que l'Enfer loge de plus terrible;
Il insulte au corps mort et d'vn bras furieux
Le front luy deshonore et luy poche les yeux;
Voire et n'eust onc fini ces traits sanglans de rage,
Sans que le preux Memnon s'oppose à cet outrage.

PRIAM.

Qu'est deuenu l'honneur! les Manes violer!
Sans honte, sans respect vn Cadavre fouler!
Le meurtrir, le derompre et le gaster en sorte
Que plus d'vn corps humain la figure il ne porte!
Maintenant peux-tu dire, ô lasche cruauté,
Que tu passes toy-mesme en inhumanité.
Va, meschant, va, felon, Thetis n'est point ta mere,
Bien que les flots cruels soient tousiours ton repaire :
Bien que le vieux Pelé pour son fils t'ait reçeu,
Dans le cœur d'vn Rocher Caucase t'a conçeu;
Et puis vne Tigresse oubliant son engeance,
De sang plus que de lait te nourrit en l'enfance.

MESSAGER.

Comme vn torrent bruyant par les champs débordé
Roule moins roidement n'en estant point gardé,
Que si les villageois remparent à l'encontre;
Lors son flot orgueilleux plus colere se montre,
Heurte, choque, tempeste et tasche surmonter
La digue amoncelée où l'on veut l'arrester :
Achille à nos Troyens parauant redoutable,
Semble beaucoup plus haut et plus espouuentable,
Depuis que ce grand Chef fort de cœur et de main
S'offre dessous les coups de son bras inhumain,
Qui comme vn gros marteau sur l'enclume martelle,
Refrape incessamment : le Prince ne chancelle
Non plus qu'vn haut Rocher profondement planté,

Qui se moque du vent et du flot irrité.
   Nostre Ost qui plus la mort que la honte redoute
Laisse tout cependant, se met à vauderoute,
Et d'vn cœur esperdu iette les armes bas,
Pour fuir à la mort qu'il rencontre en ses pas.
L'vn gist outrepercé d'vne mortelle playe,
L'autre abatu se leue et la fuite r'essaye,
Mais il n'a point marché quatre ou cinq pas auant,
Qu'il rechet sur le dos ou bien sur le deuant,
Selon qu'il fut frapé par la main aduersaire.
Troye a cedé par tout, et la Grece au contraire
A regagné le champ et suiui tellement
Qu'il ne reste au combat que Memnon seulement,
Qui contraint par le nombre à tourner le visage
S'en reuient plus despit que failli de courage.
   Achille cependant du grand Hector vainqueur,
Mais vaincu de sa rage et de son propre cœur,
Retourne vers le corps estendu sur la place,
Luy fend les deux talons, par ensemble les lace,
Du baudrier qu'il portoit les attache à son char,
Puis à course le traine autour de ce rempar.

PRIAM.

Le tourment infini qui mon ame desole
M'estraint si fort le cœur qu'il m'oste la parole.

HECUBE.

O ciel trop rigoureux! ô destins ennemis!
I'ay perdu mon cher fils, et vous l'auez permis!
Auez porté ce Grec, ce meurtrier infidelle,
Ce poltron assassin, cette beste cruelle!
Et bien, que desormais mon œil voye abismer
L'air flotant en la terre et la terre en la mer;
Que tout se mesle ensemble et qu'vne nuict obscure
Comme au commencement recouure la nature.
Que me peut-il chaloir de voir le monde entier
Rebroüillé pesle-mesle en son chaos premier,
Puis que mon fils Hector, puis que ma chere Troye
De Pluton et des Grecs sont auiourd'huy la proye.
   O vieillard assailli de toute aduersité,
De quel comble de gloire es-tu precipité!
Et moy poure, chetiue et douloureuse mere,
A quel poinct me reduit la fortune aduersaire,
Cruelle, variable et ferme seulement
A verser en mon cœur tourment dessus tourment.
Amassez vous, Troyens, peuple, soldats, Gensdarmes;
Venez mesler vos yeux à mes dernieres larmes,

Soupirez auec moy la commune douleur :
Vostre cœur est de fer s'il ne sent ce malheur.
   O malheureuse Hecube! ô Priam lamentable!
O dolente Andromache! ô peuple miserable.
Las, que deuiendron nous! Hé, quel sort nous attend!
Le preux Hector est mort, rien plus ne nous deffend.
Faison donc d'vn accord que la fatale Parque
Nous charge quand et luy dans l'infernale barque,
Sans attendre les fers des Grecs iniurieux;
Car puis qu'il est occis qu'esperon nous de mieux?
Andromache, ma fille, à bon droit ton silence
Exprime de nos maux la dure violence,
Et puis qu'à ma douleur defaillent les propos,
Ie ne me plaindray plus qu'à force de sanglots.

              ANDROMACHE.

Aux regrets à mon tour i'ouuriray le passage.
C'est trop long temps couué le dueil dans mon courage;
O soupirs, permettez que ie puisse parler,
Et qu'en parlant ma vie eschappe dedans l'air;
En mon cruel malheur certes bien fortunée,
Si ie meurs en plaignant ma dure destinée.
   C'est vous, ce croy-ie, ô Cieux, qu'il me faut accuser,
Auec quelle equité pouuiez-vous mespriser
Tant de vœux si bruslans, tant de chaudes prieres
Dont i'inuoquoy sur nous vos faueurs coustumieres?
Non, ie n'ignore point qu'Andromache ne vaut,
Que pour la contenter on s'esmeuue là haut :
Mais Hector, cet Hector, que ses qualitez rares
Ont si bien fait connoistre aux Nations barbares;
Ceste illustre bonté, ce courage parfait
Deuoient vos durs destins ployer à mon souhait.
Inutile vertu, tu n'es rien qu'vne Idole,
Qu'vn vent d'opinion, et qu'vn son de parole!
O mortels ignorans! esperez desormais
Que les Dieux aux meilleurs ne manqueront iamais,
Apres la mort d'Hector, qui brusloit au courage
De l'amour de la gloire : Vn homme plain de rage,
Mais bien plustost vn Tigre, a sans aucun effort
Vaincu son vainqueur propre, et le tourmente mort.
   Quelle nouuelle horreur! ie frissonne, ie tremble,
De l'œil de mon esprit ie te voy, ce me semble,
Ie te voy, cher espoux, les iambes contre mont,
Et le chef contre bas, saillant de bond en bond,
Selon que les coursiers ioints au timon d'Achile,
Font autour de nos murs voler leur course agile.

O dueil desesperé, qui me troubles le sens!
O desespoir dolent auquel ie me consens,
Arriuez à tel poinct qu'en l'effort du martire
l'espande dans les vents l'esprit que ie respire,
Afin qu'auec Hector i'aille accuser là bas
L'insolence Gregeoise, et ses cruels esbats.
  Hector, vnique autheur de ma tristesse extréme,
Fut-ce pas me tuer aussi bien que toy-mesme
D'aueugler ton esprit au présage euident
Qui peignoit en mon cœur ce mortel accident?
Hà, ie m'attendoy bien que nostre destinée
Iroit par ceste voye à sa fin ordonnée!
  Si toy-mesme voulois t'auancer le trespas,
Lassé d'ame et de corps pour tant de longs combats
Liurez depuis dix ans au front de nos murailles;
Si tu voulois mourir au milieu des batailles,
Non dans vn riche lict, de courtines tendu,
Et bien, tu le pouuois : mais de m'auoir perdu,
D'auoir perdu ta ville et ton propre lignage,
Qui te regardoit seul en ce funeste orage,
Comme dois-ie nommer vne si grande erreur?
Hector, est-ce vn forfait, ou bien vne fureur?
Si les noms de patrie et de pere et de mere,
D'allié, de parent, d'ami, de sœur, de frere,
Comme Idoles sans corps, estoient vains noms pour toy,
Deuois tu point penser de ton fils et de moy?
  Hà, poure miserable, où la douleur t'emporte!
Son cœur brusloit pour nous d'affection si forte,
Que mettant en arriere et repas, et repos,
Sans cesse il s'exposoit aux prises d'Atropos,
Qui pour le renuerser eut recours à ces armes
Dont le Grec infidele estonne les alarmes.
  O coüard ennemy du plus braue Guerrier,
Qui iamais sur la teste ait porté le Laurier,
Sans ceste intelligence il estoit indontable;
Son bras l'auoit prouué par sa force incroyable :
Qui comme vn foudre ardent a rompu maintesfois
Les puissans bataillons des obstinez Gregeois :
Mais ton iniuste fraude en embusche cachée,
Par vn coup non preueu sa vie a retranchée;
Ce bras qui sans combat l'a sur terre abbatu,
Ne pouuant autrement surmonter sa vertu.
  Dieux! si vous punissez les meschans de leur vice,
Laschez en vos fureurs quelques traits de Iustice,
» Pour apprendre aux mortels, que tousiours le forfait

» Retombe sur le chef de celuy qui l'a fait.
Mais hastez, s'il vous plaist, vos vengeances tardiues,
Afin que ie descende aux infernales riues
En porter la nouuelle à l'Esprit glorieux
Qui se plaint de ce traistre et peut estre des Cieux.
   Cependant que i'atten ceste grace derniere,
O mes yeux, respandez vne double riuiere
Pour pleurer vostre Hector, mon malheur et mon bien,
Mon aise et mon tourment, dont ne me reste rien
Que le desir pressant d'aller trouuer son ombre,
Qui des Heros deffunts croist maintenant le nombre.

CHŒUR.

Par la dextre d'Hector Troye a resté debout :
Par sa mort malheureuse elle tombe du tout.
Il faut bien qu'elle soit de nos larmes suiuie;
En elle nous perdons la victoire et la vie.
  » Que le bon-heur publique est foible et vacillant,
» S'il dépend de la main d'vn seul homme vaillant,
» Qui s'offre à tous hazards sans crainte de la Parque.
» Mortels, voyez ici que pour estre Monarque,
» Empereur, Capitaine, on ne vit pas plus seur
» De tromper les ciseaux de la fatale sœur,
» Qui sans aucun respect en la tombe deuale
» La houlette champestre et la verge Royale.

LA
REINE D'ESCOSSE

LA REINE D'ESCOSSE

TRAGÉDIE[1]

ACTE PREMIER.

REINE D'ANGLETERRE. CONSEILLER.

REINE.

Enfin iusques à quand mon ame desolée
D'effroyables sursauts doit-elle estre esbranlée ?
Iusques à quand viuray-ie exposée au danger
Du poison domestique et du glaiue estranger ?
» Vn corps sous le Soleil n'a iamais plus d'vne ombre ;
» Mais tant et tant de maux qu'ils surpassent tout nombre,
» Accompagnent le Sceptre, enuié des humains,
» Lourd fardeau toutesfois de l'esprit et des mains
» Qui croist de iour en iour, puis à la fin accable
» Son possesseur superbe encor que miserable.
Bien qu'vn monde de gens me respecte à l'enui,
Me regarde marcher d'œil et d'esprit raui :

---

[1] Dans l'édition de 1604, le titre général est : Tragedie de la Reine d'Escosse ; et le titre courant : L'Escossoise, tragedie. La liste des « entreparleurs » manque ; elle peut se rétablir ainsi : Reine d'Escosse. Reine d'Angleterre. Conseiller. Davison. Maistre d'hostel. Messager. Page. Chœur. (Chœur des Estats, chœur des suivantes de la Reine d'Escosse.)

Bien que cent Nations admirent mes richesses,
M'esleuent plus d'vn rang sur les autres Princesses;
I'estime quant à moy malheureux mon bon-heur,
Qui prend pour les seduire vn vain masque d'honneur.
Le glaiue de Damocle appendu sur ma teste
Menace de la cheute, et moins que rien l'arreste :
L'Espagnol non content de son monde nouueau
Veut son trosne orgueilleux planter sur mon tombeau;
Où la force ne vaut l'artifice il employe,
Pour remettre ma vie et mon Estat en proye :
Ce Pyrrhe ambitieux, dont la toile est sans bout
Embrasse tout d'espoir, aspire à gagner tout,
De la fin d'vn dessein vn autre fait renaistre :
Des deux bouts de la terre on le connoist pour maistre :
Encor' sa conuoitise il ne peut assouuir,
S'il ne vient, ô forfait! ceste Isle me rauir;
Et sans la main d'enhaut qui m'est tousiours propice,
L'innocence auroit veu triompher la malice.
Ma Tamise l'honneur de nos fleuues plus beaux
Rouleroit pour luy seul ses tributaires eaux;
Et mon peuple Guerrier en armes indontable
Porteroit gemissant son ioug insupportable.
Mais à quoy desormais me reserue le sort?
Lors que moins ie me doute, on me brasse la mort.
Vne Reine exilée, errante, fugitiue,
Se degageant des siens qui la tenoient captiue,
Vint surgir à nos bords contre sa volonté :
Car son cours malheureux tendoit d'autre costé.
Ie l'ay bien voirement dés ce temps arrestée,
Mais, hors la liberté, Royalement traitée;
Et voulant mille fois sa chaine relascher,
Ie ne sçay quel destin est venu m'empescher.
Chacun par mon exemple à l'aduenir regarde,
» Qu'vne beauté Royale est de mauuaise garde.
Quoy que de sa prison l'ennuyeuse longueur
Peust vn iuste courroux allumer en son cœur;
Par mon doux traitement elle deuoit l'esteindre,
Se plaignant en son mal de ne s'en pouuoir plaindre :
Mais l'on m'a rapporté qu'en ce dernier effort,
Elle brigue mon Sceptre, et minute ma mort.
Seroit-ce donc l'amour, Ame ingrate et legere,
Que me iuroit sans fin ta bouche mensongere?
Auray-ie ce loyer non deu, non attendu,
D'vne à qui tant de bien pour le mal i'ay rendu!
Mais doy-ie tenir vraye vne simple apparence,

Et former vn soupçon en certaine creance?
» Qui croit trop de leger aisément se deçoit :
» Aussi qui ne croit rien mainte perte en reçoit.
» Qui s'esmeut à tous vents, montre trop d'inconstance :
» Aussi la seureté naist de la meffiance.
» Celuy qui vit ainsi, meurt cent fois sans mourir;
» Il vaut mieux craindre vn peu que la mort encourir.
 Si donc pour asseurer mon Estat et ma vie,
Ie l'ay, mesme à regret, quelque temps asseruie,
Ne cherchant point sa mort, ains taschant seulement
A dompter son audace et viure asseurément,
Faut-il qu'vne fureur à l'autre la transporte,
Et qu'à me courir sus tout le monde elle exhorte?
Que contre moy les miens elle tasche animer,
Qu'elle excite mon peuple, et s'efforce à l'armer,
Bref que par ses attraits maint qui m'estoit fidele
Distrait de son deuoir s'engage à sa cordele.
 O cœur trop inhumain pour si douce beauté,
Puis que tu peux couuer tant de desloyauté,
D'enuie et de despit, de fureur et d'audace,
Pourquoy tant de douceur fais-tu lire en ta face?
Tes yeux qui tous les cœurs prennent à leurs appas,
Sans en estre troublez, verront-ils mon trespas?
Ces beaux Astres luisans au ciel de ton visage,
De ma funeste mort seront-ils le présage?
N'auras-tu point le cœur touché d'affliction,
Voyant ceste belle Isle en desolation,
En proye à la discorde en guerres allumée,
Au meurtre de ses fils par ses fils animée?
Verras-tu sans douleur les soldats enragez,
Massacrer à leurs pieds les vieillards outragez,
Egorger les enfants presence de leurs peres,
Les pucelles forcer au giron de leurs meres,
Et les fleuues encor regorger sur leurs bords
Par les pleurs des viuans et par le sang des morts?
Si ceste volonté barbarement cruelle
Peut tomber en l'esprit d'vne Reine si belle,
Si le cœur d'vne femme ayant la mort au sein,
Ose encor' conceuoir ce furieux dessein;
Ie croiray desormais que les Ourses cruelles
Dépouillent les fureurs qui leur sont naturelles;
Et que la femme née à la benignité
Enuironne son cœur d'vne aspre cruauté.

CONSEILLER.
Le masque est ià leué, la chose est trop connuë :

L'œil qui ne la void point est voilé d'vne nuë;
L'esprit qui ne la croid soy-mesmes se dément;
Le cœur qui ne la craint n'a point de sentiment;
Il s'endort miserable, et l'orage tempeste
Qui doit à l'impourueu fondre dessus sa teste.
Il ne faut plus, Madame, en demeurer ici;
Embrassez de vous mesme et de nous le souci :
Car si le bien public doit estre votre enuie,
Il faut aussi pour luy conserver vostre vie.
Ainsi pourrez vous rendre esteins plustost que nés
Les barbares desseins de ces fiers Basanés;
Ainsi vous nous pouuez apporter asseurance,
A l'Escosse dommage, et terreur à la France;
Là où si vous mourez c'est le souhait des Rois,
La fin de nostre Foy, le tombeau de nos loix.
Et comme le troupeau despourueu de son maistre
Qui pense en seureté dans l'herbage se paistre
Est exposé en proye à la fureur des loups;
Vn semblable danger tomberoit dessus nous,
Si la Parque cruelle auoit coupé la trame,
Qui ioint pour nostre bien vostre corps et vostre ame :
» Lors que de factions l'Estat est diuisé,
» Tousiours le plus meschant est plus authorisé;
» Le desordre à la voix, la licence effrenée
» Aux enormes pechez rend l'ame abandonnée;
» Tout est indifferent et profane et sacré,
» Le mal fait est sans peine et le bien-fait sans gré.
   Madame, ie vous pri' de remettre en memoire,
Que tous les Roys du monde enuient vostre gloire;
Que chacun vous en veut, que l'orgueil estranger
Vous trame incessamment quelque nouueau danger,
Recherche tous moyens de vous rauir la vie,
Vostre mort seule estant le but de son enuie.
L'effort de l'Espagnol mille fois retenté,
Fait voir assez à clair son infidélité;
Et s'il n'a satisfait à son traistre courage,
C'est faute de bonheur et non faute de rage;
C'est que le Ciel benin veille tousiours pour vous,
D'autant qu'en vostre bien gist le salut de tous.

REINE.

Ie sçay bien, mon amy, qu'ores les destinées
Des Anglois, semblent estre à ma vie enchaînées;
Que plusieurs par ma mort du deuoir diuertis,
Auroient bien tost esclos cent Monstres de Partis;
Que comme la Vipere est de son fruit rongée,

TRAGÉDIE. 75

L'Angleterre seroit des siens mesmes mangée.
Songeant à tel malheur ie souffre cent tourmens,
Et d'vne seule peur i'ay mille estonnemens;
Mais ceste noire humeur qui mon ame possede,
Ne me permet iamais de songer au remede,
Semblable au Patient qui languit sans mourir,
Et ne peut malheureux sa douleur secourir.

CONSEILLER.
Sortez vous de ce trouble, il n'est rien plus facile.
Maintenant que le Ciel est serain et tranquile,
Que la mer est bonnace et le vent bien tourné,
Mettez la voile au mast; c'est par trop seiourné :
Car lors qu'à ce beau temps succedera l'orage,
Démarer seulement c'est chercher le naufrage.
» Tel peut en temps de paix sa vengeance exercer
» Qui s'endort en son aise et ne veut y penser;
» Puis quand la guerre vient est contraint de le faire,
Trouuant pour son salut, juste, le necessaire.

REINE.
A quoy me resoudray-ie en ces confusions ?

CONSEILLER.
Tranchez en vn seul chef l'Hydre des factions.

REINE.
Pour frapper ce grand coup il faut un bras d'Alcide.

CONSEILLER.
On peut sans grand peril occire vne homicide.

REINE.
Combien qu'elle fust telle, elle est hors de nos loix :
» De Dieu tiennent sans plus les Reines et les Rois.

CONSEILLER.
» C'est piété d'occire vne femme meschante
» Aussi bien qu'vn Tyran : de tous deux on se vante.

REINE.
Considerez la bien; elle est mere d'vn Roy,
L'espouse de deux Roys, et Reine comme moy.

CONSEILLER.
Considerez la bien; c'est vne desloyale
Qui dément par ses mœurs la maiesté Royale.

REINE.
Mon interest priué m'empesche d'en iuger.

CONSEILLER.
Et ce mesme interest vous semond d'y songer.

REINE.
I'y voy plus de peril alors que plus i'y pense.

CONSEILLER.
Vous pouuez l'amoindrir en vengeant vostre offense.
REINE.
Ceste iuste vengeance il faut laisser à Dieu.
CONSEILLER.
Dieu la remet en vous, qu'il a mise en son lieu.
REINE.
Si le Ciel est pour moy la terre m'est contraire.
CONSEILLER.
» Si le Ciel est pour vous rien ne vous peut mal faire.
REINE.
» Ses secrets sont profonds, et l'humain iugement
» Proposant d'vne sorte, il dispose autrement.
CONSEILLER.
» Puis que le Ciel est iuste il ne peut luy déplaire,
» Que la Iustice rende aux meschans leur salaire.
REINE.
Non, non, quelque vengeur sortiroit de ses os,
Qui m'osteroit la vie et à vous le repos.
» Les Roys qui font mourir ceux qui leur sont contraires,
» Pensant les amoindrir, croissent leurs aduersaires;
» Les parens, les voisins, les enfans, les amis,
» Reuiuent pour ceux là qu'au sepulchre ils ont mis :
» L'arbre reiette ainsi mainte nouuelle branche
» Au lieu des vieux rameaux que le fer en retranche.
CONSEILLER.
» Mais en telle saison l'arbre peut se trancher
» Que iusqu'à la racine on le void dessecher.
REINE.
Ce remede est iugé pire que le mal mesme.
CONSEILLER.
» Mais aux extrémes maux, il est tousiours extréme.
REINE.
» Supporter vne iniure est quelquefois meilleur
» Que d'en chercher reuanche, et trouuer son malheur.
CONSEILLER.
» Si vaut-il tousiours mieux se vanger de l'iniure,
» Qu'en attirer mainte autre à cause qu'on l'endure.
REINE.
» En deux perils du moindre on fait élection.
CONSEILLER.
» Mais il en faut iuger sans nulle passion.
REINE.
Si nous l'executon, nous irritons la France.

CONSEILLER.
La laissant viure aussi quelle est vostre asseurance?
REINE.
Nous pouuon l'accuser mais non pas la punir.
CONSEILLER.
Puis qu'elle est en vos mains qui vous en peut tenir?
REINE.
Maint peuple sous ceste ombre enuahiroit ma terre.
CONSEILLER.
A qui la paix la paix. La guerre à qui la guerre.
REINE.
Les Roys la pleureront, i'auray seule le tort.
CONSEILLER.
Ils ne pourront au moins rire de vostre mort.
REINE.
Pour l'iniure commune ils armeront leur destre.
CONSEILLER.
» Plus d'effroy que de mal le tonnerre fait naistre.
» Lors qu'vn grand se chastie il s'esmeut bien du bruit.
» Apres le coup frappé peu d'effet s'en ensuit.
REINE.
» Le sacré sang des Roys doit estre inuiolable.
CONSEILLER.
Elle deuoit du vostre estimer le semblable.
REINE.
Nul ne croira qu'elle aye à ma vie entrepris!
CONSEILLER.
Encor' le vaut-il mieux que d'en estre surpris.
REINE.
» Les Ligues sont tousiours obscurement connuës,
» Tant qu'à l'effet sanglant elles soient paruenuës.
CONSEILLER.
» Mais telle connoissance arriue vn peu bien tard;
» Car on est cependant trop suiet au hazard.
REINE.
» Ie tien qu'il vaudroit mieux abandonner la vie
» Que pour la conseruer s'aquerir de l'enuie.
CONSEILLER.
» Le Prince a peu de cœur s'il ne peut endurer
» Ceux qui ne peuvent rien outre le murmurer.
REINE.
La Clemence le gagne, il conuient que i'essaye
Si par doux appareils ie puis sonder la playe;
Ie veux encor vn coup ceste voye esprouuer;
Car la pouuant bien perdre et la voulant sauuer,

Au moins l'on connoistra que i'ay l'ame si bonne
Que ie veux tout sauuer et ne perdre personne.
CONSEILLER.
Gardez en la gardant de perdre vous et nous.
REINE.
I'ay peu de soin pour moy, mais i'en auray de vous.
CONSEILLER.
Ce n'est rien de le dire, il en faut apparoistre.
REINE.
Voulans oster le mal gardon bien de l'accroistre.
CONSEILLER.
Sans employer le fer on ne le peut guarir.
REINE.
Si ne le faut-il mettre à la faire mourir.
CONSEILLER.
Quoy! vostre ame au pardon laschement s'abandonne ?
REINE.
» Quand la douceur nous sert ie la iuge estre bonne.
CONSEILLER.
» L'homme doux au meschant est inhumain au bon.
REINE.
» Le meschant quelquefois se vainc par le pardon :
» Mais qui veut par le sang cimenter sa fortune,
» Meurt tousiours à la fin d'vne mort non commune.
CONSEILLER.
» Celle qu'on ne craint point ou qui pardonne tout
» Acheue son chemin auant que d'estre au bout.
REINE.
» La peur qui n'a pouuoir que sur l'ame couarde
» Des Royaumes puissans est vne foible garde.
CONSEILLER.
» L'impunité du vice a causé maintesfois
» La ruine et la mort du Royaume et des Rois.
REINE.
» La trop grande rigueur iamais ne va sans haine.
CONSEILLER.
» Et la facilité des mespris nous ameine.
REINE.
D'estre aimée entre vous i'ai beaucoup eu de soin.
CONSEILLER.
D'y estre crainte aussi vous auiez bon besoin.
REINE.
» L'amour de nos subiets qu'engendre la Clemence,
» Cent fois plus que leur crainte apporte d'asseurance.

CONSEILLER.
» L'amour de vos subiets vous doit donc esmouuoir
» A fermer l'œil à tout fors à vostre deuoir.
REINE.
Ie le veux faire aussi, mais sans estre cruelle :
» La douceur en la femme est vertu naturelle.
CONSEILLER.
Ce n'est point cruauté que d'ordonner la mort
A celle qui taschoit vous la donner à tort.
REINE.
» C'est vn bien grand honneur de remettre l'offence,
» Quand on a le pouuoir d'en prendre la vengeance.
CONSEILLER.
» Si l'œil peut penetrer iusques dans le penser,
» Punissez bien plustost qui songe d'offencer.
REINE.
» Qui pardonne à l'autruy pour l'amour de soy-mesme,
» Se connoissant fautif merite vn los extréme.
CONSEILLER.
» Mais souuent il se liure en proye à l'estranger,
» Lors que de ses subiets il ne s'oze vanger.
REINE.
» Des Auettes le Roy porte en sa republique
» Vn poignant aguillon et si jamais ne pique.
CONSEILLER.
» Aussi contre les bons vous n'en deuez avoir;
» Mais contre les meschans qui forcent le deuoir.
REINE.
» Le Prince trop seuere est taxé d'iniustice.
CONSEILLER.
» Le Prince trop benin se rend fauteur du vice.
REINE.
Pecher en la Clemence est touiours le meilleur.
CONSEILLER.
L'vn aussi bien que l'autre est cause de malheur.
» L'excés et le defaut font des erreurs notables
» En matieres d'Estat, peu ou point reparables.
REINE.
Ie veux donc à ce coup vn entre-deux choisir
Vtile à mes subiets, et propre à mon desir.
CONSEILLER.
Madame, auisez bien, pensant estre en la voye,
Gardez que vostre pied maintenant ne fouruoye,
» Tel s'égare souuent qui pensoit bien aller.
En ce chemin glissant venant à vaciller,

Vous verriez (ô bon Dieu, destournez ces présages)
Ruiner les Chasteaux, fourrager les villages,
Rauager les Citez, les flottes abismer,
Et le sang à torrens fuir dedans la mer;
Que di-ie, vous verriez? possible vostre veuë
Cacheroit sa clarté d'vne mortelle nuë,
Et parmi tant de maux vous resteroit ce bien
De ne les pouuoir voir et de n'en sentir rien.
Heureux qui dormiroit en la tombe poudreuse,
Pour ne languir captif sous vne grotte ombreuse,
Où tout vif enterré comme dans vn tombeau,
En vain Phœbus pour luy resortiroit de l'eau.

REINE.

Et bien, pour empescher qu'vne telle tempeste
N'enueloppe avec vous mon inculpable teste,
En prison plus estroite il la faut enfermer;
Ie le fais par contrainte, on ne m'en peut blasmer.

CONSEILLER.

Pour vous bien deliurer de ceste prisonniere,
Vous tenterez en vain la façon coustumiere :
Rechargez de cent fers ses iambes et ses mains,
Vous la rendrez touiours plus aspre en ses dessains,
Et s'elle peut vn coup eschaper de la chaine,
Elle se plaira lors à faire l'inhumaine,
Mille maux, mille morts elle suscitera;
Le souuenir des fers sa rage augmentera,
Et sa propre fureur se rendra plus felonne.
Ainsi voit-on le Tigre ou la rousse Lionne
Retenus pour vn temps dans la cage enfermez,
S'ils gagnent la campagne estre plus animez,
Faire plus de degast, de meurtres, de carnages,
Que ceux qui sont nourris dans les deserts sauuages.

REINE.

Nous pouuon l'adoucir en luy faisant merci,
Encor qu'elle eust le cœur d'vn Rocher endurci,
Et que du mont Caucase elle prist sa naissance :
Aussi seroit-ce alors de ma seule Clemence
Qu'elle obtiendroit la vie auec la liberté
Que perdre par sa faute elle auoit merité.

CONSEILLER.

Son courage perfide est si fier de nature
Que ces rares bien-faits luy seroient une iniure.
» Ie connois son humeur. D'vn ingrat obligé
» Que peut-on esperer que d'en estre outragé?

CHŒVR.

Heureux le siecle d'or où sans auoir enuie
» De monter à l'honneur,
» L'homme sentoit couler tous les iours de sa vie
» En vn égal bon-heur.
» Il n'estoit affligé de crainte et d'esperance
» Ni meu d'ambition ;
» Son corps plain de vigueur estoit franc de souffrance,
» Son cœur sans passion.
» Il ne desiroit point voir sa vie estimée
» Au prix de ses trauaux ;
» Ni pour vn peu de gloire, agreable fumée,
» N'enduroit mille maux.
» Il repaissoit des fruits que la terre benine
» De soy-mesme apportoit ;
» Et tout plat estendu sur vne eau christaline,
» Sa soif il contentoit.
» Libre il se promenoit és forests verdoyantes
» De son plaisir conduit,
» Et n'habitoit encor' les places resonnantes
» D'vn populaire bruit.
» Il reposoit l'Esté dessous vn frais ombrage
» S'il se trouuoit lassé,
» Et sommeilloit la nuict dans vn antre sauuage
» De mousse tapissé.
» Là sans estre touché des vains soucis du monde
» A son aise il dormoit ;
» Le chagrin ni l'enuie en mille maux feconde
» Son cœur ne consommoit.
» Qui ne prefereroit l'heur de ces douces choses
» A la pompe des Roys ;
» Qui ne souhaiteroit cueillir ainsi les roses
» Sans se piquer les doigts ?
» L'ardente ambition qui les Princes transporte
» Touble leur iugement ;
» La gloire plus de mal que de bien leur apporte ;
» Leur aise est vn tourment.
» Leur repos s'establit au milieu de la peine ;
» Leur iour se change en nuict :
» Leur plus haute grandeur n'est qu'vne Idole vaine,
» Qui le peuple seduit.
» Leur Estat n'a rien seur que son incertitude ;
» En moins d'vn tourne-main
» On void leur liberté tomber en seruitude,
» Et leur gloire en dédain.

» Encores que chacun les prise et les honore,
» Ils n'en sont plus contens :
» Car le ver du souci sourdement les deuore
» Parmi leurs passetemps.
J'estime bien-heureux qui peut passer son âge
Franc de peur et de soin,
Et qui tous ses desirs borne dans son village,
Sans aspirer plus loin.

ACTE II.

CHŒUR DES ESTATS. REINE D'ANGLETERRE.

CHŒUR.

L'HONNEUR souuerain des Dames Souueraines
Qui feras desormais benir le ioug des Reines,
Daigne baisser tes yeux d'esclairs enuironnez
Sur tes humbles subiets deuant toy prosternez,
Qui viennent par ma voix te sommer de promesse
Asseurez en leur cœur, que toy grande Princesse
Qui mesme à tes haineux de parole ne faux,
N'en manqueras iamais à tes peuples loyaux,
Ains que tu permettras que la iuste sentence
Donnée en plain Conseil en ta sainte presence
Contre ceste Princesse, aye son libre cours,
Puis que les factions renaissent tous les iours.
C'est le desir de tous. Le bien de la patrie,
Que seul tu dois chercher maintenant t'y conuie;
Tes Estats assemblez en sont là resolus,
Et ton peuple deuot ne souhaite rien plus.
Il n'est temps qu'au pardon ta bonté se hazarde,
Garde ta Maiesté afin qu'elle nous garde;
Ce que tu ne peux faire en voulant que les loix
Espargnent celle-ci pour toucher à nos Rois.
Souffre que l'Angleterre en ma parole iure,
Que par ta séule mort plus de perte elle endure

Qu'elle n'aquist iamais par ces preux Cheualiers
Qui dans le champ des Lis planterent leurs Lauriers.
Ils moururent suiuans vne friuole Guerre,
Et toy plus charitable enuers ta propre terre
La pourras garantir de tout nuisible effort
Si tu trompes vn coup les pieges de la mort.
Mais en l'abandonnant à ce cruel orage,
Son Estat est pour faire vn si piteux naufrage
Qu'aucun n'ayant moyen d'en ramasser le bris,
Sa gloire et son honneur tomberont en mespris :
Celle qui fut iadis en armes si prisée,
A ceux qu'elle a vaincus seruira de risée ;
Ceux qui trembloient de peur voyant ses estendars,
Accourront l'assaillir, bandez de toutes pars.
  Portant donques le front peint d'vne couleur blesme,
Et craignant plus pour toy que non pas pour soy-mesme,
Imagine la voir, et te dire ces mots
Tranchez de longs soupirs et de tristes sanglots :
Fille que i'enfantay pour me seruir de mere,
Reine chere à mon cœur, à mon bien necessaire,
Pren garde à ton salut, et si ce n'est pour toy,
Soit au moins pour les tiens, pour les miens, et pour moy :
Si de mourir pour nous iamais te prist enuie,
Conserue aussi pour nous le reste de ta vie.
» La Dame est bien-heureuse à qui les Cieux amis
» Par vne grand' faueur ont tant de bien permis
» Qu'elle viue vne vie au public profitable,
» Agreable à chacun, à soy-mesme honorable.

REINE.

» O combien malheureuse est l'humaine grandeur,
» Quoy qu'elle esclate aux yeux d'vne belle splendeur,
» Si des malheureux mesme il faut qu'elle se garde ;
» Car que ne peut la main qui sans peur se hazarde ?
» Qui présage vn orage au port se va ranger ;
» Qui preuoit le danger doit pouruoir au danger ;
Aussi veux-ie asseurer mon Estat et ma vie
Comme le bien publique et le mien m'y conuie.
Moy qui voudrois me perdre afin de vous sauuer,
Pour ne vous perdre pas me dois bien conseruer.
La cause est raisonnable et prudente est la crainte
De ce peril voisin, dont vous doutez l'attainte :
Car il semble à peu pres qu'en moy seule est compris
Tout l'espoir du repos qui nourrit vos esprits.
Mais vous n'ignorez point que ceste belle Reine,
En qui nous offençon la grandeur Souueraine

Par trop iniustement la tenir en prison,
De chercher sa franchise a bien quelque raison ;
Encores que peut estre il nous soit dommageable
D'eslargir vne Dame en beautez admirable,
Feconde en artifice et faconde en discours,
Et qui sert de Soleil aux Astres de deux Courts.
Ie ne veux point ici m'informer d'auantage
S'elle me veut du mal ; ie sçay bien son courage.
A dire vray, sa vie importe à nostre Estat,
Mais la faire mourir c'est vn grand attentat.
CHŒUR.
Plusieurs iours sont passez que nous l'y destinasmes
S'elle ourdissoit encor d'autres nouuelles trames.
REINE.
» Le temps au sage esprit sert par fois de raison,
» La volonté se tourne auecques la saison,
» Et le Pilote seul est digne de loüange,
» Qui peut tendre la voile ainsi que le vent change.
CHŒUR.
» Quand vn dessein est pris il ne le faut changer,
» Si par ne le point faire on se met en danger.
REINE.
Estant bien conuaincue elle est mal condamnée.
CHŒUR.
Au peché non au rang la peine soit donnée.
REINE.
Ie veux encor surseoir ceste execution.
CHŒUR.
Gardez vous d'auancer nostre perdition.
REINE.
Que peut plus, ie vous prie, vne femme enchainée ?
CHŒUR.
» Que ne peut vne femme à mal faire adonnée ?
REINE.
Trop tard apres sa mort viendra le repentir.
CHŒUR.
Trop libre en peu de iours vous la pourrez sentir.
REINE.
Sa mine est esuentée à son propre dommage.
CHŒUR.
Encor le marinier vogue apres le naufrage.
REINE.
S'elle ose l'entreprendre il faudra la punir.
CHŒUR.
Vous estes à ce poinct pour n'y plus reuenir.

Voyez l'esclat brillant des cuirasses Françoises,
Escoutez les tambours des bandes Escossoises,
Et les pifres d'Espagne, auiourd'huy son danger
Suscite tout le monde, et pour la degager
On va couurir la mer de voiles et de rames,
Emplir nos riches ports et de fer et de flames.
Cependant parmi nous ce tison consommant
Ira de tous costez les Ligues allumant,
Et la peste mortelle enclose en nos mouelles
Causera plus de mal que les guerres cruelles :
Où voulant seulement consentir à sa mort,
Vous pouuez dés le bers suffoquer cet effort ;
Et par vn peu de sang l'embrasement esteindre,
Qui, tant plus rampe auant, est davantage à craindre.

REINE.

Bien, faites, mes amis, comme vous l'entendez,
De ma part vos desseins ne seront retardez ;
En toutes les deux parts mesme raison ie trouue
Comme mesme peril ; ainsi ie n'en approuue,
Et n'en reprouue rien ; mais soyez aduertis
D'auiser bien encor' au meilleur des partis.

CHŒUR.

Le Ciel vueille benir nostre haute entreprise ;
A ce notable effet la terre fauorise ;
Soit le Demon Anglois des autres le vainqueur,
Aussi bien par nos mains comme par nostre cœur.
Dieu vueille sur ton chef asseurer la couronne,
Le Sceptre dans ta main, et que l'ire felonne
Des peuples coniurez pour le rendre abbatu,
Cede finablement à l'heur de sa vertu :
Afin qu'à l'aduenir l'image de sa gloire
Vole sur les autels du temple de Memoire.

REINE.

Quoy ! que pour contenter ce conseil obstiné,
L'on meine ceste Reine au supplice ordonné ?
Dois-ie bien le vouloir ? Le puis-ie bien permettre ?
Que ne pourra donc plus l'audace se promettre ?
Teindre ainsi l'eschaffaut du sacré sang des Rois ?
Ie pourroy le mien mesme y verser quelquefois :
» Car qui force le droit des Gens et de Nature,
» Ce qu'il fait à tout autre en soy-mesme l'endure.
Il faut bien empescher que mon bruit renommé
Soit d'acte si barbare à iamais diffamé,
Ie pourray mieux d'ailleurs signaler ma memoire
Que d'vne si tragique, et malheureuse histoire :

Pour le vulgaire seul soit leué l'eschaffaut,
Non pour ceux que Dieu monte en vn degré si haut.
Car que diroient de moy les Nations estranges?
Pourroient-ils sans despit escouter mes loüanges
Que la voix du Renom publie en tous endroits?
Veux-ie en ceste Princesse outrager tous les Rois?
Leur mettre contre moy la fureur au courage?
Le blaspheme dans l'ame? en la bouche l'outrage?
Qui pourroit desormais sans horreur me nommer?
Elle a pris, diroit-on, naissance de la mer;
Au bers elle a teté le pis d'vne Lionne
Moins rempli de laict doux que de rage felonne;
Bref elle porte bien vn estomac de chair,
Mais il recele vn cœur de marbre ou de Rocher.
Mon sexe qui de moy tire tant d'auantage,
N'en pourroit receuoir que vergoigne et dommage;
On le blasonneroit cruel, vindicatif,
Meschant, double, ialoux, cauteleux, et craintif,
Sanguinaire, imposteur, artisan de mensonges,
Inuenteur de malice, et controuueur de songes,
Cameleon venteux, suiet au changement,
Prenant toutes couleurs, fors le blanc seulement.
 Les femmes que le sceptre a mis sous ma puissance
Ne se tiendroient iamais de dire en mon absence:
O cruel deshonneur de nostre sexe humain!
Tu ne deurois tenir en ta sanglante main
Le sacré gouuernal de ceste Isle fameuse
Qui ceint de tous costez la grand'mer escumeuse.
Si tu vins sur la terre en vn tel ascendant,
Qu'il faille que ta vie y passe en commandant,
Que n'establissois-tu ta fiere tyrannie
Sur les Lions d'Affrique et Tigres d'Hyrcanie,
Puis que ces animaux en leur plus grand courroux
Au prix de toy barbare ont le courage doux.
Pour donques éuiter qu'auec de si grands blâmes
Leur babil ne diffame aux estrangeres Dames,
Ces Dames à leurs fils, ces fils à leurs nepueux
Et ces nepueux encor à ceux qui naistront d'eux,
Il me faut à ce coup deliurer ceste Reine
Dont tout le monde a plaint la prison et la peine,
Tenant comme ses fers, et libre de ses fers,
Possible elle oublira tous les ennuis soufferts
Et le doux souuenir de telle bien-veillance
Ne sortira iamais hors de sa souuenance.
» Ainsi de quelque bien nous deuons obliger

TRAGÉDIE.

» Ceux qui d'vn mal reçeu peuuent se reuanger;
» L'homme bien auisé tousiours s'il se peut faire
» Gagne par courtoisie vn puissant aduersaire.
Tant de difficultez se viendront presenter
Lors que l'Arrest de mort deura s'executer,
Que pour y prendre aduis faut prendre vne remise;
Ie rompray cependant le coup de l'entreprise.

CHŒVR.

Qv'est-ce, ô Dieu, que de l'homme! vne fleur passagère,
» Que la chaleur flestrit ou que le vent fait choir;
» Vne vaine fumée, vne ombre fort legere
» Qui se ioue au matin et passe sur le soir;
» Vn Soleil de la terre assez clair de lumiere,
» Mais que mille brouillats vont sans cesse cachant,
» Qui s'esleue au berceau pour tomber en la biere,
» Qui dés son Orient incline à son couchant :
» Vne ampoule venteuse au front de l'onde enflée,
» Mais qui tout à l'instant se refond en son eau;
» Vne estincelle morte aussi tost que soufflée,
» Mais qu'on ne peut iamais rauiuer de nouueau.
» La vie est vn air chaud sortant par la narine,
» Qu'vn pepin de raisin peut soudain estouffer;
» Vn vif ruisseau de sang arrosant la poitrine,
» Qui glacé de la mort ne se peut reschauffer.
» La Lune a vn Soleil pour reparer sa perte
» Et remplir son croissant vne fois tous les mois;
» Mais depuis que la vie est de la mort couuerte,
» Elle ne renaist pas en mille ans vne fois.
» Si les arbres l'Hiuer perdent leur cheuelure
» Le Printemps les reuest d'vn fueillage plus beau;
» Et l'homme ayant perdu sa plaisante verdure,
» Ne doit point esperer de second renouueau.
» On ne peut rendre aux fleurs leur couleur printenniere
» Lors qu'elles ont senti les chaleurs de l'Esté :
» Quand vne fois la mort flestrit nostre paupiere,
» Yeux, vous pouuez bien dire : adieu, douce clarté.
» La vie est sans arrest, et si court à son terme
» D'vn mouuement si prompt qu'on ne l'apperçoit point;
» Là si tost qu'elle arriue elle y demeure ferme,
» Le naistre et le mourir est presque un mesme poinct.

» Bien certaine est la mort, mais la sorte incertaine.
» Qui pourroit du matin iuger la fin du iour?
» L'on veut bien décoler vne Deesse humaine
» Fille de la vertu et mere de l'amour.

ACTE III.

DAUISON, REINE D'ESCOSSE, CHŒUR.

DAUISON.

Qvi veut à la grandeur esleuer le courage
» Doit exposer son corps et son ame à l'outrage
» D'vn maistre iniurieux dont le commandement
» Est suiui d'vne honte ou bien d'vn monument.
» O l'homme possedé d'vne manie extréme
» Qui s'engage au seigneur et renonce à soy-mesme !
» Qui pour vne faueur muable comme vent
» D'honneur et de repos se priue bien souuent.
 La charge qu'on m'impose est certes bien fascheuse,
Mais ie crains qu'elle soit encor' plus perilleuse :
Ie vay fraper vn coup, mais soudain ie le voy,
Ie le voy, malheureux, retomber dessus moy.
O que d'vn corps meurtri renaistront de querelles !
Que d'vne mort viuront de douleurs immortelles !
Que de sang innocent sera bas espanché
Auant que ceste playe ait le sien estanché !
Ceste Hydre s'accroistra sous les coups de l'espée.
Cent Chefs pululeront d'vne teste coupée ;
Cependant moy chetif, dechassé, langoureux,
Ie seray mais en vain du trespas desireux,
Tousiours pour mon tourment s'alongera ma vie.
Iustement poursuiui de rancune et d'enuie :
Pour m'estre à ce forfait ainsi tost resolu,
De tous également ie seray mal voulu.
Sans cesse il me souuient de la mort de Pompée
Et que de ses meurtriers l'attente fut trompée.

Le mastin herissé de rage et de courroux,
Quand vn passant le chasse à grands coups de cailloux,
Ne regarde le bras qui sur luy se desserre,
Mais son aigre fureur consomme sur la pierre :
Sur moy seul tout de mesme on voudra desormais
Prendre vengeance d'elle, et ie n'en pourray mais :
Où ceux qui sont auteurs du mal de ceste Reine,
Au milieu de mes pleurs se riront de ma peine.
Le sort est bien cruel qui me donne la loy !
Ie ne le veux point faire et faire ie le doy :
Il faut bien le vouloir; car c'est force forcée;
Tremblant ie m'y resous. O ma triste pensée,
Esloigne loin de toy ce qui peut t'effrayer :
» Quand la promesse est faite il conuient la payer.
Ne restiuon donc plus, ne tardon dauantage,
Bien, ie seray l'autheur de mon propre dommage.
Baste, l'on me tiendra pour ma temerité,
Fidele executeur d'vne infidelité.

CHŒVR.

» Que l'ame a de peine à mal faire !
» Elle sent dix mille combats
» Qui la poussent de haut en bas
» Par maint et maint discours contraire :
» Mais las pour considerer tout,
» Elle est tant au vice inclinée,
» Que pourtant elle s'y resoult
» Par malice ou par destinée.
   » Que sert aux mortels la raison
» Si la passion est si forte
» Qu'il faut que la pourette sorte
» Pour la loger en sa maison ?
» En vain certes en nos deuis
» Reine des hommes on l'appelle,
» Puis que par force ou par cautelle
» Ses plus beaux droits luy sont rauis.
   » Cessez, pauures ames humaines,
» De plus vanter vos qualitez,
» D'vn vent d'honneur vous vous flatez,
» Mais vous n'en sentez moins les peines :
» Et si par les biens et les maux
» On mesuroit le bien de l'Estre
» Les plus stupides animaux
» Plus heureux se font reconnoistre.

» Vn seul poinct vous fait preualoir
» Qui n'est pas commun à la beste,
» C'est quand la vertu vous arreste
» Dedans les termes du deuoir
» Sans que l'appetit aueuglé
» Tyran de vostre fantasie
» D'vn élans plain de frenaisie
» Vous emporte au train déreglé.
   » Mais qui se pourra tant promettre
» Sinon par la faueur d'enhaut :
» Sans elle la force defaut,
» Quand le vice nous veut sousmettre,
» Mais ne sçay quoy de plus qu'humain,
» Que le Ciel de grace nous donne
» A la vertu nous aguillonne,
» Au vice nous tire le frain.

REINE D'ESCOSSE.

De qui me dois-ie plaindre ! ô ciel, ô mer, ô terre !
Qui de vous trois me livre vne plus aspre guerre ?
Depuis que le Soleil alluma son flambeau
Pour orner de clarté le monde encor nouueau
Le sort en son courroux n'a versé tant de peine
Sur aucun des mortels non que sur vne Reine
Comme sur moy chetiue et pleine de douleurs ;
Seule ie suis en bute aux traits de tous malheurs
Dés le moment fatal de ceste heure premiere
Qui me vit en pleurant saluer la lumiere,
Iusques au iour present, iour triste et déploré,
Sans tresue, sans secours i'ay tousiours enduré ;
Et si i'ay quelquefois senti l'ombre d'vn aise
C'estoit pour rendre encor ma douleur plus mauuaise.
Mon corps foible et debile estoit gisant au bers,
Où ses pleurs presageoient les maux que i'ai souffers,
Quand mon pays natal diuisé de courage,
Comme s'il print plaisir à son propre dommage,
Chasse de son esprit toute fidelité,
Pour y substituer vne desloyauté.
De nostre antique throne il debouta ma mere,
Qui par des lieux secrets errante et solitaire,
Transportoit mon berceau tousiours baigné de pleurs,
Au lieu d'estre semé de roses et de fleurs,
Comme si dés ce temps la fortune inhumaine
Eust voulu m'allaiter de tristesse et de peine.
Cette grande Princesse ornement de ses ans

Me tenant quelquefois en ses bras languissans,
De nos malheurs communs émeuë en son courage,
Du ruisseau de ses yeux me noyoit le visage;
Et haussant vers le Ciel le cœur et le sourci,
Soupiroit tendrement et me parloit ainsi :
 O chere part de moy, debile creature,
Ie ne sçay quelle bonne ou mauuaise auanture
Te garde le destin; car l'œil du plus sçauant
Ne peut dans ses secrets penetrer si auant.
Bien sçay-ie seulement que si ta pauure vie
Du fil qui la commence est tousiours poursuiuie,
Le Ciel pour demontrer combien peut son malheur,
T'a fait naistre ici bas pour y viure en douleur.
 Mais, di, Ciel inhumain, quel mal ou quelle iniure
T'a peu faire au berceau ma pauure geniture,
Qui semble tous les iours à force de pleurer
Ta grace pitoyable à nos maux implorer?
Si c'est pour les pechez de la mere dolente,
Que tu punis la fille, elle en est innocente :
Espargne-la, cruel, et plustost dessus moy,
Dessus moy miserable espands tout cet esmoy.
 En ces termes ma mere au Ciel fist sa demande;
Mais il s'en alluma d'vne fureur plus grande,
Elle n'estoit encor au milieu de son cours
Qu'vne nuit eternelle obscurcit ses beaux iours,
Et redoubla sur moy qui restois orpheline
Les coups de sa colere indontable et maline.
A peine auois-ie encor' veu neger sept Hiuers
Et sept fois le Printemps prendre ses habits vers,
Que i'abandonnay là ma terre naturelle,
Qui ne m'estoit plus mere, ains marastre infidelle,
Et trauersant la mer iusques en France vins
Dessous vn autre Ciel, chercher d'autres destins.
Là le Roy m'espousa, mais ce haut Mariage
Fut suiui de bien pres d'vn funebre veufuage;
Il mourut ce bon Prince, et le sort rigoureux
Ne fist que le montrer aux Gaulois malheureux.
O fortune volage, est-ce ainsi que ta rouë
Des Reines et des Rois inconstamment se iouë !
 Reconnoissant depuis qu'en cette belle Cour
I'auoy tousiours Eclipse au plus clair de mon iour,
France, la belle France, à tout autre agreable
Ne fut plus à mes yeux qu'vn desert effroyable.
Ie reuins voir ma terre où ie pensois sans fin
Lamenter tristement mon malheureux destin;

Mais ie n'y suis long temps, qu'au milieu de mes plaintes,
Ie ressens de plus beau ses fatales attaintes,
Et ne voy pas si tost l'vn de mes maux faillir,
Qu'vn autre plus cruel retourne m'assaillir :
Sur le triste moment qu'au monde ie fus née,
Le Ciel à souffrir tout m'auoit bien condamnée !
   Mais s'il s'est enuers moy declaré rigoureux,
Ne s'est montré plus doux mon païs malheureux ;
Ayant laissé glisser dedans la fantasie
La folle opinion d'vne rance heresie ;
Ayant pour vn erreur fardé de nouueauté,
Abreuué son esprit de la desloyauté ;
Il esmeut furieux des querelles ciuiles,
Il reuolte les champs, il mutine les villes,
Il coniure ma honte et me recherche à tort,
Croyant qu'à mon espoux i'eusse brassé la mort.
Peux-tu bien, cher mary, qui maintenant reposes
Au seiour bien-heureux entendre telles choses ?
Peux-tu voir diffamer ta plus chere moitié
Qui mesme apres ta mort vit en ton amitié ?
Reloge dans ton corps ceste ame genereuse,
Et par auance sors de la tombe poudreuse,
Pour prendre ma deffence en l'accusation
Qu'intente contre moy ma propre Nation.
   » Cependant ie m'enfuy sçachant que l'innocence
» A l'endroit des meschans n'est pas seure deffence,
Et m'embarquant sur mer ie maudis mille fois
Les destins ennemis, mon Royaume et ses loix.
Mais comme si la mer eust quelque intelligence
Auec la terre ingrate où i'ay reçeu naissance,
A peine fus-ie entrée en son calme giron
Esmeu dessous ma Nef des seuls coups d'auiron,
Que ie vis aussi tost les plaines escumeuses
Faire blanchir l'azur des vagues orgueilleuses,
Qui menaçoient aux bords par leur mugissement
Le naufrage à ma Nef gemissante asprement.
   Ie single nonobstant, doutant moins la tempeste
Que le danger des miens qui couroient à ma teste ;
Aussi pensois-ie bien trouuer plus de repos
Au fort de la tourmente, au beau milieu des flots,
Qu'entre vn peuple agité de felonnie et d'ire
Qui la mort de sa Reine iniustement desire.
   Le Ciel ne permit pas comme ie le voulois,
Que ie mouillasse l'ancre au riuage Gaulois,
Où i'esperoy trouuer vne terre estrangere

Plus que la mienne ingrate à mes cendres legere :
Mais comme hélas! ie fuy ce païs qui me fuit
La tourmente s'acroist, le iour se change en nuit,
Les esclairs enflammez qui partent de l'orage,
Comme traits rougissans entre-fendent l'ombrage :
L'horreur, le bruit, l'effroy, les sanglots et les cris
Estourdissent l'oreille, et brouillent les esprits ;
Tous s'adressent à Dieu durant l'aspre tempeste
Et son oreille est sourde aux vœux de leur requeste ;
L'air decoche son ire, et plus fort que deuant
S'animent les combats des ondes et du vent.
 Tantost gist nostre Nef és gouffres enfoncée ;
Tantost haute s'esleue aux estoilles poussée ;
Puis tantost ballottée en egal contre-pois
Puise le sel flottant par les fentes du bois :
Bref courant à peu pres la derniere fortune,
Vne fiere bourrasque à nos vœux importune
La vient ietter aux bords des barbares Anglois,
Peuple double et cruel, dont les suprémes loix
Sont les loix de la force et de la tyrannie,
Dont le cœur est couué de rage et felonnie,
Dont l'œil se paist de meurtre et n'a rien de plus cher
Que voir le sang humain sur la terre espancher.
O qu'il me valoit mieux estre bien loin iettée
Au riuage inconnu d'vne islé inhabitée,
Ou dans l'onde escumeuse esteindre mon flambeau,
L'Ocean pour le moins fust mon fameux tombeau.
 On me fist prisonniere ; un grand nombre d'années
Dedans leur cercle rond sont du depuis tournées,
Et nulle toutesfois ne m'a iamais rendu
L'heur de ma liberté chetiuement perdu.
O chere liberté, mais en vain desirée !
Tu t'es donques de moy pour tousiours retirée.
Encor vn iour en fin i'esperoy te reuoir ;
Cela n'a rien serui fors à me deceuoir ;
Ie ne dois plus sortir d'vne prison si forte,
Ou si i'en doy sortir la mort en est la porte.
On veut frapper le coup que ie ne puis parer ;
Et bien, c'est fait de viure, il m'y faut preparer.
» Le mal impatient s'irrite dauantage ;
» Nous n'auon rien d'humain plus grand que le courage.

CHŒUR.
Madame, quoy qu'on die ils n'en viendront point là.

REINE.
Ie suis quoy qu'il en soit resolue à cela.

CHŒUR.
Traiter en criminelle vne telle Princesse.
REINE.
» A qui veut se vanger tout autre respect cesse.
CHŒUR.
Ils le font à dessein pour vous espouuanter.
REINE.
Le cœur me trompe, ou bien c'est pour m'executer.
CHŒUR.
On craint trop d'offencer ces grands Princes de France.
REINE.
On craint moins pour ma mort que pour ma deliurance.
CHŒUR.
La Reine vostre sœur iamais ne le voudra.
REINE.
De ma prison iniuste elle se souuiendra.
CHŒUR.
C'en est aussi trop fait sans ozer dauantage.
REINE.
» Les grands mesurent tout par le seul auantage.
CHŒUR.
Et que diroit-on d'elle en toutes Nations?
REINE.
» Le souci du renom se perd és passions.
CHŒUR.
» Qui n'a la vertu mesme au moins l'ombre desire.
REINE.
» Qui n'a la vertu mesme à tout forfait aspire.
CHŒUR.
» D'vn specieux pretexte il tasche le voiler.
REINE.
» Tel est si déploré qu'il ne le veut celer.
CHŒUR.
» Vn courage modeste a crainte de la honte.
REINE.
» Vn courage impudent n'en fait iamais grand conte.
CHŒUR.
Il nous faut donc prier, c'est le dernier recours.
REINE.
» Les esprits furieux aux prieres sont sours.
CHŒUR.
I'en revien tousiours là que l'on fait ceste trame,
Pour esteindre le feu nourri dedans vostre ame
Du viuant souvenir de mille indignitez,
Que vos deportemens n'auoient pas meritez.

TRAGÉDIE.

» Car quand au desespoir on vient offrir la grace,
» Es courages plus durs le mal talent s'efface.
REINE.
» Vne ame desolée aisément se deçoit
» Par croire de leger le bien qu'elle conçoit.
CHŒUR.
» Vne ame infortunée a tousiours meffiance,
» Et de son bien prochain recule sa croyance.
REINE.
» Quand les pensers du cœur sont d'espoir agitez,
» Il vit incessamment plain de perplexitez.
CHŒUR.
» Heureux en ses malheurs qui nourri d'esperance,
» Au plus espais des maux s'en promet deliurance.
REINE.
Mais plustost malheureux l'homme desesperé,
Qu'vn vain espoir du bien rend sans fin malheuré.
Ne m'en parlez iamais; ce n'est en la parole,
C'est en la douleur mesme enquoy ie me console,
Et chassant loin de moy tout autre doux penser,
I'embrasse seulement ce qui peut m'offencer :
Aussi d'assez long temps ie suis en seruitude,
Pour avoir pris au mal vne forte habitude.
PAGE.
Voici des Gens, Madame, assez bien assistez,
Qui descendus là bas demeurent arrestez :
Ie n'ay peu rien sçauoir du suiet qui les meine,
Mais ils sont pour le vray de la part de la Reine.
REINE.
Bien, s'ils viennent à nous il nous les faudra voir;
Plaisir ni déplaisir ie n'en puis receuoir;
Car à tous accidens i'ay l'ame preparée :
Moy-mesme ie me suis de moy-mesme asseurée.
CHŒUR.
Mes sœurs, prions d'vn cœur et d'vne voix
Le Dieu du Ciel qui tient le cœur des Rois,
    Qu'il tire hors de peine
    Nostre innocente Reine.
Prions celuy qui sur tous a puissance,
Et qui de tous demande obeissance,
    Qu'il ait compassion
    De nostre affliction.
Prions celuy qui ploye à ses dessains
Les mouvemens des cœurs plus inhumains,
    Qu'il nous rende propice

La grace ou la Iustice.
Prions celuy de qui la dextre forte
De la prison ouure et ferme la porte,
Qu'il nous tire d'ici
Par sa douce merci.
Prions celuy qui seul est le recours
Des affligez, et des bons le secours,
Qu'il oste la tristesse
A nostre grand' Princesse.
Prions celuy qui promet deliurance
Au cœur constant en sa dure souffrance
Qu'il finisse auiourd'huy
Son mal et nostre ennuy.

DAUISON.

A vous Reine d'Escosse en prison arrestée
Du depuis qu'à nos bords vous fustes apportée,
Les Estats d'Angleterre vnis en mesme accord,
Desireux de vanger vos forfaits et leur tort
Ce iuste Arrest de mort par moy vous font entendre.
Pour auoir contre nous fait les Roys entreprendre,
Fomenté la discorde, ourdi la trahison,
A nostre bonne Reine attenté par poison,
R'allumé çà et là les ciuiles querelles,
Semé des factions et des haines mortelles,
Resuscité l'ardeur des combats amortis,
Formé contre l'Estat grand nombre de partis ;
Le Conseil vous prononce vne telle sentence,
Loyer bien merité de vostre griefue offence.
Sur vn noir eschaffaut vostre beau chef voilé,
Par la main du bourreau tombera decolé.
Vostre ame monte aux Cieux ! En cet espoir fidelle
Disposez vous, Madame, à la vie eternelle.

REINE.

En fin vient le moment si long temps attendu
Par qui le doux repos me doit estre rendu ?
O iour des plus heureux tu feras qu'vne Reine
Sortant de deux prisons sortira de sa peine,
Pour entrer dans les Cieux d'où iamais on ne sort,
D'où n'approchent iamais les horreurs de la mort.

CHŒUR.

O iour malencontreux, plustost nuict tenebreuse,
Qui mets nostre lumiere en la tombe ombrageuse !
Sans bien et sans support nous laissez vous ici ?

REINE.

» Il n'est point despourueu que Dieu prend en souci.

TRAGÉDIE.

CHŒUR.
Vous nous laissez, Madame, et nos moites paupieres
A force de pleurer esteindront leurs lumieres,
Pour nous voir, ô douleur ! entre mille dangers
Parmi ces ennemis et traistres estrangers.

REINE.
Vous me quittez plustost, ce n'est moy qui vous laisse;
I'abandonne la terre et au Ciel ie m'adresse.
» C'est vne loy certaine à qui vient ici bas,
» Que tousiours la naissance apporte le trespas.
» Que chaque iour, chaque heure et moment qui se passe
» De la mortelle vie accourcisse l'espace.
» Mais combien que la mort soit vn mal aux meschans,
» Si est-ce vn bien aux bons, qui par le cours des ans
» Sont conduits à ce port dont l'entrée moleste
» Introduit les esleus en la cité celeste,
» Plustost viuans que morts, plustost ieunes que vieux,
» De pelerins errans faits combourgeois des Cieux.
» Alors que le Coureur a quitté la barriere,
» Il aspire à gagner le bout de la carriere ;
» Le Nocher ennuyé de voguer dessus l'eau
» Desire sur la rade amarer son vaisseau ;
» Le voyageur lassé sent rire son courage
» Quand il voit le clocher de son propre village :
» Moy donc ayant fourni la course de mes ans,
Supporté constamment les orages nuisans,
Tandis que ie flottois és tempestes du monde,
Ie veux anchrer au port où tout repos abonde.
Ie finis mon voyage en bien rude saison,
Mais tant plus agreable auray-ie la maison,
Où mesme ie dois voir ce pere pitoyable,
Qui tire du discord la concorde amiable,
Qui regit constamment les mouuemens des Cieux,
Qui fait danser en rond les Astres radieux,
Et tient ce large monde enclos dans sa main forte ;
Par qui tout est en tous d'vne diuerse sorte,
Par qui nous auons l'estre, en qui seul nous viuon,
En qui seul nous senton, respiron, et mouuon.
Le feu prompt et leger prend au Ciel sa volée ;
L'eau par son propre poids est en bas deualée,
D'autant que chasque chose aspire au mesme lieu
Qui luy fut comme vn centre assigné de par Dieu :
Mon esprit né du Ciel au Ciel sans cesse tire,
Et d'ardeur alterée incessamment soupire
Apres le tout-puissant, le bon, le sainct, le fort,

» Que voir est vne vie et non voir vne mort.
Iaçoit que la tempeste amassant mainte nuë
Vueille du Paradis m'empescher l'aduenuë,
Et que par le chemin mille difficultez
Viennent dessous mes pas s'offrir de tous costez;
Que le chaud et le froid, que le vent et l'orage
Taschent me destourber en cet heureux voyage,
Si ne le peuuent-ils : là ie dois arriuer :
Ie voy pour m'honorer les Vierges se lever;
Les Princes et les Roys ioyeux de ma venuë,
M'assigner en leur rang la place retenuë;
Et Dieu mesme au milieu des Anges glorieux,
Me receuoir chez lui d'vn accueil gracieux,
Me faire mille traits d'honneur et de caresse,
Et me vestir au dos la robe de liesse
Teinte au sang precieux de l'innocent Agneau,
Qui voulut s'immoler pour sauuer son troupeau;
Qui de libre fait serf, et qui de Dieu fait homme,
Porta dessus la Croix de nos pechez la somme.
Ciel, vnique confort de nos aspres trauaux,
Port de nostre tourmente, et repos de nos maux,
Reçoy donc mon esprit qui sauué du naufrage
De l'éternelle mort descend à ton riuage.

CHŒVR.

Ne t'afflige point de la mort,
» C'est vne chose trop commune :
» Comme le foible le plus fort
» Court à la fin ceste fortune.
» Tous finissent également,
» Mais non pas tous semblablement.
» Mortel, cesse donc de penser
» Flechir la dure destinée;
» Si rien ne la peut auancer,
» De rien elle n'est destournée;
» Larmes, soupirs, plaintes, discours
» Sont vains obstacles pour son cours.
» Vne forte necessité
» Conduit à son poinct toute chose,
» Qui court d'vn pas non arresté
» Tant qu'en sa fin elle repose :
» Sans sentir mouuoir le bateau,
» On gagne à l'autre bord de l'eau.

» Pieça tous nos premiers parens
» Ont batu ceste noire voye,
» Où mille animaux differens
» La Parque nuict et iour couuoye,
» Si l'vn part du monde auiourd'huy
» L'autre suit demain apres luy.
  » L'homme au dernier terme arriué
» Ainsi qu'à sa premiere source,
» Par le sort humain est priué
» De faire encor vne autre course;
» Comme vn fleuue à la mer se ioint,
» Qui puis apres n'en ressort point.
  » Vn chemin se peut-il trouuer
» Qui ne termine en quelque issuë?
» Tu vois le Soleil se leuer
» Et puis se cacher à ta veuë;
» De là commence à discourir
» Qu'un mortel est né pour mourir.
  » Celuy qui s'estomaqueroit
» De n'auoir eu plustost la vie,
» Vray foul il se declareroit :
» C'est bien vne aussi folle enuie
» De vouloir differer sa mort
» Contre le dur Arrest du sort.
  » L'homme iamais ne resoudra
» Qui craint vne chose asseurée :
» La Parque aussi tost luy viendra
» Toute affreuse et deffigurée
» Pour craindre l'heure du trespas,
» Comme pour ne la craindre pas.
  » Qui voudra constamment la voir,
» S'arme le cœur d'vn haut courage :
» Et s'apreste à la receuoir
» Comme vn bien non comme vn outrage.
» Il n'en peut iamais auoir peur
» Qui peint son image en son cœur.
  » L'homme qui se reconnoist bien
» Sçait en quelque saison qu'il meure,
» Que de son temps ne se perd rien,
» Mais qu'aux autres l'autre demeure;
» Estant vieil, finist-il son cours
» En la fleur de ses plus beaux iours.
  » Il void la Parque racler tout
» Sans respect de grandeur ne d'âge,
» Void que de l'vn à l'autre bout

» Le monde est de son appennage;
» Et qu'il n'est aucune saison,
» Qui ne luy porte sa moisson.
   » Il espie le vol du temps
» Qui toutesfois n'importe guere
» A ceux dont les esprits contens
» Ont la fortune si prospere,
» Qu'ils ne sçauroient rien esperer
» Sinon perdre à plus desirer.
   » Il regarde grands et petits
» Se suiure de peu d'interualle
» Au lieu qui les tient engloutis,
» Et que dans sa demeure pasle
» Tout homme est pressé du sommeil
» Iusqu'au grand iour de son réueil.
   » Il contemple qu'en se plaignant
» Pour vne belle Creature
» Lors que la mort va l'esteignant,
» Il accuse à tort la Nature,
» Qui reçoit d'vn plus grand que soy
» La contrainte de ceste loy.
   » Il connoist qu'au branle soudain
» De tant d'inconstances humaines,
» Le trespas demeure certain
» Entre ses façons incertaines,
» Mais qu'on ne peut sur son moment
» Asseoir aucun vray iugement.
   » Celuy-là qui medite ainsi
» Et l'attend tousiours de pied ferme;
» Qui n'est point de frayeur transi
» Quand il void auancer son terme,
» Mais le croid tousiours accompli,
» Seul est de sagesse rempli.

ACTE IIII.

REINE D'ESCOSSE.

Voici l'heure derniere en mes vœux desirée,
Où ie suis de long temps constamment preparée ;
Ie quitte sans regret ce limon vitieux
Pour luire pure et nette en la clarté des Cieux,
Où l'esprit se radopte a sa tige eternelle,
Afin d'y refleurir d'vne vie immortelle.
Ouure toy, Paradis, pour admettre en ce lieu
Mon esprit tout bruslant du desir de voir Dieu ;
Et vous, Anges tuteurs des bien-heureux fideles,
Déployez dans le vent les cerceaux de vos aisles,
Pour receuoir mon ame entre vos bras alors
Qu'elle et ce chef Royal voleront de mon corps,
Qu'au sein d'Abram par vous elle soit transportée
Où la gloire de Dieu nous est manifestée.
I'anticipe par foy ce doux contentement,
Qui d'vn espoir certain me remplit tellement,
Que tout ce que mon ame à mon cœur represente
Me fait viure là haut quoy que i'en sois absente.
Mais que sera-ce au prix si paruenuë aux Cieux,
Ie puis voir de l'esprit ce qui n'est veu des yeux ?
Ce qui n'est point ouy ? ce qui ne peut en somme,
Tomber aucunement sous l'intellect de l'homme,
Si deschargé du corps il n'est fait tout esprit,
Pour comprendre le bien qu'en terre il ne comprit ?
Or afin de iouïr du fruit de mon attente,
Humble et deuotieuse à Dieu ie me presente
Au nom de son cher Fils, qui sur la Croix fiché
Domta pour moy l'Enfer, la mort, et le peché ;
Qui print d'vn serf mortel la sensible figure,
Pour nous restituer l'immortelle nature ;
Et qui daigna du Ciel en terre s'abaisser,
Afin qu'au Ciel la terre il puisse rehausser :
Au nom, di-ie, du Fils, i'adresse à toy, le Pere,
Les fideles accens de mon humble priere ;
Plaise toy l'accepter en sa seule faueur,
Puis qu'il s'est par sa mort declaré mon Sauueur.
Ramenteuant les maux dont ie suis criminelle
Tu me peux adiuger à la mort eternelle,

A l'abisme de Souffre où resonnent dedans
Plaintes, cris, et sanglots, et grincemens de dents :
Mais vestuë au manteau de l'entiere innocence
Dont ton enfant vnique a couuert nostre offence,
Ie te prie, ô Seigneur, de donner à ma foy
Ce que peut ta Iustice alleguer contre moy.
Pere doux et benin en iugement n'arriue
Contre ta creature. Helas mon Dieu ! n'estriue
Contre moy ta seruante, et ne me vien prouuer
Tous les pechez mortels qu'en moy tu peux trouuer.
 Tous ont failli, Seigneur, deuant ta sainte face :
Si par là nous estions exilez de ta grace,
A qui seroit en fin ton salut reserué ?
Qu'auroit serui le bois de tant de sang laué ?
» La terre des viuans demeureroit deserte,
» Si l'erreur des humains en aportoit la perte.
 Tu nous as releuez de la cheute d'Adam,
Et tiré nostre bien de nostre propre dam :
Puis ouurant vn thresor de graces liberales,
De toy-mesme as payé nos debtes desloyales :
Là mesme où les pechez auoient plus abondé
Pour tous les abismer ton sang a desbordé.
 Comme quant au matin l'air est chargé de nuës,
Le Soleil decochant ses œillades menuës
Fait soudain disparoir les brouillats espandus
Entre la terre et luy comme vn voile tendus ;
Tu dissipes ainsi, clair Soleil de Iustice,
Quand tu leues sur nous, l'amas de nostre vice,
Qui sans les doux regards qui partent de tes yeux,
Feroit comme vn obstacle entre nous et les Cieux.
 S'il te plaist tant soit peu ietter sur moy la face,
S'esprendront dans mon cœur les rayons de ta grace,
Qui le repurgeront des infames pechez
Dont i'ay l'ame et le corps l'vn par l'autre tachez.
O Dieu, fay que mon ame en ses fautes ternie
Reçoiue le portrait de ta gloire infinie
Par ta main nettoyee, ainsi que pour s'y voir
Quand la glace est crasseuse on frote le miroir.
 Deliure-moy, Seigneur, de ce mortel seruage
Dont la chaîne eternelle est le plus certain gage,
Et permets que mon ame en depouillant ce corps
Qui l'a long temps serrée en ses liens trop forts,
Par son poix dangereux ne soit point retenuë,
Mais que pronte et legere elle fende la nuë,
Afin qu'estant admise au seiour eternel,

Elle possede en soy ton amour paternel,
Qui se conçoit plus grand par l'obiet de ta face
En l'esprit déuoilé de sa fangeuse masse.
 Il ne me reste plus au partir de ce lieu,
Que faire à tout le monde vn eternel Adieu.
Adieu donc mon Escosse, adieu terre natale,
Mais plustost terre ingrate à ses Princes fatale,
Où regnent la discorde et les dissensions,
Où les cœurs sont partis d'estranges factions,
Et soudains à la guerre ainsi qu'à la creance,
Les mouuemens premiers n'ont point en leur puissance.
Le Ciel vueille appaiser ces bouillons intestins
Qu'esmeuuent en ton sein les orages mutins
D'vn tas de factieux, qui de guerres ciuiles
Deschirent la concorde et la paix de tes villes.
Puisse ton ieune Roy mon enfant bien aimé
Te gouuerner long temps, par les siens estimé,
Bien voulu des voisins, craint des peuples estranges,
Et connu iusqu'au Ciel par ses propres louanges.
 O toy l'espoir des Gens, doux souci de mon cœur,
Quoy que l'on m'vse à tort de fraude et de rigueur
Possible en tel suiet par tout inusitée,
Que ton ame pourtant ne s'en tienne irritée ;
» Mais pour le bien public porte patiemment
» Ce que tu ne deurois endurer autrement.
» En telle occasion se taire de l'outrage
» Ce n'est point lascheté, c'est grandeur de courage.
Adieu puis qu'en viuant ci-bas regner te faut
Aussi bien qu'en mourant ie vay regner là-haut.
Puisses-tu croissant d'âge accroistre tant en graces,
Qu'apres tous autres Roys toy-mesme tu surpasses.
 Adieu France iadis seiour de mon plaisir,
Où mille et mille fois m'emporta le desir
Depuis que ie quittay ta demeure agreable,
Par toy ie fus heureuse, et par toy miserable :
Si toutesfois chez toy pouuoient loger mes os,
La mort me tiendroit lieu de grace et de repos :
Mais puis que l'Eternel autrement en dispose,
Sur son iuste vouloir mon ame se repose.
 Adieu ton grand Henry, Monarque glorieux,
Delices de la terre et doux souci des Cieux,
Qui porte aux yeux l'amour, la grandeur au visage,
L'eloquence en la bouche, et Mars dans le courage.
 Adieu Princes du sang honneur de l'vniuers,
Adieu braues Lorrains qui de Lauriers couuers,

Faites que vostre Race en tous lieux estimée,
Vante encor' à bon droit les palmes d'Idumée.
　　Adieu superbe Louure, enflé de Courtisans;
Adieu riches Cités, adieu Chasteaux plaisans,
Adieu Peuple courtois, adieu belle Noblesse,
Qui m'auez tant cherie estant vostre Princesse,
Lors qu'vn François second clair Astre des Valois,
Sur la Gaule exerçoit les paternelles loix.
　　Adieu finablement chastes et belles Dames,
Le beau desir des cœurs, l'ardeur des belles Ames,
Qui dedans l'air François brillés plus viuement,
Que ne font par la nuict les feux du Firmament,
Et qui passés encor' en nombre les Estoilles,
Quand pour luire en Hiuer elles n'ont plus de voiles.
　　Maintenant de quels mots pourrai-ie m'auiser,
Belles et cheres sœurs, de quels adieux vser
En partant d'auec vous pour aller voir les Anges?
Ie sens plus que iamais des mouvemens estranges,
Lors que ie voy vos yeux de larmes se bagner,
Pour ne pouuoir au Ciel mes pas accompagner;
Au son de ces soupirs qui vous ouurent la bouche,
Vn grand trait de douleur si viuement me touche
Que i'en ay l'ame outrée, et contre mon vouloir,
Ie me contrain moy-mesme à gemir et douloir.
Mais calmon nostre Esprit, serenon nostre face
Puis que ceste tempeste apporte vne bonace.
» C'est fort peu de mourir pour reuiure à iamais
» Au seiour eternel en eternelle paix.
A ce dernier depart baisés moy, Damoiselles,
Et priés Dieu pour moy; vos prieres fidelles
Seruiront de cerceaux à mon esprit leger,
Pour s'aller d'vn plain vol sur les Astres loger.
　　Mais ie vous suppliray (c'est le dernier office
Que ie requiers de vous pour comble de seruice)
Que les mains du bourreau ne profanent mon corps;
» Le cher soin de l'honneur doit suruiure les morts.
Fermés donc de vos doigts mon obscure paupiere,
Enseuelissés moy, couchés moy dans la biere :
Si mes membres gelés n'en ont nul sentiment,
Mon ame en goustera quelque contentement.

CHŒVR.

L'Homme auant qu'il soit mort heureux ne se doit croire ;
» Car la felicité n'habite en ces bas lieux ;
» Elle vit loin du monde et nul ne void sa gloire,
» Si se laissant soy mesme il ne retourne aux Cieux.
 » Que l'esprit est content qui connoist ceste Belle
» Et peut à plain souhait la cherir et baiser ;
» Que l'ame est satisfaite en la gloire immortelle
» D'vzer de ses plaisirs qui ne peuuent s'vser.
 » Quels doux rauissemens de gouster l'Ambrosie
» Que sa main delicate offre à ses Courtisans,
» Et boire son Nectar qui de la fantasie
» Escarte la tristesse et les soucis cuisans.
 » Celuy qu'elle reçoit à l'honneur de sa table,
» Au banc des immortels elle le fait asseoir,
» Pour mener dans le Ciel vne vie agreable,
» Et commencer un iour qui n'aura point de soir.
 » Sa teste est par sa main de gloire couronnée,
» Son corps est reuestu de l'immortalité ;
» Il celebre en ce poinct le celeste Hymenée,
» Qui pour iamais l'allie auec l'eternité.
 » Les Anges assistans au sacré mariage
» Font le chant nuptial retentir dans les Cieux,
» Vn extréme plaisir chatoüille leur courage,
» Pour l'extréme plaisir des Amans glorieux.
 » Possesseurs eternels des graces eternelles,
» Viuez paisiblement en la maison de paix :
» Le temps rendra tousiours vos liesses nouuelles ;
» La fleur de vos plaisirs ne flestrira iamais.
 » Vous habitez vn port d'où n'approche l'orage
» Qui le calme du monde à l'instant peut troubler :
» Là l'esprit s'est sauué le corps faisant naufrage,
» Et les flots courroucez ne le font plus trembler.
 » Vous ne redoutez plus les aguets d'vn Corsaire,
» Qui la mer espouuante et perit le Nocher :
» Vous n'auez plus la peur d'vn brigand sanguinaire,
» Qui court le fer au poin le pas vous empescher.
 » Plus l'auare vsurier qui les viuans deuore,
» N'enuoye à vostre porte vn Sergeant rigoureux :
» L'homme vous mesprisoit, Dieu mesme vous honore,
» Et par vostre malheur vous estes bien-heureux.
 » Vn Prince ambitieux ne vous fait plus d'outrage,
» Pour ranger tout vn peuple à sa discretion ;
» Et vous ne craignez plus d'vn Tyran le visage,

» Prenant pour tout conseil sa seule passion.
 » La trompette en sursaut vos ames ne resueille;
» Vous ne voyez nos champs de bataillons couuers;
» La musique des Cieux contente vostre oreille,
» Et pour en voir le bal vos beaux yeux sont ouuers.
 » Rien ne peut desormais du repos vous distraire,
» Vos cœurs sont maintenant saoulez de tous plaisirs;
» Ce qui plus nous déplaist ne vous sçauroit déplaire,
» Et vos contentemens surmontent vos desirs.
 » Bref, vous possedez tant de graces nompareilles,
» Que l'oyant et voyant on ne s'en croiroit pas,
» Mais on tiendroit suspects les yeux et les oreilles,
» Comparant vos plaisirs à ceux-là d'ici bas.

ACTE V.

MAISTRE D'HOSTEL.

Trois et quatre fois seruiteur miserable!
Tu vis encor', et vois ce malheur déplorable,
Ains ne le voyant pas, et par trop de regret,
En ta discretion demeurant indiscret.
Reine vnique ornement des Dames de nostre âge
Que ton malheureux sort afflige mon courage!
Beau corps, de qui la mort trauaille tant d'esprits
Dont le plus grand bon-heur en tes yeux fut compris,
Ie n'ay peu ni n'ay deu te faire cet office,
Quoy que ie fusse né pour te rendre seruice.
 Apres t'auoir seruie en vn degré si haut,
Que ie t'eusse conduite au honteux eschaffaut?
Ce n'eust pas esté rendre vn certain tesmoignage
Combien i'abominois vn si cruel outrage.
 I'avoy veu ci-deuant ton auguste grandeur
Surpasser le Soleil en sa viue splendeur,
Et croyoy que la nuë à l'entour amassée,
Seroit par ton bon-heur quelque iour dechassée;
Mais i'en suis si trompé qu'au lieu de te reuoir
Sur vn throne Royal exercer ton pouuoir;
Helas! ie suis contraint te regarder de l'ame
Exposée au Bourreau sur vn theatre infame.

Certes, ie fusse mort au milieu de mes pas,
Si ie t'eusse guidée à ce honteux trespas,
Honteux non pas à toy mais à cette Barbare,
Que le visage seul de ses Ourses separe.
C'est estre bien vrayment la mesme cruauté
De laisser manier cette vnique Beauté,
Qui des Rois seulement merite estre touchée,
A la main d'vn Bourreau de carnage entachée,
Pour en elle meurtrir sans vergongne et sans peur
La grace de la grace et l'honneur de l'honneur.
 O toy qui le consens, peuple fier et sauuage,
Puisse ton propre sang humecter ton riuage;
Tousiours par tes Citez se promene la Mort,
Conduisant deuant soy la haine et le discord;
Tousiours le Ciel brouillé d'orage et de tempeste
Mille foudres agus delasche sur ta teste;
Tousiours la mer enflée en ses bruyans dehors
Coure sur ton riuage et sans bride et sans mors.

CHŒUR.

» Nous viuon en vn siecle auquel la modestie,
» La honte et la vergoigne est du monde partie;
» Nous sommes en vn temps où tout est confondu,
» Où l'iniuste supplice au bon droit est rendu,
» Où le vouloir des grands est estimé loisible,
» Où toute la raison se mesure au possible.
 On fait si peu de cas du sacré sang Royal
Que la hache s'en trempe et le bras desloyal
L'espand ne plus ne moins que le sang mercenaire;
On donne aux maiestez le supplice vulgaire,
Et ce qui de tous temps restoit d'inuiolé
Se void pour l'aduenir profanement soüillé.
 D'autant plus que de pres tel supplice on contemple,
On le iuge execrable et de mauuais exemple :
Car iamais le Soleil dans le Ciel tournoyant
N'apperçeut ici bas de son œil flamboyant
Vne si detestable et si perfide iniure;
O Dieu, tu le connois et ton foudre l'endure!
Mais voici pas quelqu'vn qui s'en vient deuers nous?
Marchon viste au deuant, mes sœurs, auancez-vous.

MESSAGER.

Vous venez à propos, dolentes Damoiselles,
Pour entendre par moy de piteuses nouuelles.

CHŒUR.

Nous les attendon bien; mais parle, Messager,
Aussi bien nos esprits cherchent à s'affliger.

MESSAGER.
Cette Dame Royale et d'ame et de courage,
En qui le plus haut Ciel admiroit son ouurage,
Est morte maintenant; son sang fumeux et chaud
Ondoye à gros boüillons sur le noir eschaffaut.
CHŒUR.
Forfait inusité! supplice abominable!
Cruauté barbaresque! attentat execrable!
D'vn visage si beau les roses et les lis
Par les doigts de la mort ont donc esté cueillis?
Cette bouche tantost si pleine d'éloquence
Est close pour iamais d'vn eternel silence?
Et cet esprit diuin hoste d'vn corps humain
En est chassé dehors d'vne bourrelle main.
MESSAGER.
Seules vous ne plaignez le sort de cette Dame,
Mais escoutez sa fin pour consoler vostre ame.
» Vne constante mort dite à l'esprit discret,
» Mesle quelque plaisir auecques son regret.
 Une grand' salle estoit funebrement parée,
Et de flambeaux ardans haut et bas esclairée,
D'vne noire couleur esclatoit le paué,
L'eschaffaut paroissoit hautement esleué.
Là des peuples voisins se fait vne assemblée,
Qui de tel accident estoit beaucoup troublée,
Et la Reine qui porte vn visage constant,
Arriue tost apres où le Bourreau l'attend.
Paulet son garde-corps luy seruoit de conduite,
Et ses femmes en pleurs cheminoient à sa suite.
Elle qui lentement à la mort se hastoit,
Leur douleur par ces mots doucement confortoit :
Ie vous pri' que ma mort ne soit point poursuiuie
De larmes et sanglots; me portez-vous enuie,
Si pour perdre le corps ie m'aquiers vn tel bien,
Que tout le monde entier aupres de luy n'est rien?
Puis qu'il faut tous mourir suis-ie pas bien-heureuse
D'aller reuiure au Ciel par cette mort honteuse?
Si la fleur de mes iours se flestrit en ce temps,
Elle va refleurir à l'eternel Printemps,
Et la grace de Dieu comme une alme rosée,
Distilera dessus sa faueur plus prisée,
Pour en faire sortir vn air si gratieux,
Qu'elle parfumera le saint pourpris des Cieux.
» Les esprits bien-heureux sont des celestes Roses
» Au Soleil de Iustice incessamment escloses;

» Celles-là des iardins durent moins qu'vn matin,
» Mais pour ces fleurs du Ciel elles n'ont point de fin.
   Quand elle eut dit ces mots à ses tristes seruantes,
Pour son cruel depart plus mortes que viuantes,
S'accreurent les souspirs en leurs cœurs soucieux,
Les plaintes en leur bouche, et les pleurs en leurs yeux.
   Comme elle est paruenuë au milieu de la salle,
Sa face paroist belle encor qu'elle soit palle,
Non de la mort hastée en sa ieune saison,
Mais de l'ennuy souffert en si longue prison.
Lors tous les assistans attendris de courage,
Et d'ame tous rauis, regardent son visage,
Lisent sur son beau front le mespris de la mort,
Admirent ses beaux yeux, considerent son port;
Mais la merueille en eux fait ià place à la crainte,
Du prochain coup mortel leur ame est plus attainte,
Quand s'abstenant de pleurs elle force à pleurer,
Quand ne soupirant point elle fait soupirer.
   Comme tous demeuroient attachez à sa veuë
De mille traits d'amour mesme en la mort pourueuë,
D'vn aussi libre pied que son cœur estoit haut,
Elle monte au coupeau du funebre eschaffaut,
Puis sousriant vn peu de l'œil et de la bouche :
Ie ne pensois mourir en cette belle couche;
Mais puis qu'il plaist à Dieu vser ainsi de moi,
Ie mourray pour sa gloire en deffendant ma foy.
Ie conqueste vne Palme en ce honteux supplice,
Où ie fay de ma vie à son nom sacrifice,
Qui sera celebrée en langages diuers;
Vne seule couronne en la terre ie pers,
Pour en posseder deux en l'eternel Empire,
La couronne de vie, et celle du Martyre.
   Ces mots sur des soupirs elle enuoyoit aux Cieux,
Qui sembloient s'atrister des larmes de ses yeux ;
Mais soudain se peignant d'allegresse plus grande,
Vn Pere confesseur tout haut elle demande;
L'vn s'auance à l'instant qui veut la consoler.
Elle qui reconnoist à l'air de son parler
Qu'il n'est tel qu'elle veut, demeure vn peu confuse.
Si peu donc de faueur, dit-elle, on me refuse?
C'est trop de cruauté de ne permettre pas
Qu'vn Prestre Catholique assiste à mon trespas :
Mais quoy que vous faciez ie mourray de la sorte,
Que mon instruction et ma croyance porte.
   Ce dit sur l'eschaffaut ployant les deux genoux,

Se confesse elle mesme, et refrappe trois coups
Sa poitrine dolente et baigne ses lumieres
De pleurs deuotieux qui suiuent ses prieres,
Et tient tous ses esprits dans le Ciel attachez,
Pour auoir le pardon promis à nos pechez.
 Son Oraison finie elle esclarcit sa face,
Par l'air doux et serain d'vne riante grace,
Elle montra ses yeux plus doux qu'auparauant,
Et son front s'aplanit comme l'onde sans vent;
Puis encor derechef forma cette parole :
Ie meurs pour toy, Seigneur, c'est ce qui me console.
A ta sainte faueur, mon Sauueur et mon Dieu,
Ie recommande l'ame au partir de ce lieu.
Puis tournant au Bourreau sa face glorieuse :
Arme quand tu voudras ta main iniurieuse,
Frappe le coup mortel, et d'vn bras furieux
Fay tomber le chef bas et voler l'ame aux cieux.
Il court oyant ces mots se saisir de la hache;
Vn, deux, trois, quatre coups sur son col il delasche;
Car le fer aceré moins cruel que son bras
Vouloit d'vn si beau corps differer le trespas.
Le tronc tombe à la fin, et sa mourante face
Par trois ou quatre fois bondit dessus la place.

CHŒUR.

O quel froid marrisson nous suffoque le cœur !
Afin que nostre sort connoisse sa rigueur :
Transformez-vous, nos yeux, en sources eternelles,
A force de pleurer aueuglez vos prunelles;
Et vous, cœur desolé, laschez tant de sanglots,
Qu'ils bruyent aussi haut que l'orage des flots.

MESSAGER.

Laissez, laissez à part ces plaintes miserables..

CHŒUR.

Qui peut assez pleurer des maux si déplorables?

MESSAGER.

» On doit tant seulement lamenter pour les morts
» Dont toute l'esperance est morte avec le corps
» Ignorans l'autre vie, et ne croyans que l'homme
» Est mis dans le tombeau pour dormir vn court somme,
» Et qu'à la voix de l'Ange il ressuscitera.
» La mort n'est point vn mal; et quand le bon mourra,
» Cette iniure ne peut iusqu'à ce poinct s'estendre
» De changer son Estat et malheureux le rendre :
» Car bien que mesme fin fust à l'homme innocent,
» Qu'à l'homme vitieux qui coulpable se sent,

» Celuy-là dont la vie a tousiours esté bonne,
» Meurt tousiours assez bien quelque mort qu'on luy donne.
» Si le genre de mort nous faisoit malheureux,
» Le Ciel seroit aux bons trop aspre et rigoureux :
» Car il auroit rendu chetifs et miserables
» Tant de sacrez Martyrs, de Peres venerables,
» Et de saints Confesseurs qui constans en la foy,
» Sont morts honteusement à l'honneur de leur Roy.

CHŒUR.

Vostre conseil est bon. Ne lamentons pour elle
Qui maintenant iouit de la gloire eternelle,
Mais plaignons nostre perte, et pleurons seulement
Pour chercher à nos maux quelque soulagement.
» L'amertume des pleurs adoucit la tristesse.
Escoute ces regrets, bien-heureuse Princesse.
Princesse vnique obiet des Princes et des Rois,
Par qui l'amour faisoit reconnoistre ses loix,
En toy seule acquerant dessus tous la victoire,
La beauté respiroit quand tu viuois ici,
Mais lors que tu mourus elle mourut aussi,
Et le regret sans plus en reste à la memoire.
   Si ta main possedoit vn sceptre glorieux,
Tu le viens d'eschanger au Royaume des Cieux :
Mais on nous aueugla nous cachant ta lumiere ;
Car bien que le Soleil rayonne sur nostre œil,
Nostre ame en te perdant a perdu son Soleil,
Dont la seule clarté nous ouuroit la paupiere.
   Beauté qui commandois absolument aux cœurs,
Et qui trempois d'attraits les traits de tes rigueurs,
Par lesquels on mouroit de douleur ou d'enuie ;
S'il te falloit mourir naistre il ne falloit pas,
Ou si rien ne peut viure immortel ici-bas,
Tu deuois toute viue au Ciel estre rauie.
   Immortel ornement des mortelles beautez
Dont tous les yeux humains languissoient enchantez,
Amour estant luy-mesme amoureux de ta grace,
Tousiours la Chasteté sur ton front reluisoit,
La douceur en tes yeux sa retraite faisoit,
Et la pudeur semoit ses roses en ta face.
   Beau corps qui la vertu dedans toy renfermois,
Comme le seul esprit duquel tu t'animois,
Pour estre aux yeux de tous plus parfaite renduë ;
Quand l'on te fist aller de la vie au trespas,
Auec toy dans les Cieux elle alla d'ici bas,
Comme des Cieux en toy elle estoit descenduë.

Teste où les ieux mignards comme oiseaux se nichoient,
Doux liens où les cœurs des Princes s'attachoient,
Et faisoient tous rauis gloire de leur seruice,
Las vous n'esclairez plus, ô cheueux bien aimez,
Ou bien c'est dans le Ciel, en astres transformez,
Comme furent iadis ceux-là de Berenice.
 Beau front, glace brulante où les yeux arrestez
Admiroient chacun iour cent nouuelles beautez,
Siege de maiesté tout releué de gloire,
Amour ce grand Démon qui sçait ranger les Rois,
Le sceptre dans la main donnoit en toy ses loix,
Assis pompeusement sur vn thrône d'yuoire.
 Beaux yeux de ce beau Ciel en clarté nompareils,
Beaux Astres, mais plustost deux rayonnans Soleils,
Aueuglans tout ensemble et bruslans de leurs flames,
Autresfois vos regards doucement courroucez,
Furent autant de traits rudement eslancez,
Pour faire en leur desir mourir l'espoir des ames.
 Bouche plaine de basme et de charmes coulans
Qui les cœurs plus glacez pouuoient rendre bruslans,
Plus faconde en beaux traits qu'en doux attraits feconde :
Vif oracle d'amour tousiours tu ruisselois,
D'vn grand flus d'eloquence alors que tu parlois,
Pour rauir de merueille et de crainte le monde.
 Helas vous n'estes plus, cheueux plus beaux que l'or,
Ou vous estes sanglans si vous estes encor;
Front tu n'as plus aussi ta blancheur naturelle;
Yeux qui tant de lumiere espandiez à l'entour,
La mort vous a voilez en despit de l'amour;
Le silence te clost, ô bouche sainte et belle.
 Puis que tant de beautez lon a veu moissonner,
Cessez, pauures mortels, de plus vous estonner
Si vous ne trouuez rien de constant et durable :
» De moment en moment on voit tout se changer;
» La vie est comme vne ombre ou comme vn vent leger,
» Et son cours n'est à rien qu'à vn rien comparable.

FIN.

LA CARTAGINOISE

OV

LA LIBERTÉ

LA CARTAGINOISE

ov

LA LIBERTÉ

ACTE I.

SOPHONISBE. NOURRICE. MESSAGER.

SOPHONISBE.

OMME l'onde inconstante est de vents tourmentée
» Nostre vie incertaine est de maux agitée :
» Fol celuy qui s'y fie aussi bien qu'en la mer ;
» Leur calme se ressemble, il rit pour abismer.
» Contemple tout le monde, ô mortel miserable,
» L'esclat en est luisant, mais il est peu durable :
» La fleur de ses plaisirs a pour fruit plusieurs maux,
» Son heur a des malheurs, son repos des trauaux :
» Aussi l'homme qui sort du ventre de sa mere,
» Presage par ses pleurs sa future misere
» Comme s'il valoit mieux ne naistre aucunement,
» Ou bien de son berceau faire son monument.
» Mais si quelques mortels respirent miserables,
» Ce sont les puissans Rois, les Princes redoutables ;
» Leur lumiere s'éclipse entre mille accidens ;
» Les plus sains au dehors sont malades dedans :
» Et si l'on sçauoit bien que pese leur Couronne,
» Dont le lustre éclatant si viuement rayonne,

» A peine on la voudroit hors de terre leuer :
» Tout ce qui luit n'est or, venant à l'esprouuer.
   Destin, estoit-ce donc au prix de tant de peine
Qu'il me falloit porter la qualité de Reine ?
Si tes effets suiuoient le compas de raison,
Tu me deuois tirer d'vne ignoble maison,
Et me tenir cachée en quelque bas village,
Non vers la Royauté m'esleuer le courage :
I'eusse aumoins reconnu le plaisir et le bien
De celuy qui n'a guere et ne desire rien.
Mais puis que maintenant nous t'auons si contrare,
Que tu nous rauis tout fors la seule misere,
Mes yeux desbordez-vous en deux larges ruisseaux
Pour submerger ma vie et mon dueil en vos eaux :
Il faut mourir plustost de ce coup de fortune,
Que viure en ces malheurs sans esperance aucune.
Ià cent flots de douleurs ont dessus moy passé
Tandis que ie fais teste au torrent courroucé
Que déborde le Ciel sur ma maison Royale;
Ores ie cede aux coups, Fortune desloyale;
Triomphe maintenant, dessous ton pied vainqueur
Foule moy pour saouler la rage de ton cœur;
O le braue Laurier! ô la Palme tresbelle!
Vne Deesse vainc vne femme mortelle,
Et se plaist à montrer combien peut son tourment
Dessus tous les humains en moy tant seulement.
   Sophonisbe, tout beau ! ne lasche point la bride
A l'aspre desespoir de soy-mesme homicide.
» Conforme ton vouloir à celuy-là des Dieux
» Qui les succez humains minutent dans les Cieux.
» Suy le destin seuere, et plus ne contrarie
» A son iuste decret, iamais il ne varie.
» Tu connois desormais le mouuement soudain
» Qui change à tous momens nostre estat incertain :
» Iuge donc malheureux tout homme qui se fonde
» Sur le sable mouuant des vanitez du monde;
» Qui à perte d'halaine à cor et cry poursuit
» Ce vent de faux honneur, cette ombre qui le fuit :
» Mais bien-heureux aussi qui paisible demeure
» Dans sa basse maison viuant à l'heure l'heure,
» Non rongé par le soin de ces ambitieux,
» Qui ne se bornans pas de la terre et des Cieux,
» De chaude frenaisie ont l'ame si malade,
» Qu'ils osent bien marcher sur les pas d'Encelade.
   » Certes, c'est bien raison si contre leur desir

» Leur bien se tourne en mal, leur ioye en déplaisir,
» Faits semblables à ceux que l'auarice ronge,
» Qui doucement pipez par les ombres d'vn songe,
» Pensent auoir trouué le thresor precieux
» Qu'en veillant souhaitoit leur esprit soucieux :
» Mais le songe leger tout à l'instant s'enuole
» Qu'il a moqué leurs sens d'vne menteuse idole.
Tu l'esprouues, Siphax. Car lors que tu pensois
A ton orgueilleux sceptre assuiettir les Rois,
Voici que la fortune infidele et soudaine
Te rend captif aux fers de cette gent Romaine,
» Pour monstrer qu'en sa grace il ne faut auoir foy
» Dont la seule inconstance est la certaine loy.
» Ainsi tel qui se void monté iusqu'à la cime
» Du perissable honneur dont l'on fait tant d'estime,
» Plustost qu'en vn clin d'œil à bas precipité
» Se repent que iamais il ait si haut monté.
    Siphax iadis l'obiet des pensers de mon ame,
Le suiet maintenant qui sans cesse l'entame;
» Helas où pensois-tu? Qui tient dedans sa main
» Ce bon-heur vacillant, cet honneur incertain
» Semblable à la vapeur qui se mine allumée,
» Void que son feu luisant se perd tout en fumée.
Ce desastre funeste il te falloit preuoir,
Et ton ambition borner à ton pouuoir :
» Car qui veut entreprendre en outre sa puissance,
» Le pas de son malheur tant seulement auance ;
» Et vaudroit beaucoup mieux demeurer paresseux
» Que d'vn desir superbe entrer au rang de ceux
» Qui se rendent autheurs de leur propre dommage :
» Fol que sa perte mesme a fait deuenir sage.
    Mais trop innocemment à toy-mesme inhumain,
Par mon nouueau conseil tu fis planche au Romain,
Qui l'Afrique a couuert d'enseignes Hesperides,
Pour venir t'arracher le sceptre des Numides.
Accuson nous donc seule, et nos aspres douleurs
Pour expier la faute egalent ces malheurs
Que nous auons causez, si cette grand'ruine
Tire de mes desseins, sa fatale origine ;
A quoy, cruels Destins versez-vous sur le chef
Du malheureux Siphax tout ce triste méchef?

NOURRICE.

Voulez-vous dementir ce genereux courage
Qui s'est maintins si ferme encontre tout orage?
» Songez à vous, Madame, et pensez qu'il nous faut

» Porter contre les maux vn cœur constant et haut.
» S'espandre au long recit de ces fatales peines,
» C'est accroistre à credit ses douleurs inhumaines,
» Et d'vn vent de soupirs entretenir le feu,
» Qui par le cours du temps esteindra peu à peu :
» Car vous n'ignorez point que les pertes passées
» Pour se donner tourment ne sont recompensées;
» Que les plaisirs coulez, que les honneurs perdus,
» A nos tristes regrets ne sont iamais rendus.
Que plorer iour et nuict son estat lamentable
C'est peindre dedans l'air et semer sur le sable.
Et pourtant tenez bride à cette passion,
Formée en votre esprit par trop d'affliction.
 Vous faisant ce plaisir obligez-nous, Madame,
Au nom de ce grand Roy dont vous seule estes l'ame,
Qui parmi ses malheurs n'a plus iuste tourment,
Que de vous voir souffrir sans prendre allegement.
 Quand ie voy ce grand dueil s'espandre en vostre face,
De moy-mesme aussi tost tout confort ie dechasse :
Autant que vostre bouche a de gemissemens,
Autant ressent mon cœur d'aspres eslancemens,
Autant que de vos yeux sortent de tristes larmes,
Autant dedans mon ame entrent de durs alarmes.
Mais si faut-il, Madame, admettre du soûlas,
Quand de plaindre et gemir on est devenu las :
Car qui pourroit tousiours demeurer en haleine,
» Sous tant et tant d'assauts le repos suit la peine,
» Et mesme en soupirant il conuient respirer.
» Pour bien vaincre le mal il le faut endurer.
Combatez desormais sans vous laisser abatre;
Et plus à vous presser le sort s'opiniastre,
Soyez plus resoluë à bien luy resister :
» Rien dessus la vertu ne sçauroit l'emporter,
» Confortée au peril d'vne ame grande et haute,
» Sa constante vigueur ne luy fait iamais faute.

SOPHONISBE.

» La parole est facile et l'effet ne l'est pas.
Si la terre et le ciel conspirent mon trespas
Doit l'on tant s'esbahir si mon ame peu forte
Peu fortement encor' tant de douleurs supporte ?

NOURRICE.

Vous croissez vostre mal par ces tristes propos;
Vous mesme coniurez contre vostre repos.
» Ie le dy derechef; les friuoles complaintes
» Reueillent nos douleurs qui languissent esteintes.

» Apres le mal le bien : cela doit arriuer.
» C'est ainsi que l'Auril succede au froid Hyuer,
» Le calme à la tourmente, et qu'apres vn orage
» L'air tranquile et serain fait rire son visage.
» Regardez haut et bas et d'vn discours profond
» Espluchez ce grand Tout où l'esprit se confond,
» Par tout vous apprendrez que rien n'y fait demeure
» Pour durer immuable, ains que tout d'heure en heure
» Change d'estre ou de forme : En peu de temps nostre œil
» Verra durant le iour flamboyer le Soleil,
» Et puis durant la nuict les cornes de la Lune
» Perceront des vapeurs la masse obscure et brune.
» Quoy que le propre instinct nous porte à desirer
» De voir tousiours nostre âge en bon-heur prosperer,
» Du mal desia souffert la memoire est plaisante,
» Si son aspre douleur fut à souffrir cuisante.
» Le iour est agreable et si nous déplairoit,
» Si sans nul interualle aux yeux il éclairoit :
» Le Printemps nous recrée, et sa neuue richesse
» Abreuue tous nos sens d'vne heureuse liesse ;
» Mais s'il duroit tousiours il viendroit à mespris ;
» Tant le change de tout contente nos esprits !
» Iamais la liqueur douce à plaisir on ne hume
» Que l'on n'ait sauouré quelque trait d'amertume.
En prenant patience on verra tous ces maux
Terminer en repos leurs penibles trauaux,
Dont vos contentemens s'accroistront d'auantage.
Car tousiours le serain plaist mieux apres l'orage.

SOPHONISBE.

Seul confort de mon ame, helas ! qui pourroit bien
Endurer sans relasche et sans esperer rien ?
Non, la propre vertu de l'Alcide indontable
Confesseroit ce mal, vn mal insupportable ;
Et les douze labeurs que l'on vante de luy
Ne sont point si remplis de trauail et d'ennuy.

NOURRICE.

N'ayez plus nul repos, perdez toute esperance,
Perdrez-vous auec elle vne ferme constance
Qui vous armoit le cœur et decoroit le front ?
Quoy ? souffrir cet escorne ? endurer cet affront ?
» Et de vous-mesme encore ? vn genereux courage
» Renforce sa vigueur aux efforts de l'orage,
» Subsiste par soy-mesme, ainsi que le rocher
» Que les vents et les flots ne peuuent eslocher,
» Bien que pour exciter vne double tempeste,

» Les vns batent au pied, les autres à la teste.
» Le Patron courageux ne se trouble pour voir
» Le ciel, l'air, et la mer contre luy s'émouuoir :
» L'inuincible constance est vne ancre sacrée
» Qui retient l'ame forte en assiette asseurée :
» Et comme une Remore arreste sans bouger
» Nostre nef que les vents taschent de submerger ;
» Que tout se bande contre, en fin elle demeure,
» Et par son peril propre aux accidens s'asseure.

SOPHONISBE.
» Tous Mortels ont des maux ; mais cent nouueaux malheurs
» M'apportent chasque iour cent nouuelles douleurs.

NOURRICE.
» Aussi tost comme nous nos miseres sont nées,
» Ont croissance auec nous, sont à nous enchaisnées ;
» Ainsi le voulez-vous, ô Destins, qui gardez
» Les Pelotons fataux des Parques deuidez :
Vn seul d'entre vn tel nombre affranchi ne peut estre
De la condition où vous le faites naistre.
Madame, pensez-vous que l'Empereur Latin,
Pour vaincre la Libye ait vaincu son Destin.
Sous ces prosperitez i'espere qu'il luy brasse
Encor de plus grands maux que luy ne vous pourchasse ;
» Nourrissant cette attente endurez comme il faut
» Cét orage de maux qui vous descend d'enhaut,
» Et songez que souuent le Ciel punit l'offence
» Des bons par les mauuais, puis qu'il prend leur deffence
» Contre ceux qui les ont traitez indignement,
» Pour leur faire sentir quel est son iugement.
» Le Pelerin errant aura le cœur trop lasche
» Qui pour l'ardeur du iour au chemin il se fasche :
» Si quelquefois nos Dieux s'enflamment contre nous,
» Esteignon de nos pleurs le feu de leur courroux,
» Se rapporter de tout à leur iuste clemence,
» C'est comme leur vser de douce violence.

SOPHONISBE.
» Il n'est rien si facile à qui n'est tourmenté,
» Que consoler autruy durant l'aduersité.
Toy qui ne vois au fonds la douleur qui m'altere,
La cause de mon mal, à la mode ordinaire
Penses de la parole appaiser vn tourment
Qui contre la raison s'aigrit plus viuement.
Si le bandeau d'oubli ta paupiere a couuerte,
La mienne est à des pleurs incessamment ouuerte :
Si ma bouche aux soupirs ie ferme tant soit peu,

Mon courage s'estouffe et s'embrase en son feu :
Si ie veux reposer pour calmer cet orage,
Sans fin erre à mes yeux mainte effroyable image.
NOURRICE.
Vostre esprit resolu s'émeut-il de cela ?
» La seule ame timide en vient à ce poinct là,
» Qui se voit aussi tost de grand' frayeur saisie,
» Qu'vn phantosme de songe erre en sa fantasie,
» Et sans cesse y recourt pour plus la tourmenter.
SOPHONISBE.
» Le songe est prophetique il n'en faut point douter.
NOURRICE.
C'est ce qu'il vous plaira, mais c'est tousiours vn songe.
SOPHONISBE.
Vn songe voirement, et non pas vn mensonge.
NOURRICE.
Dites moy donc, Madame, auez-vous reconnu,
Qu'vn songe a quelque effet soit iamais paruenu ?
SOPHONISBE.
Iamais iusqu'à ce poinct ie n'y fus arrestée.
NOURRICE.
Pourquoy en serez-vous maintenant agitée ?
SOPHONISBE.
» Celle que le malheur va sans tréue assaillant
» Craint tout ce qu'elle void en dormant et veillant.
NOURRICE.
» L'ame pusillanime où la crainte commande
» Croist tousiours le peril, fait sa figure grande ;
» Mais qui d'vn rien conçoit vne excessiue peur,
» Perd en tout et par tout et l'esprit et le cœur.
De grace ouurés moy donc cet ennuy qui vous ronge,
» Qui veut celer son mal le tourment se prolonge.
SOPHONISBE.
Les Coqs ià resueillez à l'approcher du iour,
D'vn gosier enroué salüoient tour à tour
Le berceau blanchissant de la vermeille Aurore,
Dont la iouë et la main de safran se colore ;
Alors que le sommeil distila ses pauots
Sur mes yeux fatiguez de chercher le repos :
Mais au lieu d'accoiser mon ame toute émeuë,
Deux images d'horreur il presente à ma veuë,
Et sembloit la premiere vn Lion Libien,
Qui trainoit à son col vn vergongneux lien :
La peur à cet aspect coula dedans mes veines ;
Ie voulus eschaper ses pattes inhumaines,

Quand mon œil et mes pas tournant d'autre costé,
Vne autre fiere beste a ma fuite arresté,
Dont l'enorme grandeur et les dents craquetantes
Font naistre sur mon front des couleurs pallissantes.
 Terrible estoit son port, son front sept fois cornu,
Son chef couuert de crin et ce crin tout chenu,
Deux yeux estincelans d'vn regard aspre et louche
Flamboient comme charbons dans sa teste farouche;
Plus d'espesse fumée issoit de ses nazeaux,
Que de l'ardent Lipare exhalant ses fourneaux;
Son dos se herissoit, la fureur et l'audace,
Le mespris et l'affront erroient deuant sa face.
 Nourrice, il ne me plaist d'vn exacte pinceau
Pourtraire ce fier Monstre en ton foible ceruenu,
I'auroy peur d'imprimer sur ta vieille poitrine
Cette horreur qu'à part moy maintenant i'imagine;
Suffise que reduite en ce double danger,
Ie ne pouuois choisir quelle part me ranger;
Semblable au Matelot qui se void en fortune;
Tous les Dieux de la mer sa priere importune,
Tandis que l'Aquilon et le Su combatans
S'entredonnent l'assaut dessus les champs flotans;
Conduit inconstamment de l'orage et de l'onde,
Ores il est plongé dans l'abisme profonde,
Puis soudain rehaussé iusqu'au lambris des cieux;
Diligent il employe et les mains et les yeux,
Mais son effort est vain, son art est sans puissance;
L'onde et le vent mutin deçà delà l'eslance,
Iusqu'à tant que contraint par la necessité,
Finablement il cede à l'orage irrité,
Qui d'vn eslans le pousse en Caribde ou en Scile,
Gouffres contreposez aux destroits de Sicile.
 Ne me pouuant ainsi la fuite desrober
A ces fiers animaux, ie me laisse tomber
Sous les pieds du Lion qui me sembloit sous-rire,
Et changer en attraits la fureur de son ire ;
Il me void en pitié, me leche les deux mains,
Me flate, me caresse, et ses gestes humains
Ne me promettent plus qu'amour et bien-veillance;
Lors que d'autre costé l'autre Animal s'auance
Qui veut demeurer maistre, et contre toute loy,
Le butin du Lion empieter pour soy :
Le Lion genereux frustré de son attente,
Rugit horriblement, se bat et se tourmente;
En fin, pour me sauuer, n'estant pas assez fort

TRAGÉDIE. 123

Plain d'ire et de regret il me donne la mort.
Ie m'éueille en sursaut pantelante et lassée,
Tant ce songe mortel estonna ma penséé!
Et m'est encor aduis qu'à toute heure ie voy
Son idole effroyable errer autour de moy.
Mais, Nourrice, vois-tu cet homme qui s'auance?

NOURRICE.
Madame, il vient à nous, monstrez plus de constance.

SOPHONISBE,
Où vas-tu si soudain? dy le moy, messager.

MESSAGER.
C'est pour vous aduertir que vous courez danger.
Cyrthe est prise, Madame.

SOPHONISBE.
    O fortune infidelle!
Ie ne t'auray iamais que mauuaise et cruelle.

MESSAGER.
Massinisse suiui d'vn grand ost de guerriers
S'asseure de la ville, et court par les quartiers.

SOPHONISBE.
Et comment, ie te prie, a-il peu nous surprendre?

MESSAGER.
M'écoutant tant soit peu vous le pouuez apprendre.
Ià l'Aube auoit quitté son lict blanc et vermeil
Pour ramener sur nous le beau char du Soleil,
Quand l'on voit de nos murs mainte effroyable troupe,
Auec le iour naissant descendre d'vne croupe :
La sentinelle alors descouurant cet arroy,
Nous vient donner l'alarme et l'alarme l'effroy.
Ceux qui pour lors veilloient au prochain Corps-de-garde
Vestent le corselet, prennent la halebarde :
A la meilleure part le sommeil oublieux
Bouchoit encor l'oreille aussi bien que les yeux;
Plusieurs courent vers eux plains de frayeur mortelle,
On tire, on pousse, on crie, et sans cesse on appelle;
Qui s'éueille en sursaut, qui saute brusque et promt,
Qui plein d'estonnement leue à peine le front,
Qui se musse de peur. Compagnons, arme, arme, arme,
Crions nous d'vne voix, ià l'ennemi gensdarme,
Tient le creux du fossé; desia de toutes parts
Murmurent les soldats au pied de nos ramparts;
On oit le bruit du fer, on void en mille places
L'esclat resplendissant des luisantes cuirasses;
On void deçà delà les cheuaux hannissans

Dessous les Caualiers brusquement bondissans :
Marchon à main armée et iusques à l'extresme
Deffendon nos enfans, nos femmes, et nous-mesme.
Ayant ainsi parlé nous ne fusmes si tost
Arrangez sur les murs, que nous descouurons l'ost ;
Et nostre œil qui se perd dedans son estenduë
Void tous les champs couuerts de mainte espesse nuë
D'hommes armez à crud, dont le pas et le port
Semblent porter l'iniure et menacer la mort.
   Nos courages de feu deuiennent tous de glace,
Nos bras sont engourdis ; Et comme sur la place
Apres l'orage on void mille petits ruisseaux
Faire mille chemins du trac glissant des eaux ;
De cent diuers costez donnent vers la muraille
Cent et cent Regimens en ordre de bataille,
Sous les drapeaux volans les soldats amassez,
Pied à pied, flanc à flanc, teste à teste pressez
Accourent à l'assaut, ià leur œil est farouche,
Terrible leur visage, outrageuse leur bouche.
   Du Scadron colonel nous aduisons soudain
S'écarter vn Heraut la trompette en la main
Qui fanfarant arriue assez pres de la porte ;
Il somme de se rendre, il coniure, il exhorte,
Et crie à haute voix : Certes il est saison
Qu'vn Roy long temps banni rentre dans sa maison ;
Qu'on tascheroit en vain luy tenir l'heritage
De tout temps possedé par son propre lignage ;
Qu'il oublira l'iniure et le forfait passé
Sans qu'il en reste rien dans son cœur offencé,
Si le reconnoissant pour legitime Prince,
Nous mettons en sa main la clef de sa Prouince :
Bref que par nos Citez il fera desormais
Produire à l'Oliuier les doux fruits de la paix :
Mais que si dédaignant son sceptre salutaire,
L'audace nous prenoit d'attenter le contraire,
Qu'il porte à son costé le redoutable fer
Qui des peuples mutins le feroit triompher ;
Et que les iustes mains de cette grande armée
Espandroient tellement sa cholere animée,
Que depuis le plus grand au plus petit de nous
On pourroit remarquer les traits de son courroux.
   Le message receu se consulte l'affaire ;
Tous desirent se rendre à leur doux aduersaire :
On porte son enseigne au haut de nos rampars :
Chacun court l'accueillir ; tous vont de toutes parts

Tesmoigner leur deuoir par offres de seruice.
Voila comme est entré le Prince Massinisse.
SOPHONISBE.
De quel costé va-il?
MESSAGER.
Il vient droit au chasteau.
SOPHONISBE.
Comme le connoistray-ie?
MESSAGER.
Il n'a point de chapeau,
Et les plus grands des siens surpasse de la teste.
SOPHONISBE.
Allon, chere nourrice : il faut que ie m'appreste
De vaincre sa rigueur. L'esprit felon de Mars
Qui des champs Thraciens vient d'auec ses soldars,
Amolli par les yeux de la belle Ciprine,
Esteint entre ses bras l'ardeur de sa poitrine.

CHŒVR.

  Oyez nos tristes voix.
Vous qui logez vostre asseurance au monde;
Vous dont l'espoir sur ce Roseau se fonde
  Oyez-nous cette fois.
  » Toute vostre grandeur
» N'est que vapeur qui se perd en fumée :
» C'est de la cire aussi tost consumée,
  » Qu'elle a senti l'ardeur.
  » C'est le vestige en l'air,
» Que l'oiseau laisse entrecoupant le vague;
» Le trait coulant tracé dedans la vague;
  » Ou celuy de l'esclair.
  » C'est vn negeux monceau,
» Dont la blancheur esbloüit nostre veuë;
» Mais aux rayons qui trauersent la nuë
  » Il se dissoult en eau.
  » C'est vn plaisant tourment:
» Vn vent d'honneur qui fait bouffir vostre ame;
» Vn feu cuisant qui le cœur vous enflame;
  » Un bon-heur de dormant.
  » Quelcun se pourra voir
» Comme allaité dans le sein de fortune,
» Qui tost apres par sa haine importune
  » Perdra tout son pouuoir.

» O que lon void souvent
» La gloire humaine imiter la fleurette
» Au poinct du iour ioyeuse et vermeillette,
» Au soir cuitte du vent.
» Qui sur tous s'esleuoit
» Comme vn sapin sur les basses bruyeres,
» Dedans le thrône où tu le vis n'agueres,
» Ià plus il ne se void.
» Ton regard est bien clair
» S'il peut de luy remarquer quelque trace,
» Le lustre humain comme vn songe s'efface,
» Passe comme vn esclair.
» Penses-tu rien troüuer
» Que le destin n'altere d'heure en heure ?
» Bien que le Ciel ferme en son cours demeure
» Sa fin doit arriuer.
» Le sceptre des grands Rois
» Est plus suiet aux coups de la Fortune,
» Qu'aux vents mutins les ondes de Neptune,
» Aux foudres les hauts bois.
» Cesson, pauures humains,
» De conceuoir tant d'esperances vaines,
» Puis qu'ainsi tost les grandeurs plus certaines
» Tombent hors de nos mains.

ACTE II.

MASSINISSE. SOPHONISBE.

MASSINISSE.

Grands Dieux immortels ie beni vostre grace,
Qui dans le cœur m'inspire une si forte audace
Qu'au milieu des frayeurs ie demeure asseuré,
Comme si d'vn Aimant i'estois tout remparé.
I'ay cent fois veu mon pied dans la fatale barque
Ie me suis veu cent fois assailli de la Parque ;
Ie me suis veu cent fois pour bute à mille dars ;
Mais vous m'avez tousiours paré de ces hazars :
Et pource, ô Dieux sauueurs, maintenant ie proteste
Deuant vos saints Autels, que vostre main celeste

Me fait sur mes haineux à mon gré triompher,
Et ce qui m'en plaist mieux sans employer le fer,
Sans soüiller de leur sang la despouille estoffée,
Que ces temples sacrez conseruent pour trophée.
 Les yeux leuez au Ciel et le genoüil ployé,
Ie me sousmets à vous pour m'auoir employé
A punir ce galand, dont la cruelle audace
Taschoit en me perdant perdre toute ma race,
Ce traistre vsurpateur, ce meschant desloyal,
Qui minutoit ma mort dans mon Thrône Royal.
 C'est montrer clairement que les ames fidelles
» Ont tousiours pour abri vos faueurs paternelles,
» Et que les Rois sacrez estans cheris de vous
» Sont crains de leurs subiets et respectez de tous,
» Comme portans emprainte és traits de leur visage
» De l'essence inuisible vne visible image.
 O perfide Siphax, tu vois à ton regret,
Quel fruit apporte en fin vn dessein indiscret;
» Tu connois qu'vn autheur de fraude et de malice
» Void sur son propre chef tomber son iniustice,
» Et que l'œil éternel veille pour les humains
» Qui conseruent entiers leur courage et leurs mains.
 I'estois à peine encor' en la fleur de mon âge,
Que ie me vis bani de mon propre heritage;
Desnué de moyens, d'ennemis trauersé :
Quantesfois estendu dans le creux d'vn fossé
Ay-ie passé la nuict, pour lict la dure terre,
Pour courtine le Ciel, pour cheuet vne pierre?
Quantesfois ay-ie pris sur le dos d'vn vert pré
Le repas maigre et sobre et toutesfois agré?
Et quantesfois changé les exquises delices
Aux trauaux de la guerre, aux rudes exercices?
 Or le Ciel tout-puissant mon Thrône a restabli,
Mon propre deshonneur m'a de gloire anobli;
Mes malheurs plus luisante ont rendu ma couronne;
I'ay reçeu tant de bien que moy-mesme il estonne :
Ma Cirthe est reconquise, et sur ses hauts Remparts
Flotent legers au vent mes vainqueurs estendarts;
Ie me trouue auiourd'huy Roy d'vn puissant Royaume,
Qui n'auois pas hersoir vn petit toict de chaume.
Comme donques pourray-ie, ô seigneurs immortels,
Humblement prosterné deuant vos saints Autels,
Rendre vn hommage digne à vos graces propices?
Est-il pour tel effet assez de sacrifices?

Tant d'obligation ne s'aquitté en vn iour.
Aussi l'an desormais ne fera son retour,
Qu'en ce temps fortuné d'auantures si belles,
Ie ne vienne inuoquer vos bontez eternelles,
Et que le Bœuf muglant par le Prestre amené
N'ait le front sourcilleux de Laurier couronné :
» C'est raison que l'honneur retourne à qui le donne,
» Tout se fait par destin comme le Ciel l'ordonne.

SOPHONISBE.

Grand Roy, ie te saluë, ô Guerrier indonté
Qui portes maint signal d'auguste maiesté,
Trois fois ie te saluë, et de larmes trempée
Rens en me prosternant hommage à ton espée.
  Quoy que par ta valeur tu gagnes le Laurier
Dont s'honoroit ce braue et digne Caualier
Qui me donna le nom de Princesse et de femme,
Permets à la pitié qu'elle vainque ton ame,
Et me laisse baiser cette fameuse main,
Qui merite aussi bien d'imposer le doux frain
Aux plus puissans Estats de la terre habitable,
Qu'elle est en ses effets heureuse et redoutable.
  Si ie puis obtenir telle faueur de toy,
De surplus ie me donne, ô magnanime Roy.
Le credit de parler et d'œillader ta face :
» Vne grace iamais ne va sans l'autre grace,
» Et qui la peut gagner doit tenir pour tout seur
» Que de ses sœurs par elle il sera possesseur.

MASSINISSE.

Vous pouuez librement, ma belle et douce dame,
Déployer deuant moy les desirs de vostre ame :
» Vn Prince vertueux doit en toute saison
» Regler ses actions au compas de raison :
» Car qui lasche son cœur aux transports de son ire
» Est vassal de soy-mesme et Roy ne se peut dire:
Ce doux vent qu'auiourd'huy le sort nous a soufflé
Ne m'a point le courage outre mesure enflé,
En ce poinct, Sophonisbe, au Soleil ie ressemble
Que tant plus ie m'esleue et plus petit ie semble.

SOPHONISBE.

Miracle de fortune, Oracle de vertu,
Prince qui n'és iamais du malheur abatu,
Ie te prie humblement par la Royale marque.
Que portoit mon Siphax en tiltre de Monarque;
Par ce Demon volant qui dompte glorieux,
Et les cœurs des humains et les esprits des Dieux,

Reçoy de bonne part vne humble obeissance,
Que ma deuotion consacre à ta puissance.
  Si la seuerité te plaist en mon endroit,
Tu te la peux permettre et sans forcer le droit :
Ores au Ciel pour moi regne tant d'iniustice,
Qu'il faut pour me sauver accourir au supplice :
Mais encor' employer tous ces traits de rigueur
Qu'inuente la vengeance en vn aspre vainqueur
Sur vne simple femme, encores qu'ennemie,
Ne pourroit s'exempter de notte d'infamie ;
Parce qu'en tous endroits la loy d'humanité
Nostre imbecile sexe a tousiours respecté ?
Il gagne volontiers n'ayant point d'autres armes
Que son humilité, sa priere, ses larmes.
  Si tu veux esclauer ma chere liberté,
Ie tens la main aux fers, mon col t'est presenté :
S'il te vient plus à gré de voir finir ma vie ;
Baste, sans plus tarder elle me soit rauie :
Ce seul poinct ie requiers que l'insolent Romain
N'estende sur mon chef l'audace de sa main.
Pourroy-ie voir sa gloire en ma honte s'acroistre ?
Et sur mes bras liez sa victoire aparoistre ?
Plustost ie me dispose à mille fois perir ;
Mon cœur n'est point si bas qu'il craigne de mourir.
  Ton honneur, ô grand Prince, à mon desir s'accorde.
Aucun n'eut onq' recours à ta misericorde,
Qui tes ennemis mesme a voulu conseruer,
Pour se voir du salut honteusement priuer :
Ainsi montres-tu bien de rechercher la gloire
De pardonner à tous, autant que la victoire.
  Quand ie ne serois point la femme de ce Roy,
Qui tint et tu le sçais semblable rang que toy ;
Ie penseroy tousiours m'estre plus desirable
De tomber en la main d'vn Monarque traitable,
Qui vit sous mesme Ciel et dessous mesmes Dieux,
Qu'en l'estrange pouuoir des Latins odieux.
Mais de plus, tu connois cela que doit attendre
La fille d'Asdrubal, s'il te plaist de la rendre
A ces cruels vainqueurs, dont l'ame bagne au sang
Par leur iniuste fer tiré de nostre flanc ;
Ausquels tout peuple est serf fors leur race bastarde,
Dont les nobles ayeux sont fils d'vne paillarde.
Considere auec moy de quelle ambition
Ils foulent sous le pied ta propre Nation ;
Tu te craindras possible, et croiras que leur grace

Montre pour te piper vne riante face;
Tu craindras pour tes sœurs que le destin sans foy
Peut abaisser de grade aussi bien comme moy.
Car qui peut s'asseurer que la fortune dure,
Si la mesme inconstance est sa propre nature,
Et si mesme le Ciel autheur du sort humain
Rauit ce que lon tient plus serré dans la main.
 Siphax t'en soit tesmoin. Ce foudre de la guerre
A fait trembler long temps les peuples de la terre;
On a veu les effets couronner ses desseins,
La Palme és grands combats s'offrir dedans ses mains;
Et maintenant Phebus n'œillade creature
Cheute d'vn si grand heur en si triste auanture.
 Ce presage pourtant ne te regarde ici.
Grand Roy, le Ciel te garde et tous les tiens aussi :
Car si ie lasche vn mot qui tant soit peu te touche,
Mon courage en desdit l'audace de ma bouche.
Ie prie aux immortels que ta prosperité
Soit tousiours comme vn propre à ta posterité;
Que ton sceptre tousiours gouuerne les Numides;
Qu'il estende ses loix iusqu'aux riues humides
Du Tybre glorieux, afin que sous tes mains
Tombe l'orgueil mutin des superbes Romains.
 Quand le Ciel iureroit la mort de Massinisse,
Quel si grand auantage en auroit Sophonisse?
Ainçois quelle douleur la suiuroit au trespas,
Si sa chere patrie en luy iettée à bas
Soupiroit au dur ioug de ce peuple barbare,
Que la mer et le Ciel d'auec elle separe?
Aduienne donc plustost que l'Enfer inhumain
S'ouure pour engloutir tout l'Empire Romain.
 De rechef prosternée en ta haute presence,
Ie ne vien rechercher de ta douce clemence
Vne plus longue vie; en ce malheureux sort
Mon bien plus desirable est celuy de la mort.
Tu me vois, ô grand Roy, contente et toute preste
D'exposer à la mort cette incoulpable teste,
D'ouurir cette poitrine à la pointe du fer :
Scipion seulement ne vienne triompher
De mon ignominie, et serue ne m'emmeine
Pour seruir de spectacle à la pompe Romaine.
Ou pardonne, ou puni, si tu le trouues mieux.
Ainsi soient tes effets fauorisez des Dieux;
Ainsi l'heureuse Oliue entée avec ta Palme
Nourrisse vn fruit de paix à ton Royaume calme;

TRAGÉDIE.

Ainsi tes hauts desseins qui visent à l'honneur,
Soient tousiours secondez d'vn continu bon-heur.

MASSINISSE.

Beauté Reine des cœurs dont les douces contraintes
Rendent dedans les fers nos libertés estraintes,
Dont les beaux mouuemens mariez à la voix
Adouciroient le cœur des fiers hostes des bois,
Sus arrachez ce dueil qui ternit vostre face,
Et comme vn noir nuage en obscurcit la grace;
Rallumez les doux rais de ces deux clairs Soleils
Qui produisent en moy des effets nompareils :
» Si mesme le serain à l'orage succede
La ioye apres le dueil auiourd'huy vous possede.
Ma mortelle Déesse, et penseriez-vous bien
Que ie fusse aussi dur? Non non, n'en croyez rien;
Car iamais la rigueur ne loge dans mon ame.
Si i'ay tant merité, soyez donques ma femme,
Acceptez l'amitié que vous offre vn grand Roy;
Pour son gage certain ie vous donne la foy,
Et iure par cela qu'on tient inuiolable,
Que vous seule à mon cœur serez tousiours aimable,
Vous seule mon ardeur, à qui fort volontiers
Ie consacre mes vœux et premiers et derniers.
Que si i'estoy contraint de briser le cordage
Dont ie serre nos cœurs des nœuds du mariage,
Ne craignez que viuante on vous ait de mes mains.
Cherchez d'autre butin, inuincibles Romains;
Sophonisbe est à moy, ie lui seray fidelle
En deussé-ie souffrir vne mort criminelle :
Qui peut abandonner cette rare Beauté,
Certes a peu d'amour ou trop de lascheté.

SOPHONISBE.

O clemence admirable et digne de loüange!
O bonté nompareille! ô courtoisie estrange!
Toy seul donc, Massinisse, entre ceux d'ici bas
Peux faire aimer la vie au milieu du trespas?
Tu peux donc reschauffer vn cœur glacé de crainte?
Rallumer l'esperance és ames toute esteinte?
Non, cela n'apartient fors à toy seulement,
Qui n'apporte en vainquant si grand estonnement,
Qu'apres auoir vaincu lon conçoit d'asseurance
D'obtenir de ta main heureuse deliurance :
Par force ou par amour gagnant ainsi le cœur,
Le tien reste inuincible ou de soy seul vainqueur.
» Surmonter l'aduersaire est vn cas de fortune,

» Que les plus malheureux ont parfois opportune ;
» Mais ayant au combat vaincu si brauement,
» Sçauoir de la victoire vser si doucement,
» Quand mesme elle est certaine, est vn acte si rare,
» Qu'autre tant soit-il grand à luy ne se compare.
О Prince genereux encor que mon desir
Ne puisse en ces malheurs gouster vn tel plaisir ;
Ie me laisse pourtant chatouiller à la gloire,
De me voir partager auec toy ta victoire.
Que le Ciel fauorable à ton rare bon-heur
Reconnoisse pour moy ce liberal honneur :
Car ou soit que ie meure, ou soit que ie suruiue,
Libre, ou dedans les fers, bien-heureuse ou chetiue,
Ie garderay sans fin le digne souuenir
Des propos qu'auiourd'huy tu me daignes tenir ;
Voire quand tout Lethez il me conuiendroit boire,
I'auray tousiours au cœur ton nom et ta memoire.

MASSINISSE.

Laissez-moy ce discours trop mal presagieux
Pour secher desormais les larmes de vos yeux,
Yeux doux Soleils d'amour, qui luisent à mon ame
Et brulent mon courage en leur diuine flame.
Quoy voudriez-vous cesser d'influer dedans moy
Le desir et l'honneur ? le respect et la foy ?
Et moy pourroy-ie voir ces clartez eclipsées,
Qui doiuent à iamais esclairer mes pensées ?

CHŒVR

Puis que le Ciel veut changer
  En plaisir nostre tristesse,
Puis qu'il nous veut degager
De cet extréme danger
Chanton en toute allegresse :
  » Tousiours le vent furieux
» N'excite l'ire de l'onde ;
» Tousiours ne bruit dans les Cieux
» Le tonnerre audacieux
» Estonnant les gonds du monde.
  » Tousiours l'Esté chaleureux
» Ne fait creuasser la terre
» Toute beante de creux ;
» Tousiours l'Hiuer froidureux
» Ne pave les flots de verre.
  Apres la fueille la fleur ;

» Apres l'Espine la Rose :
» Apres le malheur bon-heur ;
» Le iour porte le labeur,
» Mais la nuict on se repose.
　» Toutes choses ont leur tour
» Et l'vne l'autre se chassent ;
» A la nuict cede le iour,
» Mesme la haine et l'amour,
» D'vn extréme à l'autre passent.
　N'aguere on voyoit ces cœurs
Ennemis à toute outrance,
Ne promettre que rigueurs ;
Et perdans toutes rancœurs,
Ils entrent en alliance.
　Quelle grace rit aux yeux
De cette Reine admirable,
Qu'vn courage furieux
Deuenu si gratieux,
Luy soit fait doux et traitable.

ACTE III.

MEGERE. LELIE. MASSINISSE. SOPHONISBE. NOURRICE.

MEGERE.

TRANSPORTEZ-VOUS ici Ministres de Pluton,
Hostesses du Cocyte et du chaud Phlegeton
Resueillez, tristes sœurs, vos malices damnables
Vous dont les rouges fers, les torches execrables
Percent, bruslent les cœurs des pauures criminels
Adiugez par Minos aux tourmens eternels.
　C'est ià trop exercé vos sanglantes coleres
Sur le dos deschiré d'vn tas d'ombres legeres ;
Il faut les déployer en ce Theatre ici
Aux yeux du clair Soleil sur vn Amant transi.
　Accourez Alecton, accourez Tysiphonne,
Vne nouuelle proye à vos fouets s'abandonne ;
Effroyables horreurs du tenebreux Enfer,
Vous pouuez à ce coup sur l'Amour triompher.
　C'est peu d'auoir couuert les trois parts de la terre

De fiers embrasemens, de carnage, et de guerre ;
C'est peu pour vos fureurs, si vous ne faites voir
Quelque plus grand effet en ayant le pouuoir.
 La cruelle Bellonne aux batailles hardie
S'est desia presentée en cette Tragedie.
Vestuë horriblement de son habit sanglant,
Elle a ietté l'effroy dessus le camp tremblant
Du malheureux Siphax, qui d'vne plainte vaine
Lamente ores sa perte en secoüant sa chaine.
 Et bien, son cœur est saoul, mais le mien ne l'est pas :
Ie veux mouuoir de plus les intestins debats,
Des discords partiaux aigris de maint outrage ;
Ie veux mesme au vainqueur rabaisser le courage ;
Meurtrir cruellement la femme par l'espoux,
Et l'espoux pour la femme enyurer de tels coups
Qu'il vienne au desespoir, que toute son enuie
Soit de perdre auec elle et l'honneur et la vie.
 Quittez, quittez, mes sœurs, vostre sombre maison ;
Accourez et brassez vn si mortel poison,
Qu'il suffoque l'esprit, boiue le sang des veines,
Brusle les intestins, et donne mille geines.
 Pourquoy differez-vous ? Il me tarde desia,
Que cil qui la prison en des nopces changea,
Ne me sent forcener au milieu de son ame,
Apres que le boucon aura tué sa Dame.

LELIE.

Qui l'eust iamais pensé ? Massinisse est surpris
A l'appast enchanteur de la molle Cipris ?
Son courage indontable aux viriles alarmes,
Est vaincu d'vne femme ou plustost de ses larmes ?
A trauers son pauois le coup d'vn foible Archer,
La fléche d'vn enfant a bien sçeu le toucher ?
 Onq'ie ne l'eusse creu, le voyant és batailles
Combatre main à main, et dessus les murailles
Paroistre dessus tous comme vn Astre de Mars,
Qui l'ardeur de la guerre inspiroit aux soldars.
 Quantesfois l'ay-ie veu donner à toute reste,
Faucher par ci par là de son glaiue funeste
Les serrez bataillons, les boucliers dehacher,
Sous les cheuaux bardez les hommes trebucher,
Bref, lançant de ses yeux cent mille esclairs de flame,
Rechercher les hazards au hazard de son ame ?
 Au foudre de ses coups le fer ne resistoit ;
D'aucun empeschement son cours ne s'arrestoit,
Et sa main par ses coups en la presse connuë,

Comme vn grondant tonnerre enfermé dans la nuë
Entr'ouure la vapeur qui trop le va pressant,
S'ouuroit auec le fer vn chemin en passant
A trauers les scadrons des troupes opposites,
Que par sa valeur seule on voyoit desconfites,
Lors que par vne force aux plus braues soldars
Il rauissoit des mains les larges estendars,
Qu'au fier Dieu des combats il pendoit en Trophee.
Mais helas! maintenant son ame est eschauffee
D'vne flamme impudique, et son cœur amoureux
Semble auoir ià perdu tous desirs genereux.
» Il n'est donques plus rien que cet Amour ne force
» Par vn œil allumé de sa bruslante amorce?
» Les Tigres, les Lions, les Serpens esmaillez,
» Les Dragons, les Oiseaux, les Peuples escaillez
» N'en euitent la flame, au Ciel et sur la terre
» Il mene aux Deitez et aux hommes la guerre.
  Mais ce qui plus m'attire en esbahissement,
» Cest que ie ne voy point ne pourquoy, ne comment,
» Il fait comme en iouant vn si ferme assemblage
» De deux cœurs differens d'humeur et de courage;
» Sinon que comme enfant il soit sans jugement
» Ou bien que comme aueugle il blesse aueuglement.
  Ie porte vn dur regret, valeureux Massinisse,
Que ce venin bruslant dont la poison se glisse
Par le canal des yeux iusques au fonds du cœur,
Ait pris en toy racine auec tant de vigueur.
» Voirement il chatoüille et cause vn doux extase;
» Mais c'est vn feu malin, qui peu à peu s'embrase,
» Puis bien accreu qu'il est et dedans et dehors
» Consomme en moins de rien et l'esprit et le corps.
» O poison douce-amere! ô dangereuse flame,
» Qui des esclairs d'vn œil t'allumes dedans l'ame,
» Par toy furent iadis saccagez les Troyens!
Tant de grands Caualiers, tant de bons Citoyens,
Pour le nombre infini des Princes Argolides,
Qui couurirent de naus les campagnes humides,
Et les champs Asiens d'armes et de soldarts
N'eussent point veu sans toy ruiner leur ramparts.
  Cet inuincible Hercule auoit purgé la terre
Des Monstres inhumains qui luy faisoient la guerre;
Mais surmonté d'Iole il trempa dedans l'eau
Sa genereuse main pour filer au fuseau.
  Massinisse auiourd'huy vaincu par vne femme,
Se plaist comme vn Pirauste à viure dans la flame:

Là le Myrthe honteux obscurcit les Lauriers,
Qui couronnoient son front adoré des guerriers.
  » De la douce Venus l'accointance est mortelle,
» Et la faut euiter par force ou par cautelle;
» Si ne suffit-il pas, quand l'on ne fuit encor
» Ces chaines de cheueux qui feroient honte à l'or,
» Ces sourcils ebenins, ce large front d'yuoire,
» Ces yeux dont les rayons semblent si doux à boire,
» Cette bouche où fleurit le bouton vermeillet,
» Ce teint de nege viue où s'esclate l'œillet;
» Et bref tous ces engins dont nostre ame batuë
» Sent forcer sa raison quoy qu'elle s'esuertuë.
  Valeureux Caualier, ie crain vraymant pour toy,
Ie crain pour ton amour, et voudroy par ma foy
Qu'il pleust aux Dieux que Cirthe encores ne fust prise,
Nous ioüirions de toy, et toy de ta franchise :
Ainsi nul different, pour ce dernier butin,
Ne naistroit entre toy et l'Empereur Latin.
Mais le voici venir; il faut que ie m'essaye
De tirer doucement la fléche de sa playe;
» Car voulant l'arracher auecques trop d'effort,
» Le mal encor nouueau s'irriteroit plus fort.
  Et bien, mon cher ami, cette heureuse iournee
Semble auoir a peu pres la guerre terminee :
Les Dieux en soient loüez et vous encore aussi.
Massinisse pourquoy baissez-vous le sourci?

MASSINISSE.

Combien est grand l'ennuy qui mon courage oppresse!

LELIE.

Peut-on estre vainqueur et vaincu de tristesse?

MASSINISSE.

Ie suis et l'un et l'autre, et me vaudroit bien mieux
Auoir esté vaincu qu'estre victorieux,
Puisque sur mes suiets remportant la victoire,
Vne femme ennemie en possede la gloire.

LELIE.

Qu'entendez-vous par là? dites-le clairement.

MASSINISSE.

Helas! ie m'enten bien, i'ay prou de iugement
Pour preuoir mon malheur, mais Dieux! qu'en ai-je affai
Si ie connois mon bien et suy tout le contraire.
  A peine estoient plantez nos heureux estendarts
En signe de victoire au front de ces remparts,
Quand la femme à Siphax sans auoir peur des armes
Trauerse librement et soldats et gensdarmes :

TRAGÉDIE.

Tout le monde fait largue, et luy tournant les yeux
Pense voir sur la terre vne Venus des Cieux,
Qui seme à l'enuiron, comme belles fleurettes
Les Graces, les attraits, les douces amourettes.
  Or ie ne sçay comment me connoissant sur tous,
Elle s'auance à moy, m'embrasse les genoux,
Et se montre en ses pleurs si pitoyable et belle,
Qu'elle donte aisément tout courage rebelle.
Par vn trait de son œil, doux tyran de mon cœur,
Amour vient m'assaillir et se rend le vainqueur :
Et que pouuois-ie faire à son pouuoir extresme,
Qui combatoit alors moy-mesme par moy-mesme ?
Ne pouuant resister, ie me suis donc rendu ;
Et si me tiens encor' heureusement perdu,
Puis que i'ay peu gagner vne si belle Dame.

LELIE.
De quel trait de douleur penetrez-vous mon ame ?

MASSINISSE.
Hé ! si la soif vous brusle estant pres d'vn ruisseau,
Quel mal, ie vous suppli', de l'esteindre en son eau ?
Cieux ! qu'ay-ie merité pour receuoir la peine
De mourir atterré tout ioignant la fonteine ?
Suis-ie vn second Tantale auquel soit deffendu
De taster au doux fruit sur ma leure pendu ?

LELIE.
O mon cher Massinisse, et que pensez-vous faire ?
Estes-vous donc ainsi de vous-mesme aduersaire ?
Votre esprit est-il donc dépourueu de raison ?
Qu'vne femme reduise vn guerrier en prison !
Qu'vne simple captiue auec ses feintes larmes
Surmonte son vainqueur enclos de ses gensdarmes !
  Voirement, grand guerrier, vous estes pres de l'eau ;
Le feu croist, qu'on l'esteigne ores qu'il est nouueau.
Armez-vous d'vn bon cœur plustost que de cuirasse,
Et donnez à l'amour ou la mort ou la chasse.
Comme vn brave soldat abatu sous les coups,
Se releue enflammé de genereux courroux ;
On diroit, à le voir recommencer la guerre,
Qu'il prend vigueur nouuelle en attouchant la terre :
Ainsi vostre raison reprenne le combat
Contre cet appetit qui maintenant l'abat,
Et n'endurez iamais que le vassal oppresse
Celle qui doit tousiours demeurer sa maistresse.

MASSINISSE.
Grand Duc qui n'eus iamais en vertu ton pareil,

l'aproüue comme vtile vn si sage conseil;
Mais ie n'en puis vser tant cette chaude flame,
Que mon desir attise est aspre dans mon ame.
LELIE.
» L'eau qui la peut esteindre est celle de raison.
MASSINISSE.
Mon cœur est tout en cendre, il n'en est plus saison.
LELIE.
L'embrasement est grand, mais il est volontaire.
MASSINISSE.
» C'est vn feu d'artifice, on ne s'en peut deffaire.
LELIE.
» Taschez-y seulement, vous verrez tout soudain
» Mourir sa chaude ardeur; l'essay n'en sera vain.
MASSINISSE.
Ie n'y puis consentir : le mal qui me possede
M'aporte moins d'ennuy que penser au remede :
Puis trouuant en ma perte vn si riche parti,
Ie me repentirois de m'estre repenti.
LELIE.
Il le peut qui le veut; et la volonté mesme
Seruira d'antidote à ce venin extresme
Que l'amour vous fait boire, et de luy dégagé,
Lors de tous autres maux vous serez soulagé.
MASSINISSE.
Mon mal naist de l'amour, et l'on dit que sa playe
Ne ressoulde iamais pour chose qu'on essaye,
Sinon que les blessez se viennent secourir,
Que ce remede est seul pour le faire guerir.
LELIE.
Pensez-vous par la flame esteindre vne autre flame?
Où trouuer guarison au dur fer qui l'entame?
MASSINISSE.
Quand vn œil de ses traits a blessé nostre cœur,
Il implore salut de son propre vainqueur,
Fait sage par Telephe; à sa playe ancienne
Seule remedia la hache Pelienne
Qui l'auoit offencé; contre toute raison
Le suiet de son mal porta sa guarison.
LELIE.
Cette importune ardeur qui vous met aux alteres,
Esleue en vostre esprit ces fantasques Chimeres,
Et vous fait ressembler au fiéureux alteré
Qui d'vne humeur aduste en son lict deuoré,
Ne desire que l'eau, la pense salutaire,

Et n'est rien toutesfois qui luy soit si contraire.
Voyez sans passion à qui vous sousmettez
Vostre cœur indontable, et vous en repentez.
MASSINISSE.
Vn œil seul ne m'a pris à l'amoureuse amorce,
Vn Demon l'assistoit qui donte toute force ;
» Et vouloir follement contre vn Dieu resister,
» C'est bien vne autre fois les Geans imiter.
LELIE.
» Qui resiste à l'amour n'est point trop temeraire,
» Sa Deité trop vaine est toute imaginaire :
» Car chacun le feint tel qu'en soy-mesme il le sent,
» Quand la raison vaincue à l'appetit consent :
» Mais les hommes malins pour excuse à leur vice
» En font les Dieux autheurs, contre toute Iustice.
MASSINISSE.
O miracle de foy, par le nœud d'amitié
Qui nos esprits allié vse moy de pitié :
« Ie suis homme, Lelie ; il ne me fut possible
» D'esteindre cette ardeur, i'en suis trop susceptible.
» Si c'est erreur fatale, il la faut endurer ;
» Si c'est faute, en ami tu la dois reparer.
Fay que nostre Empereur dont ta faueur m'asseure,
Permette que Madame à l'aduenir demeure
Compagne de mon lict et guerdon de sa main,
Pour tant de bon seruice à l'Empire Romain.
Ainsi tousiours se lise au front de la memoire
Ta loyale amitié, ta valeur, et ta gloire ;
Ainsi ton bruit fameux aille en fin s'espandant
Du froid Hiperboree au More plus ardant.
LELIE.
Si l'aduis vient à temps l'erreur estant commise,
Ie vous conseille encor d'inuoquer la franchise
Pour détacher vos fers : sinon, allon trouuer
Nostre sage Empereur, là ie veux esprouuer
Ce que peut mon credit, afin de vous complaire
Autant que mon honneur permettra de le faire.
MASSINISSE.
Desia vostre promesse allege mon souci.
Nous partiron bien tost.
LELIE
Me voilà prest aussi.
MASSINISSE.
O Monarque puissant dont le supréme Empire
Conduit tout ce qui meut, qui vit et qui respire ;

Econome eternel dont les celestes mains
Dispensent biens et maux aux fragiles humains :
Alme et douce Venus des plaisirs la Deesse,
Que le ciel, l'air, la mer, et la terre caresse :
Toy Cupidon son fils, doux Tyran de nos cœurs,
Qui traines à ton char tant de braues vainqueurs;
Accourez promptement, secourez Massinisse,
Rendez-luy Scipion fauorable et propice,
Afin que sans danger il puisse conserver
La captiue beauté qui le peut captiuer.
La voy-ie pas venir? Quelle rare merueille!
L'Afrique n'eut iamais vne grace pareille!
Et croy que si l'Amour defaisoit son bandeau
Il aimeroit luy-mesme vn visage si beau.
   Clair Astre de beauté qui luisez à mon ame,
Et la faites se plaire en l'amoureuse flame,
Me puis-ie bien resouldre à delaisser vos yeux,
Voyant par leur clarté la lumiere des Cieux?
En vous abandonnant i'abandonne moy-mesme,
Qui ne vis desormais qu'afin que ie vous aime.
» Las ! vne heure d'absence est vn long siecle d'ans
» A qui brusle d'amour : mais pour viure contans
Ie vay vers Scipion ; aussi bien il me mande.

SOPHONISBE.
Ma peur est aduenuë ; hà Dieux ! il me demande :
Ie me voy deliuree à ces meschans Romains.

MASSINISSE.
Il aduiendra plustost que ces guerrieres mains
De mon sang et du vostre auiourd'huy seront taintes,
Qu'infidele ie manque à nos promesses saintes.

SOPHONISBE.
Que tardez-vous donc plus? tirez ce coutelas
Qui bat sur vostre flanc, poussez viste le bras
En ma foible poitrine, et en chassez la vie
Premier qu'aux fiers Romains ie deuienne asseruie.

MASSINISSE.
Attachez vostre espoir à l'ancre de ma foy;
Ce iour bien fortuné vous rendra toute à moy.

SOPHONISBE.
Ne pense iamais plus, ô Reine malheureuse,
Fléchir auec tes vœux la force rigoureuse
Du Destin trop contraire ; auec vn masle effort
Fuy la chaine et les fers mesme à trauers la mort.
C'est trop long temps vogué sur cette mer de peine
Au gré d'vne esperance aussi lasche que vaine;

Puis que l'orage croist au lieu de s'appaiser
Gagnon bien tost le port afin d'y reposer.
N'imiton auiourd'huy le malheureux Pilote
Dont la Nef agitee à l'auanture flote
Contre vent et maree, et balançant en l'air
Se void monter au Ciel, puis soudain deualer :
Si tost qu'il void percer les ombres de la nuë
Des rais d'vne clarté languissante et menuë,
Il pense auoir sauué sa vie et son vaisseau,
Combatus à l'enui de l'orage et de l'eau :
Mais la tourmente horrible à l'instant redoublee,
Le Ciel se renoircit, et l'onde est retroublee,
Tant qu'il cingle à la fin vers quelque haut rocher,
Où l'attend le naufrage à son seul approcher :
Ainsi l'esclair trompeur d'vne fausse esperance
N'aguere à mes malheurs promettoit deliurance ;
Mais le Ciel qui reiette et ma voix et mes vœux,
M'entraine à ce peril qu'euiter ie ne peux.

NOURRICE.

De tout iusqu'à la fin faites experience,
Et ne fraudez vostre heur par trop d'impatience :
» Souuent la peur nous porte au desespoir d'vn bien
» Qui nous peut arriuer si nous ne craignon rien.

CHŒVR.

C'est l'vn de nos plus grands malheurs,
» Que de viure long temps au monde :
» De plus d'espines que de fleurs
» La douloureuse vie abonde ;
» C'est un arbre qui nous produit
» Plus de mauuais que de bon fruit.
» L'homme s'emporte à ses desirs,
» Et d'vn cœur aueugle se plonge
» Au beau milieu de ses plaisirs,
» Qui ne le paissent que de songe ;
» Mais l'aiguillon de son peché
» Tousiours reste au cœur attaché.
» Les vers de mille et mille ennuis
» Apres que la faute est commise
» Le rongent les iours et les nuicts :
» Et bien que sa face il desguise,
» Et sçache quelque autre piper
» Soy-mesme il ne se peut tromper.
» Quand il sent son corps indispos,

» Qu'il n'en accuse que soy-mesme :
» Quand son cœur n'a point de repos ;
» Quand son visage est terne et blesme,
» Qu'il taxe sa verte saison,
» Qui se moquoit de la raison.
» Si son chef deuient tourmenté
» D'vn catharre, et ses pieds de goute ;
» Si son œil ne void la clarté,
» Si son oreille n'oit plus goute ;
Bref s'il a des viuantes morts,
Qu'il songe à ses ieunes efforts.
 Pourquoy donc, inuincible Roy,
Cherches-tu ta propre ruine ?
Pourquoy loges-tu dedans toy
La troupe rebelle et mutine
De tes impudiques desirs,
Qui t'allechent de vains plaisirs ?
 Grand Monarque, ne le fay pas ;
Ne sois point l'autheur de ta perte.
Las ! ton œil est clos au trespas,
Et ton ame aux douleurs ouuerte !
» Il vaut mieux viure sans plaisir
» Que de mourir pour vn desir.

ACTE IIII.

SCIPION. SIPHAX. MASSINISSE.

SCIPION.

PAR la faueur du Ciel la puissance Romaine
Range le monde entier et n'en fait qu'vn doma[ine]
Tout cede, tout fait place à nos braues soldart[s]
Soit que contre l'Espagne ils brandissent leurs [dards]
Soit qu'à l'Ost bazané de la terre Punique,
Ils montrent que la mort pend au bout de leur pique :
Le bruit de nostre nom comble d'estonnement
Les barbares esprits, ils viennent humblement
Mettre sous nostre ioug leurs glorieuses testes,
De par tout où paruient le son de nos conquestes ;
Et iamais peuple aucun ne s'en est mieux trouué
D'auoir nos dures mains au combat esprouué.
La Deesse Victoire aux ailes emplumées

Ne tourne point son vol de dessus nos armees;
Ains les suit en tous lieux portant mille Lauriers
Pour couronner l'honneur de nos braues Guerriers :
» C'est par ce grand Demon que loyer on appelle,
» Qu'vne Cité s'accroist et deuient eternelle.
   Mais voy-ie pas Siphax qu'on m'amene lié ?
C'est bien vn lourd erreur qu'il se soit oublié,
Qu'il se soit rebellé contre nostre puissance,
Attendu qu'entre nous fut si grande alliance.
Son mal quoy qu'il en soit me touche de pitié,
Tant pour le saint respect d'vne antique amitié,
Que pour voir maintenant si digne personnage
Renuersé de fortune ainsi que d'vn orage.
   Le iuste arrest du Ciel t'a reduit à ce poinct,
Infortuné Siphax ! hé ! ne voyois-tu point
Que laissant des Romains l'alliance honorable
Tu te rendois chetif aussi bien que coulpable ?
Que pensant conseruer à Cartage l'honneur,
Tu perdois ta patrie et ton propre bon-heur ?
» Assez n'est-ce vrayment d'auoir vn haut courage,
» Il faut qu'il soit conduit, qu'il soit modeste et sage :
» Car à nul n'apartient le sacré nom de Roy
» Qui d'vne perfidie ait entaché sa foy.
C'estoit desia beaucoup que d'encourir la haine
Des grands Dieux immortels et de la gent Romaine,
En faisant banqueroute aux sermens solennels,
Prononcez auec fraude en touchant les autels :
Mais pour ne laisser rien qui peut croistre ta faute,
Tu te fis partisan de Cartage la haute,
Et contre nous armant tes peuples basanés,
Tu nous as contre toy dans l'Afrique amenés.
» On dit bien vray ; chacun fait sa propre fortune
» Selon qu'il se comporte, ores blanche, ores brune;
» Mais il accuse à tort les hommes et les Dieux,
» Qui fait mal de son gré quand il peut faire mieux :
» L'aduersité desplaist ; mais encor d'auantage,
» Si l'on n'en peut blasmer que son propre courage.

SIPHAX.

» I'apren bien à mon dam que l'homme est malheureux
» S'il deuient vne fois follement amoureux,
» Et se forge en l'esprit des loix inuiolables
» D'vn tas de volontez par trop desraisonnables.
   Inuincible Empereur, tu n'ignores, ie croy,
Quels liens ont estreint Sophonisbe auec moy :
Mais sçache encor de plus, que sa bouche sorciere

Range comme il luy plaist l'arrogance plus fiere,
Et que ses yeux brillans mes superbes vainqueurs,
Sont Tyrans absolus en l'empire des cœurs.
» Or c'est comme vne regle en nature ordinaire,
» Que l'enfant soit enclin aux vices de son pere :
Elle qui fut nourrie auecques ses germains
En cette inimitié qu'ils portent aux Romains,
L'a tousiours prouignee au fonds de son courage;
Et tousiours attentiue à leur faire dommage
A souhaité de voir que l'illustre grandeur
De la forte Cartage obscurcit leur splendeur.
Ie tasché longuement d'esteindre cette haine;
Mais la perte du temps fut le fruit de ma peine :
Son corps seroit plustost à force d'eau blanchi,
Que son cœur obstiné à vous aimer flechi.
Plus nuisible enuers moy se montra sa puissance :
Car ioignant les attraits à l'art de l'eloquence,
La douceur aux desdains, la grace à la rigueur,
Elle s'est faite en fin maistresse de mon cœur :
Ainsi ie fûs contraint de declarer la guerre
A vous braues dompteurs des peuples de la terre,
Que le Dieu Mars auouë. Et bien que penses-tu ?
En aimant ces Romains tu haïs la vertu,
Disoit ma piperesse. Adores-tu la gloire ?
Veux-tu que ton beau nom se lise en mainte histoire ?
Lasche, ne souffre donc que ce dernier danger
Engage ta Patrie au ioug d'vn estranger;
Mais conçoy dans toy-mesme vne louable enuie
De risquer pour son bien tes moyens et ta vie.
» La mort est preferable au seruile pouuoir.
Ferme les yeux à tout et les ouure au deuoir.
Mais las ! ce fer honteux qui durement me presse
Est le plus bel effet de sa voix charmeresse.
Garde, si tu le peux, de voir en mesmes laqs
Massinisse alleché de ses trompeurs appas :
Mais si par ma folie il ne veut estre sage,
Et bien de son amour face l'aprentissage.

SCIPION.

Ostez-luy ces gros fers, desliez ce cordeau,
Qui d'vne force estreinte enfonce dans la peau;
Combien qu'il n'ait commis vne faute petite,
Qu'on me le traite en Roy, sa grandeur le merite.

SIPHAX.

O l'honneur plus fameux de ces grands Scipions,
Voir entrer mes malheurs en tes compassions

Qui banissent au loin la seuere vengeance,
Fait que vaincu par toy ie beni ta puissance.
» Qui se void assez fort pour imposer la loy
» Domte ses appetits et domine sur soy;
» Car qui se peut gagner et vaincre sa victoire,
» Deux fois victorieux merite double gloire.

SCIPION.

Remene le, soldat, et sans luy faire tort.
Infortuné Siphax! certes ie plain ton sort.
Mais hélas! c'est vn mal, ie ne puis que le plaindre,
De nos seueres loix ie me sens trop contraindre.
» O sexe detestable! embusche de douleur!
» Tousiours tu nous produis quelque nouueau malheur.
» Si Pandore iamais ne fust entrée au monde,
» On n'eust connu les maux dont sa tasse est feconde.
» Tout ennui, tout discord, tout meurtre vient par toy;
» Tu romps comme il te plaist les saints nœuds de la foy;
» Tu pousses à tout mal l'indiscrette ieunesse;
» Tu desbauches en fin la prudente vieillesse :
Ton esprit violent, cruel, iniurieux
Tousiours tousiours medite aux actes furieux.
Il nous importe bien que ce grand Capitaine
Dont la main est vouée à la gloire Romaine,
Perdant dedans tes fers sa chere liberté,
A luy-mesme et à nous soit maintenant osté.
O qu'il vient à propos. Çà çà, mon Massinisse,
Qui nous rens tous les iours maint glorieux seruice;
Ie discourois de toy : tu sois le bien-venu.
   Grand guerrier dont le bras par tant d'exploits connu
Recharge tous les iours ta vainqueresse teste
Des Lauriers immortels d'vne fresche conqueste,
I'ay mille fois beni ce moment bien-heureux
Auquel deuint ton cœur de me voir desireux :
Et desia de ton nom le bruit et la merueille
Auoient depuis l'Afrique attaint à mon oreille,
Quand sans effroy de mort, sans crainte de danger,
Tu vins ioindre mon camp chez vn peuple estranger,
Où ie faisois trembler les monts et les campagnes,
Pour imposer le ioug aux guerrieres Espagnes.
Aussi tost tu le sçais si ie t'aimay sur tous :
Le lict et le manger fut commun entre nous;
La semblance de mœurs vnit en telle sorte
Nos humeurs, qu'encor l'vne à l'autre se rapporte :
» L'amour de la vertu se forme en vn moment,
» Et ce qui naist du Ciel est parfait promptement.

» Ce dire est fort commun; l'ami pour l'ami veille,
» L'vn l'autre à son deuoir s'exhorte et se conseille,
» Se destourne du vice, et porte dans la main
» De ses affections l'aiguillon ou le frain.
　» Le Prince doit auoir l'ame si grande et forte,
» Qu'aucune passion hors des gonds ne l'emporte,
» Et que son ieune cœur chaud de desirs boüillans
» Ne suiue aueuglement ces pensers insolans
» Qui contre la raison s'arment de violence;
» Le seul calme de l'ame est en la continence.
　Ainsi comme la Nef que plusieurs vents diuers
Promenent sur les flots de torts et de trauers,
Perdant le gouuernal qui conduit son voyage,
En fin cede aux efforts du violent orage,
Et court bon gré mal gré se fracasser le flanc
Contre le dur rocher d'vn effroyable banc :
» Aussi l'homme emporté par la roide secousse
» Du vent de ses desirs qui çà et là le pousse,
» Par cet orage en luy de luy-mesme excité
» Fait naufrage à l'écueil de l'orde volupté.
　» Il vaut tousiours bien mieux se surmonter soy-mesme,
» Que gagner par l'espée vn royal diadéme;
» Puis que celuy sans plus merite d'estre Roy,
» Qui triomphant d'autruy peut triompher de soy.
　Contemple Hanibal. Ce foudre de la guerre,
Qui pillant et bruslant saccagea nostre terre,
Aussi tost que l'amour a ramolli son cœur,
Est vaincu par ceux-là dont il estoit vainqueur.
Ie ne lasse iamais de reduire en memoire
Les Lauriers dont ta main couronne nostre gloire;
Et mesme le dernier semble si verdoyant,
Que l'œil de mon esprit s'esgaye en le voyant :
Mais ie ne puis souffrir qu'il parte de ta teste,
Pour voir prendre sa place au Myrthe deshonneste.
　Tu sçais bien que Siphax est ià fait prisonnier
Du grand peuple Romain, qu'on ne luy peut nier
Sa femme, ses enfans, ses thresors et sa terre,
Confisquez à luy seul par tous les droits de guerre;
Et que par consequent ils ne peuuent frauder
Le triomphe pompeux qu'il me faut demander.
　Si mon seul intherest couroit en cette affaire,
Ie te plairoy pourtant me deussé-ie desplaire :
» Mais à celuy qui vit sous le commandement,
» La gloire d'obeir reste tant seulement.
　Laisse donc cet amour; liure-nous Sophonisse,

Cette accorte femelle, ô mon cher Massinisse,
Qui tend plus à ses yeux de trompeurs hameçons,
Que l'Auril n'a de fleurs et l'Esté de moissons,
Quand elle tient les cœurs vse de leur seruage,
Pour appuyer l'estat de la haute Cartage.
 Siphax estoit n'aguere allié des Romains;
Mais aussi tost qu'il tombe en ses perfides mains,
Le change et la reuolte en son ame elle inspire,
Il tient d'elle ses loix, sa gloire et son Empire;
Bref d'vn seul clin de l'œil dont son cœur est donté,
Esclaue malheureux, dépend sa volonté.
 Toy qui portes vne ame aussi forte que haute,
Garde bien de commettre vne pareille faute :
Pour cet amour lascif ne sois iamais contraint
D'offencer un Senat que tout le monde craint :
Montre telle aduenture estre plustost venuë
Pour rendre en le seruant ta vertu plus connuë :
» Tel parfois est tombé, lequel se releuant
» Tient plus ferme debout qu'il ne fist parauant.
En fin, plustost l'esclat d'vne horrible tempeste
Attaigne Sophonisbe, et luy brise la teste,
Qu'elle estrange de nous vn si preux Caualier,
Vn si vaillant soldat, vn si braue Guerrier,
Vn chef si renommé qui ià par tant de peines
S'est mis au premier rang de nos grands Capitaines.

MASSINISSE.

Empereur redoutable, en te donnant ma foy
Ie ne me reseruay nulle chose de moy,
Sinon le seul desir de te rendre seruice :
Et bien, si tu le veux Sophonisbe perisse;
Mais de grace permets que ie puisse acquiter
Le solemnel serment qu'elle m'a fait prester.

SCIPION.

Qu'auez-vous donc promis?

MASSINISSE.
 De luy oster la vie.

SCIPION.

Ce fait nous causeroit trop de haine et d'enuie.

MASSINISSE.

Afin d'y preuenir il le faudra celer.

SCIPION.

» Vn acte est tost connu qui de soy peut parler.

MASSINISSE.

Nous diron que sa mort proceda d'elle mesme.

SCIPION.
» Vouloir tromper vn peuple est vn danger extréme.
MASSINISSE.
» Par cent belles couleurs vn Prince le deçoit.
SCIPION.
» Mais il se vange bien quand il s'en apperçoit;
» Et puis tout homme entier iamais ne veut mal faire,
» Et fust-il asseuré que chacun doit se taire.
» Car celuy peche assez qui peche deuant Dieu
» Dont l'œil tousiours ouuert nous obserue en tout lieu.
» Ne violon donc point la Iustice publique.
MASSINISSE.
» C'est bien fait d'amender vne ordonnance inique.
SCIPION.
Cela dépend du Peuple et du sacré Senat.
MASSINISSE.
Mais plustost de celuy qui gouuerne l'Estat.
SCIPION.
Nous n'auons qu'vne voix au conseil populaire.
MASSINISSE.
Ce que veut l'Empereur le peut-il pas bien faire ?
SCIPION.
Non, car il vit dessous, et non pas sur les loix,
Ce qu'auoient vsurpé nos tyrans premiers Rois.
MASSINISSE.
Il peut en maint subiet arriuer mainte chose
Où son authorité librement s'interpose.
SCIPION.
» Non iamais quand il faut faire force à la loy.
MASSINISSE.
» Tout est bon de sa part quand on connoist sa foy.
SCIPION.
» Le peuple est bien estrange, ô gentil Massinisse,
» Il reconnoist si mal ceux qui luy font seruice,
» Que lors qu'vn Empereur l'a beaucoup obligé,
» En fin pour tout loyer il se void outragé.
C'est tout vn, neantmoins que Sophonisbe meure :
Nous perdon l'ennemie et l'ami nous demeure.

CHŒVR.

C ELUY qui sent nuict et iour
  » Les piqueures de l'amour
  » Est melancolique et palle;
  » Il ne gouste aucun repos

» Iusques à tant qu'Atropos
» Au sepulchre le deuale.
  » En cet importun desir
» Il ne connoist nul plaisir ;
» Son ame est toute alterée ;
» Son sein tousiours pantelant ;
» Sans fin son cœur est boüillant
» D'vne ardeur démesurée.
  » O combien est malheureux
» Qui de traits si rigoureux
» Reçoit les dures attaintes,
» Et loge dedans son cœur
» Ce qui l'ouure à la langueur
» Et le ferme à toutes plaintes.
  » Si l'amour trouble l'esprit
» Où sa passion s'aigrit ;
» Si la raison mesme il oste,
» O l'homme trois fois perdu,
» Qui pour serf estre rendu,
» Veut chez soy loger tel hoste.
  » Dans le sein il plante aussi
» La pensée et le souci,
» Que d'esperance il arrose :
» Il fait le corps enuieillir,
» Et donne à l'ame à cueillir
» L'espine au lieu de la rose.
  » Ce larron audacieux
» Qui rauit le feu des Cieux,
» N'en reçeut pareille peine
» A celle que Cupidon
» Fait sentir par son brandon
» A la pauure race humaine.
  » Vn Aigle se va paissant
» De son foye renaissant
» Pour sa faim démesurée :
» L'Amoureux par cent Vautours
» Plus miserable en ses iours
» La poitrine a deschirée.

ACTE V.

**MASSINISSE. HIEMPSAL. SOPHONISBE. NOURRICE.
MESSAGER.**

MASSINISSE.

Tant plus vn bien est cher et moins il est durable.
Mon heur propre à ce coup me fait tres-miserable;
Il m'a donné la fleur, on m'en oste le fruit;
Il m'a fait naistre vn iour dont ie n'ay que la nuit :
Deux yeux Soleils ardens de claire et viue flame
Ont amassé leurs rais au centre de mon ame
Pour l'eschauffer d'amour, mais vn fascheux Hiuer
De leur douce chaleur me vient bien tost priuer.
Las ! ie perds ma richesse à peine encor trouuée,
Et n'ay pas d'vn plaisir la douceur esprouuée,
Que mille desplaisirs trop sensibles au cœur,
Me comblent l'œil de pleurs et l'ame de langueur.
» O qu'il vaudroit bien mieux n'auoir nul goust de l'aisé,
» Puis qu'apres la douleur en deuient si mauuaise !
Ame plus que stupide aux doux traits de pitié,
Deuois-tu point donner à ma seule amitié
Ce que mesme on pourroit nier à mon merite?
Xenocrate d'Amour, infidele hipocrite,
Voudras-tu donc iamais qu'vn Prince genereux
Soit pour l'amour de toy de la mort amoureux?
O Guerriers, desormais nul de vous ne s'aproche
De ce marbre animé, de cette ame de roche,
Qui se mescontentant de mon contentement
Pour loyer de seruice ordonne vn chastiment.
Auras-tu bien le cœur, malheureux Massinisse,
De liurer en ses mains ta pauure Sophonisse?
Fay-la plustost mourir, meurs plustost mille fois
Que de rendre ton nom si contemptible aux Rois.
Quoy qu'il feigne bien d'estre en amour impassible,
La voir sans en brusler ne luy seroit possible;
Et fust-il tout de glace il s'en iroit dissous
Au regard de ses yeux agreables et doux;
Et fust-il tout de fer il auroit le courage
Amoli des attraits qu'elle porte au visage.
Grand Romain, ie t'accuse et de cœur et de voix,
Mais sans raison possible : il me faut prendre aux loix.

TRAGÉDIE.

Loix qui me rauissez mon plus cher heritage,
L'on vous publia bien pour me faire dommage :
Vostre autheur quel qu'il soit montra bien clairement
Qu'il eut peu de Iustice ou peu de iugement.
Quel droit peut vsurper ce qu'vn autre possede?
Faut-il qu'à son vouloir la raison mesme cede?
Et que par le decret de ne sçay quel Edit
L'vsufruit de mon bien me soit ore interdit?
  O cruauté du sort! l'Astre clair de nostre âge
Dés son bel Orient va se couurir d'ombrage,
Et ce chef glorieux de Myrthe enuironné
Descend dans le cercueil de Cipres couronné.
L'Astre qui de nous Rois domine la naissance
Deuoit verser sus moy beaucoup plus de puissance,
Ou du tout me nier le bon-heur de la voir,
Puis que de la garder il m'oste le pouuoir.
  Certes, le vain renom d'vne illustre vaillance,
Enfla trop mes souhaits de cette outrecuidance
Qui ne met aucun borne à son affection,
Pour m'abatre le cœur sous cette affliction.
Mais baste; le destin et mon propre courage
Dedans cet Ocean me causans le naufrage,
Ie seroy bien vrayment transporté de fureur,
Si ie me repentoy d'vne si belle erreur.
Eussé-ie peu choisir de plus douce aduersaire?
Eussé-ie peu bruler d'vne flame plus claire?
Eussé-ie peu trouuer des yeux si pleins d'appas?
Des tourmens si benins et de si doux trespas?
  Assailli, vaincu, pris de Beauté si parfaite,
Mon plus braue Laurier ce sera ma desfaite,
Et mes fers mon triomphe; vn seul trait de ses yeux
Fait honneur à ma prise et m'en rend glorieux.
  Si donc il te faut perdre, ô ma plus chere flame,
Auec toy i'esteindray le flambeau de mon ame;
Mes yeux auec les tiens quitteront la clarté,
Pour ne s'ouurir iamais au iour d'autre Beauté.
Vn exil éternel me seroit ton absence;
Et puis te suruiuant i'aurois part à l'offence;
Mais si ie meurs pour toy, quel esprit bien-heureux
Ira de pair à moy sur les prés amoureux?
Là tu m'entretiendras de mignardes paroles;
Là nos pas guideront les ioyeuses caroles
Des fortunez Amans, qui dancent tour à tour,
Puis sous les Myrthes vers discourent de l'amour;
Là nous viurons sans mal, et qui plus est sans crainte,

Sans souci des Romains; nostre ame non contrainte
Nuict et iour, sans cesser en ce lieu gracieux
Goustera de l'amour les fruits delicieux.
 O chers, mais vains souhaits, il faut que ie vous laisse,
Pour lamenter la mort de ma douce Maistresse :
Sophonisbe, tu pars, le sort en est ietté ;
Et moy, ie reste seul priué de ta beauté.
Belle ame de mon cœur que ne te peux-ie suiure?
Ou bien que ne le veux-ie estant si las de viure?
Tel est le sort cruel qui me donne la loy,
Que ie ne puis mourir ni viure auecques toy.
Meurs donques pour reuiure à iamais immortelle;
Ie viurai pour mourir en douleur eternelle :
Le premier feu d'amour dont tu m'as allumé
Brusle tousiours en moy sans estre consommé.
Tes yeux m'ont de l'esprit banni toute inconstance :
Ni l'espace du temps, ni la longue distance,
Ni l'accident mortel, ni toute autre rigueur
N'effacera ton nom graué dedans mon cœur.
 Aussi sçay-ie par trop, ô clarté sainte et belle,
Combien tu meritois vne vie immortelle :
Mais le Ciel te retire, et semble desirer
Qu'auecques le Soleil tu l'ailles esclairer :
Cependant il m'en reste vn regret dedans l'ame,
Vn nuage dans l'œil, dans le cœur vne flame,
Vne langueur stupide en tous les sentimens :
Ie suis mort au plaisir et viuant aux tourmens.
 Quel dessein ay-ie pris? moy qui dois la deffendre?
Moy qui dois la sauuer, sur sa vie entreprendre?
Luy donner le trespas? dure Necessité,
Est-ce, helas ! ou sa faute ou bien ma lascheté,
Que celle qui mes iours de troubles a fait calmes,
Qui m'a donné vaincuë vn milion de Palmes
Reçoiue de ma main le funebre Cipres?
Quand elle partira ie veux aller apres,
De ma vie à sa mort est deu le sacrifice ;
En sa fin doit cesser le cours de mon seruice ;
Car c'est pour vne mort souffrir mille trespas,
Que de la voir mourir et de ne mourir pas.
 Mais, puis que mon destin, puis que son aduenture
Surmonte mon desir et ce mal me coniure,
Qu'il me la faille aimer sans iamais plus la voir,
Faisant sa volonté faison nostre deuoir.
O Ciel! que pour reuanche à mon iniuste peine
Vienne à ces fiers Romains, vienne à leur Capitaine

TRAGÉDIE.

Tout mal et toute honte, et la posterité
Die en le racontant qu'ils l'auoient merité.
Pour moy, que ie sois homme à iamais execrable;
Que i'erre par le monde esgaré, miserable,
Sans amis, sans moyens iusqu'au poinct de la mort;
Le Ciel n'a point pour moy d'assez rigoureux sort.

HIEMPSAL.
» Le desespoir du cœur sous vn morne silence
» Couue sa chaude rage et croist en violence.
Ie veux l'en retirer.

MASSINISSE.
Qui m'a donc accosté?

HIEMPSAL.
Pardonnez ie vous prie à ma temerité.
Ie ne puis plus vous voir en ces tristes alteres.

MASSINISSE.
Las! mes douleurs encor n'egalent mes miseres.

HIEMPSAL.
Quel mal ie vous suppli' doit ainsi tourmenter
Vn Roy qui n'a suiet que de se contenter?
» Le regret est vn feu qui consomme nostre ame,
» Vn trait qui la penetre et iusqu'au vif l'entame.

MASSINISSE.
Tu me vois sans ressource accablé de douleur.

HIEMPSAL.
» Le courage est plus grand que tout humain malheur.

MASSINISSE.
Ie suis ores contraint pour sauuer ma promesse
D'enuoyer le boucon à ma chere Maistresse,
D'occir ma propre vie, or' c'est donques à toy
Que tousiours i'ay cognu plain d'amour et de foy
D'obliger maintenant le pauure Massinisse,
Qui te veut confier ce malheureux seruice.

HIEMPSAL.
Sire, ie suis à vous; commandez seulement.
L'effet suiura de pres vostre commandement.

CHŒVR.

» Ne croyé point qui sera sage
» L'espoir pipeur et mensonger,
» Quand il promet de desgager,
» C'est alors que plus il engage.
    » Celuy qui ne craint le dommage
» Peut bien son esprit soulager;

» Mais qui redoute le danger,
» S'afflige tousiours d'auantage.
» L'homme iuge discrettement,
» Qui tout espere humainement,
» Ne se paissant d'attente aucune :
» Mais tousiours ferme et resolu,
» Sans murmure a tousiours voulu,
» La chance que liure fortune.

SOPHONISBE.

Mon ame est balancée entre esperance et crainte:
De plaisir et d'ennuy sans cesse elle est attainte,
L'vn veut hors de mon cœur le soupçon retirer,
Et l'autre le conuie à se desesperer.
Adieu, chere Nourrice, il me naist vn presage,
Que bien tost sur mon chef creuera tout l'orage.
Tu sçais que Massinisse affermoit au partir
Que rien de mon amour ne l'eust sçeu diuertir,
Et qu'il s'en reuiendroit me tenir compagnie,
Si tost qu'il auroit veu l'Empereur d'Ausonie :
Mais son delay trop long me fait quasi penser
Que chacun l'importune afin de me laisser,
Et que rompant la foy si saintement promise,
Il permet aux Romains de ioüir de sa prise.

NOURRICE.

A ce fascheux soupçon ne donnez point de foy.
Que peut ie vous suppli' denier à ce Roy
Le grand Duc des Romains? Non, il fait trop de conte
De ses rares vertus pour luy faire vne honte.
Voyez-vous Hiempsal, adresson-nous à luy ;
Il vous pourra de l'ame effacer cet ennuy :
Car il vient de la part de vostre espoux fidelle
Afin de r'aporter quelque bonne nouuelle.

HIEMPSAL.

O malheureuse amante ! ô malheureux amant !
Vous causez l'vn à l'autre vn extréme tourment,
Et crain bien que la torche aux nopces allumée
Vous guide l'vn par l'autre en la tombe plommée.
A regret i'ay receu l'expres commandement
Du Roy vostre mari de venir prontement
Vous trouuer en ce lieu, ie croy qu'il rendra l'ame
Puis qu'il se void contraint de vous perdre, Madame ;
Ou qu'il viura tousiours en eternel esmoy
D'auoir faussé sa foy pour vous garder la foy.
» Mais ayant bien pensé que l'ame genereuse
» Sur le poinct de la mort deuient plus courageuse ;

Il m'a baillé pour vous, soupirant et pleurant,
Le boucon que voici. Soignez du demeurant :
Le champ vous est ouuert, où d'vn braue courage
Vous allez surmonter l'arrogance et la rage
Des superbes Romains qui ne respectent rien :
Tirez d'vn mal forcé le volontaire bien
De mourir constamment ; songez où vous receustes
Naissance et nourriture, et quel pere vous eustes,
Quels freres, quels parens ; souuenez-vous des Roys
Qui sousmirent leur cœur à receuoir vos loix,
Triomphez du triomphe et de la propre gloire
Que Rome auoit sur vous, et fraudez sa victoire.

SOPHONISBE.

O digne d'vn espoux le present que voici !
Doutoy-ie donc à tort, Nourrice, mon souci ?
Mais bien, puis que le Ciel ordonne que ie meure,
Il me fait vn honneur que libre ie demeure,
Sans que des fers honteux me rougissent le front.
Possible vn iour de moy les Numides diront
Qu'vne fin courageuse, vne mort honorable,
De ma vie innocente est l'acte plus loüable :
» La personne qui meurt gardant sa liberté,
» Trouue dedans la mort son immortalité.
Si tost donq', Hiempsal, que tu m'auras veu prendre
Ce poison preparé ; va t'en sans plus attendre
Retrouuer Massinisse, et luy dy de par moy
Qu'il m'obligea beaucoup de me garder la foy :
Que ce regret sans plus au sepulchre ie porte
Tant pour luy que pour moy ; c'est de n'estre pas morte
Dix ans auparauant. Car ainsi le flambeau
D'vn illicite Hymen n'eust point veu mon tombeau.

NOURRICE.

Au secours, elle meurt. Helas ! helas ! Madame ?
Madame ! elle n'oit plus, son corps est priué d'ame,
Il est ià froid par tout, ô iour infortuné !
Mais plustost noire nuict ! ô poinct determiné,
Pour ioindre l'Occident de ma triste vieillesse
A ton midi luisant ! O ma chere Maistresse
Ie ne veux ni ne dois plus long temps viure ici
Apres toy, toy qui fus mon bien et mon souci :
Car bien que seulement mon sein t'eust allaitée,
Si t'aimoy-ie plus cher que ma propre portée.
Pourray-ie encore voir ce clair Astre du iour
Où les feux que la nuict nous rameine à son tour,
Quand elle vient couuer nostre ciel sous ses ailes,

Ayant veu s'eclipser le beau Soleil des belles,
Qui d'vn seul de ses rais couuroit d'obscurité
Le plus clair Orient de toute autre Beauté.
  Grand flambeau, n'as-tu point rebroussé ta carriere
Luy voyant engloutir cette poison meurtriere?
Hé! n'as-tu point fermé ton œil triste et honteux,
Pour ne voir aduenir vn acte si piteux?
Non; car la ialousie enflammoit ton courage :
Puis ce gain te reuient de nostre grand dommage,
Que seul au monde entier esclaire ton flambeau,
L'Astre clair de la terre estant mis au tombeau.
  Pour moy qui ne voy plus sa clarté coustumiere,
Adieu, Soleil, adieu : ie laisse ta lumiere,
I'abandonne la vie, et trop saoule de iours
Veux de ma propre main en retrancher le cours,
Pour te suiure, ô belle ame, en la demeure palle :
Aduienne que nos corps tout ensemble on deuale
En leur maison derniere. O si i'ay cet honneur
Ma mort plus que ma vie est plaine de bon-heur!

EPIGRAMME.

SOPHONISBE s'estant à son vainqueur renduë,
  Il ne la peut sauuer en ayant volonté :
  Aussi tost qu'elle en a la nouuelle entenduë,
  Mourons, dit-elle donc, c'est là trop arresté :
Si ce n'est en gardant la chere liberté,
Ce sera pour le moins apres l'auoir perduë.

LES LACENES

LES LACENES

ACTE PREMIER.

L'OMBRE DE THERICION

Grand Roy dont la prudence et valeur nompareille
Meslent dedans les cœurs la crainte et la merueille,
Tu vois encore vn coup le preux Thericion,
Qui pour ton seul seruice outré de passion,
Poussa le fer trenchant dans sa forte poitrine,
Et de sang empourpra l'azur de la marine :
Tu le vois, Cleomene, infiniment changé,
L'œil caué, le front blesme, et le nés mi-rongé.
  Or si le souuenir de ce doux nom te touche,
Conforme ta creance aux propos de sa bouche,
Tristes auant-coureurs de ta prochaine fin.
S'il m'est permis d'ouurir les secrets du Destin
Pour te les reueler, cher obiet de mon ame;
Ton terme vient bien tost, tu vas couper la trame
De tes iours malheureux, et blasphemer le sort
Qui ne voulut coupler ta desroute à ta mort,
Quand ie te proposay ce discours memorable;
Quitton nous maintenant vn trespas desirable,
Vne mort preferable au tourment plus leger,
Pour aller viure serfs sous vn ioug estranger,
Ains y mourir plustost, priuez d'honneurs funebres,
De noms comme de corps destinez aux tenebres ?
Mais où tend nostre cours? fuyon nous le trespas,
Ou si nous le cherchon? Cleomene, il n'est pas
Tant reculé de nous; plus avant ne t'eslongne;
N'eschangeon nostre honneur à si grande vergongne.

Si le rang que tu tiens permet qu'en ces dangers
Tu brigues le secours des Princes estrangers,
Iusques à supplier les mignons d'Alexandre ;
Marchon tous de ce pas, couron viste nous rendre
Au vainqueur Antigone, aduoüon sa valeur,
Plustost que d'vn seruage accroistre ce malheur.
Il est Prince courtois apres vne victoire,
Bien que fier au combat ; et si ie veux bien croire,
Que tant de Citoyens par toy seul conseruez,
Que tant d'exploits guerriers par ton bras acheuez,
Feront que pour la gloire en soy-mesme il s'excite,
De rendre vn traitement sortable à ton merite.
» La fortune preside aux effets d'ici bas,
» Mais sur tout son pouuoir regne dans les combas,
» Où la vertu plus foible est maintesfois contrainte
» De ceder au malheur et iamais à la crainte.
Que si tu ne veux point te sousmettre à ce Roy,
Que le seul heur du sort rend preferable à toy ;
D'autant que ton courage encor boüillant d'audace,
Ne quitte la victoire en luy quittant la place,
Et bien retente encor' vn combat hazardeux ;
Mais pour vn ne te rends inferieur à deux ;
Antigone a vaincu, mais le mol Ptolomée
Triompheroit sans coups dessus ta renommée.
Ta mere est en Egipte, il faut bien l'aller voir.
C'est prendre pour pretexte vne ombre de deuoir :
Tu luy serois vrayment vn spectacle agreable.
Cleomene, est-ce peu d'estre ainsi miserable,
Sans faire montre aux tiens de ton fatal malheur ?
Penses-tu l'amoindrir en croissant leur douleur ?
Tandis que cette espée armera ta main dextre,
Aucun plus grand que toy pourras-tu reconnoistre ?
Meurs aux yeux de ta Sparte, et montre à ces Guerriers
» Qu'vn Cipres courageux surpasse les Lauriers.
Pour moy me voici prest de leur marquer la voye
Des goutes de mon sang ; au Ciel ie te conuoye.
Tel fut lors mon discours, mais tu ne me creus pas.
C'est fureur de s'occir par crainte du trespas,
Dis-tu comme despit, qui me voudra distraire
Du voyage entrepris, il est mon aduersaire.
Ie tiray nonobstant le fer de mon costé
Et dans cet estomac sans crainte le planté,
Desireux à bon droit que ma chere patrie,
Vist aussi bien finir que commencer ma vie.
Toy tu creus à l'espoir et l'espoir te deceut :

Ie courus à la mort et la mort me receut,
Soul et lassé de viure, ô pauure Cleomene,
» Le Destin nous rauit quand il ne nous emmene.
Aumoins de ton honneur embrasse vn peu le soin,
Meurs courageusement les armes dans le poin,
Pousse tes compagnons à rompre ce seruage,
« Le ioug est messeant aux hommes de courage.
Si tu n'as rien en toy de plus grand que le cœur,
Viuant on te vainquit, mourant reste vainqueur.
Tu me verras bien tost et cela te console.
Au reste ne poursui d'embrasser mon idole :
Car ie n'ay plus vn corps comme iadis i'auois,
L'ombre seule m'en reste et cette foible voix,
Qui dedans l'Elisée où ie fay ma demeure,
Presageant ton trespas t'appelle d'heure en heure.

CLEOMENE, PANTEE.

CLEOMENE.

L'Amitié des mortels par la mort ne meurt point,
» Quand d'vne estroite foy leur esprit fut conioint.
Ains elle suit leur ombre outre la noire riue,
Lors que la froide cendre à son sepulchre arriue :
Seule elle vainq l'Oubli quoy qu'il puisse effacer
Tout ce qui fut au monde escrit dans le penser.
L'vn de mes confidens qui prouua son courage
Par sa mort magnanime en sert de tesmoignage ;
Etant venu n'aguere apparoistre à mes yeux,
Sillez du doux sommeil qui nous descend des Cieux,
Le port triste et dolent, les yeux cauez de larmes,
Le front tel que la Lune alors que par les charmes
Des Thessales sorciers vne horrible palleur
De rouge entremeslée enlaidit sa couleur :
Ses os perçans la peau, sa carcasse foiblette
Blanchissant descharnée ainsi comme vn squelette :
A peine il se portoit sur ses lasches genoux,
Et ses pieds incertains vacilloient à tous coups.
   Lors mes yeux chatouillez d'vne obscure lumiere,
Ouurirent en sursaut leur humide paupiere ;
Ie le connu pourtant ; mais le voyant ainsi
Tout le sang se gela dedans mon cœur transi,
Vne froide sueur vint m'arrouser la face,
Et lente s'escoula par mes membres de glace ;
Si bien que ie tremblay de cet estonnement,
Comme fait le fiéureux en son froid vehement.

L'effroy demi-passé de pres il se presente ;
Ie le veux embrasser, mais en vain ie le tente :
Car plus pour cet effet ie me porte en auant,
Son ombre fuit mes mains leur cedant comme vent :
De là mon horreur croist ; ie respire à grand'peine,
Tant mes poulmons pressez sont despourueus d'haleine !
Ie me reuiens en fin ; comme l'effroi passoit,
L'ombre d'un gresle accent vn langage auançoit,
Qui me resonne encor au milieu du courage
Et m'anime à briser ce vergongneux seruage,
Où ie suis retenu contre toute raison
Par ce lasche qui fait gloire de ma prison.
  O discours et fascheux et plaisant tout ensemble,
Ie suis hardi par toy, par toy-mesme ie tremble,
Non ie ne tremble point, tu m'augmentes plus fort
Le desir de mourir en m'annonçant la mort,
» La mort de primeface espouuante nostre ame ;
» Mais l'homme genereux et que la gloire enflame,
» Alors qu'il en est temps ne craint de l'encourir.
» Celuy qui peut bien viure il pourra bien mourir.

PANTEE.

Quels discours, Cleomene ? et que voulez-vous faire ?

CLEOMENE.

Sortir tout d'vn beau coup du monde et de misere.

PANTEE.

O Sparte miserable ! ô desseins superflus !
Mourez donc, Citoyens, et n'esperez rien plus,
Perdez ores la vie auecques l'esperance,
Cleomene estant mort, d'où vostre deliurance ?
Quel autre pourra plus conduire vos guerriers ?
R'animer au combat vos preux auanturiers ?
Vaincre vos ennemis qui plus par destinée,
Que par force de cœur ont gagné la iournée ?
Bref rendre encor vn coup vos braves Lauriers verds ?
Te perdon nous, grand Prince, ou bien si tu nous perds ?

CLEOMENE.

Hà ! ie respire encore et si ma gloire est morte.

PANTEE.

» Iamais au desespoir la vertu ne s'emporte.
Ie me promets vn iour de voir vos estendars
Arborez derechef, commander aux soldars,
Et menacer du branle Argos et Sicionne :
Mais vsez de ce temps comme le Ciel l'ordonne ;
Attendant que l'on voye embarquer sur la mer
La flote, que pour vous l'Egipte veut armer.

CLEOMENE.
L'vnique desespoir est en nostre puissance;
Rien d'ailleurs ne nous reste, ô vaine confiance,
Pourquoy m'abusas-tu ? Ce Roy voluptueux
Deuoit-il secourir à des gens vertueux?
Ce Roy qui n'oüit onq' le cliquetis des armes,
Pouuoit-il valeureux se ietter aux alarmes ?
Ce Roy qui seulement entre les femmes vaut,
Sçauoit-il se mesler aux perils d'vn assaut?
» l'ay connu son dessein, la vertu ne peut plaire
» Qu'au Prince vertueux, tout autre y est contraire.
Souuien toy, ie te pri', que l'vn de ses valets
Vint peu de iours en çà me voir dans ce Palais;
D'vn front masqué de feinte il me fist cent caresses,
Il me promist des yeux cent graces tromperesses,
Et bref me departit mille faueurs de Court;
Mais ià presque dehors, il s'arresta tout court
Pour dire à nos Geoliers : ô garde peu soigneuse,
Tenez plus serrément cette beste hargneuse,
Ce Lion furieux; car s'il vient à sortir
Vous-mesme en sentirez le premier repentir.
Oyant vn tel discours au pas ie me retire,
Tu me suiuois alors, et me vis bien sousrire
» D'vn air plain d'amertume. Es royales maisons
» Voy regner auioud'huy fraudes et trahisons;
» L'on y mord en riant; d'vn masque de faintise
» Pour tromper l'innocent sa face on y deguise;
» Sous maintes belles fleurs s'y cache le serpent
» Qui secrettement poingt et son venin respand.
» Les bancs cachez sous l'eau, les Syrtes sablonneuses
» Ne sont aux mariniers tant et tant perilleuses,
» Qu'à l'homme simple et bon vn Courtisan accort,
» Qui luy promet merueille et luy brasse la mort.
PANTEE.
» O monstres de la Cour, Syrenes charmeresses
» Cachez-vous donc nos maux sous vos feintes promesses,
» Comme faisoient iadis les filles d'Achelois,
» Qui trompoient les Nochers des douceurs de leurs voix?
CLEOMENE.
» Qui libre en la maison des Roys fait son entrée
» Dés l'huis la seruitude à luy s'est rencontrée,
» Et qui veut vendiquer sa chere liberté,
» Y recharge les fers de sa captiuité.
Mais il faut donner ordre, auantureux Pantee,
Que nostre ame guerriere aux malheurs indontée,

Se face reconnoistre à ces effeminez,
A tous sales plaisirs laschement adonnez.
» Celuy qui plein d'honneur a manié les armes,
» Doit verser en mourant plus de sang que de larmes.

PANTEE.
Quel effort nous sera loisible desormais?

CLEOMENE.
» La fortune aux bons coups ne nous quitte iamais.

PANTEE.
» Que sert à qui ne peut de grands faits entreprendre?

CLEOMENE.
» Oson tant seulement, le reste il faut attendre.

PANTEE.
» Oser et ne rien faire apporte du malheur.

CLEOMENE.
» Oser et ne rien faire est signe de valeur.

PANTEE.
» L'effet tant seulement le courage demontre.

CLEOMENE.
» La valeur à l'effet tousiours ne se rencontre.

PANTEE.
» Lors ce n'est plus valeur, mais bien temerité.

CLEOMENE.
» S'elle n'a le succez qu'elle auroit merité,
» Il faut se prendre au sort dont la chance peruerse
» Les plus sages conseils à toute heure renuerse.

PANTEE.
» Vn conseil sans effet est de chacun blasmé.

CLEOMENE.
» Par l'effet le conseil ne doit estre estimé,
» Veu qu'on peut à propos desseigner quelque chose,
» Dont contre tout proiet la fortune dispose :
» C'est au desir de faire et non pas au pouuoir,
» Qu'il faut donc establir les regles du deuoir.

PANTEE.
Mais vous n'ignorez point que nostre renommée
Par la publique voix est loüée ou blasmée;
Et si l'on ne sçauroit forcer les iugemens,
Dont l'arrest se conforme à nos euenemens.

CLEOMENE.
Au leuer du Soleil, sur sa course premiere
S'esmeuuent des broüillats qui couurent la lumiere,
Mais sans qu'aucunement ils puissent l'offusquer :
On void de mesme aussi le rire et le moquer
Des hommes mesdisans, empescher que la gloire

Qui naist tout freschement ne se rende notoire,
Mais lors tant plus l'honneur commence à s'esclarcir,
Que la maudite enuie a tasché l'obscurcir.
A cette fois Panthée il nous faut faire en sorte,
Que par le fer tranchant ie m'ouure cette porte.
  Moy qui donnay la fuite à ce fameux Arat,
Qui fus l'espouuentail du peuple trop ingrat
De Corinthe et d'Argos, que les villes estranges
Tenoient si redoutable au bruit de mes loüanges,
Moy di-ie qui d'vn cœur plus grand que ma Cité
Surmontay les malheurs de son aduersité ;
Bref qui ne voulus onc ni ceder ni me rendre,
Sçaurois-ie de la mort par la mort me deffendre ?
A nous qui par le fer triomphasmes de tous,
Demeure donc l'honneur de triompher de nous :
Ce populaire vil acquerroit trop de gloire
De remporter sur nous tant soit peu de victoire.

PANTEE.

S'il en faut venir là me voici prest, grand Roy,
D'employer cette main à l'acquit de ma foy :
Ma valeur és combats mille fois esprouuée,
Au plus grand des dangers soit plus grande trouuée.
Si i'ay commandement d'affronter l'ennemi,
Seul contre vn milion ie me ru'ray parmi ;
Par tout me portera mon genereux courage :
Si quelq'vn ose encor attendre mon visage,
Ie luy feray sentir quelle force ont ces bras,
Quand il faut renuerser tes ennemis à bas.

CLEOMENE.

I'ay prou d'experience, ô courageux Panthee,
De ton ame fidele et valeur indontée ;
Ma Sparte les connoist : elle n'eust onc Guerrier,
Qui mieux ait merité cet immortel Laurier
Acquis par le courage és perilleux alarmes,
Que toy l'vnique honneur des vertus et des armes.
Aduerti tous nos gens afin que d'vn accord
Ils soient prests à donner ou receuoir la mort.

PANTEE.

Ne mouron point au moins sans vanger nos outrages.

CLEOMENE.

C'est pourquoy ie desire vnir tous vos courages.

PANTEE.

Lors ces Mignons de Cour ne s'en moqueront pas.

CLEOMENE.

Chacun à leurs despens signale son trespas ;

Qu'ils seruent de victime au dernier sacrifice,
Qui doit rendre Pluton à nos Manes propice.
PANTEE.
Mais ie ne voy moyen de nous sortir d'ici.
CLEOMENE.
I'espere y bien pouruoir, laissez-m'en le souci.
PANTEE.
Qui nous pourra fournir les armes necessaires?
CLEOMENE.
Et ne les vois-tu pas és mains des aduersaires?
PANTEE.
Mais ils veillent sur nous aussi bien que sur toy.
CLEOMENE.
D'vn front serain et gay ie feindray que le Roy
Gagné finablement par instantes prieres,
Apres tant de longueurs, de langueurs, de miseres,
D'angoisses, de trauaux, et de tourmens diuers
Supportez sur le Nil desia par quatre Hiuers,
M'a fait de grands presens gages de deliurance :
Puis d'vn esprit accort mesnageon l'ignorance
Des soldats nos Geoliers, qui sans se deffier
Alors qu'ils me verront aux Dieux sacrifier,
Iugeront que la fourbe est chose veritable :
Fini le sacrifice, on couurira la table,
Inuitez au banquet ils viendront auec nous;
Surprenon-les soudain et les desarmon tous.
Le reste du dessein compren-le de toy-mesme.
» Tousiours aux desespoirs le conseil est extréme,
» Et qui veut beaucoup faire il doit oser beaucoup.
La chance en est iettée, il faut mourir ce coup.
PANTEE.
O toy Mars nourricier de la race Spartaine,
Qui cette audace inspire à nostre Capitaine,
Donne à nous ses soldats de bien executer
Ce que d'vn haut courage il desire attenter :
Quitte en nostre faueur les querelles de Thrace,
Et viens camper ton Ost au haut de nostre face,
Effroy, terreur, surprise; à ce dernier effort
Ne se donne vn seul coup qui ne porte la mort.
Et s'il faut succomber à si haute entreprise,
» Permets nous de montrer qu'vn braue esprit mesprise
» Les frayeurs du trespas pour l'amour du deuoir
» Et que tousiours son cœur surpasse son pouuoir.

CHŒVR.

Qvi discourt sagement que sa vie est mortelle,
» Et qu'il vaut mieux mourir que d'estre malheureux
» Au plus fort des perils deuient plus valeureux,
« Et par sa mort aspire à la gloire eternelle.
» Il souhaite un trespas qui le face reuiure,
» Et neglige vne vie auec laquelle il meurt ;
» Des plus rudes efforts il ne doute le heurt,
» Ains s'accommode au sort et ne craint de le suiure.
» Tandis qu'il peut bien viure il a de viure enuie ;
» Si tost qu'il ne le peut il cherche vn beau mourir,
» Certain que sa vertu n'est pour iamais perir,
» Mais doit en receuoir vne nouuelle vie.
» En fin, s'il est vaincu d'vn autre ou de soy-mesme,
» Cela vient de malheur et non de lascheté :
» Car s'il perd la victoire il demeure indonté,
» Et l'extrême peril montre sa force extrême.
» Que tout soit esbranlé, son ame ne chancele ;
» Au milieu des frayeurs il est tout resolu :
» Il est mort constamment si tost qu'il l'a voulu ;
» La mort plus volontaire il iuge la plus belle.
» Que l'honneur a de force en l'ame genereuse !
Que l'ame genereuse a de force à l'honneur !
» De la fortune aduerse elle fait son bon-heur
» Et de son trauail mesme elle semble amoureuse.
» La gloire est aux humains vn tourment honorable,
» Qui leur rend le labeur plus doux que le repos,
» Et tous pesans qu'ils sont les fait estre dispos
» A poursuiure vn renom en tous siecles durable.
» C'est le cœur de nos cœurs et l'ame de nos ames,
» Qui comme vn feu diuin tend tousiours vers les Cieux.
» Hercule en se bruslant s'assist au rang des Dieux,
» Et pour estre immortel il faut sentir ses flames.
» Notre corps de luy-mesme attaché contre terre,
» Qui ne sert à l'esprit que d'vn viuant tombeau,
» Sans ses aisles iamais ne voleroit au Beau,
» Ou la perfection toute en soy se resserre.
» Mais lors que son amour anime le courage,
» Nuict et iour ses discours tendent à la vertu ;
» Le vice estant en luy par luy-mesme abatu,
» Il tire maint profit de son propre dommage :
» Et quoy que tout le monde à luy nuire s'apreste,
» Sa face de couleur on ne void point changer ;

» Ains demeure constant au milieu du danger,
» Comme le bon Pilote au fort de la tempeste.

ACTE II.

CRATESICLEA. CHŒUR. ARCHIDAMIE. STRATONICE.

CRATESICLEA.

Grands Dieux qui dessus nous tant de biens espandez
Que par leur abondance ingrats vous nous rendez,
Ie crain de m'esgarer si ie suy le dedale
Où me guide auiourd'huy vostre main liberale;
Pource, comme engloutie entre tant de bon-heur
Ie laisse à mon regret vostre honneur sans honneur;
Mais vous qui penetrez au fonds de nos pensées,
Lisez dedans mon cœur les graces amassées
Que ie ne puis esclorre, et tenez mon deuoir
Satisfait par l'effort de mon foible pouuoir;
Aussi bien, Dieux benins, nos tutelaires Anges,
Que fais-ie en vous loüant qu'amoindrir vos loüanges?
I'ay beau pour mon acquit toute chose essayer;
Car tant plus que ie paye il me reste à payer.
Ie voy donc à la fin nos peines terminées,
Qui s'entre-produisoient par si longues années.
Ie te voy, liberté, doux desir de nos cœurs,
Dissiper auiourd'huy nos captiues langueurs.
Puis que nostre malheur ce grand Monarque touche,
Que tant de cris piteux sortis de nostre bouche
N'ont esté vainement espandus dans les Cieux,
Mais ont esmeu le cœur des pitoyables Dieux,
Vne douce esperance annonce à mon courage,
Qu'encores l'on verra malgré l'iniuste rage
De nos fiers ennemis, mon païs en vigueur,
Ses statuts en credit, ses gendarmes en cœur.
Lors la ligue Argienne à nos maux coniurée,
Sentira le regret de s'estre pariurée,
Gemira pour neant d'auoir son col sousmis
Aux ennemis communs pour nuire à ses amis;
Lors, ô meschant Arat, autheur de ces miseres,
Les tiens sauuez par toy tu rendras tributaires,
Et prests à receuoir de ceux mesmes la loy,
Ausquels sans nul suiet ils ont manqué de foy.

Qui veut pour l'aduenir ou le peut contredire?
La fortune auiourd'huy commence à nous sousrire;
Sparte redeuient libre, et ses braues soldars
Sentent grossir leur sein de la fureur de Mars :
Antigone n'est plus, et le grand Ptolomée
Auec la liberté nous redonne vne armée.
Cede toute la Grece et te quitte le lieu,
O mon fils genereux; ie te voy tel qu'vn Dieu
Marcher tout plein de gloire au front de la bataille :
Là si quelqu'vn t'attend, tant s'en faut qu'il t'assaille,
Qu'estonné par l'aspect de ton superbe port,
Il verra dans tes yeux l'image de sa mort.
Toy qui conduis le iour fay que cette iournée
Qui rit à mon espoir soit bien tost amenée;
Ainsi quand en la mer tu descendras lassé,
Sois-tu par l'Ocean doucement caressé,
Et sa fille Thetis baille à ses Nereides
Ton Char pour le loger dans leurs antres humides :
Par auance, ô Phebus, tu donnes celle-ci
Qui fait naistre ma ioye et mourir mon souci.
Filles, mon seul confort, chaste ornement de Sparte,
Tout nuage d'ennui de vos ames s'escarte;
Arrestez desormais la course de vos pleurs;
Ià vos chardons poignans se couronnent de fleurs,
Vos ronceux aiglantiers de roses agreables.
Au lieu de plus apprendre à seruir miserables,
Commencez desormais à vous rendre les bras
Plus souples à la lute, afin de ietter bas
Ou par force ou par art chacune sa compagne,
Rougissant de se voir mesurer la campagne.
Retournez sur l'Eurote aux riuages sacrez
De brusques mouuements fouler l'herbe des prez,
Et d'vn pied bondissant rechercher la cadance.
Permettez derechef l'accez de vostre dance
A nos ieunes garçons, dont le masle troupeau
Contemplera vos corps et ce qu'ils ont de beau,
Deuenu tout esprit de vous voir comme Fées,
Baller à tetins nuds, et tresses descoiffées.
Pensez-vous que ces biens heureusement rendus
Ne soient d'autant plus doux qu'ils sont moins attendus?
CHŒUR.
Dormon-nous? veillon-nous? liberté desirée,
Dont nostre ame captiue est sans cesse alterée,
Veux-tu donc à nos maux apporter quelque bout?
Doux repos de l'esprit, qui t'oste il oste tout,

Qui te redonne aussi quand et quand tout redonne.
CRATESICLEA.
Mes filles, Grace aux Dieux. Ce grand Monarque ordonne
Que nostre Cleomene et les autres Spartains
Soient de leur liberté pour l'aduenir certains.
CHŒUR.
Fiez-vous-y, Madame. Apres tant de promesses,
Tousiours à nostre dam vaines et tromperesses,
Qui peut ou doit plustost s'en promettre plus rien?
» Rarement le meschant deuient homme de bien.
CRATESICLEA.
» Dieu change en peu de temps les esprits des Monarques.
CHŒUR.
Mais encor, ie vous pri', quelles si claires marques
Vous peuuent faire foy qu'il soit ainsi changé?
Il a par tant de fois Cleomene outragé
Contre le droit sacré des gens et d'hostelage;
De Prince libre et franc il l'a mis en seruage,
Et le tient comme esclaue en prison attaché,
Sans qu'il puisse alleguer ni forfait ni peché,
Comme s'il triomphoit de le voir miserable,
Qui peut apres cela l'esperer fauorable?
CRATESICLEA.
Ce rude traitement que mon fils a reçeu,
Est venu de flatteurs; auiourd'huy ie l'ay sceu;
Mais ce Roy magnanime et de douce nature
En fin a descouuert leur maudite imposture;
De sorte qu'il remet mon peuple en liberté,
Et promet tost apres releuer sa Cité.
CHŒUR.
Qui nous peut asseurer cette bonne fortune?
CRATESICLEA.
L'espoir de Cleomene et l'attente commune.
CHŒUR.
» Madame, vn bruit commun nous trompe bien souuent,
» Et bien souuent l'espoir n'est conçeu que de vent.
CRATESICLEA.
Cet espoir est certain et ce bruit veritable.
CHŒUR.
A tout le moins, Madame, il nous est agreable.
CRATESICLEA.
En sentant les effets ne le croirez-vous pas?
CHŒUR.
Nous n'en voulons former conteste ni debats;
» Mais quand et le desir marche la meffiance.

CRATESICLEA.

Ce n'est moy que l'on pipe auec vne apparence.
Le mal m'a tant renduë encline au desespoir
Que la verité seule ores peut m'esmouuoir.
Mais si mon iugement gagne quelque auantage,
Par mainte experience estant deuenu sage,
Croyez-moy maintenant : dauantage en douter,
Seroit trop à credit vous-mesme tourmenter.
Le Roy n'a de mon fils reconnu l'innocence
Qu'il a tout à l'instant vsé de sa clemence,
Luy mandant des presens. C'est vn signe tres vray,
Que dans ce propre iour il sera deliuré.

CHŒUR.

S'il nous est si benin, puissent les Dieux suprémes
Luy rendre ce bien-fait au defaut de nous-mesmes;
Qu'il en soit tant prisé, que tous les plus grands Rois
Facent gloire d'entrer sous le ioug de ses loix :
Que bien-heureux en paix, que bien-heureux en guerre,
Son puissant sceptre attaigne aux deux bouts de la terre.

CRATESICLEA.

Les Dieux iustes et bons ne voudroient pas laisser
Ce grand trait de bonté sans le recompenser :
» Car bien que l'homme naisse au monde pour bien-faire,
» Sans d'ailleurs que de soy s'en promettre salaire
» Toutesfois pour l'vsure il en reçoit des Dieux
» Ie ne sçay quoy de grand qui l'honore en tous lieux,
» Qui le rend aux subiets saintement venerable,
» Aimable aux ennemis, aux lointains admirable.
Mais puis que nostre bien prend sa source d'enhaut,
Cher troupeau, c'est le Ciel que loüer il nous faut.
Couron viste à l'autel, que l'hostie allumée
Portent nos vœux sacrez auecques sa fumée
Iusqu'au thrône des Dieux où gisent les tonneaux,
D'où coulent sur la terre et les biens et les maux.

STRATONICE.

Que ce lasche Tyran ait changé de courage !
Qu'il vueille nos maris affranchir de seruage !
Le croire desormais c'est par trop s'abuser.
Luy qui le temps plus cher despend à courtiser
Vne vile putain dont l'œil seul le gouuerne;
Qui fait de son Palais vne sale tauerne,
Vn Theatre de honte, vn infame bordeau,
Pourroit-il seulement penser rien de si beau ?

Tu serois diffamée, ô Sparte genereuse,
Et ton mesme bon-heur te rendroit malheureuse,
De deuoir ta franchise à ce Roy vicieux,
L'opprobre de la terre et la haine des Cieux.
» Mais tu n'en es point là. C'est bien vn ordinaire
» De sentir tels effets d'vn Prince debonnaire,
» D'vn bon arbre bon fruit : mais le meschant ne veut,
» Tant il se plaist au mal! faire le bien qu'il peut.
Attendez-vous plustost de voir que les Riuieres
Rebroussent contremont leurs bruyantes carrieres,
Que l'Aigle nage en l'onde et le Dauphin en l'air,
Qu'vn iour libres de fers il nous laisse en aller.
O Reine, le Phenix des femmes de nostre âge,
Comme peut cet espoir seduire ton courage?
Toi qui par ta prudence as preueu maintesfois
Les maux qui menaçoient le sceptre de nos Rois,
Par vn bruit mensonger te laisses-tu conduire?
Vois-tu pas ce meschant ne tascher qu'à nous nuire?
Qu'à nous faire mourir apres que sans raison
Il a tins si long temps nos hommes en prison?
Vois-tu pas comme il foule et Sparte et sa couronne,
Tandis que Cleomene en ses chaines grisonne?
Comme il tasche tousiours d'allonger ses malheurs,
Pour ne voir point tarir la source de nos pleurs?
Quelque tourment nouueau sous ce bruit on nous trame :
Rien ne peut effacer ce soupçon de mon ame;
Apres de tels esclairs le tonnerre doit choir;
Si le vol des oiseaux ne me vient deceuoir,
Si leur chant ne me trompe, et si d'autres augures
Conduisent mon esprit iusqu'aux choses futures.
Ce qui t'a peu, belle ame, à ce poinct attirer,
C'est l'esperer en tout pour ne desesperer;
C'est que ton cœur esmeu de cent diuerses peines,
Lasche tous ses desirs aux apparences vaines,
Dont les impressions ne cessent d'aueugler
L'œil de ton iugement qui fut iadis si cler.
Si nostre deliurance estoit aussi notoire,
Comme legerement tu te la fais accroire,
Penses-tu que Panthée aussi tost aduerti,
Me l'eust voulu celer alors qu'il est parti?
N'aguere ie l'ay veu se distiler en larmes,
M'embrasser tendrement : luy qui dans les alarmes
Ne se montre iamais du peril estonné,
Languissant en mes bras s'est presque abandonné.
I'ai trop bien reconnu que sa vague pensée

De tumultes nouueaux estoit bien eslancée;
Mais ie n'ay point osé la cause en demander,
Tant a peu le respect mon desir commander :
Depuis ie sen mon ame à tous momens attainte
De soupçons ambigus qui finissent en crainte;
Depuis mes sens troublez prennent effroy de tout,
S'emportent tellement que rien ne me resoult.
Destournez, ô bons Dieux, le sinistre presage
Qui maintenant s'attache à mon triste courage;
Appaisez desormais vostre iuste courroux,
Et contre mon espoir prenez pitié de nous.
Mais voy-ie pas venir la belle Archidamie?
Qu'elle me semble, ô Dieux! d'vne face blémie.
####ARCHIDAMIE.
Tout cela que n'aguere on nous vint rapporter
Cleomene le forge, il n'en faut point douter :
Certes ie ne voy pas que le Ciel se prepare
A nous tirer du ioug de ce Prince barbare.
####STRATONICE.
Et bien, ma chere sœur, auez-vous assisté
Au seruice deuot à nos Dieux presenté,
Pour nous rendre leur grace equitable et propice?
####ARCHIDAMIE.
Ie n'ay pas attendu la fin du sacrifice,
Mais triste et malheureux est son commencement.
####STRATONICE.
Nous promet-il encor' de viure en ce tourment?
####ARCHIDAMIE.
Cela mesme et rien plus. Ie croy que nostre vie
Iusqu'à son dernier terme est au mal asseruie.
Or la terre et le Ciel conspirent contre nous.
####STRATONICE.
Quel presage, ma sœur! mais d'où le prenez-vous?
####ARCHIDAMIE.
L'hostie estoit au feu, et la flame allumée
Faisoit ià naistre autour une espesse fumée,
Quand trois fois en bélant elle se veut leuer,
Et malgré le baston de l'autel se sauuer.
Lors vne autre victime aussi tost se raporte;
On la frape au gosier, et non encore morte
On la fend, on l'éuentre, on arrache dehors
Ses boyaux tremblotans au departir du corps.
La Reine deuinoit sur le cœur de la beste,
Quand on vient l'aduertir que le foye est sans teste;
Elle a beau le tourner d'vn et d'austre costé,

Elle n'en trouue point quoy qu'on ne l'aye osté.
Son corps de froide peur lors se roidit en glace,
Et comme vne statuë est collé sur la place :
Lors notre esprit esmeu des signes du danger
Y songe incessamment n'y voulant point songer.
　Moy qui m'afflige trop à tout triste presage,
I'abandonne ce lieu pour n'en voir d'auantage,
Aimant mieux qu'vn malheur me demeure inconnu,
Que de l'anticiper auant qu'il soit venu.
» Tout accident fascheux assez et trop tourmente,
» Sans que la preuoyance à toute heure l'augmente,
» Et sous son arriuée en transe demeurer
» Est-ce pas en souffrir premier que l'endurer ?

STRATONICE.
» Aussi le preuoyant aisément on l'euite.

ARCHIDAMIE.
» Qui pourroit l'euiter quand il suruient si viste,
» Qu'à peine seulement on pense à se sauuer ?

STRATONICE.
» Mais la prudence au ioindre aprend à l'esquiuer.

ARCHIDAMIE.
» Mille accidens font foy que la prudence humaine
» En l'incertain du monde est tousiours incertaine.

STRATONICE.
On peut à iuste tiltre estimer celle-là,
Qui resoult constamment son courage à cela,
Bien-heureuse pour n'estre auant temps malheureuse.
Souuent plus qu'il ne faut i'ay l'ame soupçonneuse,
Et ce que par les fois ie preuoy seurement,
Me fait attendre au mal fort impatiemment.

ARCHIDAMIE.
Ie sçay bien que le sort qui nous donne la chasse
Desastre sur desastre incessamment nous brasse ;
Mais dequoy le preuoir nous peut-il releuer,
Alors que le remede on n'y sçauroit trouuer ?
» Les roides coups du Ciel sont à l'homme imparables ;
» Et malgré les efforts des mortels miserables
» Nostre sort se va rendre à son but limité :
» Immuable est la loy de la fatalité.
Aussi, quoy que ce Prince à nous nuire s'apreste ;
Quoy qu'il darde sur nous son horrible tempeste,
Ie la verray tomber sans reculer vn pas :
» Aux cœurs bien desolez plaisant est le trespas.

STRATONICE.
I'aprouve ce dessein ; mais ton braue courage

Au lieu de m'asseurer m'épeure d'auantage ;
» Car laisser ses parens, ses amis, sa cité,
» Accablez sous le faix de leur aduersité,
» Fait souffrir en la mort vne douleur extresme,
» Qui fasche cent fois plus que ne fait la mort mesme,
» Et si sous le tombeau reste du sentiment,
» Là peut encor' durer cet immortel tourment.
Ne tient-il qu'à mourir ? ie rendray tesmoignage,
Que mon sexe imbecile est pourueu de courage,
Et qu'il peut de soy-mesme esteindre son flambeau.
Mais pourray-ie laisser sur le bord du tombeau
Ma Sparte preste à choir ? n'agueres fleurissante
En tant de belles loix ? en armes si puissante,
Que les grands Roys de Perse ont tremblé maintesfois
Au bruit encor lointain de ses polis harnois ?
Que par plusieurs combats elle obtint la victoire
Sur l'Attique Cité, theatre de la gloire ?
Que ses Princes guerriers des ans victorieux,
Firent craindre à la terre et monter iusqu'aux Cieux ?
Inuincible Cité tu languis abatuë ;
Du destin et du monde à l'enui combatuë ;
Tu perds ton plus grand lustre et ton premier honneur,
Non faute de vertu, mais faute de bon-heur,
Et s'il aduient encor' que Cleomene meure,
L'espoir seul de ressource auiourd'huy ne demeure.

CHŒVR.

T » OUSIOURS nostre esperance est de doute embroüillée :
» C'est comme vne clarté de tenebres voilée
» Qui nous guide à l'erreur ; tout homme qui la suit
» S'aueugle de soy-mesme et s'egare la nuict.
» En elle on se promet la chose desirée,
» Mais se voyant frustré l'ame en est martirée :
» Car le bien attendu lequel n'arriue point,
» Laisse en l'ame vn regret qui sans cesse la poingt.
» Ceux qui de cette Lotte auidement se paissent
» Sur vn bord estranger, à regret la delaissent ;
» Mais abusez d'attente, ils connoissent souuent,
» Qu'elle est de vent conceuë et n'enfante que vent.
» Demande, elle promet ; mais la chose promise
» Reüssit seulement en sa propre feintise ;
» Elle ne craint iamais de t'engager sa foy,
» Mais c'est pour se moquer plus longuement de toy.
» Si d'vn homme esueillé l'esperance est le songe,

» Ie ne m'esbahi plus d'y voir tant de mensonge ;
» Si nostre iugement peut soy-mesme tromper,
» Par elle il peut encor' les plus sages piper.
    » Toy donc qui ne veux estre auant temps miserable,
» Veuf de crainte et d'espoir demeure ferme et stable ;
» Inuincible à la ioye autant qu'à la douleur,
» Reçoy d'vn front egal et l'heur et le malheur.
    » Ne laisse aller ton ame à la vaine aparence
» Que presente à tes yeux maint rayon d'esperance :
» Car ce que plus certain elle fera tenir,
» Tu le verras apres rarement aduenir.
    » Si le Destin t'assaut, montre luy tousiours teste,
» Et s'il veut t'emporter la constance t'arreste :
» Sans iamais rechercher remede en l'aduenir
» A tes malheurs presens qu'il te faut soustenir.
    » S'il en vient de noueaux repren noueau courage,
» Sois tousiours resolu de souffrir dauantage :
» Lors si le Ciel t'enuoye vn bon-heur asseuré,
» Il te plaira tant plus qu'il fut moins esperé.
    » Aussi bien est-ce en vain que nostre ame propose,
» Puis que l'arrest du Ciel de notre sort dispose,
» Arrest irreuocable, et dont la ferme loy
» Qui commande sur tout ne depend que de soy.
    » Hé qui pourroit forcer des Astres l'influence,
» Si tant est que sur nous elle ait pleine puissance,
» Et que les corps des Cieux non suiets au trespas
» Gouuernent à leur gré les mortels d'ici-bas ?

ACTE III.

CRATESICLEA, LEONIDAS, AGIS, PAUSANIAS, PHEAX, CHŒUR.

CRATESICLEA.

Mon esprit est flotant entre mille discours :
Ce bruit et mon desir nous promettent secours,
Et Cleomene encor en accroist l'asseurance ;
Mais les signes sacrez raclent toute esperance ;
A quoy me resoudrai-ie en ces diuersitez,
Qui broüillent mon esprit par leurs perplexitez ?

Les hommes faits plus doux permettent que i'espere,
Et les Dieux irritez se bandent au contraire;
Leur mal-talent s'accroist et nostre pieté
Semble encor' enaigrir leur courage irrité.

  Si tant de vœux sacrez, si tant de saints offices,
Si tant d'oblations, si tant de sacrifices,
Quand Sparte florissoit en ses prosperitez,
Au temps de ses malheurs ne sont à rien contez,
Vostre oreille, grands Dieux, qui tout le monde escoute,
Pour nous autres surplus voudra donc n'ouïr goute?
Dites moy, couuez-vous au profond de vos cœurs
Contre nostre Cité quelques vieilles rancœurs?
Vangez-vous dessus nous les fautes de nos peres,
Ou si pour nos forfaits nous sentons vos choleres?

  Mais que peut Cleomene auoir iamais commis,
Qui vous rende auiourd'huy ses formels ennemis?
Est-ce vn lasche pariure? un Prince deshonneste,
Qui sous un front humain recele vn cœur de beste?
Se peut-il mettre au rang de ces ambitieux,
Qui iamais sans dépit ne regardent les Cieux?
Vous qui de tout en tous auez la connoissance,
Mesurez son merite auec son innocence,
Et ie m'asseure bien qu'affranchi de malheur,
Il viura sans regret et mesme sans douleur.

  Non, non, ce n'est point vous qui gardez la Iustice,
Qui tourmentez nos cœurs d'un iniuste suplice:
» Vous n'estes point fauteurs ni mesme autheurs du mal,
C'est peut estre le sort de quelque arrest fatal
Reserué de tout temps pour nous et pour nostre âge:
» Tel souuent n'a failli qui souffre le dommage.

  Sus donc, espoir, adieu, ie ne veux plus de toy;
Non, ne desloge pas, demeure encor chez moy,
Pour tousiours y nourrir cette debile attente
Que i'ay de liberté, le penser m'en contente,
Et deust-ce estre vn erreur. Mais pourquoy plus douter
Sur le poinct que le ioug est prest à nous oster?
Pourquoy s'imaginer quelque futur obstacle?
» La parole du Prince est-ce pas vn oracle?
O vous, chers enfançons, de qui les premiers ans
Promettent en leur fleur tant de fruits si plaisans,
Ne souffrez que le temps perde la souuenance
De ces maux endurez au cours de vostre enfance;
Vous estes nés, mes fils, d'vn pere genereux,
Soyez le comme luy, mais non si malheureux;

Possible que le Ciel, vostre plus seure garde,
D'vn plus benin aspect maintenant vous regarde.

LEONIDAS.

Madame, nos ayeux se montrerent iadis
Aux dangers des combats courageux et hardis;
Mon pere en nostre siecle a rendu mainte preuue,
Qu'en valeur et bonté sans second il se treuue :
De cœur comme de corps nous luy ressembleron,
Et s'il se peut encor nous le surpasseron :
Car petit que ie suis, ie respire la guerre,
Par elle on me craindra comme on fait le tonnerre,
Qui ne frape iamais sans meurtrir de ses coups;
Par elle on reuerra s'assuiettir sous nous
La Grece populeuse, et la molle Perside
Obeir au Demon qui dans Sparte preside.

AGIS.

Par nos glaiues trenchans à toute heure abreuuez
Dedans le sang des corps les champs seront pauez,
Et chacun de nous trois hazardera sa vie,
Pour rendre son renom plus grand que toute enuie.

PAUSANIAS.

Accompagnez vn iour d'innombrables Guerriers
Nous restabliron Sparte en ses honneurs premiers;
Ses loix refleuriront par les Prouinces calmes,
Et lors naistra par tout l'Oliue sous nos Palmes.

CRATESICLEA.

Illustre sang d'Hercule autheur de nos bons Rois,
C'est ainsi que l'honneur s'aquiert par le harnois,
C'est par ces beaux desseins que l'on porte sa gloire
Au lieu plus eminent du temple de memoire.
Poursuiuez constamment, ô genereux enfans,
Remplissez vos maisons de Lauriers triomphans,
Et puis que Dieu vous donne une Sparte fameuse.
Gagnez-luy tel credit, que la mer escumeuse
Et que la terre ferme esclaue à sa grandeur,
Sous le ioug de ses loix enferme sa rondeur.
» Pardonnez aux vaincus et dontez les rebelles,
» Voila le comble heureux des actions plus belles.
Ne pensez iamais rien sinon digne de vous,
Et ne suiuez iamais les transports du courroux :
Souuenez-vous plustost de mesurer l'offence
Non à son demerite, ains à vostre clemence.
Mais voy-ie pas Pheax pres de nous s'arrester?
Quelque bonne nouuelle il nous vient aporter.

TRAGÉDIE.

PHEAX.

Malheureux Messager d'vn malheureux message,
Pourront bien tes soupirs accorder le passage
Aux accens de ta voix qui tremble encor d'effroy,
Pour auoir veu mourir mon cher Maistre et mon Roy.
Si ne faut-il former une parole basse,
La grandeur de ce fait toute grandeur surpasse ;
Les gestes du passé sont moins que rien au pris,
Pour estonner les cœurs et rauir les esprits.
Mais en dois-ie à la Reine aporter la nouuelle ?
O mon Roy, si viuant tu me tins pour fidelle,
Tu m'esprouueras tel encor apres ta mort,
» Qui cele la vertu luy fait autant de tort :
Et pource veux-ie rendre vn dernier tesmoignage
A ce dernier effet de ton braue courage.

CRATESICLEA.

Que veut dire ce front si terne de palleur ?
Hé ! pourquoi tant de fois changes-tu de couleur ?
Sçais-tu le bruit qui court de nostre deliurance ?

PHEAX.

Ce faux bruit a raui nostre vraye esperance.

CRATESICLEA.

Que me dis-tu, Pheax ?

PHEAX.

Ce n'estoit qu'vn apas
Que faisoit Cleomene enuieux du trespas.

CRATESICLEA.

Est-il donc mort mon fils ?

PHEAX.

Il vient de rendre l'ame.

CRATESICLEA.

O femme infortunée ! ô miserable Dame !
Puis qu'à ieu descouuert m'assaut ores le sort,
Ce que les autres font pour fuir à la mort,
Faison le maintenant pour fuir à la vie.
Cesse quand et mon fils cette agreable enuie
Qui nous attire à voir la lumiere des Cieux,
» Quand le Soleil se couche il faut fermer les yeux.
Arriere donc de moy cette esperance vaine,
Qui iusques au sanglot veut soulager la peine ;
Suruiure à son trespas me feroit plus d'ennuy,
Que ie n'eus de plaisir à viure auecques luy.
Conte moy nonobstant cette triste auanture
Qui me fait dans le cœur vne pointe si dure.

Que ie connoisse aumoins si mourant il eut soin
D'vser de sa valeur à son dernier besoin ;
Ou plustost si la corde à son col attachée,
A suffoqué l'esprit dans sa gorge bouchée.

PHEAX.

Son trespas à iamais le rendra glorieux ;
Car si bien il vesquit il mourut encor mieux.
A peine le Soleil auoit laissé derriere
Vne egale moitié de sa longue carriere,
Que chassant de son cœur tout pensement craintif,
Libre il voulut mourir pour ne viure captif.
Il appelle Thelere aux armes redoutable,
Le robuste Cleandre a l'œil espouuantable,
L'inuincible Bias, le genereux Damis,
Le courtois Lisander, et ses autres amis
Par le braue Panthee aduertis de se rendre
Tous en vn mesme lieu, pour les armes y prendre
Contre ses ennemis, voire mesme contre eux,
Si leur hardi dessein se trouuoit malheureux :
Les trouuant disposez d'esprit et de courage
A suiure son vouloir, il leur tient ce langage :
  O guerriers indontez qui d'vn cœur haut et fort,
Regardez sans frayeur la face de la mort
Errante, espouuantable, au milieu des alarmes,
Où comme Astres de Mars vous brillez en vos armes,
Si par tant d'accidens du destin rigoureux
Ne sont point attiedis vos boüillons genereux,
Accourez l'embrasser d'une constance extresme,
Pour n'endurer vn mal bien pire qu'elle mesme.
  Vous sçauez, mes amis, que ce pariure Roy
Nous retient prisonniers en trahissant sa foy,
Et qu'vn fatal malheur nous oste la franchise,
Que par tant de sueurs nous nous sommes aquise.
» Le seul viure est seruir s'il n'a la liberté
» De mourir, quand au cœur naist cette volonté ;
» Et celuy fait choquer les regles de nature,
» Qui pour craindre sa fin trop de tourmens endure.
» Plus aise que l'on n'entre à la vie on en sort,
» Elle n'a qu'vne porte et mille en a la mort,
» Ses chemins sont ouuerts, et l'homme de courage
» Peut aller de par tout à ce dernier passage.
  » Puis donc qu'ayant vescu des siecles ici bas,
» Il nous faudroit en fin arriuer au trespas,
» L'auançant par nos mains faison que nostre gloire
» Ce qu'elle oste à nos iours donne à nostre memoire

» Montron que pour mourir ne faut que le vouloir;
» Et qu'vn cœur genereux met tout à nonchaloir,
» Pour embrasser l'effet d'vne haute entreprise,
» Qui luy donne la mort et qui l'immortalise.
 » Par courage et valeur nous en viendron à bout.
» Sans eux on ne peut rien et par eux on peut tout.
Nous sommes desarmez, mais quoy ? ces beaux gensdarmes
Dés le premier effort nous quitteront les armes :
Empoignez les moy donc, renuersez les à bas
Maintenant qu'amusez ils gossent sur les plats,
Et font de main en main tournoyer par la table
Les verres couronnez de liqueur delectable.
Ramasson à ce coup nos genereux esprits ;
Nous prendron aisément des hommes desia pris
De vin et de viande, et que la bonne chere
A rendus de tout poinct oublieux de bien faire.
Le poinct de l'entreprise en nos mains s'est rendu
Deux ou trois iours plustost que ie n'eusse attendu.
Ne souffron neantmoins que de nous il s'absente.
» En tous gens de courage est la vertu presente
» Et souuent par delais vn courageux dessein
» Veuf d'effet se dissipe ou bien se tente en vain.
 Marchon, braues Guerriers, où l'honneur nous conuie :
Le passage qu'on fait de la mort à la vie,
Faison-le sans frayeur de la vie à la mort :
Vainquon en nous vainquant les hommes et le sort.
» Qui comme nous aspire à r'auoir sa franchise
» S'il accourcit ses iours son renom eternise.
 A ces propos hautains ses compagnons aimez
Furent d'vn vif esprit chaudement allumez ;
Leur courage au despit mesle l'impatience,
Et leur tarde desia que le ieu ne commence,
Quand ton fils genereux le premier auancé,
Le premier qu'il saisit a sous luy renuersé :
Tous les autres apres à leurs gardes s'attachent,
Et hors des poings tremblans les armes leur arrachent,
Qu'ils leur pouuoient cent fois plonger dedans le flanc ;
Mais ne voulans espandre vn froid et lasche sang,
Les laissent prosternez de corps et de courage ;
Semblables aux Lions qui retiennent leur rage
Voyant dessous leurs pieds abatus humblement
Ceux qui sans rien tenter leur font ioug seulement.
 Apres s'estre affranchis ils franchissent la porte.
Et comme en la tempeste espouuantable et forte,
Le tonnerre souffreux de vapeurs assiegé,

Apres plusieurs esclats, d'vn effort enragé
Se fait iour à trauers les vagabondes nuës,
Que dans l'air il dissipe en parcelles menuës,
Tous sortent du logis auecques si grand bruit
Que qui les oit les craint, et qui les craint s'enfuit :
Car à voir seulement les esclairs de leur face,
Les courages plus chauds se remplissent de glace,
Ou si quelqu'vn s'efforce encontre leur effort,
Pensant sauuer sa vie il en reçoit la mort.
 Comme quand un torrent chet des hautes montagnes
Il se fait à l'instant Roy des basses campagnes ;
Nulle digue ne peut sa fureur arrester,
Qui s'efforce tant plus on luy veut resister :
Les pauures Laboureurs esmeus de leur dommage
S'opposent, mais en vain, à ce cruel rauage.
Tout est enuelopé dessous les flots troublez,
Qui rauissent les ponts, les arbres, et les bleds :
 De mesme nos Guerriers qui çà et là se montrent,
Passent dessus le ventre à tout ce qu'ils rencontrent ;
Rien n'arreste leurs pas, nul n'ose tant soit peu
Regarder leur visage enuironné de feu.
 Ayant fait brauement la premiere saillie,
Au boiteux Hippotas la force est defaillie,
Combien qu'il fust sorti fort deliberement ;
Mais voyant que pour luy tous marchoient lentement ;
Amis, tournez, dit-il, contre moy vostre espée,
Ici par vostre main ma trame soit coupée ;
Mais viste depeschez ; hé ! que tardez-vous plus
Pour le regard d'vn homme impuissant et perclus ?
I'ay le cœur assez fort, mais le corps est debile.
Tuez-moy, desormais suis-ie pas inutile ?
 Au fer son estomac il auoit exposé
Quand vn homme à cheual fut soudain aduisé,
L'vn se iette à la bride et l'ayant fait descendre
Monte Hippotas dessus ; Et lors sans plus attendre
Tous vont courant par tout d'vn pas non arresté,
Tous vont criant par tout liberté, liberté,
Et si le peuple lasche et digne de seruage,
Sans l'imiter admire vn si braue courage ;
N'ayant de la vertu sinon iusqu'à louër
Ceux qu'il voit pour la gloire à la mort se vouër,
Et mettre au desespoir toute leur esperance :
Car pour les suiure au reste il manque d'asseurance.
» Le cœur glacé de peur ne se peut eschauffer,
» Quoy qu'il voye aux perils la valeur triompher.

Ainsi que cette bande est plus fort animée
Par la fuite de tous, se trouue vn Ptolomée
Qui du Palais Royal de fortune sortoit,
Et de cette reuolte en rien ne se doutoit.
Trois s'eslancent sur luy, il tombe sur la terre,
Comme un Chesne abattu des trois dards du tonnerre,
Puis le voyant sans ame ils marchent en auant,
Plus viste que ne court vn tourbillon de vent
Suscitant dedans l'air vne telle tempeste,
Qu'il semble que le Ciel en creue sur la teste.
 Nos Guerriers indontez les carrefours suiuans,
Alloient en tous endroits le tumulte esmouuans,
Lors que pour le calmer monte dedans son coche
Le Gouuerneur hastif : mais venant à l'aproche,
Ils courent dessus luy d'vne telle vigueur,
Qu'il perd soudainement et l'esprit et le cœur;
Et ses Archers tremblans d'auec luy se departent,
Comme on void dans vn champ les brebis qui s'escartent
A l'arriuer du loup leur mortel ennemi,
Qui surprend le Berger sous l'ombrage endormi.
 Comme vn Lion pressé de faim et de furie,
Trouuant des bœufs à graisse en la verte prarie,
Sur tous en choisist vn, luy liure le combat,
Saute droit à sa gorge, et sous ses pieds l'abat :
Ton fils hors de son Coche attire Ptolomée,
Et le renuerse mort dessous sa main armée;
Puis se tourne au Chasteau plus viste que l'esclair
Qui court en vn moment le grand vague de l'air,
Et n'eschape iamais du ventre de la nuë,
Sans faire entre-iallir mainte flamme menuë.
 Or estoit le dessein de nos braues Guerriers
D'arracher les goujons à tous les prisonniers,
Pour s'en seruir apres à finir l'entreprise :
Mais les rudes Geoliers dont l'ame fut esprise
De peur et de soupçon, bastillent tout par tout,
Si bien que nul effort n'en peut venir à bout.
 Ton fils lors rebuté de sa meilleure attente,
Trouue d'autres moyens; mais en vain il les tente :
Il supplie, il menace, il exhorte chacun
De s'armer auec luy pour le salut commun;
Il n'auance non plus : comme il n'y a personne
Qui vueille resister, nul à luy ne se donne;
Tout le monde effrayé quoy qu'il puisse tascher
S'enfuit legerement et cherche à se cacher.
 En fin, quand il eut fait maint inutil voyage,

Tourné vers ses guerriers il leur tient ce langage :
Est-ce quelque merueille, auantureux amis,
De voir ce lasche peuple a des femmes sousmis,
Veu qu'il fuit liberté quand il la voit presente,
D'elle mesme s'offrir, et la recherche absente ?
» Cil ne merite pas posseder vn tel bien,
» Qui voudroit l'acquerir et ne hazarder rien.
Pour nous qui la tenons nourrice de la vie,
Mouron puis qu'à la mort sa perte nous conuie.
» Quand il est interdit de viure librement,
» C'est faire vn tres beau coup de mourir brauement.
    Tous approuuent ces mots du cœur et de la teste.
Hippotas à Damis le premier fait requeste ;
Tous deux sont resolus de faire leur deuoir,
L'vn à donner le coup, l'autre à le receuoir.
Damis d'vn bras robuste enfonce son espée
Au ventre d'Hippotas, elle ressort trempée
Du sang qui par la playe à gros flots regorgeoit,
Ainsi qu'vn fleuue rouge où son ame nageoit.
L'vn de l'autre cherchans ce mutuel office,
De la vie à l'honneur ils font vn sacrifice,
Et frustrent la fierté des tyrans inhumains,
En deposant leur ame entre leurs propres mains.
    Comme de belles fleurs sous l'ardeur languissantes,
Ces grands Heros panchoient leurs faces pallissantes,
Et tiroient à la fin ; Panthée encor restoit,
Qui des morts le trespaz et l'honneur souhaitoit,
D'autant que Cleomene en mourant eut enuie,
Que le dernier de tous il se priuast de vie,
Afin que pas vn d'eux ne reuint en la main
De ce perfide Roy leur tyran inhumain :
Et pourtant de l'espée vn chacun d'eux il sonde ;
Mais tous ont ia quitté la lumiere du monde,
Et leurs membres glacez n'ont plus nul sentiment.
Seul restoit Cleomene : approchant lentement
Il luy poingt le talon, puis void que son visage
Fronce encor' le sourcil, lors dolent au courage,
Pour attendre sa fin aupres de luy s'assit,
Puis si tost qu'il fut mort dessus son corps s'occit.

CRATESICLEA.

Tu tardes trop long temps ; ô miserable Dame,
Des liens de ce corps depestre ores ton ame !
Mais viste, la rigueur de ce contraire sort
Te conduise auec eux sous l'ombre de la mort,
Aussi bien puis qu'il faut auoir cesse de viure,

TRAGÉDIE. 185

Ce n'est pas peu d'honneur que de les pouuoir suiure.
CHŒUR.
Elle tombe pasmée, il la faut soustenir.
Au vinaigre, mes sœurs, faison la reuenir.
Apres le fils perdu ne perdon pas la mere,
Seul confort qui nous reste en si grande misere.
L'vn est mort, ô meschef! par son trop de valeur :
L'autre cherche la tombe en fuyant sa douleur.

CHŒVR.

Nous viuon pour mourir et mouron pour reuiure :
» La vie est vne voye adressante au trespas,
» Et la mort vn chemin à qui bien le veut suiure,
» Conduisant à la vie où lon ne reuient pas.
 » Vne fin est à tous, mais non pourtant de mesme ;
» Cettui-ci foule aux pieds la mort dedans la mort ;
» Cet autre à sa menace a le visage blesme,
» Et quand plus elle approche il la refuit plus fort.
 » Mais en fin, que doit-on apprendre en cette vie
» Qu'à bien la receuoir puis qu'il la faut souffrir ?
» Qu'à se montrer constant lors que l'honneur conuie
» A courre d'vn grand cœur au supplice s'offrir ?
 » Plusieurs trop agitez des tempestes humaines
» Se sont mis à l'abri de ce tranquile bord,
» Et malgré les efforts des esperances vaines,
» Par le naufrage mesme en ont gagné le port.
 » Qu'aux poures affligez la mort est desirable,
» Quand ils peuuent sans crime esteindre leur flambeau !
» Que c'est vn grand soulas à l'homme miserable,
» Qui fuit à son malheur s'il chet dans le tombeau.
 » Ne trouble donc ta mort du regret de la vie,
» Et vi franc de la peur de la mort qui te suit ;
» Aussi bien, ô mortel, pour toute ton enuie,
» Tu ne peux empescher que ton iour n'ait sa nuit.
 » Quel bien te reuiendra de viure cent années ?
» Peut-on estimer long ce qui doit auoir fin ?
» Les iours sont terminés, les saisons sont bornées ;
» Aussi bien que son cours Phebus a son declin.
 » Le temps mesme, le Roy de ces choses mortelles,
» Ne se peut exempter de la mortalité ;
» Puis qu'on le void finir en toutes ses parcelles,
» Luy qui limite tout se verra limité.
 » Si tu n'apperçois rien d'eternelle durée,
» Et si tout ce grand Tout n'attend que le trespas,

» Suy tousiours la vertu seule au monde asseurée,
» Qui nous fait viure au Ciel en mourant ici bas.
   O l'honneur immortel des ames genereuses
Tout bien consideré vous auez eu raison
De rendre vos esprits en vos mains valeureuses,
Pour sortir par la mort d'vne double prison.
   Que rien ne se compare auecques vostre gloire;
Vous vainquez tout d'vn coup en ce dernier effort
Deux pestes qui sur nous emportent la victoire,
L'enuie au cœur malin et la cruelle mort.
   Elles ont eu sur vous le premier auantage;
Vous auez le dernier, ô guerriers glorieux,
Elles domptent vos corps et vous dontez leur rage,
Vous chassent de la terre et vous montez aux Cieux.

ACTE IIII.

CRATESICLEA. CHŒUR. DAMOISELLE. LEONIDAS.

CRATESICLEA.

SECOURS inhumain qui mon ame r'appelles!
O bonté trop nuisible à mes douleurs cruelles!
Vous me deuiez laisser en ce mortel defaut
Sans rallumer ma veuë aux clartez d'ici haut:
   Ie viuois en la mort, mais ie meurs en la vie;
Laissez moy repasmer puis qu'il m'en vient enuie;
Aussi bien quel suiet me doit plus retenir?
Hé! voudrois-ie immortelle aux tourments deuenir,
Maintenant que la dent d'vn rigoureux martire
Comme vn cruel serpent mes entrailles deschire?
D'autant d'aspres tourmens i'ay les sens combatus,
Que mon fils genereux possedoit de vertus;
Si sa perfection passoit toute mesure,
Infinie est aussi la douleur que i'endure.
   O vous donc qui tordez en vos fatales mains
Le fuseau de la vie accordée aux humains,
Parques, tranchez bien tost la miserable trame
Qui de trop fermes nœuds retient ici mon ame.
Comment pourray-ie voir Cleomene gisant,
Sans pompe, sans honneur, comme vn simple paisant,
Voir, di-ie, refouler cette honorable face,

En qui tousiours viuoit vne agreable audace?
De mesme insolemment les connils ombrageux
Vont muguetter la barbe au Lion courageux
Estendu sur la place, et l'osoient voir à peine,
Lors qu'il espouuentoit la forest et la plaine.
　Tantost que d'vn espoir mon erreur ie flatois,
Cet accident mortel ie ne me promettois :
Mais si cherchant confort à ma dure souffrance,
De nos malheurs communs i'attendois deliurance,
Toy-mesme, Cleomene, auois fait conceuoir
A mon ame credule vn si trompeur espoir :
En fin tu m'as donné des attentes friuoles
Pour couurir ces effets dont mon cœur tu desoles.
　Ce n'est point sans raison que ie me plain de toy.
Auoy-ie peu d'amour, de constance, de foy,
Que tu m'as negligée et tenuë incapable
Du courageux dessein d'vn acte memorable?
I'acorde qu'à tout autre il deust estre celé :
Le deuoir exigeoit qu'il me fust reuelé.
Ie suis femme, il est vray; mais Sparte est ma naissance,
Qui l'vn et l'autre sexe instruit à la vaillance,
Et si ie n'ay le bras aux armes bien appris,
Mon courage pourtant n'est digne de mespris.
　Que si tu dédaignois qu'auiourd'hui nostre gloire
Fust auecques la tienne escrite en la memoire,
Nous desrobant l'honneur qui suffisoit pour tous,
Deuois-tu pas au moins mourir aupres de nous?
Fermant auec nos doigts tes mourantes paupieres,
Nous eussion prononcé les paroles dernieres,
Et sur ta léure morte en baisant ramassé
L'esprit de tes poulmons par les vents dispersé.
　Mais pourquoi plain-ie tant d'vne voix langoureuse
Et ton sort et le mien? ta troupe auantureuse
Pour l'interest public me trauaille aussi fort;
Toute Lacedemone est morte par sa mort.
Il ne faut desormais qu'aucun bien elle espere,
Celuy qui luy seruoit de seigneur et de pere,
De subiet et de Roy, de Chef et de soldat,
Gist ainsi qu'un beau Lis que la tempeste abat;
Et ses autres guerriers sont tombez par eux-mesme,
Sous l'effort violent de cet orage extréme :
Ils estoient sa ressource, et puis qu'elle les perd,
Ie croy que son tombeau s'en va bien tost ouuert :
Qu'elle se plaigne donc, qu'elle se noye en larmes
Et s'exhale en soupirs; la gloire de ses armes

Auiourd'huy fait eclipse, elle n'a plus de bras,
Auec ces grands Heros sa force est cheute à bas.
 O vous esclairs perçans des plus fortes armées,
Genereux fils de Mars, qui rendiez animées
Nos troupes aux combats, Guerriers pleins de valeur,
Indontables à tout fors à vostre malheur,
Soit que soyez au Ciel ou qu'encor sur la terre
Vostre esprit vagabond autour de vos corps erre,
Receuez maintenant les soupirs et les pleurs,
Que sur vostre tombeau ie seme au lieu de fleurs.
 Pour vous, chastes Beautez, que cette aspre fortune
Afflige avecques moy d'vne perte commune,
Les larmes de vos yeux aux miennes adioignez ;
Si vous plaignez beaucoup à bon droit vous plaignez.

CHŒUR.

Nous auons bien raison de pleurer et de plaindre ;
Nous perdons en perdant Cleomene et les siens
Ce qui nous fist aimer et ce qui nous fist craindre ;
C'est pourquoy nous meslon nos pleurs auec les tiens.

CHŒUR.

Il faudroit que le cœur fut d'vne roche dure
Qui ne s'amoliroit à ces griefues douleurs ;
Vn Tigre sans pitié plaindroit nostre auanture ;
C'est pourquoy nous plaignon auec toy nos malheurs.

CHŒUR.

Quand l'esprit est priué de ce que plus il aime,
Il ne sçauroit autant exprimer qu'endurer :
» Car tousiours sans parole est la douleur extréme ;
C'est pourquoy nous voulon seulement soupirer.

CHŒUR.

Le confort qui nous reste au mal qui nous possede,
C'est de nous découurir nos ennuis plus secrets;
» Les douleurs de l'esprit n'ont point d'autre remede :
C'est pourquoi nous faison avec toy nos regrets.

CHŒUR.

Si des maux par la mort on deliure la vie,
Il faut cesser de viure en ce cruel esmoy ;
Auecques le suiet en doit naistre l'enuie ;
C'est pourquoy nous voulon mourir avecques toy.

CHŒUR.

Hé ! qui voudroit suruiure à sa morte esperance ?
Pour prolonger ses iours allonger ses trauaux ?
» Celuy qui pour mourir ne manque d'asseurance,
» Peut-il manquer iamais de remede à ses maux ?

TRAGÉDIE.

CHŒUR.
Qui perdroit du Soleil les agreables flames,
Ne voudroit reculer à souffrir le trespas;
Et nous ayant perdu les Astres de nos ames,
Lou'ron-nous leur valeur pour ne l'imiter pas?

CHŒUR.
Par leur mort on connut la constance des hommes
Disputer à soy-mesme et faire pour l'enui;
Mais nous voulon montrer tout autant que nous sommes,
Que nous ne leur cedon que pour auoir suiui.

CRATESICLEA.
Puis que nos meilleurs iours auec eux nous passasmes,
Descendon auec eux sous la nuict du tombeau;
Si reioignans nos corps nous reioignon nos ames,
Nostre heur qui semble mort renaistra de nouueau.

CHŒUR.
Si pour leur seule amour nous aimasmes la vie,
Pour eux il faut aimer la mort egalement :
Si le subiet se meurt qui fait de viure enuie,
L'enuie en doit aussi mourir pareillement.

CHŒUR.
Accompagnon leur ombre és plaines infernales,
Où tous apres la mort vont chercher le repos;
Enseuelisson nous és ruines fatales
De nostre chere Sparte auec ces grands Heros.

Il vaut bien mieux se perdre et finir quand et elle,
Que de viure sans elle en fascheuse langueur :
» Qui meurt pour son païs acquiert vie immortelle
» Et qui n'y veut mourir a bien faute de cœur.

Aussi bien nostre Sparte est cheute sans ressource,
Celuy qui la soustint s'est luy-mesme abatu :
On l'a veu defaillir au milieu de sa course;
Mais on ne verra point defaillir sa vertu.

» Au plus luisant Soleil s'opposent des nuages;
» Mais de leur ombre espesse il n'est point obscurci :
Le sort luy suscita de grands desauantages,
Mais tout à son honneur est en fin reüssi.

CHŒUR.
Si le Ciel eust permis à son braue courage
D'accomplir les desseins qu'il auoit proiettez,
Il eust en liberté changé nostre seruage,
Et fait naistre vn bon-heur de nos aduersitez.

Mais puis que le destin autrement en ordonne,
Esmouuant contre nous les hommes et les Dieux,
Cedon à la rigueur de sa rage felonne,

Et perdant nostre terre allon gagner les Cieux.
　Le deuoir et l'honneur à cela nous conuie,
Et Cleomene encor des Heros le plus fort,
Qui par son beau trespas triompha de la vie,
Et par sa vie encor triomphe de la mort.

CRATESICLEA.

Si nos braues Guerriers animez de leur gloire,
Ont voulu par leur main leur trespas signaler,
Sur nous mesme gagnon vne mesme victoire,
Qui seconde la leur ne pouuant l'egaler.
　Pour vous, poures enfants, Royale geniture,
Vous qui participez auec nostre aduenture,
Voudrez-vous pas aussi vos chers parens suiuir,
Plus apris à mourir que non pas à seruir?
Non demourez viuans ; car le Ciel fauorable
Pourra tourner en mieux vostre estat miserable,
Et lors si vostre pere a quelque sentiment,
Ses os tressailliront dessous le monument,
Tandis que de sa mort vous prendrez la vengeance
Sur ceux qui l'ont trahi le menant d'esperance.
Si les fruits de vostre âge en egalent les fleurs,
Sparte verra tarir la source de ses pleurs,
Et derechef son ame à l'honneur eschauffée,
Erigera sous vous maint glorieux trophée,
Et la Grece guerriere endurera vos loix,
Comme elle a fait iadis celles de nos vieux Rois.
Soit qu'alors notre esprit erre és forests d'Elise,
Soit qu'il seiourne au Ciel d'où son essence est prise,
Il sera tout comblé d'vn extréme plaisir,
De voir vos beaux succez respondre à son desir.
　Cet espoir seul ie porte en la tombe funeste,
Comme le seul confort qui maintenant me reste,
Faux ou vray, ie ne sçay ; mais mon ame s'en paist,
Comme d'vn songe doux dont l'illusion plaist.
Quel bruit oy-ie là-bas ? que pourroit-ce bien estre ?

DAMOISELLE.

Agis s'est eslancé d'vne haute fenestre
La teste la premiere ; enuoyez-le querir ;
Ie croy que s'il n'est mort il va bien tost mourir.

CHŒUR.

Au secours, au secours, Compagnes, ie vous prie ;
Retenon s'il n'est mort son ardente furie.

CRATESICLEA.

Courez viste, courez, et l'apportez ici
En quelque estat qu'il soit ; car ie le veux ainsi.

» Le malheur des humains est de telle nature,
» Qu'il ne garde iamais ni nombre ni mesure :
» Cette Hidre ne se peut reduire à vn seul chef;
» Car si l'on tranche l'vn sept naissent derechef.
O vrayment digne fils d'vn pere braue et digne,
Qui nous montres si ieune vne constance insigne,
Ton courage aussi grand que petit est ton corps,
N'a point craint de mourir par ses propres efforts?
Quasi dés le berceau ton ame genereuse
Au milieu du trespas deuient plus courageuse?
» L'Aigle de l'Aigle naist; d'vn pere valeureux
» Ne sort point vn enfant imbecile et peureux.
Mais las! plus ta ieunesse est extréme en courage,
Plus de mes desespoirs ie sens croistre la rage :
Si le bien de t'auoir n'estoit point si plaisant,
Le regret de te perdre en seroit moins cuisant :
Mais premier que ie sois de la tombe couuerte,
Le Ciel me fait connoistre et ton cœur et ma perte,
Afin que tant de maux l'vn sur l'autre arriuez
Rendent mes sentimens de leurs effets priuez,
Niobe deuenuë à la mort de ma race :
Si ie ne suis Rocher, au moins que ie sois glace
Pour faire decouler au feu de mes douleurs
Mon ame languissante en vn ruisseau de pleurs.
Mais te voici, mon fils, es-tu encor en vie?
Et pourquoy prenois-tu cette cruelle enuie
De ioindre vn soir funebre à ton noüueau matin?
Est-ce donques l'arrest de mon cruel destin
Que ce iourd'huy ma race innocentement meure,
Et que moins courageuse au monde ie demeure?
Vi, ie te pri', mon fils; car ce n'est pas à toy
De partir ainsi tost, mais bien plustost à moy.
AGIS.
Ie ne veux plus, Madame, arrester d'auantage.
Mon pere me conuie à faire ce voyage,
Où souuent le plus ieune est le plus auancé :
Permettez d'acheuer comme i'ay commencé.
Aussi bien est-ce en vain que l'on m'en veut distraire :
Ie veux ici montrer ce que i'eusse peu faire,
Et qu'vn pere en la mort de la mort triomphant,
Deuoit pour successeur auoir vn tel enfant.

CHŒVR.

Depuis que le malheur nous assaut vne fois
» On a beau se debattre, il attache sa prise;
» Qui pourroit du destin forcer les dures loix
» Veu que sa chaine aux Dieux desrobe la franchise?
» Immuables decrets du Ciel tousiours mouuant,
» Qui du bien et du mal ne prenez connoissance;
» Par vous seuls l'innocent qui le bien va suiuant,
» Ioüissant de la vie a moins d'esiouissance.
 » Vous deuriez le bon-heur dessus les bons verser,
» Le malheur sur ceux-là qui s'adonnent au vice;
» Mais l'on void au rebours plus mal recompenser
» Ceux qui à la vertu obligent leur seruice.
 » Que peut penser le iuste estant si mal mené?
» Croit-il pas que le Ciel les gens de bien pourchasse?
» Que vertu n'est qu'vn bien en songe imaginé,
» Vn nom plein de iactance, et de peu d'efficace?
 » On dit que Iupiter au Ciel a deux tonneaux
» Dont l'un est plein de biens, l'autre de maux abonde,
» Les maux dessus les bons il espand à monceaux,
» Les biens sur les meschans qui fleurissent au monde.
 » Mais cessez, vertueux, cessez de murmurer;
» Pour faire vn meschant bon tous ces biens il luy donne;
» Et tous ces maux aux bons il veut faire endurer,
» Pour mettre sur leur chef la celeste couronne.
 » C'est le sacré loyer que baille la vertu
» A ceux qui son enseigne ont au monde suiuie,
» Et qui pendant leur guerre ont si bien combatu,
» Qu'ils triomphent au Ciel du vice et de l'enuie.
 » Nul auant le combat ne couronne son front,
» Et le Laurier consiste en la seule victoire :
» La victoire prouient d'vn cœur constant et pront,
» Qui tousiours perseuere à poursuiure la gloire.
 » Soupirez quelques iours pour tousiours respirer :
» Qui veut monter au Ciel la souffrance est l'eschelle;
» Celuy qui ne sçauroit vn tourment endurer,
» Meriteroit-il bien une ioye eternelle?
 » Le repos sera long et vos trauaux sont courts :
» Vous mourrez vn moment pour viure mille annees;
» Pour passer vne nuict vous aurez mille iours,
» Dont les courses iamais ne se verront bornees.
 » Que si les maux presens vous sont trop ennuyeux,
» Et les biens à venir pour vous n'ont point des aisles;

» Aux tenebres du monde il faut fermer les yeux
» Afin de les ouurir aux clartez eternelles.
» Desirez le seul bien qui demeure certain,
» Et duquel à iamais dure la iouïssance;
» Mais mesprisez celuy qui s'enuole soudain,
» Et depend plus du sort que de vostre puissance.

ACTE V.

PTOLOMEE, STRATONICE, CHŒVR, MESSAGER.

PTOLOMEE.

Deuois-ie retourner de Canibe la belle,
Pour m'auancer le coup d'yne triste nouuelle?
C'est estre bien conduit d'vn extresme malheur
Que de venir ainsi s'embatre en la douleur.
Cleomene est sorti; mes deux chers Ptolomees,
Creatures du Ciel si dignes d'estre aimees,
Ces deux grands ornemens de ma superbe Cour,
Sont par cette sortie issus de nostre iour.
Las! sur eux seulement n'est tombé cet orage,
Ces Tigres furieux, ces Lions plains de rage,
Meslans à la fureur l'effroy de leurs hauts cris,
Ont maints autres Guerriers à l'impourueu surpris,
Et toute ma Cité de leurs tombeaux couuerte,
Confond parmi leur sang les larmes de sa perte.
Voyant tous mes Soleils couchez en l'Occident,
Ie demeure esperdu d'vn si triste accident;
Ie suis outrepercé d'une pointe de rage,
Ne pouuant satisfaire au dueil de mon courage,
Ni mesme à ces amis la raison demandans,
Par des traits de vengeance au forfait respondans,
D'autant que Cleomene en se tuant soy-mesme,
A desrobé sa vie à ma cholere extresme,
Et que ses compagnons ont moins craint de mourir,
Que ma rigueur seuere au suplice encourir.
Mais ne pouuant vanger sur les vifs mon offance,
I'en prendray sur les morts vne morte vengeance:
S'ils ont eu de la gloire à mourir brauement,
Ils auront le gibet pour honteux monument.
Qu'on me les pende tous, et que leur chair pourrie
Distilante au Soleil engraisse la voirie.

Fay mon commandement, Preuost, depesche toy.
Mais non, attend un peu : la mere de ce Roy,
Ses tendres enfançons, les femmes miserables
De ceux qu'à son dessein il trouua secourables
Sont-elles pas encor' au pouuoir de mes mains ?
Va t'en les deliurer aux Bourreaux inhumains.
Que du grand au petit toute la race meure.
Vn seul poinct m'en desplaist, c'est que leur nom demeure
   I'immole, chers amis, dessus vos froids tombeaux
Ces victimes, au lieu de vaches et d'agneaux ;
Et si vous destournez le bel œil de vostre ame
Sur mon esprit dolent que vostre perte entame,
Tous morts vous priserez mon immortel amour,
Qui parmi vostre cendre a choisi son seiour ;
Mon cœur tout soupirant de mortelle souffrance,
Respire desormais cette seule esperance.

CHŒVR.

  » Rien n'est si fort à redouter
  » Que l'ame d'vn Prince élancée
    » De cholere insensée :
  » On ne la sçauroit arrester ;
  » C'est comme un feu pris à l'amorce,
    » Qui s'eschape de force.

  » Le flot courroucé de la mer
  » En l'orage le plus horrible
    » Est beaucoup moins terrible :
  » Quoy qu'il menace d'abismer,
  » Souuent par le mesme naufrage,
    » On échape sa rage.

  » Mais quand l'on tombe à la merci
  » D'vn Prince embrasé de vengeance,
    » Vaine est toute esperance,
  » De pardonner il n'a souci
  » Sa cruauté desmesurée
    » Est de sang alterée.

  » Encor il ne luy suffit pas
  » Que celuy seulement endure
    » Qui luy fait de l'iniure,
  » Il punit mesme du trespas
  » Ceux qui n'estans en rien coupables
    » Seroient impunissables.

TRAGÉDIE. 195

» Que peut mais la mere ou l'enfant
» Des fautes qu'vn fils ou qu'vn pere
　» A leur desceu veut faire?
» Aussi la Iustice deffend,
» Que l'vn pour l'autre se punisse;
　» Tout le crime est au vice.

» Mais où la violence a lieu,
» Regne l'austere tyrannie,
　» Et Clemence est bannie.
» L'homme mortel ne craint plus Dieu,
» Quand il se void craint de la terre,
　» Soit par fraude ou par guerre :

» Mais quand Dieu semble fermer l'œil
» Aux maux dont il se contamine,
　» Il songe à sa ruine;
» A son corps il dresse vn cercueil,
» Et fait vn Enfer à son ame
　» De glaçons et de flame.

STRATONICE.

Et bien! nous en mourron; ce n'est point si grand cas.
Nos maris genereux ont ià passé le pas.
Libres ils sont allez, et l'ennemi nous traine;
Deuoient-ils pas aussi nous tirer hors de peine,
Et premier dessus nous esprouuer leurs couteaux,
Sans nous laisser aux mains de ces lasches Bourreaux?
T'abandonnay-ie ainsi, peu fidele Panthée,
Quand la palme de gloire à Sparte fut ostée,
Et quand son Roy fuyant des pieds et non du cœur,
De son Demon contraire esprouua la rigueur?
Toy me quittas deslors sans m'auoir aduertie,
Sans m'auoir resoluë à telle departie
Dont ie cuiday mourir : mes parens rigoureux
Voyant que ie prenois vn dessein genereux
De t'aller rechercher, que ie te voulois suiure,
Toy qui me fais mourir pour m'avoir laissé viure,
M'esclairoient à toute heure, obseruoient tous mes pas,
Et seule vn seul moment ne m'abandonnoient pas.
» Que ne peut faire vne ame amoureuse et fidelle!
Ie rompis aisément cette prison nouuelle,
Et hardie à cheual sur la nuict ie montay,
Courant droit à Tenare où ie te r'acostay.
　I'aimoy beaucoup mieux viure avec toy fugitiue,
Que de viure sans toy miserable et chetiue;

Et pource, ni les flots non veus auparauant,
Ni les aspres rochers, ni les fureurs du vent,
Ne peurent m'arrester; i'accompagnay ta fuite,
Iusqu'à tant qu'auec toy je fusse ici reduite.
Aussi, i'eusse percé dix mille et mille morts,
Pour te ioindre, ô mon cœur, sur ces estranges bords,
Où i'ay tousiours senti mainte peine importune,
Mais ton amour vnique adoucit ma fortune,
Et te voir seulement me fut tant de plaisir,
Qu'en ces malheurs communs i'en soulay mon desir.
 Cest exil, mais plustost liberté de mon ame,
N'amortit de mon feu la plus petite flame,
Et ie croy que le tien par la mort dechassé,
Dedans mon cœur encore est n'aguere passé.
O bienheureux Amant de malheureuse Amante,
Es-tu point affligé de ce qui me tourmente?
Comme i'ay du regret de n'estre auecques toy?
As-tu point de douleur de n'estre auecques moy?
Courage, ma chere ame, on nous remet ensemble;
La vie nous separe et la mort nous rassemble.
Que si ce Roy benin en son aspre rigueur
N'esteignoit auiourd'huy ma vie et ma langueur,
Pour voir bien tost ton œil l'Astre qui m'est propice,
Moy-mesme de mes mains ie ferois cet office :
» Mais se donner la mort ne se doit priser tant,
» Comme la receuoir d'vn visage constant.
Adieu, clartez du iour qui m'estes des tenebres,
Mon Soleil est couuert d'obscuritez funebres,
Et si, ie vois encore. Adieu, Soleil des Cieux,
N'ayant plus ma lumiere il ne me faut plus d'yeux.

CHŒVR.

 Astres d'honneur et de beauté,
C'est vne estrange cruauté
De faire eclipser vos lumieres,
Dont les rais sont plus esclatans
Que celles-là des meilleurs temps,
D'âge et non de clarté premieres.
 Las! par vn cruel accident
L'Orient vous est Occident;
Que vous lancez de viues flames
Au poinct que vous vous esteignez;
On plaint de ce que ne plaignez,
O beaux Soleils des belles ames.
 Fort lamentable est vostre sort,
Mais desirable est vostre mort:

L'vn vous nuit, l'autre vous honore;
Si l'vn vous fait de la douleur,
L'autre prouue vostre valeur,
Qu'à part soy nostre cœur adore.

Ces rares et hautes vertus
Dont vos malheurs sont combatus,
Font secher les hommes d'enuie;
Et si l'honneur ambitieux
Les touche, ils aimeront bien mieux
Vostre mort qu'ils ne font leur vie.

Vous deuiez viure sans tourment,
Mais vous ne pouuiez autrement
Entrer en nostre connoissance :
Par l'exemple que vous donnez
En ces maux que vous soustenez,
On apprend que peut la constance.

Vous faites paroistre aux humains
Par le cœur au deffaut des mains
Que vostre ame fidelle et sainte
A prou de force et de vertu
Pour rendre à vos pieds abatu
Le monstre tremblant de la crainte.

O sexe foible; mais bien fort
Puis qu'il mesprise ainsi la mort,
Et qu'il tient à si peu la vie!
Il faut confesser librement,
Qu'en mourant ainsi constamment,
De mourir vous faites enuie.

Belles, vous n'auez point d'effroy
Pour les menaces de ce Roy
Qui sans cause aux Bourreaux vous liure;
Mais on diroit voyant vos pas
Marcher franchement au trespas,
Que vous estes lasses de viure.

Est-ce pour disputer le prix
De la valeur à vos maris,
Fidelles et constantes Dames?
Ou par vos trespas bien-heureux
Gagnant l'auantage sur eux,
L'adiuger à l'honneur des femmes?

Et bien! nous vous donnon nos voix :
Car l'on a connu maintesfois
La constance plus naturelle
Aux hommes qu'elle n'est à vous;

  Et les surpassant ainsi tous,
  Vostre gloire s'en fait plus belle.
   Il iugera de mesme aussi,
  Qui vous void sans peur ne souci
  Cheminer à vostre suplice :
  Nous vous eussion contemplé mieux,
  Mais nous ne voulon de nos yeux
  Fauoriser telle iniustice.
Ne vois-ie pas quelqu'vn reuenir deuers nous?
Il nous peut tout conter. Amis, auancez-vous.
» Ce qui dedans l'esprit penetre par l'oreille
» N'engendre au cœur de l'homme vne douleur pareille
» A celle que nos yeux necessitez de voir
» Par leur raport certain y peuuent conceuoir.

    MESSAGER.

Patience admirable et digne de loüange!
Exemple de courage, et certes bien estrange
En ce sexe tenu si capable d'effroy,
Que tout suiet de peur l'emporte hors de soy.
Ie vien d'y contempler tant et tant de constance,
Qu'à mes propres yeux mesme à peine ay-ie creance,
Et que ie sen mes sens de merueille abatus
En l'admirable obiet de ses rares vertus.
Celuy qui n'aura veu de si mortels spectacles,
Mais nommon les plustost des immortels miracles,
Les tiendra pour suspects; et la posterité
Donnera lieu de fable à cette verité.

    CHŒVR.

De grace di nous donc cette chose incroyable.

    MESSAGER.

Vous me priez de faire vn recit lamentable,
Ie le feray pourtant; car vn acte si beau
Ne doit quand et les corps perir dans le tombeau.
 Par le vouloir du Roy les sergeans de Iustice
Menoient Cratesiclee et sa troupe au suplice;
La femme de Panthee au milieu paroissoit,
Et sur le demeurant de la teste croissoit,
Semblable de façon, d'espaules et de face
A la vierge des bois qui preside à la chasse.
Cette chaste beauté la Reine suportoit,
Et de geste et de voix son ame confortoit,
Quoy qu'elle ne fust point autrement estonnée
Du suplice effroyable où elle estoit menée.
 La pauurette prioit les Bourreaux inhumains
De commencer par elle; et leur ioignoit les mains

Pour ne voir point mourir tout l'espoir de sa race,
Disant que cela seul luy tiendroit lieu de grace.
 Ces Busires cruels en la place arriués
Où sont les eschaffauts assez haut esleuez,
Sourds d'oreille et de cœur à ses iustes prieres,
Sur ses petits enfans iettent leurs mains meurtrieres,
Et deuant ses beaux yeux tous offusquez de pleurs,
Fauchent d'vn fer cruel ce beau Printemps de fleurs :
Le dur coup qu'en leurs corps frapa l'iniuste lame
S'enfonça tellement au plus vif de son ame,
Qu'à peine elle rendit ces mots articulez :
Las ! mes pauures enfans, où estes-vous allez ;
Et puis soudain lascha de son triste courage
Vn amas de soupirs bruyans comme l'orage.
 Or plaignant non pour elle, ains pour eux seulement,
Qu'elle auoit veu mourir si courageusement,
Quand ce vint à son tour elle peignit sa face
Non d'vne couleur morte, ains d'vne viue audace,
Et la femme à Panthee enuelopa son corps,
Duquel quand et le chef, l'ame vola dehors.
 Puis à toutes faisant vn office semblable,
Elle les void mourir d'vn courage admirable ;
La derniere à la fin soy-mesme s'acoustrant,
Et nul trouble de l'ame à son front ne montrant,
Fait naistre à qui la void si grande pitié d'elle,
Que la cruauté mesme en seroit moins cruelle.
 Raualant à ses pieds son long acoustrement,
Le col blanc comme neige elle offre asseurément
Au Bourreau tout sanglant qui lui tranche la teste,
Voire et dedans la mort demeure si honeste,
Qu'elle n'a point besoin que l'on couure autrement
Les membres que chacun cele modestement.

CHŒVR.

» De là nous apprenon que contre toute rage
» La vertu se maintient sans endurer d'outrage.
» Soient tous les vents du monde émeus pour l'esbranler,
» On ne la voit iamais çà et là vaciller ;
» Mais plus ferme qu'vn Roc elle est tousiours toute vne
» Aux orages diuers qu'apporte la fortune.

DAVID

DAVID
TRAGEDIE

ACTE PREMIER.

DAVID, NADAB.

DAVID.

Vn volage Demon qui possede mon ame
Or me glace de crainte, or de desir m'enflame;
D'vne diuerse trampe ainsi coulent mes iours,
Tant ie me hay moy-mesme en aimant mes amours.
Au poinct que le Soleil ses rais nouueaux desserre
Sur les nouuelles fleurs qui tapissent la terre,
Ie sens mille soucis s'esclorre dans mon cœur
Au seul obiet d'vn œil trop doux en sa rigueur.
Quand la chaleur du iour à midi se r'enflame,
De mesme croist aussi la chaleur de mon ame:
Mais l'vne sur le soir va tousiours finissant;
Et l'autre par sa fin va sans fin renaissant.
O Phebus, di-ie alors, tu vas finir ta tasche,
Ià tes cheuaux lassez vont prendre leur relasche,
Où mon trauail n'a cesse; et iamais le sommeil
Nulle liqueur d'oubli ne fait boire à mon œil.
La griffe d'vn Vautour deschire mon courage:
Lors que ie veux dormir il resueille sa rage,
Pour me faire passer entre dix mille ennuis
L'importune longueur des douloureuses nuits.
Aussi ià consommé de peines nompareilles,
Affoibli de langueurs et tout seché de veilles,
Les fleurs de mon visage ont perdu leur Printemps,
Et l'Hiuer de mes iours arriue auant le temps:
Mes yeux tous embrasez d'ardantes estincelles
Font voir que mon cœur brusle en des flames cruelles;

Mon teint terni, liuide et iaunastrement blanc
Montre que ie nourri du souffre dans le sang;
Et que l'esprit mouuant au creux de mes arteres
Languit comme priué de ses forces legeres;
Que ma ceruelle est cuite, et que mes os cavez
Ne sont comme ils souloient, de mouëlle abreuuez.
 Qui me pourra connoistre en ce martyre extréme,
Moy qui suis maintenant estranger à moy-mesme?
Suis-ie ce grand Dauid appelé tant de fois
Vn miracle de force, vn oracle de loix?
Suis-ie ce grand Dauid qui presque dés l'enfance,
Des Lions et des Ours surmontoy la puissance?
Suis-ie ce grand Dauid qui domta ce mutin,
Ce contempteur de Dieu rempart du Philistin,
Et qui brisa son chef et son impie audace
De deux ou trois cailloux rencontrez sur la place?
Suis-ie ce grand Dauid dont la forte vertu
Abatit Amalech tant en vain combatu?
Suis-ie ce grand Dauid qui par sa renommée
Sous le ioug de ses loix mist la terre Idumée?
Suis-ie ce grand Dauid qui rechargea de fers
Tous les princes d'Ammon aux armes bien expers?
Bref qui mena si mal les troupes Palestines,
Que les armes tomboient des dextres plus mutines
A l'effroyable bruit de mon nom redouté,
Qui sans nul autre effort maint peuple a surmonté?
Sans doute ie le suis; mais vn amour extréme
Que seul ie ne puis vaincre ores m'oste à moy-mesme.
Ie suis vrayment Dauid, mais mon cœur n'est plus tel,
Que quand il aspiroit à l'honneur immortel.
De lauriers verdoyans la teste ie m'ombrage,
Mais la foudre d'amour me frape et me sacage,
Me reduit tout en poudre au dedans de mon corps,
Iaçoit qu'entier et sain ie reste par dehors.
 Il me ressouuient bien et du iour et de l'heure,
Et telle souuenance est cause que ie meure:
Que le traict d'vn bel œil penetra dans mon cœur,
Y fist entrer l'Amour, et le rendit vainqueur.
Le Soleil peu à peu retiroit sa lumiere,
Et la brune Vesper des Astres la courriere,
Qui leur train inégal dans le Ciel auançoit,
Ià sur nostre Orison à luire commençoit.
Ainsi que le Destin à son vouloir me mene,
Sur mon toict estendu seulet ie me pourmene,
Où comme de mes yeux s'esloignoit le Soleil,

Vn autre s'y presente en beauté nompareil,
Bref tout semblable à luy quand il tire de l'onde
Son jeune front orné d'vne perruque blonde.
Il esclairoit dans l'eau, et d'un esclat glissant
La pointe de ma veuë alloit esbloüissant,
Comme l'œil le plus ferme estant surpris s'estonne
A l'esclair tremoussant qui sur les eaux rayonne.
Dans le cristal coulant ores il s'allongeoit,
Or sous les flots d'argent sa beauté se plongeoit;
Telle qu'en Orient on void la belle Aurore,
Au sortir de la mer mille tresors esclorre,
Et distiler du Ciel les perles de ses pleurs
Sur les herbes des champs et sur les tendres fleurs ;
Ie vey d'vn œil raui cette beauté plaisante
Tirer son chef luisant hors de l'onde luisante :
Vn humeur degouttant de ses cheueux couloit,
Et par sa blanche peau goutte à goutte rouloit,
Les blondes tresses d'or en sa teste amassées,
Du nœud qui les serroit çà et là delassées,
Par son col blanchissant vaguoient folastrement,
Et le mignard Zephir les crespoit lentement ;
On eust iugé de voir les ondes de Pactole
Iaunes de leurs sablons, batre la riue mole.

Là mon esprit surpris dedans ce rhé mignard
Commandoit à mes yeux d'y ficher le regard,
Alors qu'Aigles d'amour ils tournent la paupiere
Sur deux astres iumeaux tous pareils de lumiere.
Comme si le Soleil à l'œil ne se fait voir,
Aucun visible obiet il ne peut receuoir :
Aussi sans leurs rayons luisans à mon courage,
Ie n'eusse aimé les traits de ce rare visage,
Ni ce teint aussi clair qu'vn miroir radieux,
Qui par trop de clarté perd la force des yeux.

Lors ie deuins Amant de cette belle Amante;
Et comme au doux Printemps sur le haut Erimante,
Ou sur le froid Riphee on void dissoudre en eaux
Les neges que l'Hiuer y tasse par monceaux ;
Ie senti s'escouler la glace de mon ame,
Sous le feu doux-cuisant de sa iumelle flame,
Qui demeurant tousiours dans les flots allumé,
Iallissant hors des flots m'a le cœur consommé.

Mes sens tous assoupis d'vne humeur letargique
Languissoient comme attains par vn charme magique :
Ie mouru pour la voir, et pour ne la voir pas
Vn moment m'aporta mille cruels trespas.

Ie me dis à moy-mesme, elle n'est point mortelle ;
Vne fille d'Adam seroit-elle si belle ?
C'est quelque Ange des cieux qui se transforme ainsi,
Pour combler mon esprit d'amour et de souci.
Si ce n'en est point vn, c'est quelque grace aimable
A qui la beauté mesme est seulement semblable.
    Discourant en ce poinct dans mon cœur tourmenté,
Ie me sens dérober ma chere liberté,
Mon foye est transpercé d'vne incurable attainte ;
Depuis ie n'ay plaisir qu'à soupirer ma plainte.
Que n'ay-ie fait, ô Dieu ! pour m'arracher du cœur
La pointe de ce trait qui cause ma langueur ?
Mon ame n'en peut plus, tant elle est affoiblie.
C'est force, pour l'amour il faut que ie m'oublie,
Et que de mon Estat n'abandonne le soin.
Adieu, braues desseins, ie vous reiette au loin ;
Ie quitte le souci de sceptre et de couronne.
A toi seule, mon cœur, desormais ie me donne,
Ton amour est ma vie, et sans elle ie croy,
Que ie cesseroy d'estre, ou de n'estre plus moy.
Mais voy-ie pas quelqu'vn qui deuers moy s'adresse ?
C'est sans doute Nadab, il a veu ma maistresse,
Ie vay parler à luy. Et qui te mene ici ?

NADAB.

C'est vostre Bethsabée, elle a bien du souci.

DAVID.

Au comble de son heur est-elle mescontente ?

NADAB.

Elle est grosse sans doute, et ce poinct la tourmente.
Ie suis allé tantost exprés la visiter ;
Comme elle m'aperçoit elle se vient ietter
A mes pieds toute en pleurs et toute escheuelée :
Fort troublé de la voir en ce poinct desolée,
Ie demandoy pourquoy ces larmes s'espandoient ?
Ses yeux et ses soupirs sans plus me respondoient :
Car son cœur gemissant estoit si gros d'orage,
Qu'à peine ce propos peut auoir le passage :
Secours, mon cher Ami ; si iamais l'amitié
Trouua place en ton ame, vse-moy de pitié,
Car si tu ne resouls de m'estre secourable,
Ie veux chasser l'esprit de ce corps miserable.
Va t'en donc de ce pas prier Sa Maiesté
De me garder l'honneur pour me l'auoir osté.
Coniure son amour par la secrette couche
Complice des baisers qu'il reçoit de ma bouche.

TRAGÉDIE.

Las, voy ce ventre enflé de son germe Royal,
Ià prest de m'accuser à mon espoux loyal.
Me proferant ces mots les larmes par la face
Luy roulent dans le sein d'vne glissante trace;
Mais ces larmes encor qui luy brouïlloient les yeux
Les faisoient à mon gré plus doux et gratieux;
Ie croy qu'vn Tigre fier auroit eu pitié d'elle,
La voyant en ce dueil si pitoyable et belle :
Ne la laissez donc plus en pleurs se consommer,
» Qui fait souffrir du mal n'est iugé bien aimer.

DAVID.

O nouuelle fascheuse! Et que me faut-il faire?
Auiourd'huy le destin m'est vrayment trop contraire!
Ce déboire d'amour est bien aigre à mon goût!
I'ay besoin de remede et l'ignore du tout.
Ie me tourne en tous sens, ma peine est inutile,
Mon desir est bien fort et mon discours debile.
Si ie fais vn dessein cent autres le deffont :
La mer de mes pensers n'a ne riue ne fond.

NADAB.

O le digne suiet de si grand fascherie !
Mande moy seulement ton corrival Vrie;
Si tost tu le verras, qu'il sera de retour,
Ressentant son courage espoinçonné d'amour,
Il descendra chez luy pour embrasser sa femme :
De ce larcin d'amour couurant tout le diffame.

DAVID.

Ce conseil me plaist fort : mais nul mieux que l'autheur
N'en peut à mon aduis estre l'executeur;
Et si tu l'entreprens rien plus ne m'en empesche.

NADAB.

A la bonne heure, soit, dressez moi ma depesche.

CHŒVR.

Hercvle auoit vaincu les monstres de la terre,
   Tout ce qui luy fist teste il le peut surmonter;
   Mais s'il fut indomptable au milieu de la guerre,
   Au milieu de la paix vn œil le sceut donter.
» Amour n'est qu'vn enfant, mais sa puissance est grande.
» C'est vn aueugle Archer, mais il vise fort bien :
» C'est le plus grand des Rois puis qu'aux Rois il commande
» Et que de son seruage il ne s'exempte rien.
» Dans les fleurs de beauté les serpens il nous cache;
» Celuy qui les manie esprouue leur rigueur.

» La rose du plaisir delaisse à qui l'arrache,
» Son espine poignante au plus profond du cœur,
　» L'amour dans les douceurs confit son amertume,
» Du miel des voluptez il destrempe son fiel,
» Il trompe qui le suit : c'est tousiours sa coustume
» De donner vn Enfer quand il promet le Ciel.
　» Tant plus il fait pleurer et tant plus il enflame,
» Et tant plus il enflame il contraint larmoyer;
» Aussi son feu gelant ne sçauroit brusler l'ame,
» Et ses pleurs enflammez ne la sçauroient noyer.
　» Il met l'oser au front et la crainte au courage;
» Il fait desirer tout pour en fin n'auoir rien :
» Il promet du profit et cause du dommage,
» Mais quoy qu'on le connoisse il passe pour du bien.
　» Tantost en nos desseins il nous donne asseurance,
» Faisant tout esperer d'vn courage hautain;
» Et puis en desespoir change nostre esperance,
» Rendant le bien douteux et le mal tout certain.
　» Mais encor' pour cela nul ne se peut defendre
» Contre cet ennemi qui trouble son repos.
» Comme au bois l'artuson du bois mesme s'engendre,
» De nous-mesme en nous-mesme il est par nous esclos.
　» Cependant que le sang ruisselle dans nos veines,
» Et qu'vn esprit bouillant agite nostre corps,
» Nostre cœur est suiet aux passions humaines,
» Qui s'attachent plus ferme aux courages plus forts.
　Dauid en seruira d'assez notable exemple.
Rien que l'honneur iadis ne l'alloit eschauffant,
Et voici maintenant qu'à sa honte on contemple
Le vice triompher d'vn Roy si triomphant.
　Iamais le Philistin en armes redoutable,
Ni l'Ammonite fier n'esbranla sa vertu;
A soy-mesme il estoit tant seulement domptable;
Ou plustost à ces yeux dont il est abatu.
　» L'amour vainc tout le monde et demeure inuincible,
» Fuy tant que tu voudras tu ne peux l'euiter.
» Qui ne le sentiroit ne seroit point passible:
» Mais il est fol aussi qui s'y laisse emporter.

ACTE II.

VRIE, DAVID.

VRIE.

Quelle peur refroidit l'ardeur de mon courage?
Quelle terreur de mort fait pallir ce visage,
Porté si constamment au deuant des hazars
Tombans plus dru que gresle en l'orage de Mars?
D'où vient que maintenant ma pensée est attainte
D'vn soupçon inconnu, d'vne incertaine crainte?
Pourquoy sens-ie fremir et dedans et dehors
Ie ne sçay quel frisson qui me glace le corps?
Sans doute que le Ciel desormais me menace,
» C'est signe d'vn malheur que de perdre l'audace.
 Dans mon esprit troublé passent incessamment
Mille horribles pensers iugés de mon tourment;
Or' ie me voy trahi de mes propres Gensdarmes,
Or' ie me sens tomber au plus fort des alarmes,
Accablé de cent traits qui tous portent la mort.
Mais, ô Ciel, si ma vie est à son dernier sort,
Au moins en vn combat la trame en soit coupée,
Le bouclier en la gauche, en la dextre l'espée.
Ie suis mandé du Prince, et ie le viens trouuer:
Possible il veut ailleurs ma valeur esprouuer,
Et ie ne cherche rien qu'vn suiet honorable,
Pour dégager du corps mon esprit miserable.
» Ce n'est vn petit bien que d'auoir le bon-heur
» De mourir auec gloire ayant perdu l'honneur.
Ie ne puis iamais plus conceuoir nulle enuie
D'allonger mon malheur par les iours de ma vie,
Si ma femme trop belle, où faisoient leur seiour
Les pudiques vertus et l'innocente amour,
Soit de son desir propre, ou bien d'estrange force,
N'a craint d'en receuoir la lettre de diuorce,
S'arrachant toute honte et du cœur et du front.
O Ciel, puis-ie esperer vn si honteux affront!
 Femme cent et cent fois plus meschante que belle,
Si tu trompes ainsi mon amitié fidelle!
Non, non, vn tel forfait ne peut tomber en toy,
Tu as trop de vertu, trop d'amour, trop de foy.
Chacun le dit pourtant, par tout le bruit en vole:

Mais ie ne le croy point, et cela me console.
» L'amour des grands seigneurs s'aperçoit aisément;
» Car sa boüillante ardeur se montre impuniment;
» Et du faux et du vray la prompte messagere,
» Ne craint à l'éuenter de sa langue legere.
Mais bien, qu'il soit ainsi; Dieu reside là haut,
Qui me peut reuanger si le pouuoir me faut;
» Sa main s'estend par tout, et la grandeur mondaine
» Est vn foible rempart, vne deffence vaine;
» Car quand il veut punir, le Ciel, la terre et l'eau
» Fournissent de tourmens, d'archers et de bourreau.
I'ateste sa grandeur que iamais en ma couche,
Ie n'iray receuoir des baisers de ta bouche,
Si ie puis descouurir qu'vn autre ait moissonné
Le fruit de ton amour à moy seul destiné.
Que si tu m'as flestri d'vn si vilain diffame,
Va, tu n'as plus d'espoux, et ie n'ay plus de femme.
  Mais voy-ie pas le Roy? ie m'en vay deuers luy.
Serene toy, mon cœur, et cache ton ennuy;
Desguise toy, mon front, et feins vne liesse :
C'est assez que moy seul connoisse ma tristesse.

DAVID.

Dieu te gard, mon Vrie.

VRIE.

O redoutable Roy,
Par ton commandement ie suis venu vers toy.

DAVID.

Tu sois le bien venu; çà çà que ie t'embrasse,
L'honneur de mes guerriers, et l'amour de ta race.
Et bien, de nostre Camp? que fait l'on maintenant?
Quel espoir de victoire a pris mon Lieutenant?
Par la valeur des miens, par sa bonne conduite,
L'orgueilleuse Raba doit-elle estre reduite?

VRIE.

Ioab se porte bien, et tes braues soldars,
Vrais foudres de Bellonne et tempestes de Mars,
Sont tous plus rauis d'aise alors que la trompette
Les appelle au combat, qu'au son de la retraitte.
La superbe Cité ceinte de hauts remparts,
Tremble au seul branlement de nos fiers estendarts,
Le courage lui faut, et sa forte muraille
Semble auoir desia peur que nostre Camp l'assaille.

DAVID.

Le Ciel nous en permette vn bon euenement!
Mais, attendant de moy quelque commandement,

TRAGÉDIE.

Où ie veux employer ton sens et ta proüesse,
Va t'en à ton logis, et ta femme caresse.
» Le repos est permis quand l'on a combatu.
» Car tousiours ne peut estre actiue la vertu.

VRIE.

Certes, ie ne le veux ni ne le doy pas faire.
» L'homme doit par raison du plaisir se distraire :
Puis au mal, Dieu merci, ie ne suis point nouueau ;
Ie souffre de long temps le chaud, le froid, et l'eau ;
Et, comme il me conuient, les rudes exercices
Non les mouls passetemps, sont mes cheres delices.

DAVID.

Nostre cœur n'est de fer, nos corps ne sont d'aymant,
» Vn labeur continu va l'homme consommant :
» Et c'est grande sottise et non pas grand courage,
» Si celuy qui le peut son trauail ne soulage.

VRIE.

L'arche de l'alliance habite és pauillons ;
Ton armée est gisante emmi les durs sillons ;
Et mon seigneur Ioab surueillant à la guerre,
Ne permet qu'vn sommeil les paupieres luy serre,
Qu'il n'ait bien longuement deçà delà tourné,
Visité les quartiers, des gardes ordonné,
Fait mainte et mainte ronde autour de la tranchée ;
Ma propre compagnie est durement couchée,
Ayant dessous le chef pour cheuet vn gason,
Et dessus pour courtine vn ombreux Orison :
Et moy soldat d'amour, i'iray prendre mon aise ;
Lasche ie permettray qu'vne femme me baise,
Pour destremper mon cœur en ses esbats plaisans.
Non, n'imiton iamais vn tas de Courtisans,
Qui s'arment seulement de soupirs et de larmes,
Pour vaincre vne Venus auec ses propres armes.
Ie craindroy trop qu'vn iour il me fut reproché.
» Les voluptez d'amour ne vont point sans peché.
» Pour moy ie suis soldat ; ce me seroit diffame
» De reposer en guerre au giron d'vne femme.

DAVID.

Puis que la ieune ardeur d'vn sang si genereux
N'eschauffe qu'au trauail tes membres vigoureux,
Et que ton ame actiue à la gloire animée,
Boüillonne d'vn tel zele apres la renommée,
» Il faut bien l'employer : la vertu voirement
» Est dedans l'action comme en son element.
Va cueillir des Lauriers dans le champ de la gloire ;

Va gaigner tout l'honneur de la proche victoire;
Ouure toy ce chemin qui conduit l'homme és Cieux,
Par le sanglant effort d'vn bras victorieux :
Fay toy craindre et louër de toute mon armee;
Assez pour toy n'aura de palmes l'Idumee.
Reuien tantost à moy, ie te veux festiner,
Puis vers ton general tu pourras retourner.
 Seroit bien la nouuelle à luy-mesme venuë,
Que mes bras ont pressé sa femme toute nuë?
Ce courage obstiné ne se pourra ployer,
» Où la force ne vaut il faut l'art employer.
Ie m'en vay de ce pas le mettre en bonne chere,
Cela que ie n'ay peu le bon vin le doit faire :
» Car il chasse la haine, il bannit la rigueur,
» Et l'amour endormi resueille dans le cœur.

CHŒVR.

Le siecle sur tout autre à bon droit est vanté,
» Où la femme obseruoit la pure chasteté,
» Qui la contregardoit nette de corps et d'ame :
» Car deux cœurs amoureux en vn estoient fondus;
» Deux corps d'vn seul esprit viuans estoient rendus,
» Et deux esprits brusloient d'vne pareille flame.
 » Alors le mariage estoit par tout prisé,
» Son lict estoit alors du Ciel fauorisé,
» Chacun en ses doux fers pensoit viure en franchise :
» Si tost que de l'amour il auoit sentiment,
» Il cherchoit sa moitié, s'y couploit prontement,
» Sans brusler et trembler pour vne conuoitise.
 » L'homme estant sans compagne est vn homme à demi;
» Sans auoir vne amie il ne peut estre ami;
» Qui n'aime point la femme il n'aime son semblable;
» Qui n'aime son semblable est sans contentement;
» Et s'il vit, il ne vit qu'en dormant seulement;
» Ou s'il veille, il demeure en veillant miserable.
 » Rien ne se vit iamais que le Ciel aimast mieux,
» Qu'vn couple dont les cœurs s'attachent par les yeux;
» Cueillant au champ d'amour les doux fruits de son âge:
» Le iour plus clairement reluit en sa faueur;
» L'amertume est pour luy d'agreable saueur,
» Et sans espines croist la rose en son courage.
 » O bien-heureux transports tous confits en plaisir,
» Vous chatoüillez nos cœurs des pointes du desir,
» Et purgez nos esprits et raffinez nos ames :

TRAGÉDIE.

» Par vous tous nos labeurs finissent en repos;
» Vous tenez nostre bien en fidele depos;
» Et par vous nous chantons au beau milieu des flames.
Pour ces heureux effets Dieu forma de ses mains
Vne femelle humaine au premier des humains,
Commandant à tous deux de peupler ce bas monde;
Et pour les reünir en estroite amitié,
De sa coste animée il fist cette moitié,
En qui deuoit germer sa semence feconde.
  Dans ses yeux amoureux il forgea mille traits;
Sur sa bouche mignarde il sema mille attraits;
Il embellit son ris d'vne modeste grace,
Composa son maintien d'vne chaste façon,
Anima ses discours d'vn agreable son,
Et de charmes secrets couurit toute sa face.
  Si tost qu'Adam la void il en brusle d'amour:
Contemplant ses beautez il abrege le iour,
Et se perdant en elle en elle il se retreuue;
Tous les traits de ses yeux il voudroit receuoir,
Son œil ne s'ouure point si ce n'est pour la voir,
Et d'vn vin amoureux tous ses sens il abreuue.
  Le mariage entre eux se contracte deslors,
Indissoluble nœud, qui ioint en vn deux corps,
Et qui les tient serrez d'vne eternelle estreinte:
Dieu mesme y fut present, Pere commun de tous,
Qui donna par la main l'espouse à son espoux,
Les Anges assistans en respect et en crainte.
  Mariage sacré, source du genre humain,
Qui rend doux les trauaux du cœur et de la main,
Qui detrempes l'absinthe au miel de tes delices;
Par toy nous ioüissons du plaisir deffendu,
Par toy l'homme mortel immortel est rendu,
Bref il est fait par toy moins accessible aux vices.
  S'il fust en son estat sagement demeuré,
Il estoit en toy seul de tous poincts bien-heuré;
Par discours seulement il eust connu la peine:
Ton arbre pour ses fleurs eust des graces produit,
Les vrais contentemens eussent esté son fruit,
Et son ombre eust tué les serpens de la haine.
  Il se fust affranchi d'impatiens desirs,
En vieillissant eust veu raieunir ses plaisirs,
Croistre son amitié quand l'âge diminuë;
Eust eu auec qui plaindre et s'esioüir aussi,
Par qui se descharger d'vn importun souci,
Et par qui moderer sa fiéure continuë.

On dit que nostre Adam en sa neuue saison
Toutes sortes de biens possedoit à foison,
Dont il paissoit ses yeux et souloit son courage;
Si ne croiray-ie point qu'il eust bien ne plaisir,
Qui peust si largement assouuir son desir,
Que faisoient les douceurs d'vn si beau mariage.
» Ie sçay qu'vne Beauté qui se fait regarder,
» Seroit aux yeux d'Argus difficile à garder;
» Et qu'à peine d'aimer on la sçauroit distraire :
» Mais d'autant que le vice est bien sans la beauté,
» Ne l'impute iamais qu'à l'impudicité,
» De l'esprit seul prouient le bien ou le mal faire.
» La femme belle et chaste est vn don precieux;
» Aussi ne la peut-on obtenir que des Cieux;
Prens-la donc à ton gré, humble, discrette et sage :
Si tu te vois en fin trompé de iugement
N'en desespere point, porte le doucement,
Chacun à ses despens fait cet aprentissage.
Mais garde bien sur tout les œillades des Rois;
» Leur desir effrené n'admet aucunes lois;
» L'apetit inconstant, non la raison, les guide :
» Quand l'amour a gagné dans leur affection
» Tout respect cesse en eux, et lors leur passion
» S'emporte à tous forfaits comme vn cheual sans bride.

ACTE III.

DAVID, NADAB, VRIE.

DAVID.

I'ay fait tout mon pouuoir et si, ie n'ay rien fait,
Cet ennemi d'amour ne peut estre distrait
De ce ferme dessein establi dans son ame,
Pour tout il ne veut point qu'on luy parle de femm
A qui l'en solicite il change de propos,
» Et dit que le soldat doit haïr le repos.
I'ay voulu par le vin changer sa fantasie,
I'ay le mesme essayé par douce courtoisie,
Mais rien; son dur esprit ne s'amene à raison,
Il abhorre tousiours l'ombre de sa maison.
Ie commence à douter qu'vne bouche ialouse
De mes esbats secrets pris avec son espouse,

TRAGÉDIE.

N'ait soufflé dans son cœur vn dangereux venin
Contre ce parangon du sexe feminin.
O quiconque tu sois dont la maudite enuie
Trouble par son caquet le repos de ma vie,
Et diuulgue en public mon plaisir amoureux,
Tandis que tu viuras vy tousiours malheureux.
 Mais que doy-ie entreprendre en cette grand' detresse,
Pour sauuer mon honneur et cil de ma maitresse?
D'entre mille desseins en puis-ie vn seul choisir,
Qui donne quelque attainte au but de mon desir?
 » Ce qu'vne fois au iour la voix public auance,
» Ne sçauroit iamais plus rentrer dans le silence.
» O combien, courts plaisirs, sont longues vos douleurs!
Mon fait ne trouue point d'assez iustes couleurs,
Et le tenir secret m'est du tout impossible.
» La grandeur aux Amans est fascheuse et nuisible.
Si i'estoy du commun ie viuroy sans tourment;
Secret ie brusleroy d'vn doux embrasement,
Et nul œil ne verroit la lueur de ma flame,
Que cet Astre d'amour qui l'attise en mon ame :
Où sur vn haut theatre estant ore monté,
Ie suis à tout le monde à toute heure obiecté;
Le peuple me regarde et de si pres m'esclaire,
Que me voulant cacher ie ne le sçauroy faire.
Mais ne perdon plus temps en friuoles discours;
Nadab, ton bon aduis i'inuoque à mon secours :
Trouue vn expedient, vne trame subtile
Salutaire à Dauid, à Bethsabee vtile.

NADAB.

» Quand par la douce voye on ne peut rien gagner,
» Il nous reste l'espée, il faut l'embesoigner.

DAVID.

» Meurtrir vn innocent! ce forfait est extresme.

NADAB.

» Il vaut mieux perdre autruy que se perdre soy-mesme.

DAVID.

» Les loix n'accordent point cette licence aux Rois.

NADAB.

» Les Princes absolus sont par dessus les loix.

DAVID.

» Vn legitime Roy selon elles doit viure.

NADAB.

» Son profit seulement le conuie à les suiure.

DAVID.
» S'il veut se dispenser à commettre du mal,
» Le mesme à son exemple osera son vassal.
NADAB.
» Qu'il punisse en autruy ce qu'il veut se permettre,
» Le mal à son exemple il ne verra commettre.
DAVID.
» Ce que l'on ne craint faire en autruy condamner,
» Est-ce pas contre soy le mesme arrest donner?
NADAB.
» Pour faillir vne fois l'on n'en fait pas coustume.
DAVID.
» Quand la vie est estainte aucun ne la r'allume.
NADAB.
Apres tant de grands Chefs par toy mis au trespas,
D'vn soldat maintenant tu fais beaucoup de cas.
DAVID.
» Pour tuer l'ennemi dans l'ardeur des alarmes
» Nul n'en fut onq' blasmé, c'est le hazard des armes;
» Mais occir son ami, son fidele suiet,
» Ce n'est un coup de Prince, ains de tyran abiet.
NADAB.
Mon conseil n'est aussi que cette courbe espee
Dans la gorge d'Vrie auiourd'huy soit trempee;
Mais que par autre voye on vienne à mesme effet.
DAVID.
» Qui fait faire est fautif comme celuy qui fait.
NADAB.
» Il est vray, mais la haine aisément s'en deriue
» Sur celuy-là sans plus par qui la mort arriue.
DAVID.
Et bien, qu'il meure donc, encores qu'innocent.
Mon esprit s'y resout et mon cœur y consent;
Arrachon nous du pied cette espine moleste.
Vn moyen bien secret tant seulement me reste,
Pour faire que le coup soit au monde caché;
Car s'il se descouuroit, i'en serois empesché.
NADAB.
Il faudra que quelqu'vn le poursuiue à la piste,
Et sur le grand chemin le prenne à l'improuiste.
DAVID.
Il est fort vigoureux, et si iamais son cœur
Pour se trouuer surpris n'est affoibli de peur.

TRAGÉDIE.

NADAB.
Il en faut depescher vn, deux, trois, voire quatre,
Puis qu'vn le surprenant auroit peine à l'abatre.

DAVID.
» Quand vn fait d'importance à tel nombre est commis,
» Il est bien tost connu iusques aux ennemis.
» Deux au plus soient receus en tout secret affaire,
» Car il est decelé qui tente le contraire.

NADAB.
» N'entreprenon iamais sans bien executer
» Ce qui peut de la honte ou du mal aporter.

DAVID.
Plus i'y pense attentif plus à penser i'y trouue :
Tantost i'approuue l'vn, tantost ie le reprouue,
Et mon esprit passant de discours en discours,
Aperçoit ses proiects inutiles et courts.
» O qu'il est aux mortels mal aisé de mal faire !

NADAB.
» Il faut pour l'entreprendre estre vn peu temeraire.
» Mais qui de tous perils se laisse espouuanter,
» Iamais rien de hardi ne peut executer.

DAVID.
A vn dessein formé mon ame est arrestee.
Le conseil en est pris, la chance en est iettee :
Car luy-mesme sera de sa mort le porteur,
Et le fer ennemi le seul executeur ;
Ainsi nous gagneron que de sa mort funeste
» Le reproche viendra dessus le sort moleste,
» Qui se prend volontiers aux plus braues soldarts,
» Dont le cœur valeureux s'expose à tous hazards.
  Il me le faut charger d'une lettre bien close
Adressee à Ioab, qui ne chante autre chose,
Sinon qu'estant Vrie à son camp retourné,
D'aller faire vn assaut il lui soit ordonné :
Luy qui de sa nature a l'ame ambitieuse
D'aquerir aux combats la palme glorieuse
Courra resolument au plus espais des coups ;
Là ie veux qu'il me soit abandonné de tous,
Afin qu'outre-percé d'vne playe honorable,
Victime de la guerre il tombe sur le sable.
Mais mot, mon cher Nadab, retiron nous d'ici,
Ce soldat nous offroit, regarde, le voici :
Allon viste, couron luy dresser sa depesche ;
Puis que i'ay le suiet rien plus ne m'en empesche.

VRIE.

Femme sans loy, sans foy, que ie t'eusse peu voir!
Que de toy i'eusse peu le salut receuoir!
Que i'eusse peu baiser cette impudique bouche,
Qu'vn autre a mignardee au milieu de ma couche!
Non, non, i'ay trop d'honneur, i'aimerois cent fois mieux
Perdre par cent tourmens la lumiere des Cieux :
Ie sçay fort bien mourir, non souffrir vne honte.
Mon cœur est grand et haut, mon ame ardente et pronte,
Sensible au vitupere encor' plus qu'aux douleurs;
Ie pense que l'affront surpasse tous malheurs.
  Tu le sçaurois desia, meschante desloyale,
Si ie ne respectoy l'authorité Royale :
Rien n'eust sçeu m'empescher en ce iuste courroux
De te creuer le flanc sous mes roides genoux,
De planter ce poignard dans ton sein miserable,
D'expier par ton sang ton forfait execrable.
  Qui m'auroit sçeu mal gré de m'estre fait raison
D'vne infame putain qui honnit ma maison?
Qui me deshonorant par son deshonneur mesme,
Fait naistre sur mon front vne infamie extresme,
Vne honte, ô douleur! qui flestrit les Lauriers,
Dont ma teste s'honore au milieu des Guerriers.
Pourray-ie à l'aduenir porter haute la face,
Releuer le sourcil d'vne agreable audace,
Et respirer des yeux vn air de liberté,
De la bouche vn discours rempli de verité,
Du cœur auantureux vne ardeur magnanime?
Des bons, non des Seigneurs, faire tousiours estime?
Las! par vn seul malheur ie perds tout à la fois
Tous ces riches tresors qu'heureux ie possedois.
Faut-il, ô Cieux malins, complices de l'outrage,
Qu'vn autre ayant failli i'en porte le dommage?
Qu'vn autre ayant souillé son nom par son peché,
Le mien plain d'innocence en demeure taché?
C'est là donques, Dauid, toute la recompense,
Que i'ai de m'estre armé pour prendre ta deffence,
De m'estre à cent dangers pour ta gloire exposé,
D'auoir pour ton honneur tout fait et tout osé.
Voila le beau loyer, le guerdon honorable,
D'estre pour ton seruice au labeur indontable;
De passer sans frayeur à trauers mille morts;
Et casser du harnois ces membres grands et forts.
Bref surmonter pour toy mainte place assiegee,
Gagner mainte victoire en bataille rangee,

Prostituer ma vie ainsi qu'à l'abandon,
Meritoit à ce conte vne honte en pur don.
　Allez, pauures soldars, et faites du seruice
A ces Seigneurs ingrats, à ces Monstres de vice,
Afin que vostre sang versé dans les combats,
En remporte vn affront, et par fois le trespas.
Mais voici le Tyran, quelle pointe de rage
Transperce maintenant mon sensible courage,
D'estre comme forcé par les loix du deuoir
D'honorer celuy-là qui me fait peine à voir !
Afin donques d'oster cet obiet à mon ame,
Qui ma secrette playe à tous momens rentame,
Allon le retrouuer, couron y prontement,
Pour ne plus differer nostre departement.

DAVID.

I'accorde ton congé, desloge, mon Vrie,
Pour retourner au camp de ma gendarmerie.
Rends à ton grand Ioab cette missiue ici,
Et comme de ma part tien ce discours aussi ;
Qu'il dispose l'armee en ordre de bataille,
Pour assaillir Raba iusques sur sa muraille.
　Ie ne t'exhorte point à rendre vn bel effort :
Car ie sçay le mespris que tu fais de la mort.
Là comme ailleurs par tout tu seras indontable,
Si tu ne cesses d'estre à toy-mesme semblable :
Encor les hauts bouïllons de la ieune valeur.
Qui t'eschauffe aux combats n'ont perdu la chaleur.
Va t'en à la bonne heure, et reuien plain de gloire,
Des premiers au triomphe ainsi qu'à la victoire.

CHŒVR.

O » que c'est vn grand heur de viure
　» Sous un Prince ami de la loy,
　» Qui la raison veut tousiours suiure
　» Reine du bon et iuste Roy !
» Mais que c'est vn malheur extresme,
» D'obeir à la volonté
» De celuy qui croit à soy-mesme,
» Plus qu'aux raisons de l'equité.
　» A bon droit l'homme de bien tremble
» Sous un Monarque quand il ioint
» La force et la malice ensemble ;
» Car de mal faire il ne craint point.
» Le couteau n'est si dommageable

» Dedans la main du furieux,
» Que la puissance est redoutable
» En vn Seigneur iniurieux.
» Son plaisir lui semble loisible,
» Ses volontez n'ont point de loy.
» Le iuste il mesure au possible,
» Et ne tient conte de la foy :
» Il pense que pour son seruice
» Tout autre soit au monde né,
» Où considerant son office,
» Il se trouue aux autres donné.
» Celuy tousiours est bien coupable,
» Qui veut mal faire et ne le peut;
» Mais encore est plus miserable,
» Celuy qui le peut et le veut :
» Quand l'on obtient plus de licence,
» C'est lors qu'il faut moins en vser :
» Bien rarement sans penitence
» On presume d'en abuser.
» Qui connoist quelle est sa puissance,
» La voix de Iustice entendra;
» Comme on luy rend obeissance,
» Au Roy des Roys il la rendra :
» Car quoy qu'vn peuple le renomme,
» Quoy qu'il le respecte en tout lieu,
» C'est en tant qu'il se connoist homme,
» Qu'on le reconnoist estre Dieu.
» S'il porte en son chef la couronne,
» Et le sceptre dedans sa main,
» Le Ciel auiourd'huy les luy donne,
» Mais peut les oster dés demain.
» Qu'il n'en face donc point accroire
» A son orgueil ambitieux,
» Tout ce qu'il possede de gloire
» Ne vient d'autre part que des Cieux.
» Lors qu'à mal faire il se hazarde,
» Pensant de nul n'estre aperçeu,
» Ce grand œil tousiours le regarde,
» Qui ne sçauroit estre deçeu.
» L'homme doit viure deuant l'homme
» Comme s'il viuoit deuant Dieu,
» Et deuant Dieu tout ainsi comme
» Si l'homme le vist en tous lieux.
» Car quand en son ame il arreste
» D'accomplir vn meschant dessein,

» Dieu ne fait que branler la teste,
» Sans tirer son bras hors du sein.
» O comme à clair il nous reuele
» Ce que l'on fait secrettement!
» L'homme luy-mesme se decele,
» Quand Dieu le tire en iugement.
   » Contre luy porte tesmoignage
» Sa conscience pour le moins,
» Qui le conuainq bien dauantage
» Que deux occulaires tesmoins :
» Elle se peint en vn teint blesme
» Si tost que le mal est commis,
» Et ne se cachant à soy-mesme,
» Se descouure à ses ennemis.
   » Quelquefois tardiue est la peine,
» Comme si Dieu n'en print souci ;
» Mais tant plus qu'vn long temps l'ameine,
» Elle s'en fait plus griefue aussi,
Arrachant ce mot au supplice
De ces miserables esprits :
Mortels, apprenez la Iustice,
Et ne mettez Dieu à mespris.

ACTE IIII.

DAVID, MESSAGER.

DAVID.

Mon cœur est satisfait, i'ay le comble du bien :
Ores tu seras mienne, et moy ie seray tien.
Nul ne me gardera de venir dans ta couche
Gouster cent fois le iour des douceurs de ta bouche.
Ton mari qui pouuoit destourber nos ésbas,
A fait retour au camp pour n'en reuenir pas,
Ià contre luy se brasse vne telle tempeste
Qu'vn foudre ineuitable écrasera sa teste.
Certes eust-il cent bras, et de ces bras armez
Leuast-il cent pauois aux coups sur luy semez,
Encor' il n'en pourroit euiter les atteintes ;
De sang en mille lieux ses armes seront teintes,
Vn orage de dards sur son chef greslera,
Son corps de sa longueur le champ mesurera,

Bien qu'il soit vigoureux et de cœur magnanime,
Il tombera de Mars la sanglante victime,
Si les lacs que ie tends ont de la force assez,
Pour retenir ses bras et ses pieds enlacez:
Ie ressens en mon cœur plus d'aise et plus de gloire,
Si par ruse i'aquiers cette seule victoire,
Que si par cent combats, heureux auanturier,
Sur dix mille Empereurs i'emportoy le Laurier.
 Ie ne prise plus rien la celebre despoüille
Du superbe Geant ià couuerte de roüille,
Ie ne fais plus nul cas du trophée erigé
Dans le champ Philistin par mon bras sacagé,
Cela m'est vil et vieil; mais cette seule guerre
M'aporte plus d'honneur que de vaincre la terre.
 Reine de mes desirs, si tu perds ton espoux,
Tu triomphes d'vn Roy qui triomphe de tous:
Tu reduits pour ta gloire vn Monarque en seruage,
Grand en authorité, mais plus grand en courage,
Et qui par sa main seule admiree en tous lieux
A borné son pouuoir de la mer et des Cieux.
Tien toy donc desormais heureuse et glorieuse
D'estre par tes attraits seule victorieuse
D'vn qui sçauoit donner, non receuoir la loy,
Mais qui d'vn cœur soumis la prend ores de toy.
Mais quel homme suruient en si grand' diligence?
Ie le tien Messager: il faut que ie m'auance.
Mon ami, d'où viens-tu? et qui te haste ainsi?

MESSAGER.
Sire, ie vien du camp et deuers vous aussi.

DAVID.
Et bien, que fait Ioab? quelle bonne nouuelle?

MESSAGER.
La fortune à vos gens se montre peu fidelle.

DAVID.
Nous est-il suruenu quelque estrange malheur?

MESSAGER.
Oui, Sire, par destin, non faute de valeur.

DAVID.
Reprens vn peu d'haleine afin que ie la sçache.
Au reste, rien du fait ne palie et ne cache.

MESSAGER.
Ie le vous conteray sans obmettre ou changer;
Car moy-mesme ay couru ma part de ce danger.
Ià le Soleil doroit le coupeau des montagnes,
Et peu à peu ses rais dardoit sur les campagnes,

TRAGÉDIE. 223

Qui sembloient s'esgayer de reuoir la clarté ;
Alors que par ton camp contre Raba planté,
S'excite en plusieurs lieux vn éclatant tonnerre
De piffres et tambours appelans à la guerre.
Nostre Chef genereux esueillé des premiers,
Amasse les soldats venus de leurs quartiers,
Les dispose à combatre, et d'vn constant visage,
Inspire dans leur sein la force et le courage.
 Comme on voit sur le soir les soigneux Pastoureaux
Separer dans le champ les brebis des Agneaux,
La houlette en la main, ce braue Capitaine
La pique haute au poing marchoit parmi la plaine,
Arrangeant ses soldats comme il le iugeoit mieux,
Pour donner à la ville vn assaut furieux.
 Ayant fait tout deuoir d'ordonner ses batailles,
Qui ià dedans le cœur menacent les murailles,
Il les harangue ainsi : Auantureux Guerriers,
Vous sçauez le mestier qui gagne les Lauriers,
C'est pourquoy mon discours ne vous pousse aux alarmes.
Pour bien vous animer suffit l'esclat des armes.
Apres auoir tenté mille estranges hazars,
Sans encourir iamais la disgrace de Mars,
Prenez encor' ici l'exemple de vous-mesme,
Qui me promet de vous vne valeur extresme.
 Tout le monde maintienne et sa force et son rang ;
Pressez pied contre pied, collez flanc contre flanc,
Et d'vn effort commun escalez la muraille,
Qui sert de fort rempart à si foible canaille.
Le chemin esleué semble rude et fascheux,
Parsemé de buissons et haliers espineux ;
» C'est tout vn, la vertu ne craint nulles aproches,
» Et s'ouure le chemin par les plus hautes Roches.
 Toy donc, Abisaï, condui ce bataillon ;
Pour ioindre au pied du mur coule par ce valon,
Et quand i'esleueray le signal de bataille,
Presente l'escalade à ce pan de muraille.
Moy ie vay cependant çà et là voltiger,
Vois-tu bien cette tour, ie m'y pense loger ;
Car à mon iugement ie la prendray d'emblée,
Pourueu qu'en plusieurs lieux la ville soit troublée.
 Toy, braue Vrie, auance et marche le deuant,
Cette gaillarde troupe ira tes pas suiuant ;
Donnez sans reconnoistre, emportez cette porte,
Si vous auez bon cœur elle sera peu forte.
 Ayant d'vn tel langage animé ses soldars,

Il fait espandre en l'air ses bouffans estendars.
On sonne les tambours, les trompettes s'entonnent;
Les champs circonuoisins dessous leur bruit resonnent.
Selon le mandement tous ont l'œil au deuoir;
Chacun veut à l'enui sa valeur faire voir.
 Le courageux Vrie ombragé de sa targe,
D'vn pas superbe et grand s'achemine à la charge;
Vne forte cuirasse à son dos flamboyoit,
Et sur son morion le pennache ondoyoit:
Mais la troupe ennemie au combat animée,
Laschement ne demeure en ses murs r'enfermée,
Ains le vient receuoir, et son cours arrestant,
D'vn asseuré courage à luy se va batant.
La meslée est cruelle en l'vne et l'autre bande;
La sanglante fureur non la raison commande;
L'vn tombe mort à dents, et l'autre est renuersé,
De l'espée et du choc mortellement blessé.
L'horreur erre par tout, et la campagne verte
D'vn rouge esmail de sang est çà et là couuerte;
Bref, tant de bruits diuers sont par l'air espandus,
Que les cris des mourans ne sont plus entendus:
Tous les tiens font tres bien; mais par sus tous Vrie
Embrasé de fureur, s'acharne à la tu'rie;
Autant de coups qu'il donne il en tombe vn à bas.
Il n'est nul si hardi qui ne lasche le pas
Quand il void qu'à son corps il adresse l'espée
Qui du sang ennemi distile retrempée.
 Ainsi que le serpent darde si promptement
La langue çà et là qu'il semble proprement
Encor qu'il n'en ait qu'vne en auoir trois ensemble;
De mesme il n'a qu'vn bras, et si, de plusieurs semble
Assener plusieurs coups pres à pres se suiuans
Sur les plus courageux qui tiennent les deuans.
En fin, à sa fureur les ennemis font place;
Dedans leur sein tremblant coulé vne froide glace,
Le cœur leur tombe aux pieds, ils regagnent le fort.
Mais plusieurs pour courir ne different leur mort:
Car le vaillant Vrie ardant à la poursuite,
Passe comme vn esclair et les tüe en leur fuite.
 D'vne traite il arriue à ce lieu malheureux,
Où deuoient expirer tant d'hommes valeureux:
Il le void, il l'attaque, on rabat son audace;
Il ne change non plus de couleur que de place:
Semblable à ces Rochers sur la mer s'esleuans,
Qui ne sont esbranlez pour ondes ni pour vents.

Maint cercle flamboyant, mainte ardante grenade
Deçà de là tournoye autour de sa salade ;
Les fléches luy font ombre, et mille et mille dars
Le choisissent pour bute entre tous les soldars,
Et les coups ennemis de tous costez abatent
La pluspart des guerriers qui pres de luy combatent.
De sorte que le Camp soupire ce malheur
Par lequel sont perdus tant d'hommes de valeur.

DAVID.

C'est faire bon marché des ames genereuses,
Trop prestes à tenter les choses hazardeuses.
O Ioab, au besoin l'esprit t'a defailli.
Vieux routier, sçais-tu point que d'vn mur assailli
Contre les assaillans à toute heure on élance
Des bois et des cailloux de roide violence ?
Au braue Abimelech auança le trespas
Vne piece de meule, estant iettée en bas
Par la debile main d'vne femme affligée
De la mort de son fils à Thebes assiegée.

MESSAGER.

Vrie est aussi mort ce genereux soldart,
Du peuple circoncis le plus ferme rempart.
Ceux qui l'auoient suiui d'assez braue courage
Rebutez à la fin ont tourné le visage.
Luy qui de tous endroits se void abandonné,
Plus le peril est grand moins demeure estonné,
Son cœur n'amoindrit point, son front ne deuient blesme,
Il eust bien sans frayeur veu tomber le Ciel mesme.
  Le pauois tout couuert d'vne forest de dars,
Le corps percé de coups en cent diuerses pars,
Encor il resistoit d'vn esprit indomptable,
Et se montroit de force à la Palme semblable,
Qui tant plus on la presse et charge de fardeaux,
Tant plus releue en haut ses robustes rameaux.
Bref comme aux soustenans alloit croissant la rage,
A ce braue assaillant augmentoit le courage ;
Quand d'vn honteux despit ardemment allumez,
D'en voir vn resister à tant d'hommes armez,
Ils le forcent en fin de mesurer la terre,
Luy tassent sur le corps les moissons de la guerre :
Escus, lances, espieux, gantelets et brassarts,
Cuirasses, iauelots, cimeterres et dards.
  O guerrier nompareil ! ô soldat admirable !
On ne t'eust peu donner tombeau plus honorable

Que celuy que t'ont fait nos propres ennemis,
» Les hommes valeureux doiuent estre ainsi mis.

DAVID.

» Ce dommage est fort grand, mais quoy ? le sort des armes
» Tombe comme par chois sur les meilleurs Gensdarmes,
» Leur vaillance les perd ; on diroit que la mort
» Espargne le poltron et poursuit le plus fort.

CHŒVR.

CHACVN a son plaisir qui puissamment l'attire :
» L'vn se plaist à la Cour, l'autre aime le barreau,
» L'autre aux Palmes aspire ;
» L'autre fait le labour, et l'autre va sur l'eau,
» Separé de la mort d'vn seul ais de nauire.

» Par mille soins diuers la vie est exercée,
» Et tousiours ses desirs renaissent de leur fin ?
» C'est vne Nef poussée
» De l'orage du monde et des flots du destin,
» Dont à faire naufrage elle est souuent forcée.

» O l'homme bien-heureux qui peut couler son âge,
» D'esprit comme de corps demeurant à requoy
» Dans quelque bas village ;
» Et qui de son vouloir se bastit vne loy,
» Sans qu'aux plus grands seigneurs sa liberté s'engage.

» Mais trois et quatre fois malheureux est cet homme
» Qui veut de leur faueur à son gré triompher
» Afin qu'on le renomme :
» Car lorsqu'elle l'embrasse il s'en void estouffer,
» Comme de ces voleurs que Philistes on nomme.

» L'amour des Rois ressemble au feu pront et volage,
» Qu'on apperçoit la nuict dans le Ciel flamboyer
» Aupres d'vn gras riuage ;
» Si le passant le suit il le mene noyer
» Esblouy des rayons qu'il darde à son visage.

» D'vne bonte fardée ils se masquent la face ;
» D'vne feinte douceur ils amorcent leur œil ;
» Ils font luire leur grace ;
» Mais c'est comme vn flambeau qui conduit au cercueil
» Celuy-là qui l'honneur à leur suite pourchasse :

» Si le moindre despit eschauffe leur courage,
» Adieu le souuenir des seruices passez.

» Ayez mis tout vostre âge
» A suiure leur fortune, vn seul mauuais succés
» De toutes vos moissons sera comme l'orage.

» Ne craignez point pour eux ni vos biens ni vostre ame;
» Ayez pour leur maintien combatu brauement,
» Et trauersé la flame ;
» Ils ne s'en souuiendront qu'à l'heure seulement,
» Non plus quand le courroux contre vous les enflame.

» Mais en fin quel loyer de sauuer vne armée ?
» De forcer vne ville ou de prendre vn chasteau ?
» Vne vaine fumée,
» Qui monte dans le Ciel pour s'y dissoudre en eau ;
» Vne gloire aussi tost esteinte qu'allumée ?

» Les Palmes de victoire acquises à la guerre
» Ont les perils pour fleurs et la peine pour fruit :
» La frayeur les enserre,
» Le danger et l'horreur, le tumulte et le bruit,
» Et ne croissent iamais qu'en infertile terre.

» Cultiuez l'Oliuier qui de sang ne s'arrose,
» Mais seulement d'amour, de paix et de vertu,
» Mortels, cueillez la rose,
» Pourueu qu'elle ne soit dans vn halier pointu
» D'aiguillons herissez de toutes parts enclose.

» Hé ! vaudroit-il pas mieux mourir privé de gloire,
» Que pour la vouloir croistre en abreger ses iours ;
» Aussi bien la memoire
» Des plus grands Empereurs ne dure pas tousiours ;
» Mais ainsi que leur vie, est courte et transitoire.

ACTE V.

BETHSABEE, DAVID, NATHAN.

BETHSABEE.

De qui me dois-ie plaindre en ce malheur extréme ?
D'Vrie, de Dauid, des Cieux ou de moy-mesme ?
De moy qui mon seigneur receus entre mes bras
Mais l'attiray plustost comme à force d'apas.
Des Cieux qui pour vanger ma chasteté rauie,

M'ont raui mon espoux en la fleur de sa vie.
De Dauid qui n'a craint de polluër ma foy,
Qui s'est montré trop homme et trop absolu Roy.
En fin, de mon Vrie à qui l'ardante flame
D'vne fureur ialouse embrasa toute l'ame,
Et l'enfonça si bien dans la presse des coups,
Que son corps vigoureux tomba vaincu dessous.
Soldats, que la frayeur a fait tourner visage,
Vous estiez bien vrayment sans gloire et sans courage.
Vous deuiez-vous pas perdre auec ce grand Guerrier,
Et plustost d'vn Cipres acheter ce Laurier?
Ce fait coupera l'aile à vostre renommée.
Vostre fuite sera desormais diffamée,
Et les fils de vos fils et ceux qui naistront d'eux,
Plusieurs siecles apres en resteront honteux.
 Quand pour moy, cher Espoux, iusqu'à l'heure derniere
Ie te conserueray mon amitié premiere,
Et n'auray rien plus cher pour le temps à venir,
Que de parler de toy, que de m'en souuenir !
Tousiours la larme à l'œil on me verra maudire
Le destin qui trop tost d'auec nous te retire.
 Quoy qu'vn iuste despit t'animast contre moy,
Qui te semblay briser tous les nœuds de la foy,
Iusques à ne vouloir dans ta prophane couche
Receuoir les baisers de ma vermeille bouche ;
I'atteste le pouuoir de ce grand Dieu viuant,
Que ie t'aimoy tousiours ainsi qu'auparauant.
 Ie consideroy bien qu'vne ame genereuse,
Par ce ressentiment deuient plus dédagneuse ;
Mais ie pensois vn iour en te criant merci,
Amolir le courroux de ton cœur endurci ;
Discourant à part moy que la force et la ruse
D'vn Roy grand et subtil me fourniroient d'excuse.
O la vaine esperance ! Vn destin malheureux
T'a donné cependant le trespas rigoureux,
Et s'est en mon endroit montré si plain d'enuie,
Qu'il ne m'a point permis de racueillir ta vie
Quand auec vn soupir ta bouche l'exhaloit,
Ni de torcher le sang qui sur toy ruisseloit,
Ni de clorre en pleurant tes mourantes paupieres,
Ni de dire à la fin les paroles dernieres.
Ne laisse neantmoins, s'il te reste du sens,
D'escouter au tombeau ces douloureux accens ;
Et de voir ondoyer ce grand fleuue de larmes,
Que songeant à ta mort i'espanche sur tes armes.

DAVID.
Ton dueil, chere Maistresse, a trop longtemps duré.
Qui ne voudroit mourir pour estre ainsi pleuré ?
Laisse ces longs regrets, ma chere Bethsabée,
Ta fortune s'esleue estant ainsi tombée.
On te rauit Vrie, et Dauid t'est rendu ;
Tu gagnes beaucoup plus que tu n'auois perdu :
Le Ciel t'oste vn soldat, vn Monarque il te donne,
Qui depose en tes mains sa vie et sa Couronne :
Tien ce sceptre Royal, tu le peux bien porter,
Puis que de t'obeir ie me veux contenter.

CHŒVR.
» Quand l'homme cuide auoir attaint
» Le comble de tous ses desirs,
» A l'heure que moins il en craint,
» Suruiennent mille desplaisirs.
 » Ceux que le vice rend contens,
» Perdent bien tost leur volupté :
» Nul ne s'esiouit pas long temps
» Du fruit d'vne meschanceté.
 » Dieu qui pour le conuaincre mieux
» Luy laisse accomplir son dessein,
» Dedans l'eschauguette des Cieux
» N'a pas tousiours le bras au sein.
 » Comme nul ne le peut tromper,
» Quand son œil vient sonder le cœur,
» Aussi nul ne peut eschaper
» De sa main la iuste rigueur.
 » Face l'homme ce qu'il voudra,
» Pour s'aueugler en son peché,
» Tousiours le remors se tiendra
» Comme vn clou dans le cœur fiché.
 » Mais bien-heureux le Criminel,
» Qui se reconnoist à la fin,
» Et que la voix de l'Eternel
» Vient r'adresser au droit chemin.

NATHAN.
» Que le vice est commun à nous, malheureux hommes !
» Nous pechon à toute heure, et tout ce que nous sommes
» Ne cesson d'attirer sur nos chefs odieux
» L'effroyable courroux qui fait trembler les Cieux.
» Monarque tout-puissant, sans ta diuine grace
» L'homme fait tousiours mal quelque chose qu'il face ;
» Si tu ne tiens la main à ce monceau de chair,
» Il est au premier pas tout pres de tresbucher.

Contemplez ce grand Roy que le Seigneur appelle
Par la bouche des siens son seruiteur fidelle,
Que par tant de trauaux comme par vn degré,
Il monta de sa main sur le thrône sacré,
Aux diuins mandemens il fait la sourde oreille,
Lethargique en son vice à toute heure il sommeille.
   Transgresseur orgueilleux de la celeste loy,
Vien ici m'escouter, non parlant de par moy,
Mais de par l'Eternel qui darde le tonnerre,
Qui le sceptre des Roys establit sur la terre.
Quoy? ie t'appelle en vain, il faut t'aller trouuer,
Ma charge ne se peut autrement acheuer;
Il faut que sur vn poinct, ayant eu ta responce,
Le iuste Arrest de Dieu contre toy ie prononce.
Ie m'en vay l'aborder; à propos ie le voy.

DAVID.

Dieu te garde, Nathan. Qui t'amene vers moy?

NATHAN.

Ie te vien deceler vn miserable vice
Pour le faire punir d'vn rigoureux suplice.
   Deux hommes tes suiets mesme terre habitoient,
L'vn et l'autre voisins, l'vn l'autre frequentoient :
Le premier ioüissoit d'vn fort ample heritage,
Et bien mille brebis menoit en pasturage :
Mais l'autre estoit fort pauvre, et ne possedoit rien
Qu'vne seule brebis, où consistoit son bien.
Il l'auoit achetee et tendrement nourrie,
Sa fille n'eust esté dauantage cherie;
Elle mangeoit tousiours le pain dedans sa main,
Beuuoit l'eau dans son verre et dormoit en son sein.
   Or voici qu'vn passant aborde à leur village;
Le riche le reçoit, le mene à son mesnage;
Et pour faire festin à cet hoste nouueau,
Ne choisit vn mouton parmi son gras troupeau;
Mais l'vnique brebis à son voisin il oste,
Pour repaistre sa faim et celle de son hoste.
Ce ne luy fust assez d'auoir ainsi volé.

DAVID.

Tu m'en as, ô Nathan, desia trop reuelé.
Soit lié ce meschant, qu'on le traine au suplice;
La mort, la seule mort est digne d'vn tel vice.

NATHAN.

C'est pour toy que ie parle. Hipocrite, c'est toy
Qui mesprises ton Dieu, qui violes sa loy,
Qui, sous le masque faux de ce visage honneste,

Caches vn cœur de bouc et des desirs de beste.
Elle a ta bouche iniuste vn iuste arrest donné,
Et sous le nom d'autruy toy-mesme a condamné!
   O cruel adultere! ô vermisseau de terre!
Leue l'œil à la main qui brandit le tonnerre :
C'est Dieu qui parle ainsi : I'ay ton chef couronné,
Ie t'ay par l'onction aux sceptres destiné,
I'ay rompu les desseins de ton Prince aduersaire,
I'ay contraint tes haineux iusques à te bien faire,
Ie t'ay fait triompher sur tous tes ennemis,
Les femmes de ton maistre en ta couche i'ay mis,
Ie t'ay fait habiter sa superbe demeure,
De nouuelles faueurs ie t'honore à toute heure,
Et s'il se peut plus outre attaindre du souhait,
Demande seulement, ie te le rendray fait :
Pourquoy donc, lasche, ingrat, adultere execrable,
Oubliant et toy-mesme et mon nom redoutable,
As-tu commis d'vn coup deux forfaits furieux ?
Pensois-tu me surprendre ou m'aueugler les yeux,
Yeux qui ne ferment point sur celuy qui m'offence :
Meschant, ouure l'oreille et reçois ta sentence.
   Comme tu vins fraper Vrie en trahison
Par le glaive Ammonite, afin qu'en ta maison
Par adultere entrast sa femme bien aimee,
Que le nom d'impudique a partout diffamee,
Tes fils mesmes, tes fils ta mort pourchasseront ;
Les meurtres desormais chez toy ne cesseront.
   Puisque contre ma loy ton execrable flamme
D'vn espoux innocent a desbauché la femme,
I'iray ton lict Royal d'incestes emplissant ;
Tes fils denaturez, toute honte chassant,
Coucheront sans respect avec tes concubines,
Et ne cacheront point leurs lubriques rapines.
Tu commis l'adultere à l'ombre de la nuict ;
Mais ce grand œil du Ciel qui sur le monde luit
Découurira leur faute aux yeux de tout le monde,
Afin que ton dur front de honte se confonde.
Et puis ose irriter le Monarque des Cieux ;
Tu le sçauras auoir des mains comme des yeux !
              DAVID.
I'ay peché contre toy, ma faute criminelle
Ne merite rien moins que la mort eternelle,
De tes saints iugemens mon courage estonné
De confort et d'espoir demeure abandonné.
   Merci, Seigneur, merci, par ta grande clemence ;

Iette l'œil seulement sur tes compassions,
Et ne te souuien plus de mes transgressions,
Si tu veux pardonner à mon ingrate offence.
    De mes sales pechez laue et relaue moy;
D'vn acte criminel rend mon ame innocente :
Nuict et iour à mes yeux l'image s'en presente,
Et i'enten bien sa voix m'accuser deuant toy.
    I'ay failli, ie l'aduouë et confesse moy-mesme.
Mon Dieu, contre toy seul i'ay doublement peché.
Que puis-ie deuenir apres t'auoir fasché,
Si ma faute est enorme et ta Iustice extresme?
    Tu pourras, s'il te plaist, demeurer irrité,
M'adiuger à la mort sans meriter de blasme :
Mais tu sçais qu'en peché me conçeut vne femme,
Pour m'enfanter au monde auec iniquité.
    Tu veux que nostre cœur se lise en nostre face,
Et que disant de l'vn on ne pense autrement.
Toy-mesme tu m'ouuris l'œil de l'entendement,
Pour me faire voir clair és secrets de ta grace.
    Asperge-moy d'hisope afin de me purger,
Et lors ma pureté deuiendra toute extresme :
Obscure à ma blancheur sera la nege mesme,
Si dans l'eau salutaire il te plaist me plonger.
    Fay moy bien tost oüir l'agreable nouuelle,
Qui me certifi'ra de ta sainte faueur :
Tu es mon Createur, sois encor mon Sauueur,
Et redonne à mes os la vigueur naturelle.
    Destourne loin tes yeux des pechez que i'ay faits,
Ou les fay si bien fondre aux beaux rais de ta face,
Que toute la memoire en ton cœur s'en efface,
Et que pour l'aduenir tu n'y penses iamais.
    Crée vn cœur net en moy par ta sainte lumiere,
Puis y forme vn desir à bien faire constant.
De ta grace, ô mon Dieu, ne me va reiettant,
Ains montre en mon endroit ta faueur coustumiere.
    De ton repos heureux la liesse rens moy,
Et fay qu'vne ame libre encore me console,
Alors à tous pecheurs enseignant ta parole,
Conuertis de leur vice ils reuiendront à toy.
    Seigneur, ie te connoy seul Dieu de mon salut,
Laue doncques mes mains d'vn sanglant homicide;
Lors iusqu'au Ciel des Cieux où ta Grandeur réside,
Ie pousseray ma voix et le son de mon Lut.
    Car ainsi que le cœur tu m'ouuriras la bouche,
Et ma langue suiuant le vol de mon penser,

S'en ira ta louange aux peuples anoncer
Du clair lict du Soleil à son obscure couche.
  Tu ne desires point, ô Seigneur immortel,
Vne grasse victime offerte en sacrifice.
Si par le sang des Boucs on te rendoit propice,
I'auroy ià mille fois arrosé ton autel.
  Mais qui te veut offrir vne hostie agreable,
C'est vn cœur penitent, contrit et desolé,
Du somme de peché par ta voix esueillé,
Bien-heureux en toy seul, en luy seul miserable.
  Tes plus douces faueurs s'espandent sur Sion,
De la sainte Cité les saints murs edifie,
Et ses hauts fondemens à iamais fortifie,
Comme elle se promet de ton affection.
  Et lors te plaira bien le iuste sacrifice
De l'holocauste entier qu'on te presentera;
Et lors sur ton autel des veaux on offrira,
Qui purgeront les corps et les cœurs de tout vice.

NATHAN.

Dieu benin et facile est ores apaisé :
Tes larmes ont esteint son courroux embrasé ;
Tes pechez sont tres-grands, mais sa misericorde
Plus grande infiniment à ta grace s'accorde.
Escoute ce qu'il dit : Pour autant que par toy
La bouche des meschans blaspheme contre moy,
Blasonne ma puissance et taxe ma iustice,
Comme trop indulgente à ton enorme vice;
L'enfant qui te naistra d'vn tel engrossement,
De son propre berceau fera son monument.

AMAN

AMAN
TRAGÉDIE.

ACTE PREMIER.
AMAN, CIRUS.

AMAN.

Soit que l'alme Phebus sorte au matin de l'onde,
Pour donner vn beau iour à la face du monde;
Soit que de rais plus chauds il s'enflamme à mi‹
Ou qu'il se precipite en son cours refroidi,
Il n'œillade vn seul homme en ce rond habitable,
Que le bon-heur du sort me rende comparable.
Ma gloire est sans pareille; et si quelqu'vn des Dieux,
Amoureux de la terre abandonnoit les Cieux,
Pour borner sa grandeur sous l'enclos de la Lune,
Il se tiendroit possible à ma haute fortune.
L'vniuers craint mon Prince, obeit à sa loy;
Et luy ne veut auoir pour compagnon que moy :
De tout à mon conseil sa Bonté se raporte.
En effet ie suis Roy, le tiltre ie n'en porte;
Mais baste, c'est tout vn, car tel nommer se peut,
Qui fait tout ce qu'il dit, et dit tout ce qu'il veut.
Faut-il mettre en campagne vn monde de gensdarmes,
Pour ranger l'vniuers par la force des armes?
Faut-il aux plus hardis imprimer des terreurs,
Et dans les cœurs plus froids allumer des fureurs?
Faut-il soudain resoudre vn important affaire?
Ces charges de grand pois à moy seul on deffere.
Aussi quand ie chemine au milieu des guerriers,
Se meslent sur mon chef les palmes aux lauriers;
Puis quand par moy la paix au monde est redonnee,
D'vn tortis d'oliuier ma teste est couronnee;

Comme en tous les deux temps portant sans estre las
Les fardeaux d'vn Estat, qui lasseroient Atlas.
Aussi i'attains au Ciel du sommet de la teste,
Et ne craindray iamais que sa rouge tempeste
Me renuerse le corps sur terre foudroyé :
Ceux à qui les Destins ont mon heur octroyé,
Les esleuant si haut sur la basse commune,
Sont logez seurement à l'abri de fortune :
Tout conspire pour eux, quand leurs rhets ils tendront,
Les villes et citez à foule s'y prendront.
» O trois et quatre fois bien-heureux se peut dire,
» Qui void hommes et dieux à ses desseins sousrire ;
» Et qui n'a souhaité son desir estre fait
» Que le succez heureux respond à son souhait.
Pour moy, ie ne taschay iamais chose entreprendre,
Qu'elle mesme à mon but ne se soit venu rendre ;
Et tu m'en es temoin, toy qui par cent dangers,
M'as veu fouler l'orgueil des peuples estrangers,
Qui boüillans au combat d'vne ardeur genereuse,
Ont connu ma fortune et ma main valeureuse.
Combien diuerses fois en des lieux si diuers,
Vis-tu les champs poudreux de carnage couuerts
Par ce fer redoutable, et les ondes sanglantes
Entrainer à miliers les charongnes relantes ?

CIRUS.

Aussi pour tel suiet me tiens-ie glorieux,
D'auoir suiui par tout ton camp victorieux :
Car bien que ton honneur demeure incomparable,
Et que toy seulement sois à toy seul semblable ;
Nous autres qui suiuon l'ombre de tes Lauriers,
Tenon tousiours vn rang sur tous autres Guerriers,
Et sommes estimez des nations estranges,
D'autant que dessus nous regorgent tes loüanges.
Or qui pourroit nombrer combien d'osts ennemis
Le seul bruit de ta force à vauderoute a mis ?
Combien ton seul courage a gagné de batailles,
Surmonté de rempars, et forcé de murailles,
Mis de peuples au ioug de ton Prince indonté ;
De mesme conteroit les espis de l'Esté,
Les glaces de l'Hyuer, les doux fruits de l'Autonne
Et les diuerses fleurs dont l'Auril se couronne.

AMAN.

C'est la merci de vous, compagnons genereux,
Que ie suis estimé si grand et valeureux.
Magnanimes soldats, inuincibles gensdarmes,

Si ie m'esleue au Ciel, mes aisles sont vos armes :
Par elles ie deuiens vn Aigle nompareil,
Qui sans cligner des yeux peut voir nostre Soleil.
Si vostre veuë encor' abaisse la paupiere,
Comme toute esbloüie à sa viue lumiere;
» Ne vous estonnez point, la grandeur des humains
» Vient à perfection par des progrez certains.
  » Les fertiles fruitiers en la saison nouuelle,
» Poussent hors de la bourre vne fleur douce et belle,
» Qui se noüe en du fruit; l'Esté vient le nourrir,
» Et l'Autonne suiuant fait sa verdeur meurir :
» De mesme en sa fortune il faut le temps attendre,
» Et le temps par degrez parfaite la peut rendre :
» Tout se fait par saisons; et qui veut faire bien
» Ne doit l'ordre establi preposterer en rien.
Voyez-vous que le temps m'a rendu si grand homme,
Que par toute la terre vn miracle on me nomme,
Depuis le bord perleux où leue le Soleil,
Iusqu'à la mer d'Espagne où se fait son sommeil.
  Or de tous les exploits qui consacrent ma gloire
Es tableaux eternels du temple de memoire,
Quoy qu'à moy par raison soit leur meilleure part,
Si faut-il en donner quelque chose au hazard ;
Mais plus encore à vous, invincibles gensdarmes,
Qui suans auec moy sous le fardeau des armes,
Fistes connoistre à ceux qui vous ont attendu,
Qu'à vous seuls l'impossible est possible rendu.
La gloire des combats i'estime donc commune
A moy premierement, à vous, à la fortune;
Mais tous ces bons conseils par lesquels on peut voir
Tant de peuples suiets contenus en deuoir,
Tant d'Estats establis, tant de Prouinces calmes,
Sans nulle enuie au moins seront mes seules Palmes.

CIRUS.

Par tout ce large monde on connoist que tu fais,
Ainsi comme il te plaist et la guerre et la paix,
C'est pourquoy les meilleurs te reuerent sans feinte,
Et les meschans encor' le font auec contrainte,
Commandez par edict d'humblement t'adorer.

AMAN.

Si iusques à tel poinct mon Roy veut m'honorer,
Si ce digne guerdon à ma proüesse il paye,
Et bien, à la reuanche il faut que ie m'essaye ;
Mais qui me veut brauer d'vn orgueil fastueux,
Il doit estre puni comme vn presomptueux.

» Quiconque veut l'honneur à la vertu soustraire,
» La veut destituer de son propre salaire :
» Et si cette vertu demeuroit sans loyer,
» On verroit les grands cœurs froids à s'y employer.

CIRUS.

Oseroit bien quelqu'vn vous faire telle iniure ?
Vous que les dons du Ciel, les graces de Nature,
Et les faueurs du Prince ornent à qui mieux mieux,
Ne deuez à l'enuie exciter que les Dieux :
Vostre gloire est trop viue et trop bien allumee.
» D'vn feu clair et luisant ne sort point de fumee.

AMAN.

» Grande n'est la grandeur qui n'a des enuieux.
» Les Seigneurs aux suiets sont tousiours odieux ;
» Et ceux que la fortune et le Roy fauorise,
» Sont ceux communément que le peuple mesprise,
» Peuple sans iugement, grossier et mal apris,
» Qui ne sçait la vertu ni ne connoist son prix.
Ie voy taire pourtant la populaire enuie,
I'aperçoy qu'à m'aimer nostre Cour se conuie,
Que les peuples suiets aux sceptres de mon Roy,
Pleins d'vn craintif respect se courbent deuant moy.
Vn seul des circoncis, vn maraud, vn esclaue,
Fait litiere de moy, à toute heure me braue.
Ni le rang que ie tiens, ni ma propre vertu,
Ni cet habit Royal dont il me voit vestu,
Ni ce nouuel Edit dont mon Prince m'honore,
Ni l'exemple d'autruy ne font pas qu'il m'adore ;
Bien qu'vn seul de ces poincts eust assez de pouuoir,
Pour ranger le plus rogue à cet humble deuoir.
Et quoy ! verray-ie ainsi ma gloire r'aualee ?
Mon cresdit mesprisé ? ma dignité foulee ?
Non, non, ie veux : mais mot.

CIRUS.

               Vous autres demi Dieux
Ne deuez regarder ces petits enuieux ;
Suffisamment vangez d'eux-mesmes par eux-mesmes ;
» Leur cœur qui se deuore en des soucis extresmes,
» Beaucoup plus grand suplice à soy pourra donner,
» Qu'vn Iuge rigoureux ne sçauroit ordonner.

AMAN.

Ouy dà ; qu'impuniment ce galand me dédaigne,
Et mille fois le iour à rougir me contraigne ;
Qu'il porte librement sur son visage escrit
Ce qu'il deuroit aumoins tenir clos en l'esprit.

CIRUS.

» Ie sçay bien qu'un Seigneur doit preuenir l'offence,
» Dés qu'vne ame indiscrette en secret la pourpense;
» Que s'il la dissimule il semble l'inuiter,
» Et l'inuitant qu'à peine il la peut euiter :
» Que comme en la paroy bien souuent vne pierre
» Ostee hors de son lieu la fait tomber par terre;
» Si quelque homme arrogant, si quelque blasonneur,
» Poussé de mal-veillance entame son honneur,
» Il en fait à la fin par vn sourd artifice
» Trop long temps negligé ruiner l'edifice.
» La gloire est chatouilleuse et ne se veut toucher:
» Mais tout ainsi que l'œil se ferme à l'aprocher
» De ce qui luy pourroit aporter de l'offence,
» Elle doit au danger se couurir de prudence,
» Comme estant la paupiere ou plustost le rempart,
» Qui la peut garantir de perte et de hazard.
Mais encor suis-ie là, quel homme? quelle audace
Ne redoute auiourd'huy d'estre en vostre disgrace?
Chacun vous craint, mon Prince, et l'honneur des mortels
Vous designe desia des vœus et des autels.

AMAN.

T'ay-ie pas declaré qu'vn Iuif, race maudite,
Plus de cent fois le iour m'outrage et me depite?

CIRUS.

Vn Iuif, Dieux eternels! mais la presomption
Est ainsi familiere à cette Nation.
» On peut changer de Ciel, mais non pas de nature.
» L'oprobre des petits aux grands n'est point iniure.

AMAN.

Moy qui fus ci deuant parmi tous en tel prix,
Que i'en sois desormais la fable et le mespris?
S'ouure plustost la terre et dans ses flancs me cache
Qu'vne telle vergongne à mon honneur s'attache,
I'aimeroy cent fois mieux le trespas m'auancer,
Que sans se repentir quelqu'vn peust m'offencer.

CIRUS.

Ce n'est pas, mon Seigneur, ce que ie vous conseille.

AMAN.

Ie rendray la vengeance à l'offence pareille,
Et s'il se peut, plus grande, afin que desormais,
Tous perdent le desir de m'en vouloir iamais.

CIRUS.

Ne vous colerez point pour si peu d'importance :
» Tousiours à la santé l'ire porte nuisance.

Sans mener plus grand bruit dites moy seulement
Contre qui vous gardez ce mescontentement;
Si la punition satisfait à vostre ame,
Dans son coulpable sang va boire cette lame;
Afin que tout le monde aprenne par sa mort
» Qu'au foible n'apartient de se prendre au plus fort.
» Mais qu'il faut honorer ceux que le Prince honore,
» Pour leurs rares vertus et les aimer encore.
Mon Maistre, mon Seigneur, reposez-vous sur moy;
Ie n'ay point de ce iour à vous prouuer ma foy.

AMAN.

Seroit bien pour si peu ma vengeance assouuie?
Doit finir mon courroux en la fin de sa vie?
Faut-il point que ma main s'estende plus auant?
Ie le veux, c'est raison; ne demeure viuant
Vn seul de tous les Iuifs; que sans misericorde
On employe contre eux et le fer et la corde :
Non, puis que i'en vien là, ie ne souffriray pas,
Que les enfans à naistre euitent le trespas :
Qu'ils me soient arrachez du ventre de leurs meres,
Et batus aux parois deuant leurs propres peres,
Afin qu'auec le iour l'espoir leur soit osté,
De reuiure iamais en leur posterité.
Soient aux yeux des maris les femmes violées;
Des Bourreaux impudens les Vierges soient souillées.
Qu'on les estrangle apres d'un infame cordeau,
Ou qu'vne pierre au col on les iette à vau-l'eau :
Bref que le sang fumeux ruisselle de la gorge
Des Hebrieux massacrez et çà et là regorge :
Que leurs corps tous relens n'ayent autres tombeaux,
Que les chiens affamez et les goulus corbeaux.
Leur Seigneur eternel, leur grand Dieu des armées
Vienne les garantir de mes mains animées.
Ils ont beau dans le Ciel espandre des sanglots,
Verser des larges pleurs, former des tristes mots,
Ietter des cris piteux, allonger des complaintes,
Les ames de pitié n'en seront point estraintes.
Quoy qu'ils tendent auant leurs supliantes mains,
Pour implorer merci des glaiues inhumains,
Nul, touché de leurs maux, nul ne leur fera grace.
Voila l'horrible fin qu'à ce peuple ie brasse
Pour esteindre en son sang l'ardeur de mon courroux :
Ie veux que par le monde il soit notoire à tous,
Qu'Aman a sur les Iuifs sa colere espanchée,
Pour punir à son gré l'orgueil de Mardochée,

Et que ce peuple vil par la terre espandu,
Pour la faute d'vn seul fut vn iour tout perdu.

CHŒVR.

Le Soleil tournant par les Cieux
» Ne sçauroit voir en ces bas lieux
» Vn animal plus miserable,
» Que celuy qu'on tient raisonnable;
» Et rien de plus ambitieux!
» Il promet à son esprit vain,
» Que tout doit fléchir sous sa main,
» Qu'en sa faueur Phebus esclaire,
» Et que chacun lui veut complaire,
» Tant il se plaist d'estre mondain!
» Il croit que la terre n'est pas
» Digne de soustenir ses pas;
» Il pense que l'alme Nature,
» Qui le rend foible creature,
» En luy seul prend tous ses esbats.
» A raison qu'il se va haussant
» Au feste d'vn honneur glissant,
» Il pense enchainer la fortune,
» Et que iamais disgrace aucune
» En bas ne l'ira renuersant.
» Mais l'espoir qui deçoit son cœur
» Comme vne legere vapeur,
» Auec luy s'enuole en fumée;
» Et sa gloire tant estimée
» Se perd auecques son bon-heur.
» Iamais le credit n'est constant :
» Ainsi qu'il vient en vn instant,
» Il s'en retourne en peu d'espace :
» Plus soudain qu'vn songe se passe
» Ce que le monde admire tant.
O toy potiron d'vne nuit,
Que l'orgueil a si fort seduit,
Qu'aueuglé d'vne erreur extresme
Tu ne sçais connoistre toy-mesme,
Pourquoy menes-tu tant de bruit?
N'aye point le courage enflé,
Du vent que le sort t'a souflé;
Car combien qu'il te donne en poupe,
T'esleuant dessus mainte troupe,
Ton boisseau s'en va tout comblé.

» Mesure ton ambition
» Au pied de ta condition.
» Hé! ne faut-il qu'vn vent contraire,
» Ou toy-mesme pour te deffaire,
» Contre ta propre intention?
» Contemple que l'aduersité
» Talonne la prosperité;
» En ton heur ne te glorifie;
» O fol qui au monde se fie!
» Ce n'est que pure vanité.
» Bien que tout t'arriue à souhait;
» Possible Fortune te fait,
» Comme vn traistre à ceux qu'il caresse,
» Lors que mesmement il leur dresse
» Vne embusche en vn lieu secret.
» La douceur de ses vains appas
» Tire souuent l'homme au trespas;
» Elle nous fait vne pipée;
» De peur que l'ame en soit trompée,
» Clos l'oreille et tourne le pas.

ACTE II.

ASSUERUS. AMAN.

ASSUERUS.

A vous, Dieux immortels, ie doy grace immortelle
Car c'est vous qui rendez ma fortune si belle,
Que tout l'heur à venir et present et passé,
Semble estre comme en bloc pour moi seul am
Possible vostre Roy ce grand Dieu du tonnerre,
Se reserue le Ciel et me donne la terre,
La terre vniuerselle où s'estend mon pouuoir,
Aussi loin que le cours du Soleil se fait voir.
» Les Dieux auec les Rois semblent faire partage;
» Les Rois tiennent des Dieux par vn certain parage:
» Et pource quand ils sont hautains et triomphans,
» On les nomme ici bas leurs bien-heureux enfans,
» Sainte race du Ciel, qui tire sa puissance
» Du suprême pouuoir de l'eternelle essence.
» Car qu'vn homme tout seul renge dessous le frain
» Tant de peuples guerriers ainsi hauts à la main;

» Que le front d'vn Monarque à tous soit venerable,
» Son port imperieux, et son bras redoutable ;
» Que le tiltre sans plus d'Empereur ou de Roy
» Comble les cœurs hardis de tremeur et d'effroy,
» C'est ton œuvre pour vray, puissant Moteur du monde,
» Qui veux qu'à ta grandeur nostre grandeur responde.
» Aussi tousiours me plaist à ce poinct reuenir,
» Que le Ciel veut les Rois en grandeur maintenir
» Comme ses Lieutenans ; leur donnant accroissance
» D'entendement, d'honneur, de vertu, de puissance ;
» Qu'il est leur sauuegarde, et qu'il ne perd le soin
» De s'employer pour eux quand ils en ont besoin.
» Mais sa plus grand faveur sans doute se demontre,
» Quand d'vn ami fidele il leur donne rencontre,
» Qui les puisse alleger du lourd et pesant faix,
» Dont les charge le temps et de guerre et de paix ;
» Qui d'vn esprit capable aux affaires s'adonne,
» Et pendant leur sommeil veille pour leur Couronne
» Qui tienne seurement leur Royaume en depos,
» Et de ses grands trauaux engendre leur repos ;
» Qui donne vn bon conseil, qui fort bien en dispose,
» Et qui l'honneste vtile en tous faits se propose :
» Bref qui n'a si grand soin de son particulier,
» Que l'interest public ne marche le premier.
Tel est ce braue Aman que toy, Ciel fauorable,
As fait naistre en nos iours pour m'estre secourable.
A peine sans son aide aurois-ie le pouuoir
D'exercer sur les miens vn paternel deuoir :
Le moyen de regir cent vingt et deux Prouinces,
D'acorder les humeurs d'vn grand nombre de Princes,
De ranger sous vn ioug mille riches Citez,
Si mes conseils n'estoient de son bras assistez ?
Pour ma grandeur Royale heureux on me renomme ;
Mais ie me tiens heureux de posseder cet homme :
Ce que de plus exquis sous l'aube on va chercher,
Certes au prix de luy ne me peut estre cher.
Bien donc qu'incessamment de grades ie l'honore,
Il doit en esperer de plus rares encore :
» Car faire aux bons le bien qu'on les void meriter
» C'est à faire encor mieux leur effort inuiter ;
» Et donner des honneurs à vn homme honorable
» C'est exciter maint autre à se rendre semblable.
Mais ne le voy-ie pas arriuer deuers moy ?
Que son front est seuere ! il medite à part soy.
Le feu perdroit plustost sa chaleur coustumiere,

La glace sa froideur, le Soleil sa lumiere,
Qu'il fust sans ces proiets par lesquels mon bon-heur
Monte au plus haut Solstice où paruienne l'honneur.
Te voici, mon Aman ; quelle digne pensée
Tient en diuers discours ton ame balancée ?

AMAN.

O Prince redoutable, ô Seigneur glorieux,
Qui pour le bien du monde és descendu des Cieux ;
Ie serois composé d'vne ingrate nature,
Si me reconnoissant ton humble creature,
Ie ne taschoy respondre au moins en quelque part,
Aux honneurs signalez que ta main me depart.
Car encor, ô grand Roy, que ma foible puissance
Suiue ma volonté d'vne longue distance,
Ie cherche en tous suiets les moyens de montrer,
Qu'vn plus fidele serf tu ne peux rencontrer ;
Soit qu'il faille auoir l'œil à descouurir les trames
Et les sourds remumens de ces broüillonnes ames,
Qui de ta Maiesté viennent à tous propos
Destourber les plaisirs et troubler le repos ;
Soit que poussé du vent de ton ire enflamée,
Ie conduise en câmpagne vne puissante armée
Contre vn peuple mutin rebelle et desloyal,
Tenant ton foudre en main ; tel que l'Aigle Royal,
Qui portoit à Iupin les traits de la tempeste,
Quand aux Titans armez il écrasa la teste
Dessus les champs de Phlegre, où leur bras furieux
Presenta l'escalade aux murailles des Cieux.

ASSUERUS.

Ie connois la vertu qui ton courage auiue,
Et sçay que ta vertu ne languit point oisiue :
Ton conseil salutaire et tes exploits guerriers
A nostre heureuse oliue entent plusieurs Lauriers :
C'est pourquoy, mon Aman, moy-mesme ie t'honore,
Ma Cour te glorifie, et mon peuple t'adore ;
Et s'il se peut encor' inuenter plus d'honneur,
Ie t'en seray tousiours tres liberal donneur :
Car le surabondant qui peut estre en ma gloire
Se destine à toy seul, afin qu'il soit memoire,
Qu'Assuere a voulu mesurer ton deuoir
Loyal et volontaire au pair de son pouuoir,
Et que comme infinie est sa grandeur Royale,
De mesme il a rendu la tienne sans egale.
» Vn Prince à ses amis n'a rien de limité ;
» Car tousiours ses faueurs vont à l'extrémité.

Mais toy qui nuict et iour discours en ta pensée,
En iugeant du present par la chose passée;
Toy qui n'as d'autre soin que l'honneur de ton Roy,
Di nous que tu songeois venant tantost à moy :
Car i'ai connu soudain à l'air de ton visage,
Qu'vn dessein d'importance agitoit ton courage.

AMAN.

Tu n'ignores, mon Prince, auec combien d'ardeur
I'aspire à promouuoir ton auguste grandeur;
Et si quelqu'autre soin dedans mon ame a place,
Me tarisse auiourd'huy la source de ta grace.
Aussi tant de bien-faits qui me viennent de toy
T'ont si fort engagé mon seruice et ma foy,
Que de mille pechez ie me tiendrois coupable,
Ne t'aduertissant pas d'vne chose importable,
Qui le repos public peut vn iour agiter;
Daigne tant seulement l'oreille me prester.
Vn peuple est espandu çà et là par la terre,
Inutile à la paix et mal propre à la guerre :
Il a ses loix à part, il est en tout diuers
Des autres Nations qui sont en l'vniuers :
Il ne fait cas de toy ni de tes ordonnances;
Il ne fournit ton Camp ni n'acroist tes finances;
Au contraire est mutin, leger, seditieux,
Auare, desloyal, perfide, ambitieux;
Et pour se voir captif couue vne sourde rage;
S'efforce d'esmouuoir quelque ciuil orage,
D'esbranler ton repos, desunir tes Citez,
Exciter le debord de mille aduersitez;
Bref reuolter d'vn coup cent Nations estranges,
Que sous vn frain paisible à ton vouloir tu ranges.
Sire, on connoist assez que tels commencemens
Ont produit à la fin de grands euenemens :
Car comme en la forest cette foible estincelle,
Qu'vne souche creusee en la cendre recelle,
Rampant de peu à peu par le plus menu bois,
Mille arbres de cent ans brusle tout à la fois;
Vn seul n'est pas sauué de ce bruyant rauage,
Qui de flots enflammez deçà delà fourrage :
Où si comme il naissoit quelqu'vn l'eust fait mourir,
On n'eust veu sa fureur par les branches courir :
De mesme vient parfois du lieu que l'on neglige
Vn grand sousleuement qui tout le monde afflige;
Et puis quand le discord est aux cœurs allumé,
Il ne cesse iamais qu'il n'ait tout consumé;

Là où si de bonne heure on eust voulu l'esteindre,
Courant par le public il ne se feroit craindre.
Plaise toy donc, grand Roy, commander promtement
Qu'on coure sus par tout à ce vil garnement,
A ce peuple maudit, et qu'auecques l'espée
On chasse de tous lieux cette gent dissipée,
Sans amour, sans honneur, sans courage, sans foy :
Acte ne fut iamais plus digne d'vn grand Roy.
» Si rien peut signaler celuy-là qui domine,
» C'est que les bons il garde et les meschans ruine.
Mon Prince, auance donc cet effet bien-heureux ;
Et pour te rendre encor de tant plus desireux
De suffoquer par tout si maudite semence,
Qui ne doit trouuer place en ta douce clemence ;
Ie suis prest à fournir dix mil talens d'argent
Et que de comble en fonds on perde cette Gent.

ASSUERUS.

Mais aussi, mon Aman, seroit-il point inique
D'oprimer tout par tout vn peuple pacifique :
Iusqu'ici pour le moins ie n'en oy point parler.

AMAN.

C'est vn peuple meschant, né pour dissimuler,
Qui couue au fonds du cœur le maltalent qu'il porte,
Tant que l'occasion en euidence sorte.

ASSUERUS.

» Les remu'mens d'Estat sont tousiours dangereux,
» Et qui s'en peut passer ie le tien bien-heureux.

AMAN.

C'est vn peuple bani, sans force, sans adresse,
Sur qui le Ciel espand son ire vangeresse,
Coüard à dire vray, mais fort malicieux,
L'oprobre de la terre et la haine des Dieux.
Ton Estat par sa mort n'aura nulle secousse ;
Là ne faut auoir peur que des bras il repousse
L'effort de tes soldats animez contre luy ;
Il est sans conducteur, sans argent, sans apuy.
Ta seule volonté suffit pour le deffaire ;
Mais negligé du tout il donra plus à faire.

ASSUERUS.

S'il en va, mon Aman, comme tu me fais voir,
Qu'il soit exterminé ; ie t'en donne pouuoir :
Mais haste, le delay pourroit estre nuisible.
» A des gens condamnez tout effort est possible,
» Et leur salut consiste à n'en point esperer.
Or afin que les miens tu puisses asseurer

Quelle est ma volonté, ce cachet ie te donne ;
Vses-en à ton gré, ie n'excepte personne ;
Et si me plaist encor que lon deliure argent,
Pour faire exterminer cette inutile Gent.

AMAN.

Ie donne donc attainte au but de mon attente ?
Mon ame, tu t'en vas satisfaite et contente,
Puis qu'il m'est accordé par ce cachet du Roy
De punir ce galand qui ne fait cas de moy ;
De sacmenter pour luy son peuple miserable,
Que le seul nom de Iuif me fait iuger coupable.
 Hà, gentil glorieux, tu ne m'eschapes pas :
Ie te feray souffrir le plus cruel trespas,
La plus sensible mort, le plus aigre suplice,
Qui iamais s'inuenta contre le malefice.
En vain tu gemiras l'erreur de ton orgueil,
L'angoisse dans le cœur et les larmes à l'œil :
Ta miserable fin fera cesser l'enuie,
L'ombre dont ma grandeur est maintenant suiuie.
Tu m'as par trop braué, baffoüé, mesprisé,
Pour estre d'vn pardon ores fauorisé.
Ie veux que sans delay, que sans espoir de grace,
Tu goustes au doux fruict que produit ton audace.
 On verra cette fois si ce Dieu trois fois grand
Contre mes bras vangeurs vous peut estre garand.
On dit qu'il vous passa par la mer Erithrée,
Et qu'il noya l'Egipte en ses gouffres entrée ;
On dit qu'il vous guida par les vagues desers,
De iour auec la nuë errante dans les airs,
De nuict auec la flamme en l'ombrage allumée ;
Qu'il vestit, qu'il nourrit quarante ans vostre armée
En vn païs steril de la manne des Cieux ;
Qu'il vous tarda le cours du Soleil radieux,
Vous abatit les murs d'vne ville assiegée,
Vous vainquit trente Rois en bataille rangée,
Vous domta de sa main les peuples à monceaux,
Et du fleuue Iourdain vous entr'ouurit les eaux ;
Bref pour dire en vn mot vous fist plus de merueilles
Que iamais n'en croiront les faciles oreilles ;
Et toutesfois sa main foible pour mes desseins,
Ne sçauroit auiourd'huy vous tirer de mes mains ;
Non, ie n'ay pas le cœur si ramoli de crainte,
Que vos contes de vieille y facent quelque empreinte.
 Sus, sus, Dieu mensonger, inuisible, inconnu,
Montre quel tu veux estre à l'aduenir tenu.

Il ne faut maintenant que ton bras se repose ;
Fay voir à ce bon coup si tu peux quelque chose.
Aman tout à l'ouuert va s'armer contre toy :
Il a de son parti l'authorité du Roy,
Les soldats aguerris de cent vastes Prouinces,
La voix du populaire et la faueur des Princes,
De l'or et de l'argent, de la force et du cœur ;
Peut-il auec cela n'estre point le vainqueur ?
Iaçoit que l'on te vante en armes indontable,
Il perdra malgré toy ton peuple miserable.
Miserable vraymant et simple de tout poinct
De fonder son apuy sur ce qu'il ne void point,
Sur vn Dieu qui tousiours a permis, belle gloire !
Que cent peuples diuers eussent de luy victoire.
   Soit connu desormais à la posterité,
Que ce Dieu d'Israël par Aman irrité
De parole et d'effet, n'en a pris la vengeance ;
Que son courroux est feint et feinte sa puissance ;
Que c'est vn Dieu sans nom, vn songe sans effet ;
Qu'il n'a tout fait de rien, car rien de rien n'est fait !
Qu'il ne préside point au destin des batailles,
Ains qu'il fut controuué pour piper ces canailles,
Qui sont de l'vniuers la racleure et l'esgout.
» La superstition n'a limite ne bout,
» Et rien tant que l'erreur ne luy est ordinaire.
Mais cesson de parler et commençon à faire.
» Souuent en discourant perte du temps se fait,
» Qu'il vaudroit beaucoup mieux employer à l'effet,
» Et par le trop parler le courroux se consomme.
Ie m'en vay depescher le paquet à mon homme.

CHŒVR.

C'est vne chose bien à craindre
» Que l'ire d'vn Prince offensé,
» Car elle brusle sans s'esteindre
» Dedans son courage insensé.
  » Son ame vne fois allumée
» De ce feu vif et deuorant,
» S'emplit tant de noire fumée,
» Qu'elle est aueugle au demourant.
  » Comme par la brouée obscure
» Vn corps petit bien grand paroist ;
» Pour petite que soit l'iniure,
» Par la colere elle s'acroist.

» Ceux qui commettent moins d'offence
» Sont les plus affligez de tous,
» Pleine d'excez est la vengeance,
» Alors qu'on la fait en courroux.

» Oste cette maille estenduë
» Sur l'œil de ton entendement,
» Et la clarté sera renduë
» A son aueugle iugement.

» Quand vne fois la fantaisie
» S'emplit de fausse impression,
» Elle est incontinent saisie
» De cette chaude passion.

» L'ame qui redoute la honte
» A toute heure vient à douter :
» Qu'on ne fait d'elle autant de conte,
» Qu'elle pense le meriter.

» Par ce moyen elle demande
» Ce qui ne luy peut estre deu,
» L'honneur que le grand Dieu commande
» Estre à luy seulement rendu.

» N'est-ce pas vne erreur extresme
» Que d'oser ainsi presumer ?
» L'homme qui connoist bien soy-mesme,
» Ne se fera tant estimer.

» On ne vid iamais creature
» Prendre la place au Createur,
» Qu'vne miserable auenture
» N'ait affronté cette fureur.

» C'est aussi trop d'outrecuidance
» A l'homme fragile et mortel
Que de croire sa suffisance
Meriter l'honneur d'vn autel.

Pan, si tes plumes t'orgueillissent,
Pour y voir tant de beaux miroirs;
Qu'au moins tes yeux se reflechissent
Dessus tes pieds sales et noirs.

ACTE III.

MARDOCHEE, SARA, RACHEL, ESTHER.

MARDOCHEE.

Si pour estre accueilli d'vn essain de miseres,
Je devois naistre au monde en ces temps si contra
Que ne furent mes yeux de tenebres couuerts
Soudain qu'à la lumiere ils se veirent ouuerts?
Hé! pour quoy mon berceau ne fut ma sepulture
Auorton miserable, abhorré de nature?
Que ne puis-ie auiourd'huy espandre autant de pleurs
Que ie sens en mon cœur fourmiller de douleurs !
Que ne puis-ie former autant de iustes plaintes,
Qu'en l'ame ie reçois de cruelles attaintes !
Que ne puis-ie lascher autant de chauds sanglots,
Qu'en mon esprit troublé d'orages sont enclos !
Il faudroit transformer mes yeux en deux fontaines,
Employer mille voix à raconter mes peines,
Et le souffle des vents nuit et iour emprunter :
» Mais possible vn mal plaint est trop doux à porter.
O Seigneur, ie sçay bien qu'vn grand amas d'offences
Attire dessus nous tes tardives vengeances :
Que nos pechez commis contre ta sainte loy,
Te font de pere doux iuge rempli d'effroy :
Que l'orgueil fastueux de nostre fiere audace
Tarit sur Israël les surions de ta grace :
Que bref tu ne vois plus sinon d'œil courroucé,
Le reste des Hebrieux çà et là dispersé.
Tu l'as reduit aux fers des Nations estranges,
Afin que par leurs mains ton honneur tu reuanges
Si laschement trahi par ce peuple insolent,
Qui vit sous vn dur ioug angoisseux et dolent.
Que ne di-ie plustost qu'il va cesser de viure ?
Iusqu'au bord du tombeau veux-tu donc le poursuiure,
Chassé de lieu en lieu comme les tourbillons
Tracassent les festus de sillons en sillons.
Si par les contrepois de ta sainte Iustice
Il te plaist balancer l'horreur de nostre vice,
Nous ne deuons iamais esperer de pardon.
» La mort seule au peché demeure pour guerdon.
La mer a moins de flots au fort de la tempeste,

Et de moins de cheueux pulule nostre teste,
Que ne fait de pechez nostre cœur et nos mains :
Le front tant seulement nous fait sembler humains.
  Mais si nostre recours est ta misericorde ;
Ta grace au repentir desormais elle accorde ;
Prenne nostre querelle, et nous tienne la main
Contre l'effort maudit de ce Tigre inhumain
Prest à nous deuorer : que pour flechir ton ire
Elle t'offre les pleurs d'vn peuple qui soupire,
Qui leue vers le Ciel et les mains et le cœur,
Pour rabatre le coup de ta iuste rigueur.
  Ta sainte Maiesté fut jadis offencee
Par nos mesmes Ayeux de fait et de pensee ;
Et cent fois tu les as exposés aux souhaits,
Que contre leur salut leurs ennemis ont faits.
En fin sont-ils venus à pleurer leur offence ?
Tu les as aussi tost repris en ta deffence :
Tant et tant ta bonté surmonte les pechez,
Quand de t'auoir fasché les hommes sont faschez !
  Seigneur, durant nos iours fay reconnoistre encore,
Que tu ne mesconnois le peuple qui t'adore :
Car combien qu'il se soit indignement pollu
De tous sales pechez, toy-mesme l'as esleu,
Toy-mesme en preciput l'as choisi pour partage,
N'ignorant toutesfois quel seroit son courage.
  Pour ce respect vnique apres vn temps prefis
Tu desgageas son col des liens de Memphis,
Le guidas à pied sec à trauers la marine ;
Et submergeas l'armee incredule et mutine
Des ennemis suiuans, qui furent si hardis
De tenter les chemins à leurs pas interdits.
  Mais, ie ne veux entrer, ô grand Dieu des merueilles,
Es œuures nompareils de tes mains nompareilles ;
Veu que les raconter ie m'essay'rois en vain,
Fust ma bouche de fer et ma langue d'airain.
Tout ce large vniuers combat à ton seruice,
Depend du grand ressort de ta haute Iustice :
Rien n'est fait, rien n'est dit que par ta volonté,
Et si tost qu'il te plaist tout est executé.
Aussi fut-ce ta voix qui crea ciel et terre :
Ce que de grand, de rare et l'vn et l'autre enserre
Porte grauee au front la marque de tes doigts :
Les animaux des champs, et les bestes des bois,
Du vague espars de l'air les troupes vagabondes,
Les peuples escaillez qui ioüent par les ondes,

Et bref ce qui fut onq' et doit estre d'humains,
Son estre successif a receu de tes mains.
 Tu n'as fait seulement cette machine ronde;
Mais ayant d'vn chaos construit vn si beau monde,
Comme maistre absolu, tout en tous, seul en toy,
Tu vins à chasque chose imposer vne loy,
Qui par se conseruer constamment immuable,
Conserue la nature et la rend perdurable :
Car bien que tout retombe en cette vaste mer,
Tout se retrouue en elle et court s'y reformer.
 Seul aussi tu connois les plus obscures choses;
Les ames à tes yeux ne furent iamais closes;
Leurs rais percent nos cœurs, ainsi que le Soleil
Trauerse la verriere exposee à son œil.
Si donques ie n'ay point adoré ce brauache,
Dont l'orgueil insolent à toy-mesme s'attache;
Si ie n'ay point courbé le chef et les genoux,
Pour flater son courage indigné contre nous,
Tu sçais si ie l'ay fait par vne outrecuidance.
» Aux sacrez Magistrats on doit la reuerence,
Et tant de mon amour ne me suis-ie abusé,
Que pour me trop priser ie l'aye mesprisé :
Mais lors, alme Soleil, ton flambeau ne m'esclaire,
Quand pour plaire aux mortels on me verra desplaire
Au Seigneur immortel, et lasche deserteur,
Mettre la creature au lieu du Createur.
 Ie sçay combien son cœur brusle de ialousie,
Quand l'homme se guidant selon sa fantasie,
Qui veut egaler l'homme et vient à l'adorer :
» Il vaut bien mieux mourir qu'vn Dieu faux reuerer.
 Toy donques le vray Dieu, Dieu de misericorde
Efface nos pechez, et clement te r'accorde
A ton peuple affligé qui t'adresse sa foy,
Non pour l'amour de luy, mais pour l'amour de toy.
Chasse de son esprit tant de craintes funebres,
Rallume son flambeau, fay luire ses tenebres,
Change ses pleurs en ioye, en plaisir ses douleurs,
Et creue sur Aman l'orage des malheurs,
Qui semble auoir pour but nostre innocente teste :
Mais si ta main nous couure, en vain telle tempeste.
Parmi nous seulement est inuoqué ton nom.
Permettras-tu que l'homme en perde le renom?
Fermeras-tu la bouche au peuple qui te louë,
Qui Createur te nomme et qui Saueur t'auouë?
Ceux qui sont enfermez au monument poudreux

Se releueront-ils de son sein tenebreux,
Afin de publier par les peuples estranges
Les honneurs immortels de tes saintes loüanges?
Haste toy donc, ô Dieu, vueille nous retirer
Du Lion rugissant qui nous va deuorer;
Bride sa gueule ouuerte, et retien sa furie.
O Pasteur eternel, garde ta Bergerie!

SARA.

Le puis-ie reconnoistre en cet accoustrement?
Est-ce donc Mardochee? ô Dieu, quel changement!
Le vois-tu, chere sœur, tout difforme de crasse,
L'estomac deschiré, palle et seche la face,
Qui s'exhale en soupirs et se fond tout en pleurs :
Telle douleur ne vient que d'extresmes malheurs.

RACHEL.

O l'estrange pitié! mais i'aperçoy la Reine,
Haston de luy conter son incroyable peine.

ESTHER.

Dites moy, ie vous pri', quel orage de dueil
Fait tomber maintenant ces larmes de vostre œil?
Quel nuage espandu sur vostre belle face
Change de son doux air la coustumiere grace?

RACHEL.

Nos yeux viennent de voir vn obiet fort piteux,
Mardochee en estat triste et calamiteux,
Rouler maints flots de pleurs de ses moites paupieres,
Charger le Ciel de vœux et l'emplir de prieres,
Ayant le chef grison de poussiere couuert,
L'estomac pantelant tout à nud découvert,
Et le dos reuestu d'vne poignante haire :
Dieu! qu'il auoit changé sa façon ordinaire.
A le bien contempler on l'eust pris pour vn mort;
Mais pour vn mort parlant qui du sepulchre sort.

ESTHER.

Mon oncle, mon appuy, quelle desconuenuë
Peut donques auiourd'huy vous estre suruenuë?
Quel tourment si cruel? quel mal si rigoureux
Peut troubler en ce poinct vostre esprit bien-heureux?
Est-ce l'ambition bourrelle de la vie?
La faim aspre de l'or? ou la maudite enuie?
Non, vostre cœur ne s'ouure à telles passions :
Dieu seul a trouué place en vos affections.
Qu'est-ce donc qui vous tient? Allez, douces compagnes,
Dites luy de ma part : Esther sçait que tu bagnes
Tes yeux de larges pleurs, que tu frapes ton sein,

Et deschires ton front d'vne cruelle main ;
Mais elle ne comprend (et pource nous enuoye)
Quel orage se mesle au serain de ta ioye.
Prenez des vestemens dedans mon cabinet,
Pour reuestir son corps apres qu'il sera net ;
Allez, et soignez viste à ce que ie commande :
Car cependant ie reste en angoisse fort grande.
» Certes, pour se parer des ornemens Royaux,
» L'on ne despoüille point le sentiment des maux :
» La Maiesté pompeuse autant que la bassesse
» Du peuple contemptible est viue à la tristesse ;
» Elle a mille chardons pour trois ou quatre fleurs ;
» Aupres de ses plaisirs bourionnent les douleurs,
» Comme ioignant l'espine on void naistre la rose.
» O que viure sans peine est vne rare chose !
» Encor' n'est-ce pas tout ; nos propres passions
» S'aigrissent asprement par les afflictions
» Qu'endurent nos amis ; car les grandeurs Royales
» N'effacent point du cœur les amitiez loyales.
Voila ce bon vieillard, cet oncle auquel ie doy
Apres Dieu tout l'honneur que i'ay receu du Roy,
Qui se laisse emporter à la melancholie :
Ce nœud ferme d'amour qui nos esprits allie,
Me rend participante à sa triste langueur ;
Le coup de son angoisse attaint iusqu'à mon cœur.
Mais d'où vient cette peine en son ame opressee ?
Sent-il quelque regret de me voir rehaussee
Au supréme degré de l'eminent honneur,
Qui semble aux fols humains le comble du bon-heur ?
Craint-il point que ie tombe en me voyant assise
Au milieu d'vne gent qui n'est point circoncise ?
Ou plustost (Ciel benin destourne vn tel meschef)
Que ce bandeau Royal dont i'enlasse mon chef
Me face oublier Dieu ? cesse, mon second pere,
D'aprehender pour moy cette grandeur prospere ;
I'estimerois mon heur vne infelicité,
Si Dieu, nostre grand Dieu, ne l'auoit apresté
Pour montrer en nos iours que de sa grand' largesse
Regorge és plus bas lieux vne mer de richesse.
Que si la Royauté m'empeschoit de seruir
Cil qui donne les biens et qui les peut rauir ;
I'aimerois mieux ramper par le bas populaire,
Que regner glorieuse au throsne d'Assuere.
Ie sçay bien discerner les fanges d'ici bas
Des richesses du Ciel, dont il faut faire cas.

Cette pauure opulence et cette vaine pompe
Dont le lustre esblouit, quelqu' autre folle trompe,
Elle n'aueuglera mon ieune entendement;
Car pour seruir à Dieu ie m'en sers seulement.
 Ni du Roy mon Espoux les douces mignardises,
Ni de ses boufonneurs les brusques gaillardises,
Ni mes habits pompeux d'or et d'argent frangez,
Ni le long train de gens à ma suite rangez,
Ni les mets delicats dont ma table est chargee,
Ni les superbes lieux où ie me voy logee
Ne destournent mon cœur apres les vanitez,
Dont ie vois les mondains follement emportez :
Mon goust deuenu mousse à si fades delices,
Me fait chercher ailleurs de plus doux exercices :
Tu me donnes, Seigneur, qu'en meditant ta loy
Ie nourri nuict et iour le germe de ma foy :
De tes iustes Edits la lecture sacree
Ta crainte et ton amour dans mon ame recree ;
Et tes statuts diuins me seruent d'vn flambeau,
Qui conduira mes pas dans la nuict du tombeau.
Mais voici reuenir mes seruantes fidelles,
Ie m'en vois au deuant : quoy ? leurs moites prunelles
Font encor ondoyer vn gros fleuue de pleurs ?
A quelle fin, ô Dieu, ces nouuelles douleurs ?
Nous voulez-vous donc perdre ? ô Seigneur debonnaire,
Ne nous punissez point en vostre aspre cholere.

SARA.

Nous t'auons obey, mais pourtant vainement.
I'auois aussi porté ce riche vestement
Pour reuestir ton oncle, il ne l'a voulu prendre ;
Vn seul mot de response il ne daigne pas rendre.
I'ay peur que de sa vie il abrege le cours ;
Il pleure incessamment, il lamente tousiours :
De son aigre douleur la playe est tres-profonde,
Mais, et c'est bien le pire, il en refuit la sonde.
» Vn malade est à craindre alors qu'il ne luy chaut
» D'apliquer à son mal le remede qu'il faut.

ESTHER.

O Seigneur tout-puissant, quelle humeur le possede !
Cacher ainsi son mal, en fuir le remede ?
Hé peut-il, ie vous pri' sa tristesse flater,
Pour la tenir cachee à sa fidele Esther ?
Auroit-il pris de moy quelque sinistre ombrage ?
Ou croit-il que ma voix demente mon courage ?
M'a-il reconnu telle ? O vieillard malheureux,

Quoy qu'on me presentast cent tourmens rigoureux,
Pour diuertir l'amour si constante et si forte
Dont tu doutes à tort, tant l'erreur te transporte!
Si les voudroy-ie encor' moins que rien estimer,
Pourueu qu'en la mort mesme il te pleust de m'aimer.
Va donc, mon cher Athac, mon seruiteur fidele,
Découurir le tourment que ce cruel me cele.

ATHAC.

I'y cours afin d'oster à vostre cœur le dueil,
Le doute à vostre esprit, les larmes à vostre œil.

CHŒVR.

O Seigneur eternel n'exerce ta vengeance
Sur ton peuple captif touché de repentance.
Toy qui luy fus tousiours si clement et si doux,
Ne luy donne à humer le fiel de ton courroux.
Remets dans le fourreau ton glaiue de Iustice :
Car si tous ont failli tous confessent leur vice.

MARDOCHÉE.

Retournon nous vers Dieu, saint peuple de Sion,
Et luy chantons cet Himne en nostre affliction.
   Les Barbares entrez en ton saint heritage
Ont pollu nostre Temple et pillé ses thresors;
Ierusalem la grande exposee au rauage,
En des monceaux de pierre a veu changer ses forts.
   On a donné la chair de ton peuple en viande
Aux Oiseaux carnaciers qui raudent par les Cieux;
Des Ourses et des Loups l'auidité gourmande
A fait des fils d'Isac ses mets delicieux.
   On a versé leur sang comme de l'eau coulante;
Les carrefours noyez en ont tous regorgé :
Nul n'a sépulturé leur charoigne relante,
Dont l'horrible Squelet gist au champ mi-mangé.
   Iacob sert aux Gentils de fable et gosserie;
C'est le iouet honteux des prochains habitans :
Tous laschent contre luy maint trait de moquerie,
Comme si son malheur les auoit fait contans.
   O Dieu, iusques à quand ? tousiours dedans ton ame
Bouillira le depit de te voir offencé?
Tousiours s'embrasera de ton ire la flame?
Tousiours sera ton cœur de fureur elancé?
   Vien plustost les vaisseaux de ta cholere espandre
Dessus les nations qui blasment ton pouuoir,
Voire qui ton grand nom ne daignent pas entendre;
Et nous fay maintenant ta grace aperceuoir.

Elles ont de Iacob presque la race esteinte,
Et iusqu'aux fondemens leur main osa raser
De ta riche Sion l'esmerueillable enceinte,
Que le feu plus clement ne voulut embraser.
　Ne te ramentoy point nos fautes ià passées;
De tes compassions preuien nous vistement;
Autrement les douleurs en nos cœurs amassees,
Nous feront succomber aux fardeaux du tourment.
　Dieu de nostre salut, pour l'amour de ta gloire
Du peuple circoncis sois le ferme suport;
Et garde en nous gardant de ton nom la memoire,
Qu'on veut faire mourir par nostre seule mort.
　Pourquoy diront les gens d'vne profane bouche :
Qu'est deuenu le Dieu qu'ils souloient inuoquer?
Qu'en fin le cher souci de tes seruans te touche,
Et ne permets qu'en nous on te puisse moquer.
　Que du Soleil leuant iusqu'au bout de la terre
Soient connus les meschans par leur punition,
Afin que desormais nul n'esmeuue la guerre
Contre le Dieu des Dieux qui preside en Sion.
　L'humble gemissement de tant de serfs paruienne
Iusques à ton oreille, ô Seigneur bon et fort;
Et fay que la puissance en vie nous maintienne
Lors que nos ennemis nous voüent à la mort.
　Rens au cruel Aman qui bruslant de cholere
A le trespas des tiens ouuertement iuré,
Le double par sept fois du honteux vitupere
Qu'il a non tant à nous comme à toy procuré.
　Alors le saint Troupeau de ta Pasture sainte
Benira ton secours à perpetuité,
Et touché viuement de merueille et de crainte
Racontera ta gloire à la posterité.

ATHAC.

Devers toy, bon vieillard, m'a renuoyé la Reine,
Pour sçauoir quel suiet te met en telle peine.
Quoi? ie voy de nouueau tes larmes redoubler?
» Vn courage constant ne doit point se troubler.
Mais en fin, ie te pri' la cause ne me cache,
Qui la haire poignante à ton espaule attache:
Certes, cet habit rude est mal seant à toy,
Qui touches de si pres une Espouse de Roy.

MARDOCHÉE.

Si i'ay quelque raison de gemir et de plaindre
La fortune des miens, que le sort veut estraindre

Dans les nœuds de la mienne, Athac tu le sçauras,
Et possible auec moy nos malheurs pleureras.
 Aman fasché de voir le peuple Iudaïque
Respirer en repos sous vn Roy pacifique,
Qui par l'ombrage heureux qu'espandent ses loriers
Fait renaistre et fleurir les feconds oliuiers ;
Sans raison, sans sujet, en soy-mesme conspire
D'en perdre la memoire et du tout le destruire,
De crimes controuuez le chargeant faussement :
Il offre des talens pour payer largement
Les Bourreaux inhumains, qui d'vne main cruelle
Voudront exterminer cette race fidelle ;
Qui ne merite, ô Ciel ! rien moins que le trespas,
Si la sainte Equité residoit ici bas.
Mais l'Arrest est donné, la lettre depeschée.
Pleure donc maintenant, soupire, Mardochée ;
Miserable vieillard, par le Ciel destiné,
Pour voir le saint Iacob tout d'vn coup ruiné ;
Pour voir le fier soldat de sa lame sanglante
Hors du sein des vieillars chasser l'ame tremblante ;
Pour voir la Vierge en vain embrasser les genoux
Des Bourreaux aueuglez d'vn barbare courroux ;
Pour voir les enfançons pendus à la mamelle,
Empourprer de leur sang vne blanche allumelle ;
Bref pour voir mille horreurs auec ces propres yeux,
Puis receuoir au cœur un glaiue furieux.
Que le courroux du Ciel qui sur nous se décharge,
Ne me permettoit-il de mourir à la charge,
A l'heure que i'auois le courage et le soin
De deffendre nos murs le coutelas au poin ?
Que ne versay-ie l'ame en l'horrible carnage,
Où ie vi forcener des Perses le courage ?
Où ie vis tout l'enclos de la sainte Cité
Fait le riche butin du Medois irrité ?
Où ie vi les Autels vouez aux sacrifices,
Profanez vilement de sales immondices ?
 O vous heureux trois fois, Citoyens malheureux,
Qui souffristes alors vn trespas rigoureux
Aux yeux de vos parens ; ô race genereuse,
Et trois et quatre fois ie vous appelle heureuse ;
Non point pour estre morts au milieu des combas ;
Mais pour ne viure plus entre tant de trespas.
 Donques mon cher Athac, si le sort miserable
Où tu nous vois reduis peut t'auoir secourable,
Retourne vers Esther ; et luy di de ma part,

Qu'auiourd'huy sa Patrie est au dernier hazard :
Pource, aille vers le Roy le suplier de bouche,
Qu'à son peuple innocent le fier Aman ne touche ;
Qu'elle empesche l'Edit de sortir son effet,
Auquel ce cœur barbare aspire du souhait.
Renforce, ô Dieu benin, son debile courage
Contre tous les efforts de ce cruel orage,
Forge dedans son œil tant d'agreables traits,
Tant de ris en sa bouche, en son ris tant d'atraits,
Fay couler tant de miel des douceurs de sa langue,
Et mesle telle force aux mots de sa harangue,
Que ses traits, ses attraits, sa parole et son ris,
Puissent percer, bruler, et charmer les esprits
Du Monarque Assuere, afin que par sa grace
Nous euitions la mort que ce tyran nous brasse.
O Dieu, fay la tomber dessus son propre chef.
Possible, ô tout-puissant, il te plaist derechef
Mettre en œuure le bras d'vne debile femme,
Pour sauuer ton Isâc de mort et de diffame.
» Bien que ton arsenal soit pleinement fourni
» D'vn tas d'horribles fleaux dont le monde est puni ;
» Bien que le Ciel, le feu, l'air, la mer et la terre
» Rangés sous ton drapeau pour toy marchent en guerre,
» Si fis-tu plusieurs fois naistre nostre salut
» D'vn rien en apparence à l'heure qu'il te pleut ;
» Afin que voirement en la foiblesse humaine
» Apparust d'autant mieux ta vertu souueraine.
Ce que mesme n'ont peu mille fameux Guerriers,
Qui pouuoient ià conter grand nombre de Lauriers
Achetez de leur sang au front d'vne muraille,
Au pied d'vn bouleuart, au cœur d'vne bataille,
Tant di-ie de Saüls et de forts Ionathans,
C'est pour vn Bergerot à l'âge de vingt ans.
» Chacun t'apelle aussi pour cent œuures pareilles,
» La merueille des Dieux et le Dieu des merueilles,
» Qui du fort fais le foible et du foible le fort,
» Qui fais mourir le vif et reuiure le mort,
» Qui deliures en fin de la main aduersaire
» Ceux de qui l'espoir mesme au salut desespere ;
» Comme pouuant toy seul remuer nos destins,
» Et selon ton plaisir les conduire à tes fins.
Empruntons-en la foy de nostre antique Histoire.
Toy la terreur d'Egipte et d'Israël la gloire,
Moyse, grand Prophete et grand Duc des Hebrieux,
Allois-tu pas iadis vagabond en tous lieux,

Fugitif égaré d'vne Gent fugitiue,
Pour n'estre mis aux fers de ta race captiue;
Quand au buisson flambant Dieu s'aparut à toy,
Son effroyable voix te dist : va t'en au Roy,
Dont ie plante le throsne au Memphien riuage ;
Commande luy d'oster ton peuple de seruage
Au nom du trois fois grand, qui seant dans les Cieux,
Tempere l'vniuers du seul clin de ses yeux :
Il te trauersera d'vn grand nombre d'obstacles;
Mais contre ses efforts oppose tes miracles.
Ainsi te pleut choisir ce grand Legislateur,
Qui parmi les deserts seruit de conducteur
Aux enfans d'Abraham, n'ayans lors esperance
Ni du liberateur ni de la deliurance,
Et moins l'Egiptien doutant que de ce lieu
Deust proceder sa perte et le salut Hebrieu.
» Nul n'a de tes secrets la connoissance entiere :
» L'œil humain ne void goutte en trop grande lumiere.
Mais voy-ie pas Athac deuers moy retourner?
Aumoins quelque confort il me puisse donner;
Me rapportant qu'Esther est toute resoluë
De suplier le Roy pour sa Gent mal-vouluë.

ATHAC.

Ie n'ay rien oublié de ce que m'as enioint;
La Reine sçait ton dueil; ses larmes elle y ioint;
Elle y ioint ses soupirs, et ses humbles prieres
Parlent auecques Dieu du cœur et des paupieres;
Mais d'aller maintenant trouuer sa maiesté,
Et c'est son dur regret, tout moyen est osté;
D'autant, s'il te souuient, qu'vne expresse ordonnance
Luy deffend en ces iours la Royale presance;
Mais sans contreuenir aux loix de son deuoir,
Le poinct approche fort qu'elle peut le reuoir :
Elle s'atend bien tost d'en estre r'apelée.

MARDOCHÉE.

Est-elle donq' ainsi vers son peuple zelée?
Vn si foible regard la peut-il engarder?
» La mort mesme ne doit le bien faire tarder.
» Dieu ! combien est nuisible vne grandeur prospere!
Retourne d'où tu viens, di luy qu'elle n'espere
Ce triste iour passé, pouuoir se garantir;
Le naufrage est commun, elle n'en peut sortir.
Que si nostre esperance est d'elle abandonnée,
Deliurance d'ailleurs nous peut estre donnée;
Mais elle et sa maison par sa faute de cœur,

TRAGÉDIE.

De l'eternelle main sentiront la rigueur.
Ne se void-elle point à ce degré promeuë,
Pour calmer la tempeste insperement esmeuë?
Pour retirer les siens de ce mortel danger,
Où les iette l'orgueil d'vn esclaue estranger?
» Dieu dispose de tout, Dieu preuoit toute chose.
Va t'en luy proposer ce que ie te propose.

CHŒVR.

» Lors que l'affliction t'empresse,
» Ta priere au Seigneur adresse;
» Sans crainte vien t'y presenter :
» Rien ne luy plaist tant qu'escouter
» L'homme qui sa bonté reclame
» Des yeux, de la bouche et de l'ame.
 » Quand le Ciel, la mer et la terre
» T'auroient ià denoncé la guerre,
» Et quand tout seul de ton parti,
» L'on te tiendroit aneanti,
» Implore la grace eternelle,
» Elle espousera ta querelle.
 » Ce qui te faisoit violence
» Entreprendra lors ta deffence,
» Le Ciel et la terre et la mer
» Courront à ton aide s'armer;
» Dieu luy-mesme empoignant son foudre,
» Reduira tes haineux en poudre.
 » Mais s'il veut de toy faire espreuue,
» Fay que courageux il te treuue;
» Ne crain point d'espandre du sang,
» Pour demeurer ferme en ton rang :
» Qui combat et gagne victoire,
» Merite le prix de la gloire.
 » Le Guerrier qui de coups s'estonne,
» Iamais n'a Palme ni Couronne :
» C'est l'euenement du combat,
» Qui fait connoistre le soldat;
» Et le seul peril des alarmes
» Fait iuger le cœur des Gensdarmes.
 » Celuy qui d'vn lasche courage
» Craint les bourrasques de l'orage,
» Aux flots ne doit s'abandonner;
» Mais il ne faut pas s'estonner,
» Pour voir sa Nauire eslancée

» De flots et de vents menacée.
» Ne se mette en la troupe sainte,
» Qui des afflictions a crainte;
» Elle court tousiours maint danger :
» Si ne void-on point submerger
» La Nef de l'Eglise fidelle,
» Qui vogue en vne mer cruelle.
» La croix est sans cesse attachée
» Sur l'espaule toute escorchée
» De ceux que Dieu cherit le mieux :
» Et pourtant allaigres de ioye,
» Ils marchent par la dure voye,
» Qui mene en la Cité des Cieux.
» Là paruenus, le Chœur des Anges
» Deuant Dieu chantent leurs louanges,
» Dieu mesme espoint de leur amour,
» Les brusle du sien nuict et iour,
» Et se meslant dedans leurs ames,
» Les rauit d'agreables flames.
 O sainte et bien-heureuse race,
Viuez donc tousiours en sa grace;
Et franche du mortel combat,
Chommés cet eternel Sabat,
Dont la glorieuse iournée
Ne sera iamais terminée.

ACTE IIII.

ESTHER, ASSUERE, ARPHAXAT.

ESTHER.

QVAND i'y deurois mourir, i'en courray le danger,
Laisser mon peuple en proye à l'orgueil estrange
A l'abri, sans douleur contemplet son orage?
Me rire sur le port de le voir au naufrage?
Cesse mon cœur de batre et mes nerfs de mouuo
Quand ce lasche dessein ie voudray conceuoir.
I'aime certes bien mieux courir mesme fortune,
Que de trainer apres vne vie importune.
« C'est plaisir de mourir quand et nos chers amis,
« Si le viure auec eux ne nous est plus permis.

Sus donc Esther, il faut souffrir en leur souffrance,
Ou bien les deliurer auec ta deliurance.
Que me sert, ie vous pri' ce bandeau sur le chef,
Si foible ie ne peux destourner ce meschef ?
Quoy ce sceptre Royal, ornement de ma destre,
Si ie n'ay nul pouuoir, nul credit à mon maistre ?
Que me doit-il rester sinon à bien mourir,
Si ie ne puis les miens de la mort recourir ?
 Cil qui tient en sa main les destins de la vie,
Ne le permettra point ; sa gloire l'y conuie :
Ou bien s'il le permet, i'emporte ce confort,
Que ie mourray pour luy : mais ie me trompe fort ;
Car s'il ferme mes yeux aux tenebres mortelles,
C'est pour me les r'ouurir aux clartez eternelles.
 Encor, si le Roy m'aime, il ne souffrira pas,
Qu'innocente de coulpe on me traine au trespas ;
Et pour l'amour de moy, son Espouse plus chere,
Sauuera tous les miens. Tu fais que ie l'espere
Toy qui les cœurs des Rois fléchis à ton souhait,
Aussi bien que l'espoir donne m'en donc l'effet.
Vien, preste moy l'espaule ; il faut que ie m'apuye,
La douleur m'affoiblit : marche auant, ie te prie.

ASSUERE.

Quel Paradis d'amour est à mes yeux ouuert,
Où s'égare ma veuë, où mon esprit se perd ?
Est-ce ma belle Esther que i'aperçoy paroistre ?
A voir ce port gentil ie la pense connoistre.
Voyez comme elle fait couler ses graues pas ;
Iunon mesme au marcher ne l'egaleroit pas.
Mais la voici bien pres ; il faut vn peu me feindre,
Qu'aussi bien qu'à m'aimer elle apprenne à me craindre.
» Ce sexe par la crainte au deuoir est remis :
Elle vient sans mander et ne l'est pas permis.

ESTHER.

Filles, soustenez-moy, souleuez-moy, ie pasme.

ASSUERE.

Qu'as-tu, ma chere amour, mon petit œil, mon ame ;
Si tu t'esuanoüis tombe au moins en mes bras.
Cette legere erreur ne se punira pas ;
Pour le peuple commun est faite l'ordonnance.
Esther, reuiens à toy, change de contenance :
En signe de pardon ce sceptre est mis sur toy.
O Reine de mon cœur baise donques ton Roy.

ESTHER.

Mon ame à ton regard comme d'vn foudre attainte,

A senti ce defaut, ô Roy de qui m'est sainte
L'auguste Maiesté et me sera tousiours,
Tandis que durera la trame de mes iours.
Ie te pensois vn Ange enuironné de gloire:
La clarté de ton front me forçoit de le croire,
Et ce feu qui iallit du sommet de ton chef :
Mais las! suportez-moy, ie pasme derechef.

ASSUERE.
Hé qu'as-tu mon Esther, ma douce et chere vie,
Pourquoy m'as-tu si tost cette clarté rauie,
Qui seule à mon esprit peut apporter le iour?
Pourquoy vous cachez-vous, ô beaux Soleils d'amour,
Qui d'vn contraire effort engendrés dans mon ame,
Tantost des froids glaçons et tantost de la flame.
S'il te reste du sens regarde ta moitié;
Si ce n'est par amour, soit aumoins par pitié.
Qu'elle est froide, ô douleur! que i'endure de peine!

ARPHAXAT.
Non, Sire, ce n'est rien qu'vne frayeur soudaine,
Qui comme vn prompt eclair passant legerement,
Empesche ses esprits d'auoir leur mouuement.
La voilà reuenue.

ASSUERE.
   Hà Prince miserable,
S'il aduient que l'obiet qui t'est le plus aimable,
Par ton visage austere endure le trespas!
Meurs alors hardiment et ne la suruï pas.

ARPHAXAT.
Sire, esiouissez-vous, la voilà releuée.

ASSUERE.
Tu ressembles, Esther, à la fleur agrauée
Par vn cruel orage, alors que le Soleil
Rauiue sa vigueur par les rais de son œil.
Belle ame à qui ie dois les plaisirs de ma vie,
Di sans plus differer dequoy te prend enuie,
» Ie le veux rendre tien : qui possede le Roy
» Peut disposer de tout; ie ne suis plus à moy,
Demande donc sans peur, ta parole auancée
De l'effet aussi tost sera recompensée.

ESTHER.
O Prince que la gloire aux Astres doit hausser,
Puis qu'il t'a pleu sur moy ton regard abaisser,
Par ta clemence insigne accordant dauantage,
Que ie n'eusse onq' promis à mon humble courage,
Plaise à ta Maiesté au banquet assister,

Que i'ay fait pour toy seul n'agueres aprester;
Toutesfois, s'il te plaist, Aman soit de la bande,
Et cela seul, grand Roy, maintenant ie demande.
ASSUERE.
Est-ce tout, mon Esther? vrayment c'est peu de cas.
Aman, puis qu'elle veut allons-y de ce pas.

CHŒVR.

Atten du Ciel ta deliurance,
» Espere le salut de Dieu,
» Tout le bien prouient de ce lieu,
» Et sa crainte donne asseurance
» Aux cœurs naturellement bas,
» Contre les frayeurs du trespas.
» Quelquefois pour punir l'outrage
» De ces esprits ambitieux,
» Qui cracheroient contre les Cieux,
» A la femme il croist le courage
» Iusques là, qu'elle ose attenter
» Ce qui peut l'homme espouuenter.
» C'est sans doute vn don de sa grace,
» Que la hardiesse aux hazards
» Qui roulent dans le champ de Mars;
» Non vne naturelle audace,
» Qui le plus extréme danger
» Fait sembler petit et leger.
» Mille fois on a veu combatre
» Ce soldat sans estre troublé,
» Et sans que l'effort redoublé
» Des ennemis ait peu l'abatre,
» Qui tout surpris d'estonnement,
» S'enfuit ores trop laschement.
» Cet homme timide au contraire
» A qui son ombre faisoit peur,
» Se sent fortifier le cœur,
» Quand Dieu veut courageux le faire
» De façon qu'il ne craindroit pas
» L'horreur de dix mille trespas.
» Aussi pour montrer sa puissance,
» Et faire connoistre aux humains,
» Que contre les coups de ses mains
» Moins que verre est la resistance,
» Il confond sans aucun effort
» Par le plus foible le plus fort.

» C'est afin que mieux apparoisse
» La grandeur de ses iugemens,
» Et que par leurs euenemens
» Sa prouidence on reconnoisse :
» L'œil qui ne lit en ce tableau,
» Est bien couuert d'vn noir bandeau.
　» Pour estre esleué de courage,
Pour tenir les grades premiers,
Pour commander tant de guerriers,
Ne t'en promets point d'auantage.
» Si Dieu veut cette force peut,
» Et ne peut rien s'il ne le veut.
　Abaisse donc tes fieres cornes,
Ou bien tu les verras briser ;
Ne t'emporte par trop oser,
Et plante à ton desir des bornes.
» Car qui ne se mesure point,
» Se ruine en fin de tout poinct.

ACTE V.

AMAN, SARES, CHŒUR, ASSUERUS, ESTHER, MARDOCHÉE.

AMAN.

Depuis que le Soleil alluma son flambeau,
Pour espandre le iour sur le monde nouueau,
Traçant au Zodiaque vne oblique carriere,
Où sans cesse il refait sa course iournaliere,
Vn de tous les mortels ne peut auec raison
Disputer contre moy pour la comparaison.
　Il s'en est prou connu qui viuans loin de guerre,
De cent couples de bœufs ont cultivé la terre ;
Ont recouuert les champs de mille gras troupeaux,
Où sembloit que la nege esclatast sur les peaux :
Mais ces riches vilains comme ils viuoient sans gloire,
Sont morts pareillement sans laisser de memoire ;
Et le mesme tombeau qui receuoit leurs os,
Enfermoit leur renom veuf d'honneur et de los.
　Maints autres sont venus qui par mille beaux gestes,
Dont le los egaloit la gloire des celestes,

Se sont montrez au monde illustrez de l'honneur,
Qui mourant toutesfois n'ont point eu le bon-heur
De reuiure en leurs fils par suite continuë,
Et de rendre leur race en tous siecles connuë.
Mais moy qui tiens Fortune enclose dans la main,
Ie ramasse auiourd'huy tout le bon-heur humain
Espars diuersement en tous ces personnages,
Et ie les passe encor en beaucoup d'auantages.
I'ay des biens, des Estats, du credit, du renom,
Nombre de beaux enfans heritiers de mon nom,
De mon bien, de ma gloire, et que i'espere encore
Successeurs des vertus dont le lustre m'honore :
Mais tout ceci pourtant ne me contentera
Tandis que Mardochee à la porte soira :
Mes yeux ne receuront vn seul trait de bon somme,
Que ie ne sois vangé de ce miserable homme.
  Resortant du Palais l'ay-ie pas rencontré ?
Tant s'en faut qu'il se soit plus humble demontré,
Pour le proche peril qui sa teste menace,
Qu'vn dépit aparent s'est peint dessus sa face,
Et d'vn œil enfoncé me regardant marcher,
Il a semblé des mots en ses dents remascher.
Tu t'en repentiras : cette main m'en asseure.

SARES.

Mon ami, vangez-vous, que le meschant en meure.
A celuy qui vous void sans fléchir humblement,
Doist estre preparé maint horrible tourment.
Que lon dresse vn gibet pour ce beau Mardochee,
Où sa chair au Soleil soit cuite et dessechee;
Où le sang noir distile aux mastins à lecher :
Que charoigne execrable on ne l'ose toucher,
Pour la mettre en la terre, et que la faim gourmande
Des Corbeaux croüassans en face sa viande,
Bref que finablement les os tombez dessous
Soient rongez des Renards et deuorez des Loups.
Que le bois du gibet haut de trente coudees,
Face bien reconnoistre aux tourbes abordees,
Comme son vain orgueil qui du iour l'a priué,
Moins que son corps pendant ne fut haut esleué.
  Allez deuers le Roy cependant qu'il s'apreste;
Rien ne vous reste plus qu'à faire la requeste.
Il vous l'accordera, ie le croy fermement.

AMAN.

I'y vois qu'on y trauaille et le plus prontement;
Auant que le Soleil s'aille coucher dans l'onde,

Ie vous rens mon galand le spectacle du monde.

CHŒUR.

» Il est mort le paûure homme : aussi c'est trop cuider
» De iouër contre un Prince à racler, et bander.
» En vn homme de peu rien n'est moins suportable
» Qu'vn insolent orgueil qui sert à tous de fable.
» Quand l'on offence ceux qui tiennent le pouuoir
» La honte est le pay'ment qui s'en peut receuoir.

ASSUERUS.

» La grace comme on dit ne va point sans la grace.
» Tousiours vers sa compagne elle tourne la face ;
» Signe que l'on doit faire et receüoir plaisir,
» Et par ce reciproque en nourrir le desir.
» Tout seruice rendu merite recompense,
» Et qui pour sa grandeur diminuer le pense
» Ne le recompensant, arrache aux bien-veillans
» Le soin qui pour son bien les rend plus vigilans.

Comme sur tout est cher l'vsufruit de la vie,
Ie veux durant mes iours garder aussi l'enuie
De tenir pres de moy, d'honorer, d'eleuer
Ceux qui de tant d'aguets me l'ont sceu conseruer
A qui donc dois-ie plus qu'à ce bon Mardochée,
Qui a par tant de soin la traison recherchée
De deux maudits vieillarts, de deux chastrez sans foy,
Que son cruel effet n'a gagné iusqu'à moy ?

Enuiron la minuict, parce que le doux somme,
Dont l'humeur colle aux yeux les paupieres de l'homme
Et coule dans les cœurs comme insensiblement,
Ne m'eniuroit les sens d'vn mol arrousement ;
Ie me mets d'auanture à lire les Memoires,
Où sont de ma maison comprises les Histoires.
Là venant à trouuer comme ce bon vieillard
M'auoit sauué la vie exposée au hasard,
Et qu'il n'en auoit point obtenu grand salaire ;
A par-moy i'ay pensé qu'il faut luy satisfaire,
Mesurant son seruice auecques ma grandeur.

» Tout bienfait porte en fin des fruits de bonne odeur,
» Et s'il n'en produit point estant en son enfance,
» Il en redonne apres en plus grande abondance.

Mais voy-ie pas Aman, ie veux par son conseil
Decerner à ce Juif vn honneur nompareil.
Di moy, mon cher ami, qu'est-il besoin de faire,
Pour honorer quelqu'vn par dessus l'ordinaire ?

AMAN.

Quelque triomphe neuf m'est encore apresté,

Et si l'on veut qu'il soit à mon chois raporté.
Ta prudence, ô mon Prince, est si iuste et si grande,
Qu'à toy tu dois sans plus faire cette demande;
Car tu depars l'honneur auec proportion,
Non point, comme plusieurs, par seule passion.
Demandant toutesfois qu'il est besoin de faire,
Pour honorer quelqu'vn par dessus l'ordinaire;
De ton habit pompeux plaise toy l'atourner,
De ce bandeau Royal sa teste enuironner,
Et commander encor' que ton cheual il monte;
En outre, que celuy dont tu fais plus de conte,
Cheminant à costé le guide de sa main,
Tout écumeux de fougue alentour de son frein :
Qu'en ce braue equipage il marche par la ville,
Et qu'vn Heraut publie à la tourbe ciuile :
Voila comme le Roy veut ce Prince honorer.

ASSUERUS.

Vsez en donc de mesme et sans plus differer
Au vieillard Mardochee, il me plaist de la sorte
Luy montrer clairement l'amour que ie luy porte;
Qu'il boiue cet honneur et s'enyure à souhait
De cette gloire exquise.

AMAN.

Et bien, il sera fait.
Rude commandement! que faut-il que i'espere,
Si contre mon dessein à ce mien aduersaire
Ie doy rendre vn honneur à peine propre aux Rois?
Est-ce là le gibet que ie lui preparois ?
l'iray comme vn Heraut publier la louange
D'vn qui m'estoit tantost vn esclaue, vn estrange?
D'vn que ie destinois dans peu d'heure au trespas,
D'autant qu'à tout rencontre il ne m'adoroit pas.
O trompeuse esperance! helas! à mon dommage
Ie connoy trop l'erreur qui pipoit mon courage :
Quand ie me promettoy que l'honneur recherché
Venoit s'offrir luy-mesme, et pource ay-ie tasché
De le rendre excessif, mais par toy, fausse amie,
Las! i'ay presté la main à ma propre infamie.
» Fol l'homme qui se fie en la faueur d'vn Roy;
» Sa plus grand' certitude est n'auoir point de foy,
» Car tirant la Fortune à son intelligence
» Celuy qui s'auançoit elle le desauance.
» Du haut sommet d'honneur puissé-ie deualer,
» Ains qu'en son precipice on me face rouler.

CHŒUR.

» La Fortune de Cour est semblable à la rouë,
» Dont le plus haut endroit vient d'vn tour en la bouë.
» Qui s'enfle trop du vent de cet honneur mondain
» A la parfin en creue ou se void en desdain.
  Aman sans nulle doute est outré de courage.
Voyez comme il tempeste et boüillonne de rage,
Comme son fiel enflé d'vn noirastre courroux
Le tourmente, l'agite et l'elance à tous coups ;
Comme il fume d'ardeur, comme sa fiere teste
Branle ses crins meslez, comme en place il n'arreste.
Son œil flamboye ainsi qu'vn feu presagieux,
Qui de nouueau s'attache à la voûte des Cieux,
Pour menacer les champs, les Citez et les villes
De famine, de peste et d'esmeutes ciuiles.
Il ne sçauroit long temps sa fureur contenir ;
L'orage en pourroit bien iusqu'à nous paruenir.
  Car que peut auoir fait cette innocente race,
Ce peuple simple et bon, sans fiel et sans audace,
Qui de long temps captif en ces lieux estrangers
Y court iournellement mille et mille dangers?
Qui, di-ie, languissant en terre si lointaine,
Parmi tant de soupirs ne respire qu'à peine?
  Au gré d'vn seul Aman, sans suiet, sans raison,
Lon veut exterminer cette pauure maison ;
Mais plustost cette gent innombrable en familles,
Çà et là dispersée en nos meilleures villes.
» Ainsi les plus petits sont des grands offencez :
» Leur rauir les moyens n'est pas encore assez ;
» Mais pour oster la vie à tout vn peuple ensemble
» Ils en font peu de cas, ce n'est rien ce leur semble.
» Quoy que nul cependant, fust-il au thrône assis,
» Ne la puisse remettre en vn seul des occis.
Mais voy-ie pas quelqu'vn courir de grand vitesse?
Pousson droit au deuant et sachon qui le presse.
Arreste, mon ami, nous desiron sçauoir,
Qui te fait au chemin si prontement mouuoir.

MESSAGER.

Ie cours deuers Esther nostre grande Princesse,
Pour luy dire qu'Aman suiui de grosse presse,
Promene par la ville en honneur souuerain
Mardochee, et conduit son cheual par le frain.
Touché d'humble respect tout le monde l'adore ;
Le vestement Royal et le sceptre l'honore ;
Vn Heraut deuant luy publie à haute voix :

TRAGÉDIE. 273

Reuerez Mardochee au nom du Roy des Roys :
Puis que vous le sçauez ie poursuy mon voyage;
Il me faut à la Reine aporter ce message.

CHŒUR.

O changement du sort du tout inesperé!
Celuy qu'on mesprisoit se void estre honoré,
Celuy qu'on adoroit à son tour se mesprise!
» La fortune legere est sans certaine prise,
» Elle n'a rien constant que l'instabilité;
» Par elle est abatu qui sembloit haut monté,
» Et releué celuy qu'on fouloit à la bouë,
» Quand d'un branle leger elle tourne sa rouë.
» Malheureux qui se fonde en ses trompeurs apas
» Puis que de nos perils elle fait ses esbas!

ESTHER.

En fin donc ma priere en surmontant la nuë,
O monarque supresme, est à toy paruenuë?
A toy qui vas tournant le courage des Rois
Bon gré malgré le monde au but que tu voulois?
Donques à tout iamais grace t'en soit renduë:
En soit à tout iamais ta loüange entenduë,
Du bord où le Soleil vient sa torche allumer,
A celuy qui la void esteindre dans la mer.
  Toy-mesme ayant donné tel cours à cet ouurage,
De le bien terminer donne moy le courage,
Afin que ce Tyran, ce cœur outrecuidé
Qui te rauit l'honneur, soit d'honneur degradé.
Le Roy fort à propos pour mon repos aproche;
Ie m'en vay contre Aman dresser une reproche.
  Seul miracle des Roys et passez et presens,
Vn plaisir incroyable en mon ame ie sens
D'auoir receu tant d'heur par ma bonne fortune,
Que tu sois mon Soleil et que ie sois ta Lune.
Oblige moy, grand Prince où gist mon ornement,
De commander qu'Aman vienne ici prontement.

ASSUERUS.

Allez donc le querir puis qu'il plaist à la Reine,
O d'vn Roy souuerain la Dame souueraine,
O mon amour vnique et mon plus cher desir,
O ma derniere flame et mon premier plaisir,
Qui m'as si fort raui par ta douceur extresme
Que ie suis maintenant plus à toy qu'à moy-mesme,
N'espere desormais pouuoir rien demander,
Qu'il ne me plaise encor' librement t'accorder :
Si nous n'auon qu'vn cœur et qu'vne ame commune,

AMAN.

Entre nous soit aussi commune la fortune.

ESTHER.

O grand et digne Prince auquel tous les Mortels
Se tiennent obligez de deuoirs eternels,
Toy seul tu es mon tout, et ie n'aime ma vie,
Que pour voir mon amour de la tienne suiuie.
Ma gloire aussi consiste en ce que ie me voy
Seruir d'obiet plaisant aux yeux d'vn si grand Roy;
Le Ciel qui fauorable à tel bien me fait naistre,
Qu'à peu prés ie me voy maistresse de mon maistre,
En soit tousiours benit : Car de vous deux ie tiens
Sans l'auoir merité, toutes sortes de biens.
 Mais voici cet Aman, ce Tyran sanguinaire,
Qui voulant dementir ta douceur ordinaire,
Et par fraude abuser de son authorité,
Contre le droit des gens et contre l'equité,
De tous les Iuifs ensemble a iuré le naufrage,
Sans plus pour satisfaire à sa cruelle rage,
En ce danger commun enuelopant ainsi
Ton loyal Mardochee et ton Esther aussi :
Car cette nation seruiable et benine
Nous donne, et tu le sçais, le nom et l'origine.
 Mais pour auoir brassé de si cruels proiets
Contre toy, contre nous, contre tes bons suiets,
Plaise toy renuerser dessus sa propre teste
Le mal qu'il nous brassoit : accorde ma requeste;
Tout vn peuple innocent, en pays estranger,
Par le trespas d'vn seul soit sauué de danger.

ASSUERUS.

Esclaue miserable, as-tu bien eu l'audace
De me surprendre ainsi ? d'abuser de ma grace ?
De pourchasser vn peuple, vne Reine à la mort ?
Sans alleguer raison, iniure, grief ne tort.
Ainsi donques tu prens plaisir à me desplaire ?
Va, Brigand, ie t'immole à mon aspre cholere,
Comme vn serf affranchi plein de temerité,
Qui m'a par faux raports contre Isac irrité.
Ostez-le de mes yeux, qu'on luy couure la face.
Meschant, c'est à ce coup : n'atten iamais de grace,
Auiourd'huy ie desire vn suplice inuenter,
Qui puisse satisfaire à mon espouse Esther,
Au loyal Mardochee, à son peuple, à moy-mesme;
A punir ton peché faut estre tout extresme.

AMAN.

Redoutable Princesse, vsez-moy de merci ;

TRAGÉDIE.

Ie me iette à vos pieds et vous en prie aussi.
Ne regardez ma faute ainçois ma penitence,
Et faites reuoquer ma derniere sentence :
Si tant vous m'obligez enuers vostre grandeur,
I'en seray pour iamais tres humble seruiteur.
» Pardonner au pecheur qui reconnoist sa faute,
» Prosterné sous les pieds d'vne Maiesté haute,
» Et d'vn œil ruisselant en demande merci,
» Est digne d'vne femme et d'vne Reine aussi.
» La grandeur du peché recommande la grace.
Madame, permettez que vos genoux i'embrasse.

ASSUERUS.

Comment, lasche paillard, c'est peu de m'offencer,
Tu veux auant mourir mon espouse forcer!
I'en prendray sur le champ vengeance si notoire,
Qu'encor apres mille ans il en sera memoire.
Sus, qu'on le traine pendre au gibet esleué,
Que pour mon pauure pere il auoit reserué.
Et toy, vieillard fidelle, ornement de ta race,
Occupe ses honneurs et tiens rang en sa place.
Quant à toy, mon Esther, possedes en le bien,
Les Palais et les serfs, ie ne reserue rien.
Les lettres par Aman finement pratiquees,
Pour destruire les Iuifs soient viste reuoquees :
Ce peuple en seureté mieux que deuant remis,
Se vange impunement de tous ses ennemis,
Et libre des imposts sous lesquels il soupire,
Respire heureusement par tout ce large Empire.

MARDOCHEE.

Que nostre Dieu benin m'auoit bien aduerti,
Qu'vn iour seroit par toy son peuple guaranti!
Au poinct qu'en l'Orient l'Aube seme des roses,
Et qu'au Soleil nouueau les portes sont decloses
Pour fournir sa carriere en l'escharpe des Cieux,
Auant hier vn doux somme auoit collé mes yeux.
Mais voici qu'il s'esleue vn horrible tonnerre,
Dont l'effroyable bruit fait chanceler la terre :
Ie voy maint tourbillon sur ma teste rouler,
Maint esclair flamboyant fendre l'obscur de l'air,
Et sortir apres luy hors du ventre des nuës
Force rais scintillans de flammeches menuës :
Bien que de tel effroy i'eusse les sens rauis,
Ie vy deux fiers dragons, ou me le fut aduis,
De leurs ronds tortueux rampans dessus la terre,
Leuer la teste en haut, pour se faire la guerre,

AMAN.

L'œil respirant de flamme et la gorge de vent;
Les arbres d'alentour s'en alloient esmouuant,
Et la place voisine estoit toute luisante
Des esclats iallissans de l'escaille glissante;
Vn tel bruit s'esclatoit de leur hautaine voix,
Que le rend la tempeste arrachant tout un bois.
A ce bruit, i'aperceu s'esmouuoir tout le monde
Contre le peuple seul qui dessus Dieu se fonde :
Tout le Ciel se couurit d'vn voile tenebreux
Tissu de noire pluye et de brouillats ombreux;
Par la terre couloient les gros fleuues de larmes,
Le vuide s'emplissoit de sanglots et d'alarmes.
Lors vn peuple debile agité durement,
Rendu comme stupide à l'effort du tourment,
Les bras croisez au Ciel sur sa tremblante teste
Attendoit le seul coup de l'horrible tempeste :
Mais voici comme à Dieu tendent tous ses esprits,
Qu'vn foible sourgeon d'eau à ruisseler s'est pris
Qui sur le mesme instant s'accroist en vn tel fleuue,
Que son cours espanché les campagnes abreuue.
Le Soleil se leuant de ses rais esclarcis
Dissipe tout l'amas des brouillats obscurcis;
Lors des petits l'humblesse au Ciel est rehaussee,
Et des grands l'arrogance aux Enfers abaissee.
Sur ce point ie m'esueille, et me refigurant
Le songe prophetique en mon esprit errant,
Ie sonde longuement ce que Dieu delibere,
Mais i'y demeure court. Or que l'effet m'esclaire,
Ie reconnois assez que cette vision
Ne se masquoit à moy de vaine illusion :
Mon esprit en comprend toute l'intelligence,
Que ie veux bien te mettre en plus claire euidence.
Le sourgeon d'eau, c'est toy : le Soleil, c'est le Roy :
Les dragons oposez, c'est Aman contre moy :
Et le monde amassé s'esmouuant pour combatre
Les Iuifs abandonnez, c'est le peuple Idolâtre :
Les petits esleuez et les grands abaissez,
Et miens et ceux d'Aman se font cognoistre assez.

ESTHER.

O toy qui pour ton peuple en nul temps ne sommeilles,
Qui tiens vn vaisseau plein de faueurs nompareilles,
Vn autre plein de maux que tu verses sur nous,
Comme nous meriton ta grace ou ton courroux;
Vueille qu'à l'aduenir des Saints la sainte race
En semblable peril reçoiue mesme grace.

CHŒUR DES FIDÈLES, pris du Ps. CXXIIII.

Die Israël ioyeux : si Dieu n'eust tins pour nous,
Lors que tant d'ennemis embrasez de courroux
Conspiroient par ensemble afin de nous deffaire,
Nous estions tous perdus : l'abisme estoit ouuert,
Et son flot aboyant nostre teste eust couuert,
Au sanglant apetit d'vn Tyran sanguinaire.
  Comme vn torrent d'Esté qui s'enfle de ruisseaux
Rauit les bleds jà meurs, les ponts, les arbrisseaux,
Poussant en tous endroits sa corne furieuse :
De mesme la fureur de maint peuple estranger
Vni confusement, nous alloit saccager,
Et rien n'eust empesché sa rage iniurieuse.
  Mais comme ce torrent n'agueres haut bruyant,
Et d'vn cours effrené par la terre fuyant
Est si tari du chaud qu'vn seul flot n'en demeure,
Aussi nos ennemis de par tout amassez,
Au regard du Seigneur ont esté dispersez,
Et l'vn d'eux seulement ne paroist à cette heure.
  Benisson à iamais le Seigneur eternel,
Qui conserue les siens d'vn souci paternel
Et ne souffre leur race estre liurée en proye ;
Ains fait, tout au rebours, que leurs fiers ennemis
Soient à leur volonté honteusement soumis,
Dont tous esmerueillez ils triomphent de ioye.
  Tout ainsi que l'oiseau pipé de l'oiseleur
S'eschape des filets tendus pour son malheur,
Et s'essore dans l'air d'vne libre volee :
Des laqs qui nous serroient il nous a dégagez ;
Ceux nous veulent du bien qui nous ont outragez ;
Ceux qui nous desoloient nostre ame ont consolee.
  Nostre aide soit tousiours au nom du Dieu des Dieux
Qui sur la terre a mis le pauillon des Cieux ;
Nous ne manquerons point d'espoir ni d'asseurance :
Car bien que tout le monde eust armé contre nous,
Nous auon vn bouclier pour oposer aux coups,
Contre lequel trop foible est l'humaine puissance.

FIN.

COMMENTAIRE

L'édition de 1601 offre au frontispice un portrait de Montchrestien assez grossièrement exécuté. V. ci-dessus, *Notice*, p. XI. Les éditions suivantes n'ont pas ce portrait.

DÉDICACES A CONDÉ.

Le prince de Condé, à qui est dédié le Recueil de 1601, était né le 1er septembre 1588. La dédicace occupe un feuillet et le recto du feuillet suivant; au verso est gravé un portrait du jeune prince, vu de face jusqu'à mi-corps, dans un médaillon ovale autour duquel on lit : Henry de Borbon (*sic*), prince de Condé, âgé de XIII. Au-dessous du médaillon, on lit ces vers, signés Ant. D. M. (Antoine de Montchrestien) :

> Voici d'vn prince l'image
> Qui fait lire en son visage
> Et luire dedans ses yeux
> La sagesse et le courage
> De ses illustres ayeux.

La seconde dédicace, également adressée au prince de Condé, se trouve dans les éditions de 1604, 1606 et 1627. Elle est signée Montcretien; ainsi le nom de notre auteur n'est pas écrit par lui-même d'une façon constante.

STANCES AU PRINCE DE CONDÉ.

« Stances à luy-mesme », c'est-à-dire au même prince. L'édition de 1601 les renferme avec de nombreuses variantes, car en refaisant ces stances en 1604, Montchrestien n'a laissé presque aucun vers intact. Les pièces à la louange de l'auteur offrent le même texte dans les deux éditions; elles sont signées de noms obscurs ou inconnus.

Pierre Brinon, l'auteur des *Stances sur les tragédies de Ant. de Montchrestien*, était conseiller au Parlement de Rouen : il a publié, en 1614 : *Jephté ou le Vœu*, tragédie traduite du latin de Buchanan; — *Baptiste ou la Calomnie*, tragédie également traduite textuellement du même auteur, — et *l'Éphésienne*, tragi-comédie où l'histoire tant de fois refaite de la matrone d'Éphèse est mise au théâtre pour la première fois en français. (Voyez Parfait, *Histoire du Théâtre français*, t. IV, p. 174.)

Bosquet, qui signe la pièce suivante, était un avocat, du moins il semble le dire dans ces vers :

> De moy ie ne sçay point si les discours tragiques,
> Pour esmouuoir les cœurs, pour estre pathetiques,
> Seroient plus familiers à ma profession.

Il aurait voulu être auteur tragique, et le dernier vers semble dire qu'il cherchait un sujet dans l'histoire de la Normandie. Lui-même était Normand; parlant à un Normand, il lui dit : Nos vieux ducs.

HECTOR.

Il n'existe qu'un texte d'*Hector*, celui de 1604, exactement reproduit en 1606. Nous n'aurons donc aucune variante à relever.

Ce drame est un singulier mélange de l'*Iliade* d'Homère et du mystère de Jacques Millet : *La destruction de Troie*. Il abonde en anachronismes que nous avons cru bien inutile de relever un à un; en plus d'un passage, l'imitation des Grecs se fait ici tellement singulière qu'on ne sait si elle ne s'appellerait pas mieux parodie. L'auteur n'y songeait guère, et partout veut être grave et pathétique; il y réussit quelquefois; à côté de vers ridicules, du moins selon notre goût, il y a de fort belles parties dans *Hector*.

Page 3. — La liste des *entreparleurs* omet *Heleine*, qui prononce toutefois quelques couplets lyriques. (Voyez p. 39.)

Page 8 :

Si nous prenons suiet de bien ou de mal faire.

Ce couplet d'Hector est un de ceux où la facture cornélienne du vers de Montchrestien nous paraît le mieux s'accuser.

Page 11.:

Qui l'est pour l'autruy seul au fol presque ressemble.

C'est-à-dire pour le (bien) d'autrui. *Autrui* est complément indirect de *le*, article neutre.

L'entrevue d'Hector et de son fils est imitée d'Homère (*Iliade*, chant VI), de même que les plaintes (p. 13) d'Andromaque privée de tous ses parents.

Page 12 :

Et m'attendrit aux doux noms de père et d'époux.

Césure singulière, peut-être unique dans Montchrestien.

Page 23 :

> Faisons ce qu'il faut faire et leur laissons le reste (aux dieux).

Corneille dans *Horace* :

> Faites votre devoir et laissez faire aux dieux (v. 710).

Page 24 :

> Deffendre sa patrie est un auspice heureux.

Traduction énergique et fidèle de la même pensée exprimée par Hector dans l'*Iliade* (XII, 213).

Page 30 :

> Ne soit iamais connu.

Qu'il ne soit, etc.

> Ce n'est point la raison que le vice s'empare...

Il n'est point juste, raisonnable que, etc.

Page 31. — Antenor, un des plus sages parmi les vieillards troyens ; partisan résolu de la paix, il aurait voulu qu'on rendît Hélène aux Grecs. Ceux-ci l'épargnèrent après la prise de la ville.

> Vne playe ainsi faicte est aussi tost passée.

Peut-être faut-il substituer *pansée*.

Page 33 :

> Pense que le cesser d'employer sa valeur...

Comme on le voit, l'infinitif employé substantivement avec un article pouvait recevoir un complément.

> Lui tient lieu de reproche ou d'extrême malheur.

Au lieu de *lui*, le texte porte *qui*, évidemment fautif.

> Si ie croy de bien faire en demeurant icy.

De est explétif. On disait plus souvent : penser de faire une chose.

COMMENTAIRE.

Page 34 :
> Thenere en parlera qui d'vne main fort iuste.

Ce guerrier grec m'est inconnu. Peut-être faut-il lire Teucer (frère d'Ajax, et célèbre archer). Montchrestien aura écrit *Theucer*, et rien n'est plus aisé que la confusion de *u* avec *n*, de *c* avec *e*, de *e* avec *r*, et réciproquement. Le courageux Tytide est Diomède, fils de Tydée.

Page 36 :
> Respire qui voudra dans le mort des portraits.

C'est-à-dire dans des portraits morts, inanimés.

Page 37 :
> Faut-elle de garand à l'heur de nostre armée ?

C'est-à-dire : manque-t-elle à garantir le bonheur de nos armes ?

Page 39 :
> On debatroit mille ans vne beauté pareille.

C'est-à-dire, on se disputerait mille ans une telle femme. Comparez, dans Homère, l'admiration des vieillards troyens pour Hélène. (*Iliade*, III, 156.)

Page 40 :
> De ceux que l'espé' grecque au monument a mis ?

Le texte porte : De ceux que l'espée grecque. *E* muet à la fin d'*espée* fait une syllabe de trop ; en ce cas Montchrestien (selon le conseil que donne Ronsard dans son *Art poétique*) fait toujours l'élision de la muette finale. Il faut donc rétablir : *l'espé' grecque*.

Page 42 :
> Le soleil sans ombre ne luit.

Le texte porte *sous ombre*, qui m'a paru incompréhensible. Le contexte exige *sans*.

Page 44 :
> Penses tu mes tourmens consoler a credit?

C'est-à-dire, sans me rien donner de solide.

Page 46 :
> Et c'est aussi le poinct qui me trouble plus fort.

L'emploi du comparatif au sens du superlatif est fréquent pendant tout le dix-septième siècle ; les exemples en sont très nombreux dans Montchrestien.

Page 48 :
> N'ont manqué de secours s'il leur en fait besoin.

Le verbe est impersonnel comme dans : Il fait bon voir, etc.

> Se batre l'estomach, la barbe s'arracher.

Aujourd'hui *estomac* est ridicule dans une tragédie ; au dix-septième siècle, c'était *poitrine*, comme l'atteste Vaugelas.

Page 52 :
> Sans luy nous perdions tout, Troy s'en alloit perie.

Le texte porte *Troye* ; il faut élider l'*e*, comme on a vu ci-dessus (note sur la page 40). Le sens est : Troie allait périr. Comparer le vers de Corneille, dans *Cinna* :
> La conjuration s'en allait dissipée.

Était en train de se dissiper.

> Et quel deuoir rendoient les plus braues gendarmes.

Comment s'acquittaient de leur devoir, etc.

Page 53. — L'invention d'Anténor venant annoncer le triomphe éphémère d'Hector, a peut-être suggéré à Corneille l'heureuse péripétie d'*Horace*, où Julie annonce prématurément la défaite du héros.

Page 54 :
> Venge au moins si tu peux, ton grand fils de Menète.

Le fils de Ménète est Patrocle.

Page 55 :
> Pour elle n'a lieu le desastre.

Le texte porte : N'a leu.

> Et quoy qu'elle ait fait tout pouuoir.

Tout ce qu'elle peut.

> La déçoive en l'élection.

La trompe au choix de ce qu'elle doit faire.

Page 56 :
> Pour auoir enfanté cet héros magnanime.

L'*h* était muette dans *héros*; elle est restée muette dans les dérivés : *héroïne, héroïque*. Ronsard dit :
> Telle troupe d'héros, l'élite de la Grèce.

Page 57 :
> C'est vn plaisir extrême aux bonnes gens de Pères.

Au seizième siècle, au dix-septième, ces expressions : bon homme, bonne femme, bonnes gens, s'emploient familièrement pour désigner les vieillards, sans nulle intention ironique. On a faussement accusé Balzac d'irrévérence et d'insensibilité pour avoir écrit : « Je viens de perdre mon bonhomme de père. » Cela voulait dire : mon vieux père.

Page 63 :
> Ia le fort Diomène et le vaillant Hippide, etc.

Plusieurs de ces noms paraissent imaginaires ou sont fort altérés. Antonoos fut tué par Hector. (*Iliade*, chant XI, 302.) — Sthenelos est un compagnon de Diomède (nommé ici Diomène). Polybète est Polypœte, fils de Pirithoüs. (*Iliade*, VI, 29.)

Page 64 :
> Sans que le preux Memnon s'opose à cet outrage.

Ce tour aurait aujourd'hui un sens tout différent. Il signifie ici : N'était que le preux Memnon s'opposa.

> Que tu passes toi-même en inhumanité.

C'est-à-dire : Tu te surpasses toi-même en inhumanité.

Page 67 :

> Qui te regardoit seul en ce funeste orage.

Qui tournait les yeux vers toi seul, mettait tout son espoir en toi.

> Qui pour le renuerser eut recours à ces armes,
> Dont le Grec infidèle estonne les alarmes.

Ces armes, à l'aide desquelles le Grec perfide étonne les combattants (c'est-à-dire la ruse et la trahison).

> Sans ceste intelligence il estoit indontable.

Intelligence prend ici le sens de secrète entente, stratagème convenu.

LA REINE D'ESCOSSE.

Cette tragédie est intitulée, dans l'édition de 1601 : *L'Escossoise ou le Desastre*. Dans l'édition de 1604, le titre général est : *Tragédie de la Reine d'Escosse*, et le titre courant : *L'Escossoise*. La liste des « entreparleurs » manque dans 1604 ; elle est, dans 1601, ainsi établie : Reine d'Angleterre. Conseiller. Chœur des Estats. Reine d'Escosse. Chœur de Damoiselles. Davison. Maistre d'Hostel. Messager. Il faut y ajouter, un Page. La comparaison des deux textes fournit des variantes innombrables. Nous citerons seulement les leçons de 1601 qui nous paraîtront remarquables à quelque titre.

Les historiens du théâtre, au dix-huitième siècle, ont quelquefois daté de 1605 la représentation fort hypothétique de *l'Escossoise*. Cette date est d'autant plus improbable que cette tragédie avait été deux fois publiée en 1601 et 1604.

Page 72 :

> Ma Tamise l'honneur de nos fleuues plus beaux.

C'est-à-dire les plus beaux. Sur cet emploi du comparatif au sens du superlatif, voyez ci-dessus, page 284.

> Chacun par mon exemple à l'aduenir regarde.

C'est-à-dire que chacun regarde, considère que...

Page 74 :

> Les barbares desseins de ces fiers Basanés.

Les Espagnols furent souvent désignés ainsi au temps de la Ligue.

> Le desordre a la voix.

C'est-à-dire a la parole ; c'est lui qu'on écoute. Le texte porte un accent sur l'*à* que nous aurions dû supprimer.

Page 77 :

> Puisqu'elle est en vos mains, qui vous en peut tenir ?

C'est-à-dire vous en empêcher.

Cf., p. 86 : Les femmes... ne se tiendraient jamais de dire, etc.

> A qui la paix, la paix. La guerre à qui la guerre.

Nous accorderons la paix à ceux qui nous laisseront la paix ; nous ferons la guerre à ceux qui nous apporteront la guerre.

> Que pour la conseruer (la vie) s'aquerir de l'enuie.

Envie, au sens latin (*invidia*), haine publique, impopularité.

Page 82 :

> Tes Estats assemblez en sont là résolus.

Peut-être *là* est-il fautif, pour *jà*.

> Qui viennent par ma voix te sommer de promesse.

Te sommer de tenir ta promesse.

Page 85 :

> Et les pifres d'Espagne.

Le texte de 1601 porte *peuples*, faute évidente.

> Soit le Démon anglais des autres le vainqueur.

Le génie de l'Angleterre. Malherbe, un peu plus tard, disait à Louis XIII :

> Fais choir en sacrifice au Démon de la France...

> Ainsi ie n'en approuue
> Et n'en reprouue rien.

Le texte porte : Je n'en reprouve et n'en reprouve, etc.

> Dois-ie bien le vouloir? Le puis-ie bien permettre?

Le texte porte : Veux-je bien le vouloir ?

Page 86 :

> Les femmes que le sceptre a mis sous ma puissance.

En 1604, on est libre encore de faire ou de ne pas faire l'accord du participe construit avec *avoir*. En 1640, Corneille écrit encore dans *Cinna* :

> Là par un long récit de toutes les misères
> Que durant leur enfance ont *enduré* nos pères...

> ... Cette isle fameuse
> Qui ceint de tous costés la grand'mer escumeuse.

Je n'ai pas voulu modifier le texte; mais il semble qu'il faut : que ceint, etc.

> Leur babil ne diffame...

COMMENTAIRE.

Je n'ai pas osé changer le texte de 1604; toutefois je pense qu'il faut lire *me*. (Pour éviter que leur babil me diffame.)

> Tenant comme ses fers...

Dont tout le monde a plaint les peines, tenant pour ainsi dire ses fers, tenant prison avec elle.

Page 87 :

> La vie est sans arrest et si court à son terme.

Et, toutefois, elle court à son terme.

Page 88 :

> Cent chefs pululeront d'vne teste coupée.

Le texte de 1601 portait :

> Mille testes naistront d'vne teste coupée.

Et Corneille dans *Cinna* dit (vers 1166) :

> Une tête coupée en fait renaître mille.

Page 89 :

> Fidele exécuteur d'vne infidélité.

Cette antithèse plaisait au goût du temps.

> Une fidèle preuve a l'infidélité.
> (MALHERBE, *Larmes de Saint-Pierre*.
> Rends un sang infidèle à l'infidélité.
> (CORNEILLE, *Cinna*, 1147.)
> Que l'ame a de peine a mal faire.

Ce chœur manque dans l'édition de 1601.

Page 90 :

> Le sort en son courroux n'a versé tant de peine
> Sur aucun des mortels non que sur vne reine.

Ni encore moins sur aucune reine. Il y a ellipse : non qu'il ait versé sur une reine, loin qu'il ait, etc.

Page 91 :

> Le Ciel pour demontrer combien peut son malheur.

Malheur a ici son sens étymologique : *malum augurium,* ses funestes augures.

Page 93 :

> Mais comme hélas ! je fuy ce pays qui me fuit.

Lisez : Je suy. L's longue a été confondue avec *f.*

Page 96 :

> Il n'est point despourueu que Dieu prend en souci.

Celui que Dieu, etc.

Page 99 :

> La Parque nuict et jour couuoye.

Lisez conuoye; *u* a été confondu avec *n.*

Page 103 :

> Les mouuemens premiers n'ont point en leur puissance.

Inversion : Où les cœurs, soudains à la guerre, etc., ne sont point maîtres de leurs premiers mouvements.

> Adieu, braues Lorrains, qui de lauriers couuers.

Voici le texte des vers suivants, dans l'édition de 1601 :

> Adieu, braues Lorrains, beaux Lauriers toujours verds,
> Race des Rois chérie et des Cieux estimée,
> De la France amoureuse, et de la France aimée.

Page 104 :

> Adieu, finablement chastes et belles dames.

Texte de 1601 :

> Adieu, d'un long adieu, chastes et belles dames,
> Le beau desir des cœurs, l'objet des belles ames,
> Que la France en tous lieux en tel nombre produit,
> Qu'on void d'astres brillans au milieu de la nuit,
> De fueilles dans les bois, de fleurs sur la verdure.

Page 106 :

> Hélas ! je suis contraint te regarder de l'âme.

En imagination, non par les yeux du corps.

Page 107 :
> Tousiours par tes citez se promène la mort.

Dans ce vers et dans les suivants, le verbe est au subjonctif.

Page 109 :
> Celles là des iardins durent moins qu'vn matin.

Montchrestien a refait malheureusement le texte de 1601 :
> Les roses des iardins ne durent qu'un matin,
> Mais ces roses du Ciel n'auront iamais de fin.

> Mais quoy que vous faciez ie mourray de la sorte
> Que mon instruction et ma croyance porte.

C'est-à-dire : que comporte mon instruction, etc.

Page 112 :
> Teste où les ieux mignards comme oiseaux se nichoient.

On peut regretter le texte de 1601 :
> Forêt d'or, où l'Amour, comme vn oiseau, nichoit.

Un vers de poète, et de vrai poète !

> Plus faconde en beaux traits qu'en doux attraits féconde,

C'est-à-dire en traits d'éloquence; bouche encore mieux disante qu'attrayante par son sourire. Cette dernière page de *l'Écossaise* est un curieux mélange de trouvailles de style exquises et de jeux de mots puérils.

LA CARTAGINOISE.

La Cartaginoise ou la Liberté, dans l'édition de 1601, est précédée de l'*Épigramme* suivante et d'un avis *au lecteur* :

ÉPIGRAMME

Sophonisbe s'estant à son vainqueur rendue
Il ne peut la sauuer en ayant volonté :
Mais si tost qu'elle en eut la nouuelle entendue,
« Mourons, dit-elle, donc ; c'est par trop arresté ;
Si ce n'est en gardant la chere liberté,
Ce sera pour le moins apres l'auoir perdue. »

AU LECTEUR

Voicy Sophonisbe qui reuient sur le theatre vestue d'vn habit neuf et mieux seant à sa grandeur que celuy dont auparauant ie l'avois accommodée. Si tu veux elle t'entretiendra de ses fortunes, te dira la prise de Siphax et la surprise de Cirthe, les nopces de Massinisse et d'elle, la rigueur du chaste Scipion, sa résolution de mourir plutost que de tomber en seruitude et seruir de spectacle aux Dames Romaines. Le tout auec telle constance et generosité que tu connoistras qu'elle n'auoit moins de courage que de beauté, moins d'honneur que d'amour, moins de merite que d'ambition. C'est ce qui la fera regretter au valeureux Massinisse, avec vn si grand ressentiment de douleur qu'il en sera reduit aux termes du desespoir. C'est ce qui luy en fera soupirer le regret, avec vne voix si triste et des cris si piteux qu'il en émouueroit à compassion la cruauté mesme, si elle auoit des oreilles pour l'ouïr. Je propose cest exemple non seulement aux princes, mais à tous hommes pour leur montrer combien est incertaine leur felicité, et que quand ils pensent estre paruenus au comble de leurs desirs la fortune se iette à la trauerse, et les precipite en des miseres autant facheuses qu'inesperées.

L'édition de 1601 donne ainsi la liste des « entre-parleurs » : Sophonisbe ; Nourice ; Messager ; Chœur ; Massinisse ; Furie ; Lelie ; Scipion ; Siphax ; Hiempsal.

Le sujet de cette pièce est tiré de Tite-Live, livre XXX, ch. XII-XV. Montchrestien a connu, en outre, la *Sophonisbe* italienne du Trissin, jouée à Vicence vers 1514 ; celle de Mellin de Saint-Gelais, jouée à Blois en 1559, n'est qu'une traduction du Trissin ; de même celle de Claude Mermet, imprimée à Lyon en 1583. Tout en s'inspirant du Trissin, dont il suit le plan, Montchrestien demeure assez personnel dans le développement des idées et des sentiments.

Page 116 :
> Tout ce qui luit n'est or, venant à l'esprouuer...

C'est-à-dire à l'épreuve. Infinitif pris substantivement.

Page 117 :
> Pour expier la faute egalent ces malheurs.

Egalent est au subjonctif.

Page 118 :
> Pour se donner tourment ne sont recompensées,

Ne sont point compensées par les tourments qu'on se donne.

> Et pourtant tenez bride à cette affection.

Le texte porte tentez, mais la faute est corrigée à l'Errata. *Pourtant*, c'est-à-dire à cause de cela.

Page 119 :
> Après le mal le bien : cela doit arriuer.

Le texte porte : Cela void s'arriuer, qui peut-être n'est pas inintelligible, et signifie : Cela se voit arriver.

Page 120 :

> Qui pour l'ardeur du iour au chemin il se fasche.

Il fait pléonasme, comme dans le vers 806 des *Femmes savantes* :

> ... Et bel esprit, il ne l'est pas qui veut.

Page 121 :

> Qui veut celer son mal, le tourment se prolonge.

Stratonice, confidente de Pauline, en la pressant de lui raconter le songe qu'elle a fait, lui dit :

> A raconter ses maux souuent on les soulage.
> (*Polyeucte*, v. 161.)

Le texte de 1601 portait ce vers :

> Le récit en rendra vostre âme soulagée.

Page 122 :

> Que de l'ardent Lipare exhalant ses fourneaux.

Les îles Lipari, au nord-est de la Sicile, renferment des volcans encore en activité.

Page 125 :

> C'est de la cire aussitôt consumée.

Le texte porte : C'est de la Circe, etc.

Page 126 :

> Et pour ce, ô Dieux sauueurs, maintenant ie proteste.

Ce s'élide devant *ô Dieux*, comme *le* dans ce vers des *Plaideurs* :

> Condamnez-le à l'amende, et, s'il le casse, au fouet.

Page 129 :

> Tu te craindras possible...

C'est-à-dire, tu t'effrayeras peut-être. *Craindre*, jusqu'au seizième siècle, s'est souvent conjugué pronominalement. La Boétie dit : Les tyrans sont contraints *se craindre* de tous.

Page 131 :
> La ioye apres le dueil auiourd'huy vous possede.

Possède est au subjonctif.

Page 135 :
> Mais surmonté d'Iole il trempa dedans l'eau
> Sa genereuse main pour filer au fuseau.

Iole fut aimée d'Hercule, mais c'est Omphale, reine de Lydie, qui lui fit tourner le fuseau.

Page 136 :
> Si ie connois mon bien et suy tout le contraire.

Imitation du célèbre vers d'Ovide :
> Video meliora proboque,
> Deteriora sequor.

Page 137 :
> De mourir atterré tout ioignant la fonteine.

J'ai respecté le texte ; mais je pense que la vraie leçon doit être : De mourir *altéré*. Le texte de 1601 porte :
> D'ainsi mourir de soif auprès de la fontaine.

Page 138 :
> Quand vn œil de ses traits a blessé nostre cœur
> Il implore salut de son propre vainqueur,
> Fait sage par Telephe ; à sa playe ancienne
> Seule remedia la hache pelienne
> Qui l'auoit offencé.

C'est-à-dire : rendu sage par l'exemple de Télèphe ; ce fils d'Hercule, blessé par Achille, fut instruit par un oracle que cette blessure ne pouvait être guérie que par celui qui l'avait faite ; les Grecs avaient d'autre part été avertis que, sans l'aide de Télèphe, ils ne pourraient arriver jusqu'à Troie. Achille guérit

Téléphe en appliquant sur la plaie la rouille du javelot qui l'avait blessé; Téléphe, reconnaissant, enseigna aux Grecs la route qu'ils devaient prendre. (La hache pélienne est la hache d'Achille, fils de Pélée.)

Page 146 :

> Ainsi comme la nef que plusieurs vents diuers.

L'édition de 1601 renferme ici une imitation de la célèbre allégorie de Platon, dans le *Phèdre*. L'édition de 1604 a supprimé ces vers :

> Pense voir à ton char cinq généreux cheuaux
> Qui font sous le collier et mille et mille sauts,
> Qui n'arrestent en terre, et dont le pied superbe
> N'imprime point ses pas en marchant dessus l'herbe :
> Obéissans au fouet, à la resne et au frain,
> Ils vont où les conduit de ton cocher la main ;
> Mais si pleins de fureur ils courent par la pleine,
> N'escoutant ni la voix ni la main qui les meine,
> Char, cocher et cheuaux viennent à tresbucher,
> Emportés l'vn par l'autre aual quelque rocher :
> De mesme si tes sens à leur guide obéissent,
> Si leur fidélité iamais ils ne trahissent,
> Tu ne pourras aussi encourir nul danger :
> Mais s'ils ne veulent pas sous elle se ranger,
> Malgré toy ces mutins te conduiront au vice,
> Pour te faire tomber dedans son précipice.

Page 146 :

> Si mon seul intherest couroit en cette affaire.

Au lieu de ce vers et du suivant, le texte de 1601 porte :

> Il veut (le sénat) que ie conduise en mon triomfe à Rome,
> Entre autres prisonniers, Sophonisbe et son homme.

Page 150 :

> Xénocrate d'amour, infidele hipocrite.

Le philosophe athénien Xénocrate était célèbre pour avoir refusé les présents d'Alexandre et les avances de Phryné. Scipion, dont on vante la continence, est appelé par Massinissa « Xénocrate d'amour ».

Page 153 :
> Ne croye point qui sera sage.

Ce chœur manque dans l'édition de 1601.

Page 154 :
> D'auoir faussé sa foy pour vous garder la foy.

C'est-à-dire qu'il laisse mourir sa femme ; mais d'autre part il lui tient parole en ne la livrant pas aux Romains. Ce méchant vers est déjà dans l'édition de 1601.

Page 155 :
> D'vn illicite hymen n'eust point veu mon tombeau.

L'édition de 1604 supprime quatre vers après celui-ci, qui sont dans l'édition de 1601 :

> Sophonisbe, tu crains, ta face devient palle,
> Ce n'est rien qu'un poison ; bon cœur, auale, auale.
> O liqueur agreable, ô nectar gracieux !
> En boit-on de meilleur à la table des Dieux ?

Dans l'édition de 1601, le désespoir de la nourrice s'exhale plus longuement dans des vers que l'édition de 1604 a heureusement supprimés :

> Il me plaist dans ce corps enfoncer vne lame,
> Afin qu'auec le sang i'en puisse tirer l'âme ;
> Mais las ! elle me manque à ce dernier besoin.
> Ie puis trouver la mort sans la chercher bien loin :
> Heurtons contre ce mur pour nous rompre la teste ;
> Suffoquons nos esprits d'vn licol deshonneste ;
> Aualons des charbons ; ayons à l'eau recours ;
> La mort de tous costés se presente au secours.

Page 156. — L'épigramme finale de *Sophonisbe*, n'étant pas signée, doit être attribuée à Montchrestien.

LES LACÈNES.

Dans l'édition de 1601, cette pièce est intitulée : *Les Lacènes ou La Constance*.

Les Lacènes sont les Lacédémoniennes ; ce nom traduit le grec Λάκαινα, féminin de Λάκων.

Le texte de 1601 est précédé de cette Épigramme, non signée, dont Montchrestien lui-même est probablement l'auteur :

> O Fortune, cesse ta rage ;
> Quel bien en peux tu acquerir,
> Puis que tu connois mon courage,
> Et que ie sçay qu'il faut mourir.
> Ainsi disoit dedans son cœur
> Cleomene en valeur extreme ;
> Qui vaincu, se rendit vainqueur
> De la fortune et de soy-mesme.

Suit une préface intitulée : *Au lecteur*.

C'est icy la fin de Cleoménes, homme certes digne d'estre roy de Sparte, et celle de ses compagnons, dignes aussi de luy estre compagnons. Tu peux y voir combien la discipline augmente le courage, et combien le courage honore la discipline. Et d'avantage encor, comme les femmes qu'on estime naturellement timides, à l'imitation de leurs maris et parens font paroistre vne constance qui ne cede en rien à celle des hommes plus genereux. Dont tu pourras apprendre qu'vne bonne ame est plantee en si ferme assiete, que nul accident de fortune ne peut l'ébranler, et que les traits du malheur tombent tous rebouchés aux pieds de la vertu, sans la blesser en aucune sorte. La Tragédie te dira le reste : tourne le fueillet et la ly.

Entreparleurs : Ombre, Cleoméne, Panthée, Chœur, Cratesicléa, Archidamie, Stratonice, Léonidas, Agis, Pausanias, Phéax, Damoiselle, Ptolomée, Messager.

La tragédie est tirée de Plutarque, qui a raconté (*Vie de Cléomène*, chap. LXI-LXXI) la défaite, la fuite en Égypte, la prison et la mort de Cléomène. Tous les détails de son récit ont passé, presque sans exception, dans la tragédie de Montchrestien.

Page 159 :

> Tu vois encore vn coup le preux Thericion.

Voir dans Plutarque (*Cléomène,* LXI-LXIII) le discours que tient ce personnage à Cléomène et le récit de sa mort.

Page 163 :

> Et bref me departit mille faueurs de court.

Le texte de 1601 portait :

> Bons Dieux! qu'il me donna d'eaux benistes de court!
> Comme faisoient iadis les filles d'Achelois
> Qui trompoient les nochers des douceurs de leurs voix.

Il y avait diverses généalogies des Sirènes ; une entre autres les faisait filles d'Acheloüs, le plus vieux des fleuves.

Page 165 :

> Moi qui donnay la fuite a ce fameux Arat.

Aratus, général de la Ligue achéenne, s'allia à Antigone, roi de Macédoine, contre Cléomène.

Page 166 :

> O toy Mars nourricier de la race Spartaine.

On pourra, en comparant le texte de ce couplet dans les deux éditions de 1601 et de 1604, s'assurer que Montchrestien n'a pas toujours corrigé avec bonheur ; voici le texte de 1601 :

> O Mars, Dieu nourricier de la race Spartaine,
> Inspirant ce dessein à nostre capitaine,
> Donne à nous, ses soldats, de bien l'executer ;
> Puisque sous ta faueur nous l'ozons attenter.
> Allume dans nos cœurs vne si viue audace,
> Qu'on en voye l'esclair sortir de nostre face,
> Le foudre de nos mains ; si bien qu'en nostre effort,
> Nous ne donnions vn coup qu'il ne donne la mort.
> Que s'il nous faut mourir en si belle entreprise,
> Chacun pour son honneur tous les hazards mesprise,
> Et faisant à l'enui l'aquit de son deuoir,
> Monstre que son courage est plus que son pouuoir :
> Afin qu'ayant rendu mainte preuue honorable
> D'vne valeur extresme et toujours memorable
> On sçache qu'en mourant la gloire ne meurt pas,
> Mais que, lorsqu'on meurt bien, elle naist du trespas.

Page 169 :

> Permettez derechef l'accez de vostre dance.

J'ai dû modifier un mot et une lettre dans le texte de 1604, absolument incompréhensible :

> Permettez derechef lassez de vostre dance
> A nos ieunes garçons dont le masle troupeau
> Contemplera vos corps et ce qu'ils ont de beau,
> Deuenu tout esprit de vous voir comme Fées
> Baller à tetins nuds et tresses decoiffées.

L'Errata corrige *esprit*, mais laisse *lassez*.

Page 171 :

> Jusqu'au thrône des Dieux où gisent les tonneaux, etc.

L'allégorie des deux tonneaux qui versent les biens et les maux est dans HOMÈRE, *Iliade*, chant XXIV, 527-533.

Page 172 :

> C'est l'espérer en tout pour ne désespérer.

Espérer est employé ici substantivement, et accom-

pagné de l'article, comme quand on dit : le boire, le manger. C'est l'action d'espérer, etc.
Le texte est le même dans l'édition de 1601.

Page 180 :

> Il appelle Thelere, aux armes redoutables.

Thelere, Cléandre, Bias, Damis, Lisander, Panthée, et plus loin Hippotas (p. 182); ces noms sont de fantaisie, à l'exception des deux derniers, pris de Plutarque.

Page 185 :

> Au vinaigre, mes sœurs, faison la reuenir.

Cette exclamation, qui nous paraît ridicule, était d'usage quand on voyait quelqu'un se pâmer. (On la retrouve dans *la Peste de la peste*, tragédie de Du Monin, 1584.) Le premier texte de Montchrestien portait :

> Porton la sur vn lit, faison la reuenir.
>
> Nous viuon pour mourir et mouron pour reuiure.

Plusieurs beaux vers du texte de 1601 ont été changés par Montchrestien mal à propos.
J'ai conservé le texte du 4ᵉ vers :

> Conduisant à la vie où l'on ne reuient pas.

Mais *revient* doit être une faute pour *remeurt*, qui offre un sens beaucoup plus clair; 1601 porte :

> Mais le trespas aussi, quand l'honneur on veut suiure,
> Conduit à vne vie où l'on ne remeurt pas.

Le 20ᵉ vers est plus clair aussi dans 1601. Au lieu de :

> Que c'est vn grand soulas a l'homme miserable,
> Qui fuit à son malheur, s'il chet dans le tombeau,

on lit dans 1601 :

> Qu'aux hommes douloureux la mort est agreable,
> Quand fuyant leurs malheurs, ils treuuent leur tombeau.

Les couplets suivants sont d'un tour bien plus ferme dans le texte de 1601 :

> Ne trouble donc ta mort par le soin de la vie,
> Et ne trouble ta vie au souci de la mort ;
> Mais vi comme n'ayant de viure plus d'enuie,
> Meurs comme si la mort des maux estoit le port.
>
> Que pourrois-tu gagner par vn siecle d'années ?
> Faut-il estimer long ce qui doit auoir fin ?
> Les ans sont limitez, les saisons sont bornées,
> Aussi bien que son cours, Phœbus a son declin.
>
> Quoyque le temps soit Roy de ces choses mortelles,
> Il n'est luy-mesme exempt de la mortalité :
> Puis qu'on le voit finir en toutes ses parcelles,
> Puis qu'il limite tout [1], il sera limité.
>
> Si donc tu ne vois rien d'eternelle duree
> Et que mesme les Cieux attendent leur trespas,
> Suy la vertu qui seule est au monde asseurée,
> Et qui tout defaillant ne defaillira pas.

Page 188 :

> Nous auons bien raison de pleurer et de plaindre.

Le chœur se partage en deux groupes qui chantent alternativement des quatrains plaintifs.

Page 189 :

> Par leur mort on connut la constance des hommes
> Disputer à soy-mesme et faire pour l'enui.

C'est-à-dire s'efforcer de se surpasser elle-même ; mais *pour l'envi* ne peut s'expliquer. Montchrestien savait-il que ce mot n'a rien de commun avec *invidia*, qu'il vient de *invitus*, et que le sens premier est *malgré soi*, d'où : *avec effort*, puis *avec lutte et rivalité* ?

---

1. Je pense qu'il faut lire : luy qui limite tout, comme dans l'édition de 1604.

COMMENTAIRE.

Page 192 :
> Qui veut monter au ciel la souffrance est l'échelle.

Texte de 1601 : Aux Cieux. Qui pourrait dire pourquoi Montchrestien a modifié ce beau vers, en y introduisant seulement une consonance désagréable ?

Si cette expression *les cieux* lui a paru plus chrétienne qu'antique, il commet, sans scrupule, des anachronismes plus graves.

Page 193 :
> Devois-ie retourner de Canibe la belle.....

Canobe ou Canope, ville située près d'Alexandrie.

> Ne pouuant satisfaire au dueil de mon courage,
> Ni mesme à ces amis la raison demandans.

Ni même à ces amis qui demandent raison, vengeance de la mort qu'ils ont soufferte.

Page 195 :
> Toy me quittas des lors sans m'auoir aduertie.

Toy n'est jamais proprement sujet, mais *tu* est sous entendu. Toy (tu) me quittas. Le texte de 1601 a *tu*.

Page 199 :
> Ces Busires cruels en la place arriués.

Busiris, ancien roi d'Égypte, et par conséquent prédécesseur des Ptolémées, sacrifiait les étrangers à ses dieux.

DAVID.

Dans l'édition de 1601, cette tragédie est intitulée : *David ou l'Adultère*. Voici la liste des entreparleurs : David. Nadab. Chœur. Urie. Messager.

Betsabee. Natan. Il y a un avis au lecteur (sans titre) :

Que l'homme est miserable si Dieu l'abandonne à luy mesme. Ses propres sens sont autant d'ennemis domestiques coniurés contre luy; ses propres desirs des cordeaux qui le tirent insensiblement à sa ruine. Comme sans la grace de Dieu il ne pouuoit vouloir ny faire aucun bien, sans son assistance il ne peut vouloir ny faire que tout mal. Ayant la guerre contre Dieu, il n'a iamais paix ne trefue auec sa conscience; aussi bien qu'ayant la paix auec luy, rien n'en trouble iamais le repos. On iugeroit quelque fois que le pecheur est stupide en son vice; mais c'est alors qu'il court plus grand peril. Les maladies qui sont sans ressentiment de douleur, sont les plus à craindre. Au contraire, le patient qui se plaint fort, et qui peut dire au medecin ou le mal le tient, donne encore beaucoup d'esperance de sa guarison. Le pecheur qui s'afflige de la connoissance de son peché est en chemin de salut : celuy qui endort son ame d'vne profonde letargie et ne se reueille point à la voix de l'Eternel, minute lui-mesme sa reprobation. Dauid prouue une partie de cecy; Dauid, di-ie, qui fut le mignon de Dieu et l'homme selon son cœur. Il falloit qu'il fust entré en quelque presomption de se pouuoir tout seul tenir ferme debout, puisque Dieu qui luy auoit tousiours serui d'appuy au chemin glissant de ceste vie, luy quitta la main, le laissa chanceler, voire trebucher, pour luy faire reconnoistre en sa cheute que l'homme n'est que foiblesse; en sa ressource, que Dieu n'est que puissance. Il le cite à la fin devant luy par son Prophete Natan, l'accuse, le conuainq et le condamne, sans qu'il puisse douloir ny appeller. Mais aussitost le pauure criminel reuient a soy mesme, se trouue coupable de crimes enormes et les confesse franchement deuant la iustice de Dieu, pour en obtenir une abolition deuant sa misericorde. Elle est interinée aussi tost que Dieu reconnoit sa vraye penitence, signée et scellée par le ministere du Prophete. Exemple singulier à tous pecheurs, pour leur apprendre qu'ils ne doiuent point desesperer de leur salut. Clair enseignement aux gens de bien pour leur montrer qu'il ne faut point se glorifier de soy-mesme en soy-mesme, ains en celuy de qui procede tout le bien, et iamais le mal, et qui couronne ses graces en ceux ausquels il les depart.

A la suite vient cette *épigramme* :

>Dauid ayant offencé Dieu,
>A Dieu luy mesme a son refuge
>Et n'attend secours d'autre lieu ;
>Car il est son Pere et son Iuge.
>Mercy donc, ô Seigneur, mercy,
>Dist-il d'vne voix languissante ;
>Ne frappe plus longtemps ainsi,
>Ie sçay que ta main est pesante.

On lit ensuite, dans l'édition de 1601, ces « Stances sur la tragédie de David », signées Brinon :

>Montcrestien desireux que son nom luy conuienne,
>Quand il fait a David ses pechez ressentir,
>Change sa Tragedie en école crestienne
>Pour apprendre aux pecheurs qu'il se faut repentir.
>
>Suiuons de ce grand Roy le salutaire exemple,
>Et pleurons nos pechez pendant qu'il en est temps ;
>Sa vie est un miroir où nostre foy contemple
>La grace que Dieu donne aux pecheurs repentans.
>
>Nous auons la nature aux vices tant apprise,
>Qu'ils se font élements de nostre humanité ;
>L'inconstance en est l'eau, le feu, la paillardise,
>La terre en est le ventre, et l'air, la vanité.
>
>Puis donc que le peché nous tient lieu de nature,
>Le seul et seur moyen pour ne pecher jamais,
>C'est de sortir de nous qui ne sommes qu'ordure,
>Et nous faire la guerre afin de viure en paix.

> Ainsi Dauid dolent de sa faute commise,
> Se bande contre luy, se combat, se défait,
> Puis quand il eut sur soy la victoire conquise,
> Il conquist le pardon du mal qu'il auoit fait.
> Aussi ce n'est l'enfant qui meurt par maladie,
> Ny la mort du mary qu'on tüe en autre lieu;
> C'est la mort de Dauid qui fait la Tragédie,
> Car il mourut en luy afin de viure en Dieu.

Nous avons parlé ci-dessus (p. 280) de Brinon. Le texte de 1601 ajoute encore deux *épigrammes*.

> Crestiens, laissez le mont Parnasse
> Et venez à ce Montcrestien :
> C'est là que Iesus-Christ amasse,
> D'vne particulière grace,
> Tout ce qu'on peut dire de bien.

Celle-ci est signée du même Brinon. La suivante est signée : D. P. Baillif de Hotot.

> Deux tragiques gregeois sont encore en debat
> Pour la palme d'honneur qu'au mieux disant l'on donne :
> Mais nostre Montcrestien est hors de ce combat,
> Puisque Garnier luy cede auiourd'huy la couronne.

Le fond de la tragédie de *David* est emprunté à la Bible (Rois, II, ch. XI et XII); mais le récit des Livres Saints est fort succinct, et le développement que Montchrestien a donné avec un peu de complaisance au tableau des amours du Roi avec Bethsabée, appartient tout entier à notre poète.

Corneille écrit dans l'*Examen de Polyeucte* : « Si j'avois à exposer (sur le théâtre) l'histoire de David et de Bersabée, je ne décrirois pas comme il en devint amoureux en la voyant se baigner dans une fontaine, de peur que l'image de cette nudité ne fît une impression trop chatouilleuse dans l'esprit de l'auditeur; mais je me contenterois de le peindre avec de l'amour pour elle, sans parler aucunement de quelle manière cet amour se seroit emparé de son cœur. »

Montchrestien est loin d'observer cette retenue. Ajoutons que le texte de 1601 développe bien plus longuement cette description qui choquait assez justement Corneille. Le texte de 1604 a supprimé beaucoup de vers, entre autres une étrange comparaison de Bethsabée avec Vénus. Dans cette brûlante idylle on trouve quelques vers gracieux; mais beaucoup d'autres sont un pur galimatias, ceux-ci, par exemple (p. 205) :

> Ie senti s'escouler la glace de mon ame
> Sous le feu doux-cuisant de sa iumelle flame,
> Qui demeurant touiours dans les flots allumé
> Iallissant hors des flots m'a le cœur consumé.

Il s'agit là, probablement, des deux yeux de Bethsabée qui ont brûlé David à distance.

Faut-il avouer que nous ne comprenons pas bien les vers suivants (p. 206) :

> Ton amour est ma vie, et sans elle, ie croy
> Que ie cesseroy d'estre ou de n'estre plus moy.

Cela veut dire, peut-être, que n'étant déjà plus lui-même, il ne peut plus cesser d'être lui, mais seulement cesser d'être un autre.

Page 209 :

> Mille horribles pensers iuges de mon tourment.

Il faut rétablir ainsi ce vers d'après l'Errata de 1604 :

> ... Mille horribles pensers; iugés de mon tourment.

> — Si ma femme trop belle, ou faisoient leur seiour
> Les pudiques vertus et l'innocente amour...
> N'a craint d'en recevoir la lettre de diuorce.

C'est-à-dire n'a pas craint de divorcer ouvertement avec les pudiques vertus, etc.

Page 210 :

> L'orgueilleuse Raba doit-elle estre reduite.

Rabba, ville principale des Ammonites, à l'est de Jérusalem, au delà du Jourdain.

Page 212. — Le Chœur du Mariage a dix-huit strophes au lieu de seize dans le texte de 1601.

Page 214 :

> Mais d'autant que le vice est bien sans la beauté.

C'est-à-dire : mais d'autant que le vice peut bien se trouver séparé de la beauté.

Page 221 :

> Mortels, apprenez la Iustice,
> Et ne mettez Dieu a mespris.

Discite justitiam moniti, et non temnere Divos. (Énéide, VI, 619.)

Page 225 :

> Au braue Abimelech auança le trespas.

La mort de ce Juge d'Israël est racontée au Livre des Juges, chap. IX, et rappelée au II⁰ Livre des Rois, chap. IX, 21. Thèbes est au nord de Sichem et de Samarie.

Page 228 :

> Qui s'est montré trop homme et trop absolu Roy.

Au lieu de ce vers très plat, le texte de 1601 porte :

> Et se montrant moins qu'homme a fait voir qu'il est Roy.

Page 229 :

> Qui ne voudroit mourir pour estre ainsi pleuré ?

Cette galanterie mièvre est insupportable en un sujet au fond si tragique. Montchrestien ne sent pas le ridicule de ces afféteries; dans *Aman*, p. 265, Assuérus dira à Esther chancelante :

> Si tu t'esuanouis, tombe au moins en mes bras.

Page 231 :
> Tu le sçauras auoir des mains comme des yeux.

C'est-à-dire, tu connaîtras qu'il (Dieu) a des mains comme des yeux. Nous ne dirions plus ainsi; cet emploi de la tournure par l'infinitif, inconnue à la langue d'oïl, accréditée à la Renaissance par l'imitation du latin, s'est fort restreinte au dix-septième siècle.

> Ne merite rien moins que la mort eternelle.

Montchrestien s'est trompé sur le vrai sens de ce tour, qui signifie : mérite tout, plutôt que la mort, ou ne mérite pas du tout la mort. Il fallait *rien de moins*, ou mieux *rien de moindre* que la mort. Pages 52 et 260, il a employé correctement la même locution.

Ces dix-sept quatrains, débités par David, sont la paraphrase ou plutôt la traduction assez exacte du psaume L : *Miserere mei, Deus, secundum magnam misericordiam tuam;*

Page 232 :
> Obscure à ma blancheur sera la nege mesme.

C'est-à-dire, auprès de ma blancheur, en comparaison avec. (Psaume L : *super nivem dealbabor.*)

AMAN.

Cette tragédie est intitulée dans l'édition de 1601 : *Aman ou La Vanité.*

L'*Épigramme* suivante précède le texte :

> Fortune, par mon seul defaut
> Ceste peine tu me viens rendre

> D'avoir ozé plus qu'il ne faut,
> Mais ie ne pouuois pas entendre
> Qu'apres m'auoir monté si haut
> Tu peusses me faire descendre.

Suit l'*argument*, ou analyse de la pièce :

Aman, Syrien, estant en grand credit auprès du monarque Assuerus, brigue les honneurs diuins, ne se contentant des humains, et par ordonnance publique contraint vn chacun à l'adorer. Mardochée, homme juif et craignant Dieu, le refuse et se monstre a bon escient indigné de telle outrecuidance. La dessus Aman se pique et bouillant d'vn ardent desir de vengeance, complotte la mort de Mardochée et de tous ceux de sa nation ; impetre du Roy l'execution de ce complot et proscrit indifferemment tous les Iuifs. En ce grand peril ils ont recours a Dieu. Il les deliure auec Mardochée par le moyen d'Ester, qui fait iustement receuoir au superbe Aman la peine qu'il auoit iniustement preparée aux autres.

Suit la liste des *Entreparleurs* : Aman, Cirus, Chœur, Assuerus, Mardochée, Sara, Rachel, Ester, Athac, Arphaxat, Sares.

Les historiens du théâtre au dix-huitième siècle ont quelquefois daté de 1602 la représentation fort hypothétique d'*Aman*. La date est d'autant plus improbable que cette tragédie figure dans l'édition de 1601.

L'histoire d'Esther avait été plusieurs fois traitée dramatiquement avant Montchrestien ; on connaît un *Aman* d'André de Rivaudeau, imprimé à Poitiers en 1566, « tragedie saincte » en cinq actes et en vers, et une *Esther* de Pierre Mathieu, imprimée à Lyon en 1585 ; l'œuvre est en deux parties : la première est la répudiation de Vasthi, la seconde est la chute d'Aman ; aussi Mathieu fit plus tard deux pièces de son *Esther*, une *Vasthi* et un *Aman*. Ni Riveaudeau ni Mathieu n'ont inspiré Montchrestien, qui n'emprunte sa pièce qu'aux Livres saints et à son propre talent. A son tour a-t-il inspiré Racine, ainsi qu'on l'a souvent prétendu ? Le petit nombre de rapprochements formels qu'on peut faire entre les deux pièces s'explique par le commun modèle que les deux poètes avaient sous les yeux. Quelquefois le mouvement du style de Racine rappelle (avec une supériorité qu'il est inutile de déclarer) certains vers de Montchrestien. Par exemple le couplet qui commence ainsi :

> Je veux qu'on dise un jour aux siècles effrayés :
> « Il fut des Juifs, il fut une insolente race ;
> Répandus sur la terre, ils en couvraient la face :
> Un seul osa d'Aman attirer le courroux,
> Aussitôt de la terre ils disparurent tous. »

Comparez les imprécations d'Aman contre les Juifs (p. 242), et surtout cette fin du couplet :

> Ie veux que par le monde il soit notoire à tous
> Qu'Aman a sur les Iuifs sa colere espanchée
> Pour punir à son gré l'orgueil de Mardochée,
> Et que ce peuple vil par la terre espandu,
> Pour la faute d'vn seul fut vn iour tout perdu.

Racine a dit :

> Dieu tient le cœur des rois entre ses mains puissantes.

Et Montchrestien :

> Toi qui tiens dans ta main des princes le courage.

Mais la Bible suffit à expliquer ces rencontres ; et en somme nous n'oserions même affirmer que Racine a lu Montchrestien ; il ne le nomme nulle part.

Page 238 :

> Que le succez heureux respond à son souhait.

Il y a là une forte ellipse, car le sens est : Que le

succès ne réponde, ou : Sans que le succès réponde.

> Aussi pour tel suiet me tien-ie glorieux.

L'interlocuteur d'Aman est désigné en abrégé par ces deux lettres : *Ri*, dans l'édition de 1604. L'édition de 1601 nous restitue son vrai nom : Cirus.

Page 242 :

> Ils ont beau dans le Ciel espandre des sanglots,
> Verser des larges pleurs, former des tristes mots.

Ce second vers si faible est une correction; le texte de 1601 porte :

> Pour ne les point ouïr son oreille il a clos.

Montchrestien a-t-il changé son vers parce que dans le premier texte il ne faisait pas l'accord du participe passé avec le complément qui précède ? Depuis un demi-siècle, en effet, la règle de l'accord tendait à s'imposer. Mais Montchrestien lui-même s'y est soustrait ailleurs bien des fois. Voyez ci-dessus, page 288.

Page 243 :

> O toy, potiron d'vne nuit.

Il ne s'agit pas ici de citrouilles, mais d'une espèce de gros champignons, dont les citrouilles prirent le nom plus tard pour l'analogie de leurs formes

Page 245 :

> Que le tiltre sans plus d'Empereur ou de Roy
> Comble des cœurs hardis de tremeur et d'effroy.

Le texte de 1601 donne ces vers :

> Qu'vn pauure fainéant portant le nom de Roy
> Rende d'vn seul regard les Braues pleins d'effroy.

Ainsi plusieurs vers furent corrigés en 1604 qui, dans le texte de 1601, avaient pu paraître irrespectueux à l'endroit des Majestés.

Page 246 :
> Qui portoit à Iupin les traits de la tempeste...

Il fallait que le préjugé fût bien fort en faveur des souvenirs de la Fable et de l'Antiquité, pour que Montchrestien ne sentît pas le ridicule de ces vers dans la bouche d'un Amalécite.

Page 249 :
> Ha, gentil glorieux tu ne m'eschapes pas...

Est-il besoin de faire remarquer l'extrême vigueur des soixante vers qui suivent ? Montchrestien, dans tout son théâtre, n'a rien de supérieur ni peut-être d'égal à ces deux pages.

Page 253 :
> Mais si nostre recours est ta misericorde
> Ta grace au repentir desormais elle accorde ;
> Prenne nostre querelle et nous tienne la main...

Que désormais ta miséricorde accorde ta grâce au repentir ; qu'elle prenne notre querelle, etc.

Page 254 :
> Tu vins à chasque chose imposer vne loy
> Qui par se conseruer constamment immuable,
> Conserue la nature et la rend perdurable.

Cette construction de l'infinitif avec la préposition *par* n'est plus usitée, quoiqu'elle se soit maintenue avec d'autres prépositions : c'est un tour regrettable et qu'on ne supplée pas sans longueur.

Page 254 :
> Ie sçay combien son cœur brusle de ialousie
> Quand l'homme se guidant selon sa fantasie,
> Qui veut egaler l'homme et vient à l'adorer.

J'ai conservé le texte, mais il est peu intelligible, et je pense qu'il faut lire :
> Lui veut égaler l'homme.

C'est-à-dire, quand l'homme veut égaler l'homme à Dieu.

> Mais si ta main nous couure en vain telle tempeste.

C'est-à-dire, cette tempête est vaine, inutile.

Page 256 :

> Des richesses du Ciel dont il faut faire cas.

Le texte de 1601 portait :

> Des richesses du Ciel qui ne périssent pas.

C'est un exemple entre mille, de corrections dont la cause échappe, et qui ont substitué trop souvent un vers médiocre ou plat à un vers fort bon.

Page 257 :

> Cette pauure opulence et cette vaine pompe
> Dont le lustre esblouit, quelqu'autre folle trompe.

Trompe est au subjonctif. Que cette opulence trompe, etc.

Page 259 :

> Et ne permets qu'en nous on te puisse moquer.

J'ai corrigé le texte, qui porte : invoquer.

Page 260 :

> O vous, heureux trois fois, Citoyens malheureux
> Qui souffristes alors vn trespas rigoureux
> Aux yeux de vos parents.

Virgile, *Énéide*, I, 93, 95 ; et *Odyssée*, V, 306.

> ... O terque quaterque beati
> Queis ante ora patrum, Trojæ sub mœnibus altis
> Contigit oppetere...

Page 261 :

> Si fis tu plusieurs fois naistre nostre salut
> D'vn rien en apparence à l'heure qu'il te pleut.

Je note dans le texte de 1601 une forme assez rare, le passé défini du vieux verbe *chaloir* :

> De ceux dont parauant aux hommes ne chalut.

Page 265 :

> Est-ce ma belle Esther que i'aperçoy paroistre?

Toutes les corrections de Montchrestien ne sont pas malheureuses : le texte de 1601 porte :

> Mettant sans y penser la teste a la fenestre,
> J'ai veu ma belle Esther comme un soleil paroistre.

Suivait une description d'Esther en trente vers fort précieux, que le poète a sagement supprimés dans sa seconde édition.

> Si tu t'esuanouis, tombe au moins en mes bras.

Cette galanterie peu tragique manque au texte de 1601, qui porte :

> Je suis ton cher espoux, ma belle, ne crain pas.

Page 266 :

> Pourquoy vous cachez-vous, ô beaux soleils d'amour?

J'ai corrigé le texte, qui porte : Pourquoi *les* cachez-vous, etc.

Page 272 :

> Ils en font peu de cas, ce n'est rien ce leur semble.

Le texte porte : *se* leur semble.

Page 277. — *Aman* se termine par le « chœur des fidèles pris du Ps. CXXIV ». Mais dans l'édition de 1601, ce chœur ne fait pas partie de la tragédie. Il est précédé du mot *fin*, qui termine *Aman*, et il n'est pas intitulé *chœur*, mais simplement : Sur le Psal. CXXIV.

RIMES. — VERSIFICATION.

Nous joindrons à ces notes quelques observations générales concernant les rimes et la versification chez Montchrestien. Il n'offre d'ailleurs rien qui lui soit particulier dans ses procédés de facture; les observations qui suivent s'appliqueraient également bien aux poètes de son temps.

Notons d'abord les rimes de mots où *r* final sonne aujourd'hui avec des mots où ce *r* est assourdi :

Air rime avec *aller, aveugler; chair* rime avec *rocher; cher* (adj.) rime avec *chercher; mer* rime avec *abismer, allumer, armer, nommer, ramer; enfer* rime avec *triompher; Esther* rime avec *flatter, inventer; hiver* rime avec *arriver, priver*.

Montchrestien, qui était Normand, se fût interdit moins que personne les rimes *normandes*. « En quelques provinces de France, principalement vers la Loire et dans le Vendômois, d'où était Ronsard, et dans la Normandie, d'où était Malherbe, on prononce *mer, enfer, Jupiter* avec un *é* fermé, comme *aimer, triompher, assister*. » (LANCELOT, *Règles de la poésie françoise*, 1663.)

Œil se prononçait tantôt *eil*, tantôt comme aujourd'hui. (Voy. THUROT, *Histoire de la prononciation française*, t. I, p. 465.) De la sorte il rime avec *cercueil, dueil, orgueil, soleil, sommeil*.

Montchrestien fait rimer (p. 13) *familles* avec *villes*, ce qui est contraire à l'usage universel. (Voy. THUROT, *Histoire de la prononciation*, t. II, p. 305.)

Il fait rimer (p. 59) *renaistre* avec *destre*. Le *s* ne sonnait dans l'un ni l'autre mot. On prononçait *dêtre*. (Voy. THUROT, *Histoire de la prononciation*, t. II,

p. 342.) *Dextre* rime avec *naistre, reconnoistre*; on prononçait *dêtre, reconnêtre* ou *reconnouêtre*.

Signalons quelques autres rimes remarquables.

Page 40. — *Vefves* (pr. vèves) rime avec *glaives*.

Page 68. — *Seur* (sûr) rime avec *sœur*. La prononciation de *sûr* était déjà plus répandue, mais celle que Montchrestien donne ici à ce mot se rencontre jusqu'au dix-septième siècle; elle existait encore dans quelques provinces en 1737. (Voy. THUROT, *Histoire de la prononciation*, t. I, p. 515.) De la même façon, *demeurer* rime avec *asseurer*; *asseure* rime avec *que je meure*, etc.

Page 117. — *Pensois* rime avec *les Rois*. On prononçait *pensoués, les Roués*.

Page 129. — *Acroistre* rime avec *aparoistre*; la prononciation dominante était *acrouêtre, aparouêtre*.

Page 130. — Le poète modifie le nom de Sophonisbe en *Sophonisse* et le fait rimer avec *Massinisse* (p. 130, 146, 147, 150).

Page 250. — *Paroist* rime avec *s'acroist*. (On prononçait *parouét* et *s'acrouét*.)

Voici maintenant quelques remarques sur la façon dont Montchrestien compte les syllabes :

L'*e* muet, non appuyé d'une consonne précédente, c'est-à-dire précédé d'une voyelle, compte dans la mesure des syllabes, s'il n'est pas à la fin du vers, ou suivi d'un mot commençant par une voyelle devant laquelle il s'élide. Cette façon de compter l'*e* muet après une voyelle fut rejetée par Malherbe; mais

Régnier, fidèle à l'ancienne versification, s'est moqué, dans la satire à Rapin, de ces grammairiens qui ne savent qu'épier, entre autres vétilles,

> ... si la voyelle à l'autre s'unissant
> Ne rend point à l'oreille un son trop languissant.

Cent ans plus tard (dans une épître), Regnard écrit encore :

> Voilà depuis cinq ans la *vie* que je mène,

où *vie* fait deux syllabes, de sorte qu'il faut en le prononçant faire sentir distinctement l'*e* muet : *vi-e*.

Les exemples de cette licence (qui n'en était pas une en 1604) abondent dans Montchrestien : 7, *employe*; 38, *ruent*; 97, *entrée*; 149, *foye* (foie) ; 153, *croye*; 196, *vie*; 227, *Urie*; 242, *emploie*; 243, *aye*, fait deux syllabes, de même *ayent*; id., p. 254; 253, *jouent*; 259, *vouent* et *vie*, etc.

Beaucoup de mots comptent chez Montchrestien pour une syllabe de moins qu'ils ne font aujourd'hui : ce sont ceux où la finale *ier* est précédée des lettres *l* ou *r*.

Baudrier, bouclier, meurtrier, ouvrier, vous devriez, vous voudriez, sont dissyllabes dans notre auteur. Corneille le premier fit *meurtrier* de trois syllabes dans le *Cid*, et fut blâmé par l'Académie. Ménage dit que de son temps les cavaliers et les dames évitaient d'employer ces mots, dont ils trouvaient la prononciation difficile et désagréable. (Voir ces mots p. 34, 65, 132, 134, 192, 199, 209, 277, etc.)

Notons *fuir* dissyllabe (p. 65, 80). Vaugelas nous apprend que les poètes de son temps le font monosyllabe, le trouvant insupportable à l'oreille quand il est de deux syllabes.

Le Lexique suivant renferme la liste alphabétique des mots du vocabulaire de Montchrestien qui ne sont plus en usage ou qui, quoique usités, n'ont pas conservé la signification que leur a donnée notre poète.

LEXIQUE

Abisme, subst. féminin, 122.
Abordé, (en parlant d'une foule) qui afflue, 269.
Accoiser, apaiser, 121.
Accorder (s'), consentir, 233.
Accort, avisé, 46, 147.
Adjouster, ajuster, 28.
Adressant, adj. verb., qui conduit à, 185.
Adresse, direction, 62.
Adresser, diriger, 224.
Aduste, brûlé, 138.
Affaire, masc., 19, 50, 237.
Affermer, affirmer, 154.
Affronter, opposer front à front, 32.
Agravé, appesanti, 266.
Agré, de bon gré, 127.
Aheurter, heurter, 55.
Aimant, diamant, 4.
Aimantin, diamantin, 10.
Ainçois, mais plutôt; p. 43, il est prépos. avec le sens d'avant.
Ains, mais.
Alarme, masc., 118, 165.
Allaigre, allègre, 264.
Allumelle, épée, 260.
Alme, nourricier, 108, 140, 237, 254.
Altère, subst. verbal, d'*altérer*, 16, 138, 153. Il est encore dans l'Acad. (1694) et dans Richelet : « L'approche de l'ennemi a mis le royaume dans de grandes altères. »
Amoindrir, verbe intransitif, 225.
Apparoistre (s'), c. apparoistre, 262. P. 78, le même verbe signifie faire montre.
Appendre, suspendre à, 11.

Appennage, apanage, 100.
Appréhensif, plein d'appréhension, 33.
Approcher, v. actif, 36. Le même infinitif est pris substantivement, à l'approcher, 241.
Apris, instruit à, 190.
Aprofiter, mettre à profit, 55.
Argument, sujet (*Dédicace*), preuve, 34.
Ardeur, chaleur, 184.
Armet, casque, 11.
Arrest, pièce du harnais où s'appuie la lance, 53.
Arroi, appareil, train, 123.
Artuson, auj. artison. Ver qui ronge le bois, 208.
Assaut, 3e p. s. ind. prés. d'*assaillir*, 33, 176, 179.
Assisté, accompagné, 95.
Atourner, revêtir, orner, 271.
Attacher sa prise, prendre obstinément, 192. Le même v. au sens d'attaquer, 254.
Attendre, au sens d'observer attentivement, 239.
Attoucher, toucher, 137.
Aucun, quelqu'un.
Autant (pour) que, d'autant que, 233.
Autruy (l'), p. 79, *le* est article et se rapporte à autrui. Ce tour est rare. D'ordinaire *l'autrui* signifie le bien d'autrui; v. p. 9.
Autres fois, les autres fois, non pas jadis, 19.
Avantage (d'), c. davantage.
Avecques, avec.
Avette, abeille, 79.

21

Bagner, baigner, 255.
Baloyer, balayer, 12.
Bander (se), s'efforcer, 120, 177. Bander son esprit, 14. Bandés, au sens de lancer avec effort, 83.
Basme, Baume, 112.
Baste, suffit! (italianisme).
Bastiller, fermer étroitement, 183.
Bataille, bataillon, 62.
Beau (tout), tout doucement, 116. De plus beau, c. nous disons *de plus belle*, 92.
Bénine, fém. de *bénin*, 81.
Bergerot, petit berger, 261.
Bers, berceau, 85.
Bien-heuré, bienheureux, 213.
Bien faire à, faire du bien à, 22, 262.
Blasonner, critiquer malicieusement, 12, 86, 233. D'où *blasonneur*, 241.
Bonace, adj. Mer bonace, 58, 75.
Boucon, poison, 134, 153, 155.
Bouffans, étendars bouffans, 224.
Bouffonneurs, bouffons, 257.
Bouillons, mouvements bouillants, 103, 180.
Bourionner, bourgeonner, 256.
Bourrelle, adj. fém. (de bourreau), main bourrelle, 108, 255.
Branle, ébranlement, 52.
Brasser, préparer, 72, 120. On me brasse la mort.
Bris, débris, 83.
Broncher, tomber, 33, 58.
Bronze, subst. fém., 36.
Brouée, brouillard, 250.
Brouillats, brouillards, 87, 164, 276.
Bruit, renommée, 85, 139.
Bruire, v. actif, annoncer bruyamment (les flots bruyent le naufrage).
Bute, but et butte, 225.

Çà (en), en arrière. Peu de jours en çà, 163.
Cache, cachette, 38.
Campagne. La distinction moderne de *en campagne*, *à la campagne*, n'existait pas, 11.

Carole, danse, 151.
Cas, malheur, 46.
Cautelle, ruse, 89, 136.
Caver, creuser. Yeux cavés, 159, 161. Os cavés, 204.
Célestes (les), les Dieux, 268.
Cerceaux, cercles, 101; au sens d'ailes, 104.
Cestui-ci, celui-ci, 60.
Chaloir, v. unip. Soucier, 65. Que me peut-il chaloir.
Chamailler, batailler, 53, 63.
Charme, sortilège, 161.
Charmeur, fait au fémin. *charmeresse*, 144, 163, et *charmeuse*, 41.
Chet, 3ᵉ p. s. ind. pr. de *choir*; 182, 185.
Cheute, part. passé féminin de *choir*, 130, 188, 189.
Chommer, chômer, 264.
Cil, celui.
Clair, adj. pris subst., éclat, 27. A clair, clairement, 221.
Clin, du seul clin de ses yeux, 262.
Col, cou, 129.
Colérer (se), se mettre en colère, 241.
Combien que, à quelque degré que, 75.
Comble (de) en fond, de fond en comble, 20, 248.
Combourgeois, concitoyen, 97.
Comme, où nous disons : comment.
Commune (la), le peuple, 5, 238.
Communiquer, aux hommes, avec les hommes, 50.
Comparoir, comparaître, 49.
Compas de raison, ligne de la raison, 116.
Complaindre (se), plaindre (se), 44.
Compte et *conte*, partout confondus.
Conforter, réconforter, 118.
Connil, lapin, 187.
Consentir (se), s'abandonner, 67.
Consommer, *consumer*, partout confondus.
Constamment, avec constance, 155, 167.
Contaminer, souiller, 194.
Contrarier, v. intrans., s'opposer à, 116.

Contemptible, méprisable (*Dédicace*), 150, 256.
Contrebas, de haut en bas, 63.
Contregarder, préserver, 212.
Contremont, de bas en haut, 66, vers la source, 172.
Contreposer, poser contre, 122.
Convoyer, conduire, 99, 160.
Cordele, corde. S'engager à la cordele de quelqu'un, se lier à lui, 73.
Cornes des autels, 48.
Corrival, rival, 207.
Coucher, mettre au jeu, 57. Je n'en scaurois coucher, c'est-à-dire, risquer l'enjeu pour appuyer mon dire.
Coulé, c. écoulé, 118.
Coulpe, faute, 265.
Coupeau, faîte, sommet, 109, 222.
Coupler, ajouter, attacher, 159. Se coupler, s'accoupler, 212.
Courage, le plus souvent synonyme de cœur.
Course (à), en courant, 65.
Couvé. Un cœur couvé de rage, 93, où la rage couve.
Craindre, ménager, plaindre, 227. (craindre à faire, 210). Se craindre, s'effrayer, 129.
Craqueter, Dents craquetantes, 122, qui claquent.
Creux, adj. pris subst., abîme, 132.
Crever, faire crever, 254.
Crime, subst. fémin., 4.
Croistre, v. actif, 76, 227, 267.
Crouassant, croassant, 269.
Cueillirai, cueillerai, 51.

Dam, A mon dam, pour ma perte, 41.
De, de moy, pour moi, 28.
Debord, débordement.
Debouter, déplacer, écarter, 90.
Dechasser, chasser, repousser, 88.
Declos, ouvert, 275.
Decoler, décapiter, 88, 96.
Decouper, déchirer (au fig.), 31.
Dedans, dehors, dessous, dessus, devers, c. dans, hors, sur, sous, vers.
Defaut, défaillance, 20, 186. 3e p. s. ind. pr. de *défaillir*, 90.

Dehacher, briser à coups de hache, 134.
Delaisser, laisser, 208.
Delascher, lâcher (un coup), 110.
Delasser, delacer, 205.
Delivrer à, livrer à, 140.
Demon, divinité, 44.
Demourer. Ou se change en *eu*, en devenant tonique : Je demeure. *Demourant*, 250. Cependant : soignez du demeurant (155), prenez soin du reste.
Dents (à), sur les dents, sur la face, 224.
Departement, départ, 219.
Departie, séparation, 195.
Departir, se départir, 26.
Deploré, absolument perdu, 43, 94.
Depiter, v. act., mépriser, 241.
Deportemens, conduite, 94.
Depos, dépôt, 213.
Depuis (du), depuis, 93, 96.
Derompre, mettre en pièces, 64.
Desavancer, faire reculer, 271.
Desceu (à leur), insu (à leur), 195.
Designer, marquer d'avance, 241.
Despendre, dépenser.
Despit, adj., dépité, 65, 160.
Despiter, voy. *Dépiter*.
Despriser, déprécier, 6.
Desseigner, former le dessein de, 164.
Desservir, mériter, 35.
Destourber, troubler, 98, 146, 221.
Destre ou *Dextre*, main droite, 59, 160, 265.
Déterminé, fixé par le destin, 155.
Deult, 3e p. s. ind. pr. de *douloir*, s'affliger, 5.
Deust, 3e p. s. imp. subj. de *devoir*, 44, 262.
Devaler, descendre, faire descendre, 68, 141, 156, 271.
Devant, marcher le devant, en avant, 223.
Deviner, conjecturer à la façon d'un devin, 173.
Die, subj. pr. de *dire*, 153, 277.
Diffus, répandu, 28.
Discourir, courir à travers, 29; réfléchir avec suite, 228. (*Discours* avec un sens analogue, 23, 217.)

Disetteux, avide par indigence, 26.
Distilant, qui coule goutte à goutte, 193.
Disparoir, disparaître, 49, 102.
Dispenser (se), se permettre de, 216.
Dissipé, dispersé, 248.
Distraire, détourner, 22.
Doncques et donques, donc.
Donneur, donateur, 246.
Donrai, fut. de *donner*, 248.
Dormant, homme endormi, 125.
Douloir, s'affliger, 104.
Douter, v. act., mettre en doute, 17; redouter, 48, 92, 155; se douter, craindre, 72.
Doux-amer, 135.
Doux-cuisant, 205.

Ebenin, noir comme l'ébène, 136.
Eclipse (faire), s'éclipser, 188.
Effoucher, affoler, 53 (mot du patois normand).
Elancé, violemment agité, 194.
Elans, subst. sing., élan, 90.
Embattre (s'), se jeter dans, 193.
Embesoigner, mettre en besogne, occuper, 31, 215.
Emmi, au milieu de, 211.
Empesché, embarrassé, 216.
Empouper (s'), prendre en poupe (stances de Brinon).
Enaigrir, aigrir, 45.
Encontre, contre, 182.
Encourir, courir, 48.
Enfançon, petit enfant, 11, 177, 194, 260.
Engarder, retenir, 262.
Enlasser, enlacer, 256.
Ennuyer, v. unip. Il m'ennuye à..., 23.
Enquérir, interroger, 48, 60.
Ensemble (par), ensemble, 65, 277.
Entier, inflexible, 45.
Entreprendre à la vie, contre la vie, 77.
Envieillir, vieillir, 149.
Epeurer, v. act., effrayer, 175.
Equable, égal, 58.
Erreur, masc., 18, 92, 143, 177; fém., 67.
Es, en les, dans les.

Escaler, escalader, 223.
Escart, l'écart tombe sur lui, c'est lui qui est écarté, 17.
Eschaffaut, estrade où se joue une pièce (première dédicace).
Eschaper, v. actif, 23, 56, 121, 229.
Escharpe, l'écharpe des cieux, 275.
Eschauguette, poste élevé servant de guet, 229.
Esclairer, v. actif, épier, 195, 218.
— v. intransitif, reluire, 38.
Esclater (d'), éclater, 136.
Esclave à sa grandeur, 178.
Esclaver, asservir, 129.
Esclorre, éclore, 168.
Escorne, injure, 119.
Esjouissance, jouissance, 192.
Eslancé, v. élancé, 173.
Eslongner, éloigner, 159.
Eslocher, ébranler, 15, 119.
Eslans, voy. *Élans*, 122.
Espars, le vague espars de l'air, 253.
Espérer, attendre, 209.
Esprit, souffle, 67.
Espoinçonner, aiguillonner, 207.
Espoindre, piquer, 264.
Essorer (s'), prendre l'essor, 277.
Estable, écurie, 48.
Esteindre, v. intransit., s'éteindre, 118.
Estoc, pointe de l'épée, 57.
Estomaquer (s'), se fâcher, 99.
Estrange, étranger, 86, 147, 255, 271.
Estreinte (force), effort violent, 144.
Estude, cabinet de travail (vers de Bosquet). Fém. en ce sens; masc. aux autres.
Et bien, au sens de Hé bien!
Exciter (s'), en parlant d'un bruit qui s'élève, 223.
Exercer, v. intrans., s'exercer (stances de Condé).
Exercite, armée, 27.
Exacte, adj. masc., 122.
Extase, subst. masc., 135.

Face, subj. pr. de *faire*.
Faconde, adj. fém., 64, 112.
Faire, Faire des couards, 38; faire des enragés, 38 (c'est-à-

LEXIQUE.

dire les couards, les enragés).
Fanfarer, sonner des fanfares, 124.
Fantasie, l'âme imaginative, 105, passim.
Fataux, adj., pl. de fatal, 120.
Faut, 3e p. s. ind. pr. de faillir, 7, 37.
Feindre (se), supposer, 31; dissimuler, 265.
Fermer, v. intransit., se fermer, 231.
Feste, faite, 243.
Festiner, v. act., régaler, 212.
Fil (de droit), en droite ligne, 53.
Fin (mettre) de parler, 62.
Finablement, finalement, 166.
Fleau, monosyllabe, fléau, 261.
Foiblet, un peu faible, 161.
Fois (par les), parfois, 174.
Force (c'est), c'est forcé, 206.
Forcener, v. intr., perdre le sens, 134.
Formiller, fourmiller, 59.
Fors, hors, 131.
Foudre, masc.
Foul, fou, 99.
Fourché (chêne), qui se divise en deux branches, 63.
Fournir de, c. fournir, v. act., 210.
Fourrer (se), entrer profondément, 52.
Foye, foie, 149.
Franchise, liberté, 212.
Frauder (un accident), le prévenir, 33.
Froidureux, épithète de l'hiver, 132.
Fruitiers, subst., arbres fruitiers, 239.
Fureur, folie, 8.
Futur, subst., l'avenir, 5,

Garder, v. act., se garder de, 214.
Geine, tourment, 131.
Gémir, v. act., 249.
Gens, subst. pl. fém., nations (stances à Condé).
Gestes, actions, 50.
Geton, rejeton, 59.
Gosser, gausser, 181.
Gosserie, moquerie, 258.
Goujon, fermeture d'une chaîne, 183.
Gouvernal, gouvernail, 86, 146.

Grâce (par), de grâce, 90.
Gratifier, v. intr., rendre grâces, 42, 59.
Gravité, pesanteur, 42.
Grèves, jambières, 27.
Gros, subst., troupe serrée, 54.
Guerdon, récompense.

Haineux, subst. Mes haineux, mes ennemis, 82, 127, 231.
Haïr, fait à l'ind. pr. je haïs, etc.
Haut à la main, impérieux, arrogant, 245.
Haut-bruyant, qui fait un bruit élevé, 277.
Hébrieu, Hébreu, 242.
Hersoir, hier soir, 127.
Heur (augurium), augure bon ou mauvais, bon augure, bonheur, 9, 23, 160.
Heure (hora), à l'heure l'heure, heure par heure, 116. — A l'heure, sur le moment, 227. — A la bonne heure, sous une heureuse influence, 219.
Heurter, subst. Au heurter de la terre, 63.
Hostelage, hospitalité, 170.
Hostie, victime, 173.
Humeur, masc., 205.

Il, neutre, cela, 211. (Voy. Ennuyer.)
Image, masc. ou fém.
Imbécile, faible, 129, 175.
Imparable, qu'on ne peut parer, 43, 174.
Importable, important.
Impourveu (à l'), à l'improviste, 4, 48, 193.
Imprimer des terreurs, 48.
Impuniment, impunément, 210, 240.
Inconstamment, non constamment, 91.
Incoulpable, non coupable, 80, 130.
Indispos, non dispos, 141.
Infélicité, malheur, infortune, 256.
Injurieux, qui commet l'injustice, 220.
Inspérément, contre tout espoir, 263.

Integrité, pleine et entière vertu, 36.
Intelligence, intention, signification, 276.
Innocentement, innocemment, 191.
Inutil, adj. masc., 183.
Ire, colère.
Issoit, 3ᵉ p. ind. imp. d'*issir*, sortir, 122.

Jà, déjà.
Jaçoit que, qu'il soit accordé que, 98, 204 (déjà soit que).
Jallissant, jaillissant, 276.
Jaunastrement, de couleur jaunâtre, 204.
Joignant, prép., tout auprès de, 137.
Joindre à, v. intr., toucher à, 223.
Joug (faire), se soumettre, 181.
Juger à mort, condamner à mort, 40.

Langard, bavard, 36.
Largue (faire), passer au large, 137.
Las ! hélas ! 12.
Léger (de), légèrement, 73, 95.
Lever, v. intr., se lever (en parlant du soleil). Nous disons de même : soleil levant. V. actif, lever l'échafaud, le dresser, 86, 102.
Limité, déterminé, 174.
Lon, l'on, dans les phrases interrogatives, doibt-lon, 118, que faict-lon, 210, et *passim*.
Lorier, laurier, 260.
Los, louange, 268.
Lotte, lotus, 175.
Lut, luth, 232.

Maille, cotte de mailles, 27 ; — tache qui vient sur la prunelle (*macula*), 251.
Maintins, part. passé fort de maintenir, 117.
Mais que, pourvu que, 50.
Male heure (à la), ou à la malheure (*malam horam*), forme d'imprécation, 11, 20.
Malheur, mauvais augure, 91.

Malheuré, infortuné, 95.
Maltalent, animosité, 95, 248.
Malvoulu, à qui on veut du mal, 262.
Marine, mer, 159, 253.
Marrisson, affliction, 110.
Marteler, frapper comme d'un marteau, 64.
Martirer, martyriser, 175.
Méditer, v. intrans., méditer aux actes, 145.
Mener d'espérance, amuser d'espérance, 190.
Merci (c'est la) de vous, grâce à vous, 238.
Merveille, admiration, 109.
Meschef, malheur, 117, 265.
Mesme (le), adj. neut., la même chose, 19, 214, 216. Avant le subst., même sens qu'après : la mesme inconstance = l'inconstance même, 107, 130, 194.
Mesmement, surtout, 244.
Mesmes, adv., même.
Mieux, au sens de le mieux, 223.
Mignarder, caresser, 38, 218.
Mignon, subst., favori, 16.
Moquer, v. act., 16, 43, 117.
Moins que (rien), avec son vrai sens, 52, 260 ; au sens de rien de moins que, 231.
Morion, casque, 224.
Mouls, mou, 211.
Mousse, émoussé, 257.
Muguetter, caresser, 187.
Muglant, meuglant, 128.
Musser, cacher, 123.

Nais, part. passé. Nés, 44.
Naus, plur. de *nauf*, nef, navire, 62, 264.
Navire, subst. fém., 263.
Necessitez, part. pass., obligés, 198.
Nege, neige, 136.
Nocière, nuptiale, 57.
Nourriture, éducation, 26, 44.
Nuisance, dommage, 241.

Objecter, exposer (aux yeux), 215.
Obstiner, tenir obstinément, 28.
Occir, occire, tuer, 160, 216.

LEXIQUE.

Oeillader, regarder, 128, 130, 237.
Oit (il), 3ᵉ p. s. ind. pr. d'*ouir*, 142, 182.
Ombrager (l'esprit), le troubler, 46.
Ombreux, couvert d'ombre, 211.
Onc, onq, jamais.
Opposite, opposé, 135.
Or, ores, maintenant.
Ord, adj., horrible à voir, 146.
Orgueillir, enorgueillir, 251.
Orrai, fut. d'*ouir*.
Oser (l'), l'audace, 208.
Ost, armée, 142.
Où, à quoi. Où pensois-tu? 117.
Où, tandis que, au contraire, etc., 17, 85, 89, 203, 215, 247.
Outre, au delà de, 161.
Outre (en), comme outre, 117.
Outrecuidé, outrecuidant, 273.
Outrepercé, percé de part en part, 193.
Oy (j'), 1ʳᵉ p. s. ind. pr. d'*ouir*.
Oyant, part. pr. d'*ouir*, 12.

Paisant, paysan, 186.
Palme, palmier, 225.
Pan, paon, 251.
Par, suivi d'inf. Si, par ne le point faire, on se met en danger, 84.
Parage, avec son sens étym. de *parité*, 244.
Parangon, modèle incomparable, 9, 215.
Paravant, auparavant, 64.
Parfin (à la), à la fin de tout, 272.
Parler, v. act., 48.
Parmi, adv., 44.
Part (la) où, à la place où, 63.
Particulier, subst., intérêt particulier, 245.
Parti (participe), divisé, 103.
Partie, adversaire, 34.
Pas, explétif. Nul ne s'esjouit pas, 229. Omis où nous l'employons, après: il ne tiendra pas que, 22.
Pasmer, v. act., faire pâmer, 20.
Passible, capable de souffrir, 208.
Patron, pilote, 3, 120.
Pennache, panache, 224.
Penser, de quelqu'un, 67.
Perdurable, qui dure sans fin, 254.
Périr, v. act., faire périr, 105.

Perleux, abondant en perles, 239.
Peut, 3ᵉ p. s. pas. déf. de *pouvoir*, put, 207.
Piéçà, il y a longtemps (pièce de temps), 99.
Piffres, fifres, 223.
Pipée, piège, appeau, 244.
Piper, tromper comme avec une pipée, *passim*.
Piperesse, adj. fémin. de pipeur, trompeur, 144.
Pirauste (πυραύστης), papillon qui se brûle à la flamme.
Plain et *plein*, confondus partout.
Plaindre, se plaindre, 213.
Planche (faire) à quelqu'un, lui faciliter un passage difficile, 117.
Pleut, 3ᵉ p. s. pass. déf. de *pleuvoir*, 262.
Plommé, plombé. La tombe *plombée*, pesante, et au fig., inexorable.
Plus, au sens de le plus, superlatif, 265.
Poignant (de poindre), piquant, 169, 208, 255, 259.
Poingt (il), 3ᵉ p. s. ind. pr. de *poindre*, il pique, 163.
Poingt et *point*, part. pass. de *poindre*, piqué, 35, 53.
Pointe (à) de cheval, en piquant de l'éperon, 54.
Pois, poids, 237.
Poison, subst. fém., 135.
Pollu, pollué, part. passé latin (*pollutus*), 258.
Possible, adv., peut-être.
Potiron, champignon, 243.
Poudroyer, mettre en poudre, 52.
Pource, pour cela, *passim*.
Pourchasser de maux, 120.
Poureux, peureux, 56.
Pourpenser, méditer, 241.
Pourquoy, c'est pourquoi, 259.
Pourtant, à cause de cela, 184.
Prefis, fixé d'avance, 253.
Préposterer, devancer, anticiper sur, 239.
Premier, adv., premièrement, 195.
Premier que, avant que, 191.
Presagieux, qui prédit, 132, 272.
Presence de, en présence de, 73.
Prest à, prest de, près de, confondus, 46.

Présumer, absol., prendre sur soi, 220, 251.
Primeface (de), de prime abord, 162.
Print, 3e p. s. subj. imp. de *prendre*, 221.
Proche, prochain, 212.
Promouvoir, porter plus avant, 247.
Pront, prompt, 192.
Propre, subst., bien propre, 130.
Prou, beaucoup, *passim*.
Provigner au fond du courage (cœur), 144.
Publique, adj. masc. et fém., 68 et 83.

Quand et *quant*, quelquefois confondus dans l'orthographe. — *Quand et*, avec. (*Quand et luy*, avec lui.) — *Quand et quand*, en même temps, 20, 170. — *Quand pour moy*, quant à moi, 228.
Quantes fois, combien de fois, 127, 134.
Que, ce que, 247.
Quelquefois, une fois, un jour, 85.
Qui, neutre, ce qui, 51.
Quiconque tu sois, qui que tu sois, 215.
Quitter, céder, 181.
Quoi, interr. A quoi sert ? 265.

Raccorder (se) à, se raccorder avec, 254.
Racler et bander, terme du jeu de paume ; râcler, c'est ramasser la balle à terre avec la raquette ; bander, c'est la pousser dans les filets quand elle roule. Jouer à râcler et bander, c'est jouer serré, ne laisser à l'adversaire aucun avantage, 270.
Racoster, rejoindre quelqu'un, 195.
Radopter, adapter de nouveau, 101.
Radresser, diriger de nouveau, 229.
Rai, rayon, *passim*.
Rallégrer, rendre l'allégresse, 56.
Ramentevoir, rappeler à l'esprit (*re ad mentem habere*), 12. A l'imp. : ne te ramentoy, 259.
Rance, une rance hérésie, 92.
Rancœur, rancune, 133, 177.
Ranger, soumettre, 142, 144, 237.

Ratelier (à suspendre des armes), 48.
Rauder, rôder, 258.
Ravaler, faire descendre, 199.
Ravasser, rêvasser, 17.
Ravissement, emportement, 45.
Rebailler, bailler ou donner en échange, 38.
Reboucher, émousser, 16.
Rebras, proprement le revers d'un vêtement retroussé en dehors. Ici se dit des sept doublures de peau qui recouvrent un bouclier, 34.
Rebrouiller, mêler confusément, 65.
Rechanter, annnoncer en chants prophétiques, 44.
Rechet, 3e p. s. ind. pr. de rechoir.
Recourir, venir à la rescousse, 265.
Réduire, ramener, 146.
Réfléchir (se), s'incliner vers, 251.
Refuir, fuir étant poursuivi, 185.
Regard, considération, égard, 27, 262.
Relâcher les nerfs de la vertu (en détendre les ressorts), 61.
Relant ou *relent*, adj., qui sent le moisi, 238, 242, 258.
Remettre, pardonner, 51.
Remis sus, rétabli, 53. — Remis au devoir (comme remis au pas), 265.
Remore, poisson qui, disait-on, arrêtait les navires, 120.
Remparer à l'encontre, opposer un rempart, 64.
Rencontre, subst. masc., 271.
Rengréger, aggraver, 59.
Reproche, subst. fém., 273.
Requoi ou *requoy*, repos, 15, 226.
Resoudre, v. intr., prendre un parti, 99.
Respect, considération (des choses comme des hommes), 94. Cf. Dédicace à Condé.
Ressouder, v. intr., se refermer (en parlant d'une blessure), 138.
Reste, donner (au sens de fondre sur) à toute reste, à l'abandon, 134. *Reste* est des deux genres au seizième siècle.
Rester, conj. avec *avoir*, 68.
Restiver, faire le rétif, 89.
Retintant, retentissant, 53.

LEXIQUE.

Revanger quelqu'un, le venger, 210.
Reviens (je me), je reviens à moi, 162.
Rhé, au plur. rhets, rets, 205, 238.
Ronceux, plein de ronces, 169.
Rond, subst., le monde, 237.
Rouer, rouler, 4, 42.
Route, méditer sa route, sa retraite.
— Route au sens de déroute, fuite, 48.

Sacmenter, saccager, 249.
Saillant, sautant, 66.
Saillie, sortie, élan, choc, 182.
Salade, casque, 11, 225.
Scadron, escadron, 124.
Sçavoir, absol. s'informer (marchons pour en sçavoir), 37.
Secours, exclam., au secours, 206.
Semblance, ressemblance, 145.
Semond, 3ᵉ p. s. ind. pr. de *semondre*, avertir, 75.
Senestre, gauche, 13.
Serain, subst., sérénité, 256.
Seréner, rasséréner, 210.
Servans, serviteurs, 259.
Serve, femme esclave, 130.
Si, adv., toutefois. *Et si*, même sens.
Si bien, si fait, 50.
Si, conj. élid., devant *elle*, 58.
Sillez (yeux), fermés, 161.
Singler, cingler, 92.
Soldart, soldat, 25, 142.
Songer de quelque chose, 52.
Sorcière, adj., bouche sorcière, 143.
Sortable à, assorti à, 160.
Sortir, v. a., signifie obtenir, sortir son effet, 261.
Souffreux, qui renferme du soufre, 181.
Soulas, consolation, 118, 185.
Soupirer son âme, sa vie, exhaler son dernier soupir, 59, 61.
Sourd, 3ᵉ p. s. ind. pr. de *sourdre*, 18.
Sourgeon, source jaillissante, 276.
Squadron, v. scadron, 37.
Squelet, squelette, 258.
Stéril, adj. masc., 249.
Su, sud, 122.
Suffoquer, v. act., étouffer, 85, 248.
Suivir, suivre, 190.
Surion, voy. *Sourgeon*, 252.

Taint, teint, 140.
Tandis que, tant que, 215.
Tantost que, aussitôt que ou pendant que, s'appliquant à un temps récent ou prochain, 45, 187.
Targe, bouclier, 224.
Tasse, la tasse de Pandore, 145.
Tasser, entasser, 225.
Taxer, blâmer, 50.
Tendre des hameçons à ses yeux, 147.
Tenir. Ne tient-il qu'à mourir. Ne s'agit-il que de cela, 175.
Tins, part. passé fort de *tenir*, 172.
Tirer, verbe intrans., se jeter vers, 52.
Tomber bas, tomber mort abattu, 40.
Torcher une plaie, 228.
Tortis, couronne faite de fleurs entrelacées, 237.
Torts (de) et de travers, 146.
Tourbe, foule, 269.
Tourne-main, tour de main, 81.
Tout (du), totalement, *passim*. Pour tout, pour rien au monde, 214.
Trac, trace, 124.
Traison, trahison, 270.
Trajecter, traverser, 13.
Trébucher, v. act., faire tomber, 134.
Tremeur, crainte, tremblement, 48, 345.
Trémoussant, tremblotant, 205.
Tromperesse, fém. de *trompeur*, 163.
Trop (le), abs. et sans compl., l'excès, 58.
Trouver, change *ou* en *eu*, quand *ou* devient tonique. Je treuve, 178, 263.

Usufruit, jouissance, 40.
User. Use moy de pitié, 206.

Vague, subst. masc., le vague de l'air, 253.
Vainqueresse, fém. de *vainqueur*, 57, 145.
Vauderoute, en déroute (*A val de route*), en descendant la route, 65, 238. Comparer : à vau-l'eau.
Vefve, veuve, 40.
Veirement, vraiment, 211.

Vendiquer, revendiquer, 163.
Venir, devenir, 35.
Vent, un vent d'honneur, un honneur aussi vain que le vent, 89.
Venteux, changeant comme le vent, 86; — gonflé d'air, 87.
Ventre (le petit), l'estomac, 54.
Vergoigneux, vergongneux, honteux, 10, 121.
Vesquis (je), pass. déf. de *vivre*, 180.
Vey (je), pass. déf. de *voir*, 205.

Viande, toute espèce de nourriture, 258.
Vitupère, blâme, 218, 259.
Voilà pas, suivi d'un compl., 39.
Voirement, vraiment, 35, 137.
Vois (je), 1re p. s. ind. pr. d'*aller* (je vais), 10, 257, 269.
Voisiner, v. act., toucher à..., 57.
Voler (le), infin. pris subst., 62.
Voy (je), 1re p. s. ind. pr. de *voir* (je vois), 275. Je vois = je vais (*vado*). Je voy = je vois (*video*).

TABLE

Notice sur Montchrestien	VII
Bibliographie	XXXIX
Ouvrages de Montchrestien	XXXIX
Ouvrages à consulter sur Montchrestien	XLIII
Hector	1
La Reine d'Écosse	69
La Cartaginoise ou La Liberté	113
Les Lacènes	157
David	201
Aman	235
Commentaire	279
Lexique	321

Fin.

PARIS

TYPOGRAPHIE DE E. PLON, NOURRIT ET Cie

Rue Garancière, 8

www.ingramcontent.com/pod-product-compliance
Lightning Source LLC
Chambersburg PA
CBHW050428170426
43201CB00008B/590